普通高等教育交通工程专业教学用书

交通信息技术及应用

主编 王 兵 郭杜杜
主审 贾利民

机 械 工 业 出 版 社

本书面向交通信息化发展建设和交通运输高级人才培养培训需求，突出技术应用，涵盖部分最新科技研究成果。本书主要内容包括：交通信息系统基础、交通信息采集、交通信息传输、交通信息处理、交通信息发布、交通信息平台技术基础、交通信息子系统、交通信息系统应用案例。

本书可作为高等院校交通工程专业本科教材，也可作为交通运输行业高级人才培训用书，还可供交通工程专业硕士、交通信息化科技研究人员和工程设计技术人员参考。

图书在版编目（CIP）数据

交通信息技术及应用/王兵，郭杜杜主编. —北京：机械工业出版社，2016.9（2025.8重印）
ISBN 978-7-111-54859-1

Ⅰ.①交… Ⅱ.①王… ②郭… Ⅲ.①交通信息系统 Ⅳ.①U495

中国版本图书馆 CIP 数据核字（2016）第 222669 号

机械工业出版社（北京市百万庄大街22号　邮政编码100037）
策划编辑：王华庆　责任编辑：王华庆　责任校对：陈延翔
封面设计：路恩中　责任印制：张　博
北京建宏印刷有限公司印刷
2025年8月第1版第9次印刷
184mm×260mm · 16.75 印张 · 451 千字
标准书号：ISBN 978-7-111-54859-1
定价：49.80元

电话服务　　　　　　　　　　网络服务
客服电话：010-88361066　　　机　工　官　网：www.cmpbook.com
　　　　　010-88379833　　　机　工　官　博：weibo.com/cmp1952
　　　　　010-68326294　　　金　书　网：www.golden-book.com
封底无防伪标均为盗版　　　　机工教育服务网：www.cmpedu.com

序

《交通运输信息化"十三五"发展规划》提出,以行业信息化重点工程和示范试点工程为依托,着力落实国家信息化战略任务,对接国家电子政务工程建设,努力实现交通运输信息化的上下贯通、左右连通和内外融通,促进现代综合交通运输体系发展。交通信息化是实现智慧交通的重要载体和手段,智慧交通是交通运输信息化发展的方向和目标;要以国家信息化战略为引领,强化信息化顶层设计,实现行业重要信息系统的互联互通;结合行业转型升级发展要求,推进信息技术与行业管理和服务的深度融合;大力促进大数据发展应用,深化政府与企业间合作,共同打造交通信息服务产业新生态;加强新技术应用,强化网络与信息安全保障体系建设。

在"十三五"期间,我国交通信息化建设必将发展到一个新阶段,新疆也不例外。新疆交通运输事业承担着社会稳定、国家统一、各民族融合、社会经济的基础性和全局性作用,也是支撑"一带一路"国家战略实施的保障性行业。交通信息化是新疆交通运输事业转型、提升和持续发展的必由之路与建设重点。新疆乃至我国广大西部地区交通信息化建设和交通运输业发展过程中,人才匮乏已成为必须突破的瓶颈,因而培养交通信息化建设进程中极度短缺而又大量需要的,既具备交通运输和信息技术融合知识与技能,又能结合本地实际的专业技术人才,具有重大的现实意义和长远的战略意义。

新疆大学"自治区交通运输重点产业交通工程紧缺人才专业"的王兵、郭杜杜主编的《交通信息技术及应用》一书,历经多次修编,突出了以新疆为代表的我国西部地区交通信息化发展建设的特点和需要,聚焦技术应用,具有鲜明的地区适应性,也是对我国交通运输信息化知识和技术体系的丰富。《交通信息技术及应用》一书正式出版后,除可用于新疆高校交通工程专业本科教学外,也可作为大中专学校相关专业教学和专业技术人员培训用书,还可作为交通信息化技术人员的参考资料。相信此书的出版将有益于新疆交通信息化的不断发展并惠及我国西部其他地区的交通运输信息化。

2016 年 7 月

前　言

智能交通的基础是信息、通信和集成三大核心要素，而信息的采集、处理、传输、控制和利用则是智能交通系统的核心。因此，交通信息技术是智能交通系统的基础。交通信息在今天的交通运输中扮演着重要角色，无论交通规划、设计、管理、运营、维修还是应急反应，都依赖于交通信息。

为服务于"十二五"新疆交通信息化发展建设和交通运输高级人才培养培训，新疆大学"自治区交通运输重点产业交通工程紧缺人才专业"于2010年完成校本教材《交通信息系统概论》的编写，并于2013年和2015年进行了修订。该书经多年在自治区交通运输重点产业交通工程紧缺人才专业教学和交通运输行业高级人才继续教育中的应用，按照意见反馈并结合"十三五"国家和新疆交通信息化的发展要求，改编为本书正式出版。本书面向交通信息化发展建设和交通运输高级人才培养培训需求，突出技术应用，涵盖部分最新科技研究成果，以期在"十三五"期间进一步满足交通工程专业的教学需要。

本书主要介绍了交通信息技术的基本理论、基本原理及其应用，对交通信息的采集、传输、处理以及发布过程进行了相应的实例分析，并运用交通信息子系统对交通信息技术综合应用进行了解析。全书共由8章组成，第1章主要介绍了信息、信息化和交通信息系统的基本概念及发展趋势，第2~5章分别介绍了交通信息采集、传输、处理、发布技术基础，第6章介绍了交通信息系统的主要平台技术及其应用，第7章介绍了交通信息系统的若干个子系统的构成及功能，第8章介绍了交通信息系统的应用案例。

本书由新疆大学王兵、郭杜杜主编，北京交通大学贾利民主审并作序，新疆大学陈婉、高云、孙慧萍、马玉春、买买提江、胡泽、王满满、杨成材、王传印、张培元、史燮杏、马倩雯、秦雄、李艳、龙慧、王娟、柳青红等参加编写，新疆正阳交通设计研究所做技术系统支撑。本书的编写受到北京交通大学贾利民、邵春福、刘军、袁振洲、刘仁奎、秦勇、陈旭梅，新疆交通厅闫晓颉、严小兵，新疆公安厅交警总队王云，克拉玛依市公安局交警支队杨亚新、马振江等专家的指导和大力支持，在此一并表示衷心的感谢！

在本书的编写过程中，参阅了大量文献资料，在此向这些文献资料的作者表示衷心的感谢！

由于编者水平有限，书中难免有不妥之处，敬请读者批评指正。

编　者

目 录

序
前言
第1章　交通信息系统基础 ······················· 1
　1.1　信息与信息化 ···························· 1
　　1.1.1　信息 ·································· 1
　　1.1.2　信息化 ······························· 3
　1.2　系统与信息系统 ······················· 4
　　1.2.1　系统 ·································· 4
　　1.2.2　信息系统 ···························· 7
　　1.2.3　信息系统活动 ····················· 8
　　1.2.4　信息系统发展趋势 ·············· 9
　1.3　交通信息源及分类 ··················· 10
　　1.3.1　道路信息 ···························· 10
　　1.3.2　车辆信息 ···························· 10
　　1.3.3　乘客信息 ···························· 10
　　1.3.4　自然环境信息 ····················· 10
　　1.3.5　社会环境信息 ····················· 10
　1.4　交通信息系统的主要内容 ········ 11
　　1.4.1　交通信息采集技术 ·············· 11
　　1.4.2　交通信息传输技术 ·············· 13
　　1.4.3　交通信息处理技术 ·············· 16
　　1.4.4　交通信息发布技术 ·············· 20
　　1.4.5　交通信息平台技术 ·············· 20
　复习思考题 ······································ 23
第2章　交通信息采集 ··························· 24
　2.1　地磁感应式采集技术 ················ 24
　　2.1.1　地磁感应式采集技术的工作原理及特点 ······ 24
　　2.1.2　地磁感应式采集技术在车辆检测中的应用 ··· 27
　2.2　环形线圈感应式采集技术 ········ 41
　　2.2.1　环形线圈感应式采集技术的工作原理及特点 ··· 41
　　2.2.2　环形线圈感应式采集技术在车辆检测中的应用 ··· 44
　2.3　视频采集检测技术 ··················· 57
　　2.3.1　视频采集检测技术的工作原理及特点 ······ 58
　　2.3.2　视频采集检测技术在车辆检测中的应用 ··· 60

　2.4　微波采集检测技术 ··················· 61
　　2.4.1　雷达测速仪 ························· 61
　　2.4.2　远程微波交通检测器 ··········· 66
　2.5　其他交通信息采集检测技术 ···· 78
　　2.5.1　超声波车辆检测器 ·············· 78
　　2.5.2　红外线车辆检测器 ·············· 81
　复习思考题 ······································ 83
第3章　交通信息传输 ··························· 84
　3.1　交通信息传输系统 ··················· 84
　　3.1.1　交通信息的传输需求、媒介和类型 ············ 84
　　3.1.2　现场设备通信 ····················· 86
　　3.1.3　交通信息接入方式 ·············· 88
　3.2　数字信息传输 ·························· 91
　　3.2.1　数字信息传输系统简介 ······· 93
　　3.2.2　数字信息传输的关键技术 ··· 96
　3.3　无线信息传输 ·························· 99
　　3.3.1　无线信息传输简介 ·············· 99
　　3.3.2　车路移动通信网络 ·············· 101
　　3.3.3　车载自组织网络 ················· 104
　3.4　光纤信息传输 ·························· 107
　　3.4.1　光纤信息传输系统简介 ······· 107
　　3.4.2　视频接入光纤传输网络 ······· 111
　复习思考题 ······································ 113
第4章　交通信息处理 ··························· 114
　4.1　数据预处理技术 ······················· 114
　　4.1.1　预检测数据处理方法 ··········· 114
　　4.1.2　检测数据质量分析 ·············· 118
　4.2　道路交通状态判别与预测技术 ··· 119
　　4.2.1　地图匹配 ···························· 119
　　4.2.2　交通状态自动判别 ·············· 123
　　4.2.3　交通事件自动检测 ·············· 126
　　4.2.4　行程时间预测 ····················· 128
　4.3　模式识别技术 ·························· 133
　　4.3.1　车牌自动识别技术 ·············· 133
　　4.3.2　车辆自动识别技术 ·············· 137
　4.4　融合处理技术 ·························· 139
　　4.4.1　交通信息融合处理方法 ······· 139
　　4.4.2　多源信息融合技术应用 ······· 144
　复习思考题 ······································ 148
第5章　交通信息发布 ··························· 149

5.1 路边固定信息发布技术 ………………… 149
　5.1.1 可变信息标志布设技术 …………… 149
　5.1.2 可变信息标志的信息组织策略 …… 150
　5.1.3 可变信息标志的信息传输方法 …… 152
5.2 个性化信息发布技术 …………………… 154
　5.2.1 广播数据业务发布技术 …………… 154
　5.2.2 车载导航技术 ……………………… 154
5.3 动态交通图形化发布技术 ……………… 156
　5.3.1 虚拟情报板简介 …………………… 156
　5.3.2 虚拟情报板技术 …………………… 157
复习思考题 …………………………………… 159

第6章　交通信息平台技术基础 …………… 160
6.1 交通地理信息系统技术 ………………… 160
　6.1.1 交通地理信息系统概述 …………… 160
　6.1.2 交通地理信息系统的结构 ………… 161
　6.1.3 交通地理信息系统的数据分类 …… 162
　6.1.4 交通地理信息系统的特点 ………… 162
　6.1.5 交通地理信息系统的功能 ………… 162
　6.1.6 交通地理信息系统的主要应用
　　　　 方向 ………………………………… 163
6.2 车辆空间定位技术 ……………………… 164
　6.2.1 全球定位系统及定位原理 ………… 164
　6.2.2 北斗卫星导航系统 ………………… 170
6.3 遥感技术 ………………………………… 172
　6.3.1 几种典型遥感卫星及其影像 ……… 172
　6.3.2 高分辨率遥感卫星的特点 ………… 176
　6.3.3 遥感 ………………………………… 177
　6.3.4 遥感影像专题信息提取的发展
　　　　 状况 ………………………………… 190
　6.3.5 卫星遥感影像专题信息提取的意义
　　　　 和技术难点 ………………………… 193
复习思考题 …………………………………… 194

第7章　交通信息子系统 …………………… 195
7.1 公路信息系统 …………………………… 195
　7.1.1 交通信息化概述 …………………… 195
　7.1.2 我国公路信息化发展现状 ………… 196

7.2 智能公交系统 …………………………… 202
　7.2.1 智能公交系统简介 ………………… 202
　7.2.2 智能公交系统的组成及功能 ……… 203
　7.2.3 智能公交系统中的信息技术 ……… 206
7.3 物流信息系统 …………………………… 209
　7.3.1 物流信息技术及其应用概述 ……… 209
　7.3.2 条形码技术 ………………………… 212
　7.3.3 射频识别技术 ……………………… 213
　7.3.4 物流信息系统的应用 ……………… 219
复习思考题 …………………………………… 227

第8章　交通信息系统应用案例 …………… 228
8.1 交通诱导系统 …………………………… 228
　8.1.1 交通诱导系统概述 ………………… 228
　8.1.2 道路诱导系统 ……………………… 230
　8.1.3 停车诱导系统 ……………………… 232
8.2 先进的停车场管理系统 ………………… 237
　8.2.1 停车场管理系统概述 ……………… 237
　8.2.2 停车场管理系统的典型解决
　　　　 方案 ………………………………… 242
　8.2.3 我国停车场管理系统市场的
　　　　 发展现状与未来趋势 ……………… 243
8.3 电子收费系统 …………………………… 246
　8.3.1 电子收费系统的概念 ……………… 246
　8.3.2 电子收费系统的构成 ……………… 246
8.4 车辆管理系统 …………………………… 248
8.5 应急救援量化调度系统 ………………… 251
　8.5.1 广域稀疏路网交通事故救援资源
　　　　 调度技术研究 ……………………… 251
　8.5.2 广域稀疏路网交通事件与事故
　　　　 大规模集成预警和救援系统 ……… 255
8.6 公路监控服务系统 ……………………… 257
　8.6.1 系统功能 …………………………… 257
　8.6.2 系统实现的关键过程 ……………… 259
复习思考题 …………………………………… 261

参考文献 …………………………………… 262

第1章 交通信息系统基础

1.1 信息与信息化

1.1.1 信息

1. 信息的定义 在信息系统中,信息可定义为:反映客观情况的,表达了人们对某事物的认识和了解程度,经过加工,有一定含义,对决策或行为有现实或潜在价值的数据。信息是抽象的认识或知识,它反映了客观世界中各种事物的特征和变化,是可借助某种载体传递的有用知识。信息可从以下四个方面进一步理解:

(1) 信息是对客观事物特征和变化的反映。客观世界中任何事物都在不停地运动和变化,呈现出不同的形态和特征。这些特征包括事物的有关属性状态,如时间、地点、程度和方式等。信息的范围很广,如信号、情况、指令、资料、情报、档案等都属于信息的范畴。

(2) 信息是可以传输的。信息是构成事物联系的基础。人们通过感官直接从周围获得的信息极其有限,大量的信息需要通过传输工具得到。为此,信息必须由人们能够识别的符号、文字、数据、语音、图像等载体来表现和传输。

(3) 信息是有用的。信息的有用性是相对于其特定的接收者来说的。同样一则信息对不同的人来说,其作用是不一样的,或者其对有的人来说是有用的,对有的人来说是没有用的;又或者其对一个人来说现在或在现在的空间没有用,但对未来或在其他空间有用。这些特点有时也称为信息与使用者是相关的。比如,阿勒泰的天气预报对近期居住在阿勒泰的人来说是有用信息,而对近期居住在喀什的人来说就不一定有用。

(4) 信息形成知识。所谓知识,就是反映各种事物的信息进入人们大脑,对神经细胞产生作用后留下的痕迹。人们正是通过获得的信息来认识事物和改造世界的。

2. 信息与数据 信息的概念不同于数据。通常来说,数据是指客观实体属性的值,是对客观事物及其状态进行记录而得到的用于鉴别的符号。广义上讲,信息泛指在系统活动过程中所发生和被处理的一切可供参考的资料,包括数字和文字。

数据是反映客观实体的属性值或对客观事物的记载。数据本身无特定的含义,只是记录事物的性质、形态、数据特征的抽象符号。信息是指加工处理后得到的有用数据,是数据在信息使用者大脑中的映像和过滤。有时人们把信息和数据的关系比喻为"成品"与"原料"的关系。数据与信息之间的这种"成品"和"原料"的关系,说明信息具有相对性。同一件东西相对某个人来讲是信息,而对另一个人来讲,可能只是一种数据。

信息与决策密切相关,正确的决策必须依靠和控制足够且可靠的信息,并且信息通过决策体现自身的价值。将数据变为信息的处理过程称为数据处理。行驶着的汽车的车速表上显示的数据,只有在驾驶人看了车速表,做出是否改变速度的决策之后,才是信息。在实际应用中,数据和信息这两个词常常交替使用,但我们应该清楚它们之间的区别。数据是原材料,而信息是成品,信息对决策或行动是有价值的。为此,我们可以认为信息比数据更高级,用途更大。

3. 信息的特征

(1) 准确性。信息客观反映世界事物的程度称为准确性。通常人们希望获得的信息是正确的，但实际所获得的信息有时是正确的，有时不太正确，甚至是错误的。只有获得正确的信息才能使做出正确决策成为可能，不然会产生"垃圾进，垃圾出"的现象。信息的准确性包括收集、传输、处理和存储等方面的信息不失真。

（2）时效性。由于事物是在不断变化着的，那么表征事物存在方式和运动状态的信息也必然会随之改变。在现代社会中，信息的使用周期越来越短，信息的价值实现取决于对其及时地把握和运用。如果不能及时地利用最新信息，信息的价值就会贬值甚至毫无价值，这就是信息的时效性，即时间与效能的统一性。它既表明了信息的时间价值，也表明了信息的经济价值。信息的时效性要求及时地得到所需的信息，在该信息生命周期中能最有效地使用所获得的信息。为了保证信息的时效性，要求信息流处理的路径（接收、加工、传递、利用）尽可能短，而且中间停顿的时间尽可能少，同时，也要考虑成本与效益的问题。

（3）有序性。信息的有序性是指信息发生先后之间存在一定的关系，在时间上是连贯的、相关的和动态的。若信息是有序的，人们就可以利用过去的信息分析现在的信息，从过去和现在推测未来。为了保证信息的有序性，人们需要连续地收集信息和利用先进的存储设备建立数据库，并开发快速的探索方法。比如，现在非常流行的数据仓库和数据挖掘技术就是建立在信息有序性基础之上的。

（4）共享性。共享性是指同一信息同时或不同时被多个用户使用，而信息的提供者并不因此而失去信息内容和信息量。信息的共享性可以提高信息的利用率，人们可以利用他人的研究成果进一步创造，避免重复研究，以节约资源。为了保证信息的共享性，需要利用先进的网络技术和通信设备来保证信息的传递与交换。

同时，信息与物质有着不同的性质。物质的交换是排他的，给你一支笔，我就少一支。信息则不然，例如股票信息为股民所共享，不会因某人获得信息而使他人减少信息。与共享信息相对应的是非共享信息，应该加强对它的安全与保密工作。

（5）层次性。由于管理分等级，不同的等级要求不同的信息，所以信息也是分等级的。管理一般分高、中、低三个等级，信息对应地分为战略级、管理级和执行级。不同级的信息，其性质和内容要求不同。战略级信息是关系到企业长远发展战略和目标的信息，如产品开发、市场拓展、竞争地位等信息。管理级信息是与企业运营管理相关的信息，如月度计划生产状况、供应销售、产品成本等信息。执行级信息是与企业业务处理相关的信息，如职工考勤、设备运行状况等信息。信息的层次结构如图1-1所示。

（6）相关性。信息是一种资源，但用来辅助决策和行为的信息资源的利用价值是因人而异、因事而异、因时而异、因地而异的，这就是信息的相关性。总之，信息资源的价值与时空和用户有关。

（7）价值性。信息是经过加工并对生产经营活动产生影响的数据，是由劳动创造的，是一种资源，因而是有价值的。索取一份经济情报或者利用大型数据库查阅文献所付的

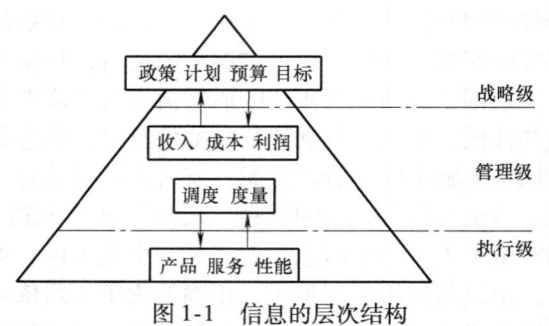

图1-1　信息的层次结构

费用是信息价值的具体体现。信息的作用价值必须经过转换才能得到，同时转换也必须要及时。

信息、物质和能源是人类社会发展的三大资源。工业革命使人类在开发利用物质和能源两种资源上取得了巨大成功，使人类进入工业时代。然而，随着以计算机技术、通信技术、网络技术为代表的信息技术的飞速发展，交通管理也从工业时代迈入信息时代，人们也开始并更加

注重信息技术对传统产业的改造以及对信息资源的开发和利用。当今世界，信息被运用在许多领域。一般认为，信息化就是计算机化——采用计算机帮助人处理各种事物；信息化就是网络化——利用网络可以在广阔的信息空间里发掘和利用信息。也有人用智能化、知识化等来描绘信息化。事实上，信息化起源于数字化，计算机的普及、网络的应用构成了信息化的基础，但信息化又超越了数字化。

1.1.2 信息化

所谓信息化，是指社会经济的发展从以物质与能量为经济结构的重心，向以信息与知识为经济结构的重心转变的过程。在这个过程中，不断地采用现代技术装备国民经济各部门和社会各领域，从而极大地提高社会劳动生产力。国家信息化就是在国家统一规划和组织下，在农业、工业、科学技术、国防及社会生活的各个方面应用现代信息技术，深入开发、广泛利用信息资源，加速实现国家现代化的进程。交通信息化是交通运输现代化建设的一项重要战略举措，已成为衡量交通行业综合实力的重要因素。作为促进交通行业管理和服务水平全面提升的重要手段，交通信息化在交通运输业由传统产业向现代服务业转型的进程中表现出越来越明显和重要的功能及作用。道路运输业是国民经济和社会发展的基础产业，加快道路运输信息化发展，是适应世界经济一体化，以信息化带动工业化，满足交通运输管理的需要，也是适应交通运输产业化以及道路运输结构调整与优化的需要。

在我国的交通运输行业，信息化已经从原来的重点为行业管理服务，转变到现在的为百姓出行服务。这其中的亮点包括高速公路出行信息服务、国家高速公路网不停车收费与服务等。同时，交通运输部还加强了交通运输出行信息服务，及时发布公路、水路气象预警和干线公路交通阻断信息，实现部、省道路运输联网试点和道路运输电子证件应用试点，建成国家高速公路网管理和应急处置中心，在道路运输行业全面推广全球定位系统（GPS）应用等。其中，由交通运输部实施的交通信息化示范工程是当前的一个亮点，其目的是让交通信息化的理念深入到全国各地的交通运输行业。此外，我国还建成了业内的交通运输科技信息资源共享平台门户网站，完善交通运输信息化标准体系，规范交通运输电子政务建设，颁发了道路、水路运输和船员、船舶等信息基础数据元标准；开展部、省综合业务管理、应急处置和出行服务系统建设，推进道路运输信息系统联网，实现了交通运输部与 21 个省交通运输厅信息系统的互联互通，推进西部交通信息化建设；启动船舶、船员和车辆"一卡通"等工程建设，以及建成部、省两级应急信息平台等。

我国在 20 世纪 70 年代末就已经开始在交通运输和管理中应用电子信息技术。在此后 20 多年的时间里，我国在坚持自主开发的基础上通过广泛的国际交流与合作，在智能交通系统（Intelligent Transport System，ITS）领域进行了初步的理论研究，尤其在交通诱导理论、交通流理论、交通信息融合算法、车辆自动控制理论、驾驶人行为特性、交通安全监控等方面取得了一系列的基础研究成果。科学技术部从 1995 年开始关注国际上智能交通系统的发展，在国家"九五"科技攻关和国家其他科技项目中增加了有关智能交通系统的内容，重点研究了"国家智能交通系统体系框架"和"国家智能交通系统标准体系"等内容，为发展奠定了良好的基础。在"十五"期间，科学技术部将智能交通系统关键技术开发和示范工程列入"国家'十五'科技攻关计划"。该专项研究在浮动车信息采集技术、数据管理技术、汽车安全辅助装置技术、快速路系统通行能力等方面，取得了一系列科研成果。在该项目中，科学技术部还选择了 10 个城市进行智能交通系统应用示范，包括广州、中山、深圳、上海、天津、重庆、济南、青岛、杭州和北京。这些科研成果和示范，引起了我国政府各部门、研究机构、企业的重视和积极参与。在国家部委和高校等研究机构的推动下，从"九五"末期开始，部分地方政府也开始关注智能交通的发展，以北京、上海和广州为代表的城市主要关注的是用综合交通运输系统与安全技术缓解大城市的交通拥堵。北京在"十五"期间安排了数千万元资金就北京市智能交通规划、交通流、智能化交通管理、综合交通信息平台等开展研究，成果在北京市的交通管理系统和交通信息服务系统中得到了应用。其交通管理系统的设备水平已经达到国际先进水平，而交通信息服务则处于起步和试验阶段。上海市在"九五"末和"十五"前期也安排了有关智能交通的项目，研究的重点是上海市智能交通管理和高架路的智能化控制，其中高架路智能控制的研究与国家科技攻关项目结合在一起，在城市快速路的智能控制方面取得了突破，成果达到国际先进水平，应用效果突出。目前，我国的高速公路建设取得了突破性进展，智能运输系统具有广阔的市场前景，企业纷纷投入该领域。东部地区的交通部门针对高速公路的智能化管理和特殊气象条件下的通行保障技术开展了一系列研发和工程应用工作。例如，江苏省全面启动了省级智能交通规划工作，安排了区域交通诱导、省域联网收费、省域交通广播服务等项目；在京珠高速广东境内的北段，广东省高速公路公司联合交通运输部公路科学研究院开展了山区高速公路雾区监控系统的研究，成果在工程中应用以后，该路段没有因为大雾关闭过，也没有因为大雾发生过造成人死亡的交通事故。

1.2 系统与信息系统

1.2.1 系统

1. 系统的定义　系统是由相互联系和相互制约的若干组成部分结合而成，具有特定功能的有机整体。《韦氏词典》定义："系统是有组织的和被组织化了的整体；结合着的整体所形成的各种概念和原理的综合；由有规则的相互作用、相互依存的形式组成的诸要素集合等。"部分学者认为：系统是指由相互关联、相互制约、相互影响的一些部分组成的具有某种功能的有机整体。这个定义可以从三个方面理解：

（1）系统是由若干要素（部分）组成的。这些要素可能是一些个体、元件、零件，也可能本身就是一个系统（称为子系统）。例如，鼻、咽、喉、气管、支气管、肺等器官构成人的呼吸系统，而呼吸系统又是人体（系统）的一个子系统。

（2）系统有一定的结构。一个系统是其构成要素的集合，这些要素相互联系、相互制约。系统内部各要素之间具有相对稳定的联系方式、组织秩序及时空关系的内在表现形式。例如，钟表是由齿轮、发条、指针等零部件按一定的方式装配而成的，但齿轮、发条、指针随意放在一起却不能构成钟表；人体由各种器官组成，但各个器官简单拼合在一起不是一个活人。

（3）系统有一定的功能，特别是人工系统总有一定的目的性。功能是指系统与外部环境相互联系和相互作用的过程中表现出来的性质、能力和功效。呼吸系统的功能是进行体内外的气体交换；信息系统的功能是进行信息收集、传递、储存、加工、维护和使用。

虽然系统的定义形形色色，但都包含了这三个方面的含义。因此，这三点是定义系统的基本出发点。同时，通过分析也可以发现，系统一词几乎从不单独使用，而往往与一个修饰词组成复合词，如消化系统、教育系统、生物系统等。前面的修饰词，如教育、生物等，描述了研究对象的物质特征，即"物性"。物性一词，表征所述对象的整体特征，即"系统性"。对某具体对象的研究，既离不开对其物性的讨论，也离不开对其系统性的阐述。系统科学研究的是所有实体作为整体对象的特征，如整体与部分、结构与功能、稳定与演化等。

2. 系统的组成　系统一般包括五个要素，即输入、处理、输出、反馈和控制，如图1-2所示。

(1) 输入：给出处理所需要的条件和内容。
(2) 处理：根据条件对输入的内容进行各种加工和转换。
(3) 输出：经处理得到结果。
(4) 反馈：将输出的一部分内容返回到输入，供控制使用。

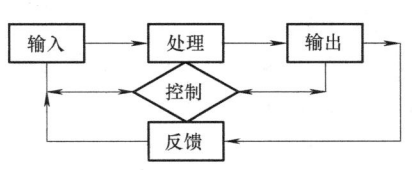

图 1-2　系统的基本组成

(5) 控制：监督和指挥上面四个基本要素的正常工作。从系统工程的角度出发，控制是一个测量实际结果与计划结果的偏差并采取矫正行动缩小偏差的过程。

一个理想的系统在目标或要求明确之后，各部件就可以通过接收一系列的外界输入以及进行有效和高效率的处理之后，提供系统所期望的现实目标的输出，返回到环境。一个系统的行为可以通过它的输出来了解，并且利用输出的信息反馈来调整输入等。

同时，任何系统都必须有边界，系统的边界定义了系统本身的范围，而系统的环境是系统边界以外的所有事物。系统与系统环境则构成了全局，即全局是系统与环境的并集。系统边界的确定方法是找出系统的环境和系统的全局。

系统边界有时也称为接口。系统与环境有接口，子系统与子系统之间也有接口。当系统较复杂时，即元素之间的关系难以表达清楚时，就要将系统分解成子系统。常见的子系统分解方法是功能/数据分析法。各子系统连接的基本形式有三种：串联、并联和反馈。系统的整体结构就是各个部件与这三种基本连接方式的有机组合。反馈将系统的输出返回到系统的输入。作为反馈的超前方法，前馈则通过预测未来事件，并根据预测结果调整输入。反馈和前馈都是改善系统性能的手段。

3. 系统的分类　系统有各种形态，可以从不同角度进行分类。

(1) 按照其复杂程度，系统可分为简单系统与复杂系统。计算机硬件系统与信息系统相比是简单系统，信息系统包括人、技术、信息、管理文化、资金因素，属于复杂系统。

(2) 按照系统的起源，系统可分为自然系统和人工系统。生物系统、生态系统、人体系统等都是自然系统，它们的组成部分都是自然物质，是进化形成的，具有不可还原性。人工系统是建立在自然系统基础上为了达到人类的目的并通过人的自身能力所建立起来的系统，如生产系统、交通系统、信息系统等。

(3) 按系统与执行的工艺技术的关系来划分，系统可分为实体系统和概念系统，如图 1-3 所示。在一定条件下可使实体系统抽象为概念系统，或者使概念系统具体化为实体系统。

(4) 按其与环境的关系，又可分为开放式系统与封闭式系统。所谓开放式系统，是与环境保持某种关系的系统，而封闭式系统就是与环境无关的系统。现实中绝大部分系统都是开放系统。系统具有边界，边界划分系统与环境，边界可以帮助我们理解开放系统与封闭系统的区别。封闭系统具有不可贯穿的边界，开放系统的边界具有可渗透性。同时，封闭与开放随着时空的变化也是一个动态的概念。

4. 系统的特征

(1) 系统的整体性。系统整体性是指系统是由若干要素组成的具有一定新功能的有机整体。各个要素一旦组成系统整体，就表现出独立要素所不具备的性质和功能，形成新系统的质的规定性，从而表现出整体的性质和功能不等于各个要素的性质和功

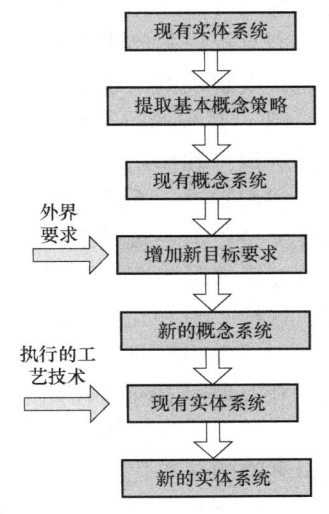

图 1-3　实体系统与概念系统

能的简单相加。

整体与部分的关系可以有两种情况：一种是各个部分简单地凑合在一起；另一种是各个部分有机地结合在一起，即有一定的结构，各个部分相互联系、相互制约，构成有机整体系统。在后一种情况下，"部分"只有在"整体"中才能体现它的意义。正如黑格尔所说，一只手如果从身体上割下来，按照名称虽然可以叫作手，但按照实质来说，已经不是手了。其次，构成系统的要素所具备的内在根据，只有在运动过程中才得以体现。对于钟表，不仅其各个零部件要按一定的关系有机地组合在一起，而且其要按标准钟校准，这样报时才有意义。整体的有机性，不仅表现为内部要素的联系，而且表现为它与外部环境的联系。亚里士多德的名言"整体大于它的部分之和"，精辟地指出了系统整体性的本质，强调整体不是各部分的简单累加。

系统的整体性是由系统的有机关联性来保证的。一方面，系统内部诸要素相互关联、相互作用。系统的部分是构成整体的内部依据，但是部分之间的联系方式也是决定系统整体性的重要方面。同一组元素处于两种不同的关系中就会表现出不同的特点。例如，石墨和金刚石的成分都是碳，但分子排列方式不同，二者的硬度就有很大的差别。另一方面，系统与外部环境有物质、能量、信息的交换，有相应的输入和输出。这是系统与环境的有机关联，即系统的开放性。系统向环境开放是系统向上发展的前提，也是系统稳定存在的条件。因此，为了增强系统的整体效应，一方面要提高系统构成部分的素质，另一方面要分析各要素的组合情况，使之保持合理状态，还要分析整体与环境的关联情况。

（2）系统的目的性。目的即预先确定的目标，它引导着系统的行为。系统在与环境的相互作用中，在一定的范围内，其发展变化表现出坚持趋向某种预先确定的状态。人工控制系统总是为了实现一定的预期目的。因此，只有依据反馈信息不断调节系统行为，才能实现预期目的。当系统处于所需要的状态时，应力图保持系统状态的稳定；当系统不处于所需状态时，应引导系统由现有状态稳定地变到预期状态。

人工系统的目标实际上是事先确定的人为目标，这种目标常常并不以对象实体来定义，而是以关于对象的条件来定义的。例如，所谓导弹可以自动寻找目标，不是导弹可以认识对象实体，而是它可以根据对象所发出的不同于其背景的某些特定的状态信息，运用人为设计好的并安装于其中的自动反馈机制来调整本身的行为，来跟踪目标对象。

一个系统的状态不仅可以用其现实状态来表示，而且可以用发展终态来表示，或用现实状态与发展终态的差距来表示。因此，人们不仅可以从原因来研究结果，以一定的原因来实现结果，而且可以从结果来研究原因，按照设定的目的来要求一定的原因。系统工程方法的基本思路是：要解决的问题是以内部矛盾为根据、以环境为条件的内外条件交叉作用的结果。

（3）系统的层次性。系统的层次性指的是，由于组成系统的诸要素的种种差异，使系统在组织地位和作用、结构和功能上表现出等级秩序性，形成具有质的差异的系统等级。

我们知道，系统是由要素组成的。一方面，这一系统又是上一级系统的子系统，而上一级系统又是更上一级系统的要素；另一方面，这一系统的要素却是由低一层的要素组成的，低一层的要素又是由更低一层的要素组成的，最下层的子系统由组成系统的基本单位的各个部分构成，这样，由好几个层次组成金字塔结构。可见，系统的层次区分是相对的。系统的整体性是指一定层次中形成一定结构基础上的整体性。系统功能则是指系统与外部环境（它的上层系统）相互联系和相互作用的秩序和能力。伴随着结构的层次化，系统功能对于上层的系统来说，一层一层地具体化。在分析系统的时候，必须注意系统层次性。把握了这一点，可以减少认识事物的简单化和绝对化。既要注意把一个子系统看作上层系统中的一个要素，求得统一的步调，又要注意到它本身也包括复杂的结构。一般来说，高一层结构对低层结构有更大的制约性。低一级的结构是高一级结构的基础，反作用于高一级结构。从层次的观点看，"黑箱"方法是正确认识复杂事物和处理问题的有效方法。"黑箱"方法是指在认识的某一个阶段，把某种认识对象看作一个封闭的箱子，只需了解外界对它的输入、输出，而暂时不打开这个箱子了解其内部结构。这种方法引导人们自觉、主动地控制讨论问题的层次和范围，在每个具体时刻，应集中力量于应当注意的层次，暂不顾下一层的细节，以免分散精力。在将这一层的问题弄清楚之后，再根据需要深入到下一层次的某些细节中去。这样，"黑箱"逐步变为"灰箱"，最后变为"白箱"。

(4) 系统的动态适应性。系统的动态适应性是指开放系统在系统内外因素的相互作用下，动态组织起来，使系统从无序到有序，从低级有序到高级有序。动态适应性表示系统的运动是自发的，不受特定外来干预而进行的。其动态适应性运动是以内部矛盾为根据，以环境为条件的内外条件交叉作用的结果。这里有两点值得注意：第一，只有开放系统才具有动态适应性，系统的动态适应性不是离开环境的独来独往；第二，系统的动态适应性包含系统自动调整的意思，同时强调动态调整过程也是动态形成一定组织结构的过程，即系统的动态适应性包括了系统进化与优化的意思。

由于系统的整体性和层次性，系统的动态适应性也是相对的。整体性很强的系统，整体会强烈地约束低层子系统的行动自由。低层组织受到高层次的系统整体的干预，显得是被特定指令组织起来的。因此，对于一个具体系统的动态适应性，不能理解为"自以为是"，而是建立在一定整体性和层次性基础之上的。

1.2.2 信息系统

1. 信息系统的定义　信息系统是以加工处理信息为主的系统。它由人、硬件、软件和数据资源组成，目的是及时、正确地收集、处理、存储、传输和提供信息。广义上说，任何进行信息加工处理的系统都可以理解为信息系统，如生命信息系统、企业信息系统、文件信息系统、地理信息系统等。这里讨论的信息系统是狭义的概念，是一种基于计算机、通信技术等现代化信息技术手段且服务于管理领域的信息系统，即计算机信息管理系统。

信息系统是指由人、硬件、软件、网络、数据资源组成的系统。它在组织内外收集、处理、存储、传播信息，支持组织运作、管理决策和获取竞争优势。

可以从资源、活动、作用三个方面理解信息系统的概念。信息系统就是由人、硬件、软件、网络、数据5种资源构成的信息系统。它利用这些资源执行收集、处理、存储、传播信息的活动，这些活动可以进一步归纳为输入、处理、输出、存储和控制这样5种基本活动。信息系统通过这些活动完成它的作用或目的，即支持组织运作、管理决策以及获取竞争优势。图1-4所示为信息系统的组成模型，该模型表明了组成信息系统的资源和活动。

2. 信息系统的资源　信息系统是由各种资源组成的，没有这些资源，就难以完成其功能。这些资源包括以下5个方面。

(1) 人力资源。人力资源是指使用、开发、维护信息系统的所有人员。人力资源可进一步分为最终用户和信息系统专业人员。最终用户是指利用信息系统完成自己商业职能的用户，包括业务操作人员和管理人员，如订单录入员、销售终端（POS）机操作员、经理等。

信息系统专业人员指开发、维护信息系统的信息技术人员，如系统分析员、程序员、数据库管理员、网络管理员等。可以看出，信息系统由信息系统专业人员开发维护，供最终用户直接使用。因此，信息系统专业人员是为最终用户服务的。

(2) 软件资源。软件资源是指计算机程序及有关的技术文档资料。软件包括系统软件和应用软件。为了方便地使用计算机及其输入/输出设备，充分发挥计算机系统的效率，围绕计算机系统本身开发的程序系统叫作系统软件，如操作系统、语言编译程序、数据库管理软

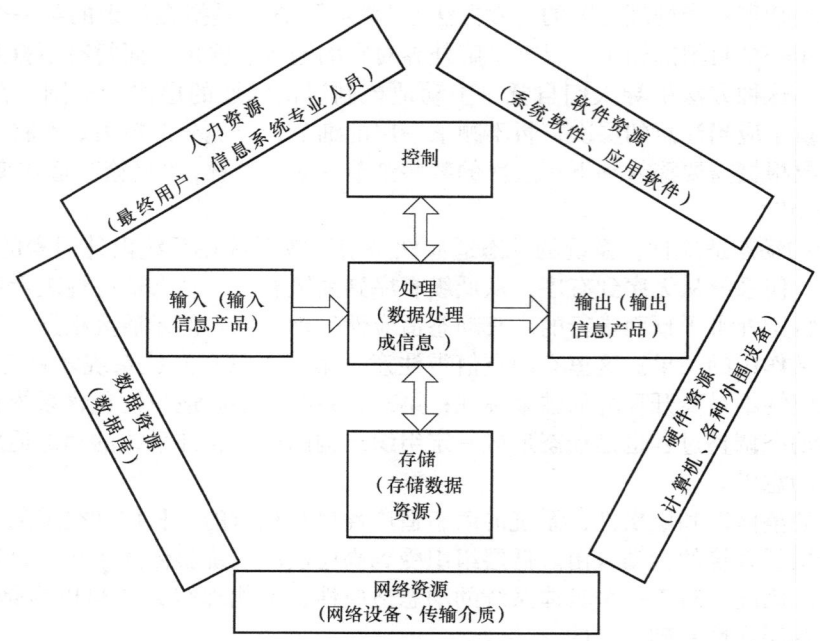

图 1-4　信息系统的组成模型

件等。

应用软件是专门为达到最终用户的某种使用目的而编写的程序系统，如文字处理软件、财务软件、人事管理软件、企业资源计划（ERP）软件、客户关系管理（CRM）软件等。

（3）硬件资源。硬件资源是指信息处理过程中使用的各种物理设备，主要包括计算机（如个人计算机、服务器等）和各种计算机外围设备，如各种输入/输出设备、存储设备等。

（4）网络资源。网络资源是指信息系统所依赖的计算机通信网络。由于网络在现代信息系统中的地位越来越重要，所以有必要将其作为一项重要的信息系统资源单列出来。网络资源包括各种网络设备（如交换机、集线器、路由器、网卡等）和网络传输介质（如双绞线、光纤、无线传输介质等）。

（5）数据资源

1）数据资源概述。数据资源是指信息系统输入、处理、存储和输出的数据和信息，是信息系统中最重要的资源。信息系统的本质就是处理、传播和存储数据资源。数据必须合理地被组织和存储才能有效地被利用。现代信息系统通常都是采用数据库来组织和存放数据的。

2）数据与信息。信息是经过统计、汇总、计算、分类、筛选等各种处理后形成的对人们有意义和有用的数据，人们往往依据信息做出决策。因此，数据是原材料，信息是加工后的数据，是一种经过选择、分析、综合处理后的数据，它使用户更清楚地了解正在发生什么事，并据此做出决策。必须指出，有时人们将数据和信息作为同义词对待，并不加以严格区分，如上面提到的信息系统模型中的数据资源就泛指一般的数据和信息。

1.2.3　信息系统活动

信息系统活动是指信息系统利用各种资源完成输入、处理、输出、存储、控制等活动，以达到其目标。

1. 输入　输入是指将原始数据输入到系统中，是一个数据采集的过程。要从输入的内容和输入的形式两方面考查输入活动。信息系统输入的内容通常包括商业事务数据和基础数据。

商业事务数据是关于各类商业事件的数据，如运输事务数据、出入库事务数据、收货事务数据等。基础数据是支持事务数据的数据，没有基础数据，就无法建立事务数据，如人员数据、货位数据、产品数据等。

输入的形式可以是手工输入，也可以利用各种先进的技术实现自动化输入（如条码扫描、磁卡扫描、IC卡扫描、语音输入等）。数据输入和采集技术是发展非常迅速的一个领域，一般要求尽可能在事务发生的原始地点实时、自动化地采集数据，这是现代信息系统设计输入方式时要尽可能遵循的一个原则，如现在利用条码、射频识别、无线网络、互联网等技术采集数据就是为了能够实时、准确地采集数据。

2. 处理　　处理是指由信息系统将输入的数据，经过计算、汇总、统计、排序、比较、分类、筛选等各种处理，转换成可用于决策的信息。

3. 输出　　输出是指将处理过的信息输出给需要的人员或其他系统。要从输出的内容和输出的形式两方面考查输出活动。输出的内容通常都是经过处理的信息，如销售汇总报表、查询到的单班信息等。输出的形式既可以是纯文字数字形式的报表，也可以是各种图表甚至语音输出。

4. 存储　　存储是指信息系统将数据资源存储在系统中，通常是存储在数据库中。

5. 控制　　控制是指信息系统采取措施保障数据的正确性和安全性。控制大致可分为两类：一类是有效性控制，即保证数据正确有效，如当向系统中输入负的产品数量时，系统应该拒绝该错误数据，这就是在执行有效性控制；另一类是安全性控制，即系统要保证数据的安全，防止非法用户访问或破坏数据，最常用的安全控制措施是利用用户名、口令以及权限机制来保证数据安全性。

1.2.4　信息系统发展趋势

随着信息技术的进步、网络的普及，信息系统正在向信息与功能的集成化、数据采集的在线化和实时化、数据存储的大型化、数据传输的网络化、信息处理的智能化方向发展。

1. 集成化　　集成化是指信息系统将业务逻辑上相互关联的部分连接在一起，为企业活动中的集成化信息处理工作提供基础。如果信息系统各部分再互相割裂，就难以满足现代实时动态协调的需求。因此，在系统开发过程中，数据库的设计、系统的结构以及功能设计等，都应该遵循统一的标准、规范和规程，以便于互相集成，避免出现"信息孤岛"现象。对于原来割裂的系统，也应该采取各种集成技术加以集成。

2. 实时化　　借助于编码技术、自动识别技术、自动定位技术、地理信息系统（GIS）技术、遥感技术等现代技术，现代信息系统能够准确实时地进行在线数据采集，并利用计算机网络与通信技术，实时地进行数据处理和传送。

3. 网络化　　网络特别是互联网的发展和普及，使得信息系统可以借助网络平台延伸其范围。通过Internet/Intranet/Extranet以及无线网络的应用，将供应商、分销商和客户按业务关系连接起来，使整个信息系统能够即时地掌握和分享属于供应商、分销商或客户的信息。

4. 智能化　　智能化是指现代信息系统采用各种先进的智能技术（如人工智能、数据挖掘等技术），运用先进的数学方法（如神经网络、遗传算法等），帮助决策人员执行更高级的决策。

现代交通管理中存在越来越多的高级运筹与决策，如最优库存策略的确定、运输路径的选择等，这些问题的解决单依靠传统管理的知识是远远不够的，因此需要采用智能化技术，将管理者的经验与专家的知识相结合，将定性分析与定量分析相结合，为管理者提供高质量的决策支持。

1.3 交通信息源及分类

信息资源普遍存在，并且正在不断更新和开发。在交通运输领域内流通着可利用的信息，统称为交通信息。各种属性不同的信息均可用其特征来分类，因此首先要研究交通信息的来源、特征和分类方法。

交通信息的来源很多，但在交通系统中最主要的交通信息来自三个方面，即道路、车辆和旅客（包括驾驶人），它们可称为直接的交通信息源。由于交通运输工程必须处于一定的环境下，因此环境信息往往是直接或间接的交通信息源，它们包括地形、地质、气象等自然环境因素，以及政治、经济、军事、人文、历史等社会因素，后者可视为软环境因素。下面将以智能交通系统为例，来说明交通信息的特征和分类方法。首先以交通信息源来分类，并描述其特征。

1.3.1 道路信息

作为交通运输的基础设施，道路是必需的。智能交通系统来自道路的交通信息包括道路等级、路面状况、车道宽度、车道数量、道路坡度、弯道半径、立交类型、出入口等。这些信息来源于工程设计和维护管理部门。

1.3.2 车辆信息

车辆是交通运输的载体，智能交通系统中的车辆包括客车、货车及特种车辆，但主体是大小不同的客车。来自车辆的交通信息包括车型、车辆生产国和厂家、出厂年份、行驶距离、车重、车内设备、检修等级等。这些信息来源于车辆生产厂家和用户。

1.3.3 乘客信息

乘客是信息主体，交通运输的目的就是把乘客快速而安全地运送至目的地。乘客信息中最重要的是驾驶人信息，它包括驾驶人年龄、性别、国籍、教育程度、职业、驾驶年限、熟练程度、出行目的、健康状况以及生理和心理特点等。这些信息只能来自驾驶人本人。

1.3.4 自然环境信息

环境信息本身是个大系统，与交通相关的信息只是其中的一部分，例如，地形地貌等地质情况、自然灾害、气候、雨雪下降量、风速、气温、路面结冰情况、能见度、沿路人口分布及服务情况等。这些信息可以通过查阅各类资料获得。

1.3.5 社会环境信息

与交通相关的社会环境信息包括各地区的交通政策和经济发展水平、社会治安情况、军事价值等。这些信息从政府部门获悉。

以上是从交通信息的来源进行分类，虽然它们具有各自不同的特征，但在建立先进的智能交通系统时难以直接利用和控制。如果将交通信息分别用技术、经济和政治特征进行分类就比较科学，尤其是其中对技术性交通信息的利用和控制，将可发挥明显的作用和效果。

道路交通中属于技术性的交通信息也很多，如道路编号及等级、出入口位置和距离、沿途服务区和休息点分布、双向车道数量、信号指示牌距离、占用车道时间和距离、关闭车道的频率、事故统计分析、车辆通过频率及时空分布、行车速度统计、超速频率分布、出行目的统计等。这些数据资料与道路的通行能力和安全性能均有关，因此，不仅在设计施工中是至关重要的，而且在运营管理中也是不可缺少的。

  细致地观察一下，在上述技术性交通信息中，一部分属于静态数据，它们在设计施工后已经固定，难以调整和控制；另一部分属于动态数据，它们不仅随着时间在不断变化，而且可以进行人工调节或自动调节和控制。通常，可以用于达到自动控制目的的那一部分动态数据称为智能交通信息，这是研究的重点，也是信息技术在智能交通系统中应用的基础。动态信息主要是指随时间变化的交通数据（如道路上的车流量、平均速度、拥堵状态、事故状态等），一般来源于各种交通状态检测器（如环形线圈、微波检测器、视频检测器、信标等）或人工报告（如电话报警、交通巡逻报告等）。静态信息主要是指不随时间变化的道路现状数据，如道路的电子地图信息、检测器，以及各种交通管理、控制设备的安装和配置信息等。

  目前，国内外正在研究先进的交通信号控制系统、车辆控制系统、自动导向系统、发生在施工区段的移动信号和锁闭系统等，这些系统都利用了智能交通信息的结果，具有十分重要的应用价值。很显然，智能交通信息具有提高交通运输系统有效性和可靠性的双重功能，因此，按照信息特征来分类，交通信息又可分为有效交通信息和安全交通信息两大类，并且可以分别建立它们的智能交通信息系统，确定相应的指标体系，以实现现代交通系统的智能化。交通信息技术的目标就是要追求这两者的统一和优化，使智能信息在交通系统内部得到充分和完整的利用，并不断地更新，建立起更完整的多功能且统一的智能交通信息系统。可以说，交通信息技术是实现智能交通系统的灵魂和核心。随着先进的交通信息技术不断改进和推广，交通运输系统的智能化程度会不断提高。

1.4 交通信息系统的主要内容

  交通信息系统是在传统的计算机技术、电子技术、信息处理技术、数据库技术、控制与系统技术和智能自动化技术等相关技术的基础上，以安全信息的流向为线索，综合运用信息的获取技术、传输技术、处理技术、发布技术以及信息整合技术，形成完善的安全保障技术体系。本节以交通运输信息为研究对象，从信息的采集、传输、分析及处理等环节全面分析安全保障技术在智能交通系统中的应用。

  可以说，没有交通信息技术就没有智能交通系统的发展，而信息技术在交通领域的应用又非常广泛。本节主要介绍交通信息采集、交通信息处理、交通信息传输、交通控制、交通信息管理等方面的技术以及它们在智能交通系统中的应用。

1.4.1 交通信息采集技术

  交通信息采集技术通过应用传感器技术、模式识别等信息获取手段将人、机、环境的相关安全原始信息转换成能为人所直观识别、理解的信息，为交通信息处理及决策提供数据基础。交通信息采集是智能交通系统中的重要环节之一，为交通管理、交通控制与预测、交通引导、交通指挥及交通信息服务等提供信息源基础。从交通信息的类型上，交通信息分为静态交通信息和动态交通信息。其中，静态交通信息包括交通空间信息和交通属性信息；动态交通信息是反映网络交通流状态特征的数据以及交通需求空间分布特征的数据。因此，交通信息的采集可分为静态交通信息采集和动态交通信息采集两大类。静态交通信息采集的目的在于建立交通基础信息空间数据库，包括基础道路网络数据、交通附属设施数据以及交通属性信息等。这些信息的采集主要有三种途径：

（1）从各系统、各部门已有的与道路交通信息相关的地理数据库（包括空间与属性信息）中处理、转换得到。

（2）不足或缺失信息，通过基于地面数字化、智能化，以及遥感（RS）、数字摄影测量系统（DPS）、GPS 和 GIS 等在内的众多技术采集。

（3）动态信息的采集可分为两大类，即直接交通信息采集和间接交通信息采集。直接交通信息采集是指通过传感设备获取相应的交通信息。到目前为止，动态交通信息采集传感设备包括：环形线圈、无线采集器（包括嵌入式和非嵌入式）、超声波采集器、电磁波采集器、光子式采集器、图像式采集器、车辆自动识别（AVI）装置、动态图像采集器、移动式采集系统、速度传感器及环境信息采集器等。间接交通信息采集方式主要包括人工式（如驾驶人通过移动电话提供路况信息等）、网络式（如通过数据网获取轨道交通、机场及港口客流信息等）等。到目前为止，为了满足常规交通信息（流量、车速、车头时距等）采集的需要，主要以常规传感设备为主，以图像采集设备为辅，图像采集设备主要用于交通监控管理。

然而，随着计算机技术、多媒体通信技术及图像信息处理技术的不断发展，图像采集设备不但可用于常规的交通监控管理，而且可从图像信息中获取相关的交通信息，以达到交通信息采集手段的融合。

交通信息采集是交通管理的基础，详尽、及时、准确的数据将保证交通监控有效可靠。根据对交通控制策略的分析可知，无论何种策略，如果要发挥作用，就要有充足的信息源作为基础。从信息技术发展角度分析，信息来自多种媒体和媒介，具体来说，交通管理的信息源技术平台基于数据、视频和语音网络，因此需要一个多媒体的综合信息网络平台作为基础，而该平台上的信息所反映的功能可归属为交通流、环境状况、设备状态三大类。

交通流信息通过安装在路边的交通参数检测设备采集，环境干扰参数通过路边环境检测设备采集，两者分别经过初步处理后形成数字式数据，通过通信系统送到监控中心的计算机系统。采集信息分类见表1-1。

表1-1 采集信息分类

名称	数据	图像	语音
交通流	车辆存在、交通量、车速、车型、车头时距、车长比[①]、排队长度、交通事件	正常运行、交通事件起因、交通事故位置	交通事故、援助内容
环境干扰	气温、气压、温度、风速、风向、降水、能见度、路表温度、湿度、路况（湿、冰、雪）、烟雾浓度	雨雪、烟雾、能见度	
设施状态	道路桥梁使用状态、隧道火情，以及主要机电设备使用状态和故障特征、部位		

① 车长比为长度超过 7m 的车辆数与总车辆数之比。

交通检测设备用来检测交通流量、车速、车道占有率、车头时距、车辆存在和排队长度等，国外常称它为车辆检测器。根据检测原理的不同，检测器主要分为超声波检测器、微波检测器、线圈检测器和视频检测器等几种。从采集到的数据形式来看，检测器又可分为视频检测器和非视频检测器。这两类检测器的用途是不同的。非视频检测器主要用于对路段上车速、车流量、车道占有率等数据的采集。非视频检测器的最大优势在于它不受天气和光线的影响。目前，在全国各省市的交通管理系统中，使用比较多的非视频检测器是电感线圈检测器和微波检测器。视频检测是一种结合视频图像和计算机化模式识别的技术，通过软件方法实现图像中跟踪移动车辆的数字化处理，产生所需的交通数据。它的优势在于检测点的变化只在监视器的图像上设定虚拟检测器的位置就可完成，不因道路的维修而中断交通检测，但天气和光线会影响检测精度。常用固定式交通检测技术的性能比较见表1-2。

表 1-2 常用固定式交通检测技术的性能比较

技术	性能	优点	缺点
微波检测	速度误差<3% 流量误差<1% 车道占有率<5%	在恶劣天气条件下性能出色；可检测静止的车辆；可以侧向方式检测多车道；直接检测车速	在侧向安装条件下，虽然能检测多车道，但误差比较大；正向安装精度比较高，但造价较高
可见光视频检测	速度误差<10% 流量误差<1% 车道占有率<5%	可为事故管理提供可视图像；可提供大量交通管理信息；单台摄像机和处理器可检测多车道	大型车辆能遮挡随行的小型车辆阴影，积水反射或昼夜转换可造成检测误差
感应线圈检测	速度误差<3%(120km/h) 速度误差<5%(150km/h) 流量误差<1% 车道占有率<5%	线圈电子放大器已标准化；技术成熟，易于掌握；计数非常精确	安装过程对可靠性和寿命影响很大；修理或安装需终端交通；影响路面寿命；易被重型车辆、路面修理作业等损坏

上述各种交通参数检测技术均为固定式检测，其优点是采集精度高，但存在安装和维护成本高、覆盖范围小、仅能检测固定位置的数据等不足。即使是大城市，也只在关键路段和主要平交口安装了固定检测器，导致道路网巡航存在大量的信息"缺失"地带，使得交通管理者无法精准高效地进行交通控制和诱导。随着 GPS 和无线移动通信技术的发展，利用浮动车、手机、电子标签等实时采集交通数据，已成为一种新兴的大有应用前景的交通信息采集方式。它的特点是建设周期短、投资少、覆盖范围广、数据精度高、实时性强等。同时，与固定位置交通参数检测相比，移动式交通信息采集技术能直接采集路网中的平均行程时间、平均行程速度等更加能反映路网交通状态的交通参数。

1.4.2 交通信息传输技术

信息传输技术分为现场设备通信与信息接入、数字（基带）信息传输、无线信息传输、光网络传输四类。

由于交通信息采集点地理上的分布性、采集手段的多样性、交通信息需求的分散性及交通信息服务对象的随机性，因此交通信息往往是海量的、多源的、异构的并分布式地存在于各个系统中。在进行信息传输时，可根据信息的特征选取不同的传输技术。

交通信息传输也可以理解为数字通信技术在交通运输系统中的应用。从交通信息的采集到交通信息的显示、控制和利用，其总与信息通信技术结合在一起，而其中交通信息的传输更为重要。如果交通信息传输过程中出现差错，就会带来严重的后果。

前面已经提到，所谓智能动态交通信息是指可利用和可控制的那一类交通信息，它是实现交通智能化的基础。为了实现实时的智能信息处理和控制，有必要提供既可靠又有效的传输途径，即由信息采集点（或信息源）到信息处理中心（或调度中心），以及从信息处理中心到显示、控制或发布终端的传输通路。例如，为了实现车辆的流量控制，首先要将车辆信息及时地传输给信息处理中心，经过处理后做出的判决以限速、分流或行程时间等诱导信息的形式反馈到信息采集点附近的显示终端，并以不同的显示信号提示驾驶人，促使其采取措施，以防止交通阻塞或其他事故发生，这是半自动控制方式。如果车内装有能接收提示信号的控制设备，则可实现全自动的车辆速度控制，以适合非熟练驾驶人或残疾人的操作运行。

选择哪种传输通路及传输技术取决于交通信息的数量和特征、交通信息的环境。由于道路传感器或监测器采集到的路面、车辆及其他相关信息通过各自不同的信道传输，因此它要求信道数量多，而传输速率并不需要很高的信息传输系统。根据道路交通信息的特征，即使在实时控制系统中传输信息，速度也不算高，但在高速公路和高速铁路上行驶的车辆要求使用信息传输速率较高的控制系统，以满足实时性的要求。比较困难的问题是交通信息的分布面广，而且很分散，有时甚至信息采集点是移动的，因此，需将它们集中起来组成一个功能强大而且使用灵活的交通信息传输系统。同时，根据信息传输的方法，可以大致将信息传输技术分为现场设备通信与信息接入、数字（基带）信息传输、无线信息传输、光网络传输等。

1. 终端设备通信与信息接入 交通信息的传输媒介，一般可根据检测设备的特征和信息传输的需求选取。对于固定检测点，最初的传输媒介（传输线）主要采用双绞线，同时，为了减少投资，还租用电信运营商的电话线路。后来，随着传输闭路电视（Closed Circuit Television，CCTV）图像的需要，许多交通监控系统开始使用同轴电缆，因为同轴电缆较宽的带宽可以满足传输质量。随着光通信技术的成熟和成本的降低，目前，光纤通信成为交通控制系统的主要传输媒介。对于车辆等移动体的信息传输，无线传输媒介（称为自由快速组网）为首选，使用的信息传输媒介包括区域无线广播网络、地面微波链路、蜂窝无线网络、分组无线网络和卫星系统。

终端设备的通信是指现场控制设备和执行设备的信息传输方式。目前，交通终端信息采集和控制设备中广泛使用基于传统的串行通信总线的数据通信技术。近年来，随着通信总线技术的飞速发展，控制器局域网络（CAN）通信总线的数据通信技术也得以应用。目前，串行通信接口标准主要有三个：EIA/TIA-232、EIA/TIA-422 和 EIA/TIA-485。这三个标准最初都是由美国电子工业协会（EIA）制定的。1988 年 4 月，美国电信供应商协会（USTSA）与 EIA 的电信和信息技术组合并，组成了美国通信工业协会（TIA）。上述三个标准后续版本改由 TIA 制定。EIA/TIA-232 定义了采用串行二进制数据交换方式的数据终端设备和数据电路终端设备之间的接口。该标准通常称为 RS-232，RS 是"推荐标准"的意思。尽管其后做了多次修订，但其基本内容并未做大的修改，仍然以 RS-232 称呼。EIA/TIA-422 定义了平衡电压型数字接口电路电气特性，该标准经常称为 RS-422。它规定了上述接口电路中的双绞线和平衡线路驱动器以及接收器标准。EIA/TIA-485 定义了平衡数字多点系统中所用的发送器和接收器的电气特性，该标准经常称为 RS-485。在 RS-422 的基础上制定的 RS-485 标准，增加了多点、双向通信能力。CAN 总线是国际上应用最广泛的现场总线之一，最早 CAN 总线被设计成汽车电子控制网络。CAN 总线是一种多主方式的串行通信总线，基本设计更规范，要求有高的位速率、高抗电磁干扰性，而且能够检测出产生的任何错误。当信号传输距离达到 10km 时，CAN 总线仍可提供高达 5kbit/s 的数据传输速率。作为一种技术先进、可靠性高、功能完善、成本合理的远程网络通信控制方式，CAN 总线已被广泛应用到各个自动化控制系统中。从高速的网络到低价的多路接线，都可以使用 CAN 总线。

2. 数字信息传输技术及数字传输网络 数字信息传输的崛起要归功于数字调制技术的发展。从开始时的二元调制（包括幅度键控 ASK、频率键控 FSK 和相位键控 PSK）发展到多元调制技术，极大地提高了数字信号传输的频带利用率，并且改善了误码性能。特别是无线通信中采用的先进编码调制技术将编码技术与调制技术有机地融合在一体，依靠卷积码的良好抗干扰特性，即使在信噪比很差的条件下仍能改善误码性能。同时，它也保持了极高的频带利用率。目前，这种数字调制技术已经实用化。

要想传输高速率的多路复用数字信号，必须提供高速电子器件和宽带传输信道。宽带传输信道的发展离不开光纤通信技术。光导纤维自从 1970 年发明以来，一直受到人们的重视，并且开辟了光电通信的新时代。由于它在传输信号时具有一系列优点（如频带宽、损耗低、串扰小、传输性能稳定等），因此世界各国对光纤通信技术的研究掀起了高潮，其传输速率越来越高，传输距离越来越长，特别适合于高速数据的传输。在光纤通信中开始时采用短波长（0.85μm）光纤传输，后来向长波长（1.3μm）光纤传输发展，其原因是后者传输损耗更小，因而中继距离可以增长，有利于远距离传输。根据理论计算，理想的传输波长应该是 1.55μm，此时传输损耗接近于零。另外，在光纤结构上从多模光纤向单模光纤发展，后者在传输容量方面要比前者大得多。以 1980 年为例，一对光纤的传输速率为 44.7Mbit/s，可以传输 672 路电话和 1 路电视信号，到 1991 年，一对光纤就可以传输 2488Mbit/s，即容纳 32256 路电话和 48 路电视信号。可见，在这 10 年内光纤在传输速率和传输容量方面的发展速度是惊人的。目前，在光纤信道内传输的信息速率已经达到每秒千兆比特的数量级，甚至更高。

数字信息传输的最大优点是抗干扰性能强，这对交通信息传输来讲尤为重要。实际上，在交通信息传输通路内各种干扰依然是存在的，如各种电气设备的干扰、输电线路的干扰以及其他动力设备的干扰等。为了进一步提高传输的可靠性，可以采用各种先进的信息处理技术，如自适应滤波技术、噪声和脉冲干扰抵消技术、现代谱分解技术以及特征值提取技术等，它们对各类干扰的防止或削弱均有显著的效果。目前，在数据传输系统中应用最广泛的还有信道编码（或称为差错控制）技术和自适应均衡技术，它们已有商品出售，可完全满足数据通信的要求。因此，在交通信息传输系统内传输可靠性的指标是可以达到的。

3. 无线信息传输技术及移动传输网络 无线信道相对于有线信道来说，最大的优势就是无须敷设电缆就可以随时随地发送和接收信息。但是，无线电波的辐射和接收有其特殊性，必须在了解无线电波的传播特性以后才能正确地选择无线接入、编码和调制技术。

在组成全球或全国的交通信息传输无线网络时最重要的是多址技术，即给每个信息采集点或控制显示终端部分都分配一个固定的地址号码，作为识别的标志，拥有信道资料的信息处理中心可以动态地分配和管理信道，以便及时灵活地沟通各种信息采集点或控制显示终端间的信息传输。信道分配可以按频率来划分，也可以按时间来划分，前者称为频分多址（FDMA），后者称为时分多址（TDMA），最近又发展了具有扩频功能的码分多址（CDMA）技术。划分的频段越宽或者时隙越窄，可以分配的地址容量就越大，这可根据交通信息网的规模和信息容量来确定。

除了多址方式，无线信息传输中的另一个关键技术是跳频和扩频技术。由于无线信道的开放性，为了保证信息传输的安全性，采用了跳频技术。另外，由于无线信道的干扰很大，所以将信号的频谱扩展到高于信号本身频谱几百倍的频谱上，能够提高信号的抗干扰能力。

选择哪种传输技术取决于交通信息的数据量和特征。由于传感器或检测器采集到的路面、车辆及其他相关信息通过各自不同的信道传输，因此它要求信道数量多，而传输速率并不需要很高的信息传输系统。根据交通信息的特征，即使在实时控制系统中传输信息，其速度也不算高，但随着行车速度的提高（如高速铁路、磁悬浮列车等），需要传输信息的速度也相应地提高。另外，比较困难的问题是交通信息的分布面广而且很分散，有时信息采集点甚至是移动的，因此，要将它们集中起来组成一个功能强而且使用灵活的交通信息传输系统，就必须加强组网技术，组成灵活的信息传输网络。

随着码分多址（CDMA）技术、全球移动通信系统（GSM）、通用分组无线服务技术（GPRS）网络的发展和逐步成熟，网络容量不断地扩大，数据业务将在车路移动通信网络上有很大的应用前景。因此，可利用该网络的覆盖范围广、双向数据业务等优点，将其作为交通车辆管理的数据传输手段，实施大范围道路交通的协调管理。

利用移动数字蜂窝网络实施交通管理时，要把交通车辆看作无线网络的移动数据终端，通过无线网络将自身采集的所有数据传送到所在区域内的分控中心或主控中心，分控中心或主控中心对任意交通车辆发出相应指令并完成交通指挥、管理调度等任务，这样，可减少交通拥堵，防止交通事故的发生，使道路交通畅通、便利。

GSM-R 则是在欧盟铁路上专用的移动数字集群网络，基于 900MHz 频段的 GSM 标准，引入了语音广播呼叫、组织呼叫、优先级、强插强拆功能寻址、位置寻址等功能，主要解决调度员（车站值班员）—司机间的运营通信、调车作业通信、车站和维修段的地区通信、旅客服务通信等，并为列车控制信息传输、远程遥测遥控信息、列车自动控制等车—地间信息传输提供通道。

车载自组织网络是近几年兴起的服务于车-车通信的无线传输网络，主要采用短程通信技术实现车辆与车辆之间或车辆与路侧设施之间的通信，进而实现系统控制、车辆安全等各方面的应用。

4. 光纤信息传输技术及光纤传输网络 对于城市道路或者高速公路的交通控制信息传输网络，通常根据不同的区域和信息汇集层次，将其分成不同的传输结构层次。对城市某区域路网或者一条高速公路而言，一般设置干线层、接入层和基础层三层结构。干线层完成最上层控制中心之间的信息传输，接入层完成工程范围内各个区域之间（即各个信息汇集点之间）的信息传输，基础层则完成各个外场设备向所属的信息汇集点的信息传输。在实际中根据工程规模的大小，传输网络结构层次可适当增减。

处于不同网络层次的设备，其等级、规模以及设备要求也各不相同。对于多层结构，若能采用相同的通信方式，则有利于系统各个层次之间的良好兼容，方便系统维护和网络管理；对于干线层和接入层，通常采用光纤传输自愈环网结构；对于基础层，则根据工程特点和技术条件采用相应的结构。

外场终端设备光缆采用光纤调制解调器和终端组成单纤光环网（环路点对多点的连接），通过光环网将数据传输到控制中心或就近区域的节点站，再由上层网络传到监控中心。光环网传输可以将区域内的监控设备构成物理光纤环状结构，使用的光缆资源少，系统结构简单。在光纤调制解调器组成的单纤光环网中，电气数据接口主要为串行接口，而在工业级光纤以太环网中，采用环间冗余技术，使网络获得高可靠性，系统符合 IEEE 802.3 所支持的局域网标准，并支持传输控制协议/因特网互联协议（TCP/IP），可实现三网合一（语音、数据、图像同网传输）。

光传输方式因具有传输的抗干扰能力强、传输容量大、传输距离远等优点，而被广泛应用于各种数据采集和系统控制网络。早期的数据光端机点对点或点对多点的传输方式，传输对数据汇集点的可靠性要求高，一旦汇集点设备故障，整个系统就会瘫痪，系统风险进而增加，且使用光缆资源多、系统结构复杂多样。改用光环网来传输信息就可以解决这些难题。

1.4.3 交通信息处理技术

交通信息处理技术通过对采集的安全数据进行整合与共享，建立分析模型对获取的信息进行分析处理，辅助交通管理者做出决策。其主要包括信息预处理与信息综合处理两个环节。

交通信息的一个显著特征是它的随机性和空间性，因此，对它的研究和分析只能建立在广泛统计的基础上，应用各类统计分析方法来探索它的规律。另外，交通信息多种多样。采集到的信息不同和每一个应用场合不同，交通信息的处理方法也不一样，目前主要采用的技术包括：交通数据预处理技术、交通事件检测技术、预测及建模技术、模式识别技术、信息融合技术等。这些技术的综合应用在交通运输系统中起着重要的作用。

1. 交通数据预处理 城市交通系统的有效管理离不开海量的交通数据，因此，交通数据的采集、处理以及应用是智能交通系统的重要组成部分。国内外许多学者曾专注于交通数据的应用研究，建立更加精确、完善、实用的交通模型以便应用于智能交通系统的各个环节。然而，已经建立的智能交通综合管理系统表明，数据的完好率并不高，缺失数据是交通管理系统中存在的突出问题，因此对采集的数据进行预处理，保证交通模型中输入数据的完整性和有效性是一个非常关键的问题。

对交通数据进行预处理是保证交通信息采集精确度和可信度的基础。基础数据不完整或存在异常,将给后续的数据处理造成困难或导致错误的结果。数据预处理包括数据稳健性处理和残缺数据预处理,前者指异常数据处理,后者主要指数据修补,即利用相关性较强的数据对缺失的数据进行修补。

异常交通数据是指测量的客观条件不能解释为合理的明显偏离测量总体的个别测量值。异常值是虚假的、偶然出现的,带有随机性,并会直接影响数据总体的正确性。在交通参数检测中,出现异常值的主要原因是检测器本身故障、传输线路故障以及出现概率极小但作用较强的偶发性干扰等。

出现可疑数据时,对于被怀疑为异常的数据,最好能分析出明确的理论或工程技术上的原因,然后决定取舍。剔除异常数据时一定要慎重,因为异常数据常是异常现象的反映,包括被测对象超出正常工作状态。在进行上述溯源分析之后,就可以用统计学方法对测试数据本身的可靠性做出评价,并引用有关检验法将异常的离群数据剔除。用统计学方法处理可疑数据的实质就是给定一个置信系数或置信概率,找出相应的置信区间,凡在置信区间以外的数据,就可定为异常数据并从测量值数列中剔除。

2. 交通事件检测 道路上部分交通异常事件可以通过巡逻车、电话等人工方法通知交通管理中心,但大多数交通异常事件仍要采用各种道路事件自动检测(AID)算法来实现。AID算法的基本原理是:对于由交通异常事件导致的道路交通流变化,可以通过实时检测道路上不同位置的交通流参数变化值加以识别。在发生交通异常事件后,交通流参数会发生突变(表现在车道占有率、流量、速度、密度等参数上),若变化程度超过了预先设置的阈值,则可判别为异常事件发生。

国内外专家经过近40年的研究,开发了很多交通事件自动检测算法,如图1-5所示。这些算法分为基于固定检测器和基于移动检测器两种类型。基于固定检测器的算法发展至今,大致可划分为四大类:比较算法、交通理论模型算法、统计预测算法、智能算法。其中,比较算法中的California算法(简称加州算法)和交通理论模型中的麦克马斯特(McMaster)算法应用最广。智能算法是近年来发展较快的算法,它包括神经网络算法和模糊逻辑算法。

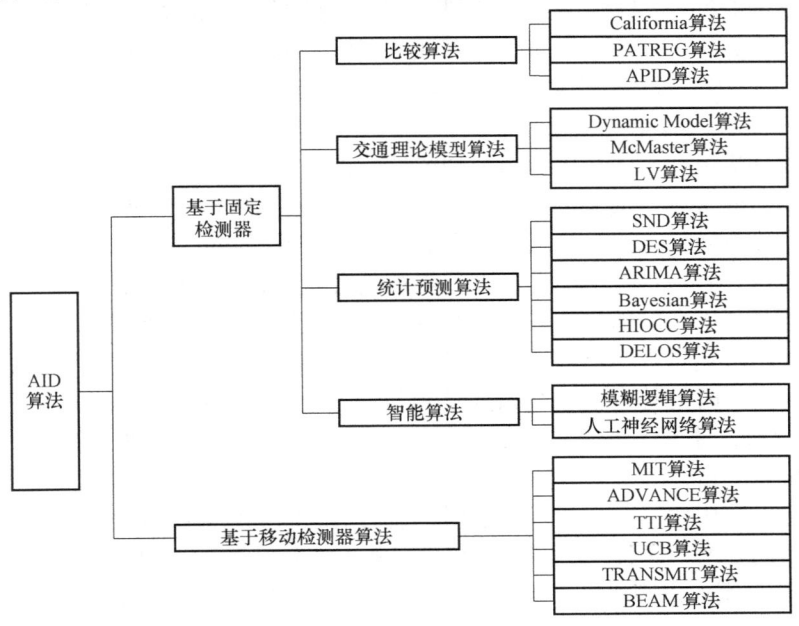

图1-5 常用的交通事件自动检测算法

以上这些算法均根据检测到的交通参数进行交通事件检测，属于间接方法。随着计算机视觉技术的发展，图像识别的直接检测方法逐渐成为未来的研究热点和发展趋势。图像识别的直接检测方法以摄像机和计算机处理技术为基础，对道路上的事件进行自动检测。它可以跟踪单个车辆或一个车队进行图像采集，通过处理图像信息即可获得车流量、空间车速、空间占有率等参数。它不仅可以判断事故的发生，而且可以预测事故，因而具有广泛的应用和发展前景。

3. 交通预测模型 动态交通信息的一个显著特征是它的随机性。因此，对它的研究和分析只能建立在广泛统计的基础上，应用统计分析方法来探索它的规律性，并建立各种交通预测模型。例如，车流量统计就是一项十分庞大的工程，它对建立车流模型、设计路面通行能力、分析车流阻塞情况等问题的研究就十分重要。又如，车主出行调查也是一项十分复杂的工作，它包括出行目的、距离、时间等内容，变动和相关因素都多，因此，建立出行模型就非常复杂，但用多元统计分析仍然可以找到合适的出行模型，对设计和调查信号控制系统非常重要。再如，行车速度的统计是设定区间最高时速的依据，可以建立车速模型来防止恶性事故的发生或使事故率降低。

目前的交通模型，包括上述车流模型、出行模型、车速模型等已有很多，用于交通流和行程时间预测的方法主要包括历史趋势法、非参数回归模型、时间序列、贝叶斯分类估计、多元线性回归、神经网络、卡尔曼滤波、交通模拟和动态交通分配模型等。这些方法还在被不断地改进和创新。值得注意的是，有些模型的成功率较低，误差较大，究其原因无非是统计数据不够完善或者相关因素考虑得不够全面。被广泛采用的多元回归分析模型是建立在大样本理论上的，它要求统计数据越多，模型精度才越高。由于交通信息具有很强的时变性，原来统计到的数据相隔一段时间就会改变，数据越多，变动的幅度也就越大，因此，直接造成交通模型的精度不够高。另外，多元回归分析模型的算法过于复杂，计算速度难以适应交通时变性的要求。

解决上述问题的方法之一是采用时间序列分析模型。它属于小样本理论，只要采集到短时间内的交通信息就可以建立一定精度的交通模型。它的优点是模型参数可根据不同的精度要求和统计数据进行更新，及时地进行调整，因此，很适合用于交通信息的控制和实时处理。目前，采用最广泛的时间序列分析模型为回归（AR）模型，它的算法比较简单，运算速度快，完全可以在个人计算机上实现。例如，在精度一般的情况下采用 10 阶以下的 AR 模型，只要计算和调整 10 个以内的模型参数就可以实现预测或控制功能，它要比多元回归分析模型简单实用得多。

与时间序列分析模型密切相关的另一种统计分析方法是所谓的"谱估计法"，它们之间具有等效性。例如，最常用的最大熵谱估计法具有误差小和分辨率高的优点，算法也比较简单，在处理地震信息、空间信息、生物医学信息等方面已取得了明显的效果。据资料报道，国内外正在研究车谱理论，它用现代谱估计法来分析车流密度及其分布规律，具有十分明显的实用意义。交通信息除了其固有的随机性外，还有时空多维性的特征，以及在统计车流数据时除了要考虑时间因素外还必须考虑距离及方位因素，在统计车速数据时除了要知道车速信息外还应知道车速的变化和滞留时间等，这就构成了多维随机信号的时间过程，而且往往是非常平稳的（即时变的）。目前，处理多维、非平稳随机过程的新方法是利用小波理论，它已经在处理语言信息、图像信息、雷达信息等方面获得成功，解决了短波信号分辨率不高的问题，在精度和速度上均可以达到实用化的要求，因此应用于交通信息的统计分析处理一定会有新的突破，特别是在比较复杂的环境和条件下，传统的统计分析方法往往难以奏效。

4. 模式识别 模式识别也是交通信息处理的一个重要内容。用随机数据的统计规律分时提取某些特征参数来代替统计分布本身，既可以减少运算量，提高运算速度，又不失去数据信息源的有效性。模糊控制不追求数据的统计特征，而是利用隶属度关系来区别和控制各类模糊信息。这是一种新的数据处理方法,目前在交通领域的应用越来越广,如交通量预测、交通状态识别、信号灯区域控制、交通事件自动检测、车型自动识别、车牌号自动识别等。

模式识别是指利用计算机或其他装置对物体、图像、图形、语音、字形等信息进行自动识别。模式识别诞生于 20 世纪 20 年代,随着计算机的出现及人工智能的兴起,模式识别迅速发展成为一门学科。它所研究的理论和方法在很多学科和技术领域中得到了广泛的重视,推动了人工智能系统的发展,扩大了计算机应用的可能性。经过多年的研究和发展,模式识别技术已被广泛应用于人工智能、计算机工程、机器人学、神经生物学、医学、侦探学、高能物理、考古学、地质勘探、宇航科学和武器技术等许多重要领域,如语音识别、语音翻译、人脸识别、指纹识别、手写体字符识别、工业故障检测、精确制导等。模式识别技术的快速发展和应用大大促进了国民经济建设和国防科技现代化建设。模式识别可以分为基于统计学习理论的统计模式识别和基于语法结构的模式识别,前者的应用领域更为广泛。

5. 信息(数据)融合 早在 20 世纪 70 年代初期,美国对军用的多个独立的连续声呐信号进行融合,通过融合处理可以自动检测出敌方潜艇的位置,由此使得信息融合技术作为一门独立的技术首先在军事应用中受青睐。美国继续开发了几十个军用信息融合系统。受这些系统研制的需求和推动,关于多传感器信息融合基础理论和基础技术的研究也越来越受到重视,为信息融合技术的研究建立了基础。从信息融合理论方法角度来看,信息融合技术目前主要包括:卡尔曼滤波、神经网络、专家系统、模糊逻辑、贝叶斯方法、D-S 证据推理等。

简单地说,数据融合又称为信息融合,是指利用计算机技术对按时序获得的若干传感器的观测信息在一定的准则下加以自动分析、综合,以完成所需的决策和估计任务的信息处理过程。按照这一定义,多传感器系统是信息融合的硬件基础,多源信息是信息融合的加工对象,协调优化和综合处理是信息融合的核心。

数据融合给交通信息加工和处理提供了一种很好的方法,它的最大优势在于能合理协调多源数据,充分综合有用信息,提高在多变环境中正确决策的能力。数据融合已从最早在军事领域应用,发展成为一个热门研究方向,是多学科、多部门、多领域共同关心的高层次共性关键技术,逐步应用于工业、交通、金融等领域。

在交通领域,数据融合主要用于以下几个方面:

(1) 车辆定位与跟踪:对从源数据获取的交通信息进行融合处理,从而对车辆行驶轨迹加以识别,比如用 GPS 和 DR(航位推算)组合进行车辆定位。

(2) 交通信息获取:对各种传感器(线圈、超声波传感器等)采集的交通参数进行时间、空间角度的融合,得到全面反映交通状况的实时信息。

(3) 路网交通状态识别:通过历史数据、实时数据的融合以及交通状态指标量化来判断路网交通状态。

(4) 车辆诱导:根据对车辆行驶轨迹的确认,并将现有道路网络、现状路网交通流参数、未来路网交通流状态参数估计等作为必要的边界条件来实现实时的车辆诱导。

在智能交通管理中,数据融合之所以被越来越广泛地应用,主要有以下几方面因素:

(1) 单个交通检测器获取数据具有局限性,无法全面掌握整个路网的交通流信息。

(2) 可以通过数据融合技术在智能交通领域中的应用,提高智能交通系统中多个子系统之间(中心与中心之间)的数据交换以及中心与设备之间数据交换的效率。

(3) 可以通过数据融合的远程控制和管理系统,提高整个交通运输管理系统的运营效率。

对于综合交通信息平台,数据融合技术可以理解为:对各种来源的交通数据(线圈检测数据、视频检测数据、超声波检测数据、交通控制参数、"一卡通"采集的客流数据等)进行检测、互联、相关、估计以及组合等多层次多角度的处理,以便获得准确的交通参量、车辆状态和身份估计，对交通状态进行指标量化，做交通态势描述与评估，并将相关信息用于交通管理的决策支持。这一定义表明在平台内部，数据融合模块不仅要处理检测器的数据，而且要处理各种智能交通系统传输的交通信息。世界运输领域的专家和学者，都在不同程度上应用信息融合技术解决智能交通系统中的实际问题，我国高等院校等科研机构在智能交通系统领域研究中也不同程度地开展了对信息融合的相关理论和方法的研究，主要对交通信息采集与融合的关键技术、交通信息采集与融合的相关标准与规范、交通信息采集与融合技术的城市应用案例、交通信息采集与融合的企业产品研发及技术解决方案等进行了交流与探讨，为进一步开展交通共用信息平台建设开辟了崭新的思路并提供了理论基础。

1.4.4 交通信息发布技术

将智能交通系统应用于现代化的交通管理中，利用先进的交通工程理论、现代计算机技术、通信技术等手段，对交通信息进行采集、挖掘和整合，可最大限度地使用交通信息资源。充分利用网络技术、信息技术等先进手段，实现交通信息的实时发布，向出行人员或管理人员提供交通信息（如交通事故、道路状况和天气等），发布命令（如限速、管制等）或建议，向交通拥挤路段的驾驶人提供建议路径等，以促使出行人员选择合理的出行方式及路线，这正是交通信息发布系统的功能所在。

信息发布的主要内容如下：
（1）主要道路的交通流量信息。
（2）部分道路的施工信息。
（3）主要道路的行车时间、行车速度等量化信息。
（4）突发事件发生地点、时间、处理方法等信息。
（5）周边及城市范围内的交通信息：天气信息、紧急救援电话号码等信息。

1.4.5 交通信息平台技术

1. 智能交通共用信息平台 智能交通系统是一项巨大的综合性系统工程，实施智能交通系统解决城市交通拥堵问题强调的是使智能交通系统的各个子系统协同运作，若只是依靠各个独立运行的子系统，则难以满足智能交通系统管理目标。建设城市智能交通管理共用信息平台，可以实现信息共享、信息服务、辅助决策，使交通信息流在各个子系统之间相互共享与交换，从而实现各个子系统的协同运作。

由于智能交通系统的复杂性，现有的部分智能交通系统没有实现互通互联，往往各自为政，致使交通"信息孤岛"问题突出，信息资源分散且利用率不高，这已经成为很多城市发展智能交通系统的瓶颈。建设一体化的智能信息处理平台，对信息资源进行统一规划，可以实现信息资源的共享和各子系统协同工作的目的。所以，建立智能交通共用信息平台对各种数据进行统一规范的组织和存储，并提供给各交通子系统使用，可以对已采集的数据加以充分利用，实现信息资源的共享和融合。同时，它可适应新系统信息接入和应用加载，提高整个智能交通系统的性能。

智能交通共用信息平台总体架构包括基础设施层、数据存储层、业务支撑层，各层之间由相应的组织管理体系、安全规范体系融合在一起，共同完成交通数据统一采集，基于GIS、GPS、交通单元、知识库、模型库的交通信息处理和存储，最终实现包括车辆导航、交通信息服务、路径优化等车辆服务，流量控制、路面控制、行车及停车诱导等智能控制服务，交通管理指挥、交通设施规划、交通流量预测、应急管理等决策支持功能。智能交通共用信息平台的基础技术很多，其中至关重要的有数据库技术、GIS-T技术、遥感（RS）技术等。

2. 平台基础——数据库技术 城市交通信息服务系统离不开数据的采集、分析与处理，而针对数据的上述操作，必然需要数据库技术的支持。因此，数据库技术在当今的信息服务系统中占有重要的地位，它是信息处理的重要工具和组成部分，其理论和技术都已经达到相当成熟的阶段。但是，随着应用需求的不断提高，数据库技术也面临着许多挑战，也需要不断进步、不断发展。数据库技术在特定的应用领域出现了工程数据库、统计数据库和空间数据库等。数据库技术和其他相关技术结合又形成了各种新型的数据库，如分布式数据库、并行数据库、演绎数据库、知识库、主动数据库、多媒体数据库、模糊数据库以及移动数据库等。

数据管理先后经历了手工、文件系统和数据库系统三个发展阶段。数据库系统是针对文件系统缺乏数据共享和基于数据的集中统一管理而提出来的。基于数据库系统的研究刚开始时主要是集中式数据库管理系统，当时的应用需求仍集中在单片机处理模式。随着网络通信技术（如局域网和广域网技术）的发展和成熟，公共数据网、各种局域网、广域网的建成，人们期望着符合现实需求、能处理分散地域、具备数据库特点的新型数据库系统出现，由此出现了分布式数据库系统。

分布式数据库系统是指在地理上（或物理上）分散而逻辑上集中的数据库系统。管理这样的数据库的软件称为分布式数据库管理系统。移动数据库是指移动计算环境中的分布式数据库，它是传统的分布式数据库系统的扩展，可以看作客户与固定服务器节点动态连接的分布式系统。

在数据库研究的历史中，传统的分布计算与分布式数据库的研究是基于有线网络和固定主机的，这时都采用了一些默认的隐含假设，如固定网络连接、对等通信代价、主机节点固定不变等。但进入 20 世纪 90 年代以来，随着移动通信技术和互联网技术的迅速发展，加之移动计算机的大量普及，使得许多计算节点可以在自由移动的过程中与网络连接，使上述假设条件不再成立。于是，"移动计算"和"移动数据库"的概念应运而生，并且正在成为国际数据库界一个新的研究发展方向。所谓移动数据库就是指移动计算环境中的分布式数据库，它也是分布式数据库技术的延伸和发展。

我国大多数城市均建立了交通管理基础数据库以及车辆、驾驶人、事故、违章数据库，可以说数据库技术几乎用于智能交通的所有子系统。作为智能交通系统领域重要子系统之一的城市交通信息服务系统，已经渗入到我们的日常生活中。移动数据库技术的应用，使得移动数据的分析与处理，特别是具有友好服务界面的车载信息服务与诱导系统成为可能。

数据仓库从数据库技术发展而来，是为决策服务的数据组织和数据存储技术。数据仓库的信息源具有分布和异构的特点，主要信息可视为定义在各信息源上的实体化视图集合。数据仓库管理系统把实体化视图所对应的数据从信息源中提取出来，并存储到数据仓库中，使之成为物理存储的数据实体。因此，数据仓库应具有两方面功能：①从不同的信息源中提取数据，并由各种聚集操作（如分类、求和、计数等）加工转化后存入数据仓库中；②在数据仓库上处理用户的查询与决策分析请求，要尽量避免直接访问数据源。数据仓库中的数据是多维的，构成多维数据库，以便于从不同角度观察分析问题。数据仓库是面向主题的，因而适合于决策支持。

3. 平台支撑——GIS-T 技术 GIS 是用来描述现实世界中地物在空间上的分布及其属性的一个信息系统。它利用计算机建立地理数据库，将地理环境的各种要素包括地理空间分布状况和所具有的属性资料进行数字存储，发展各种分析和处理功能，建立起一套有效的数据管理系统。系统通过对多要素的综合分析，可以方便迅速地获取信息，满足应用研究的需要，并能以图形和数字元两种方式来表示结果。因此，它是一个计算机化了的地理信息和数字分析处理系统。

由于交通信息与地理空间资料密切相关，而地理信息系统集成了计算机数据库技术和计算机图形处理技术，具有强大的数据管理和空间分析功能，因此交通运输也是地理信息系统的重点应用领域，两者结合便产生了交通地理信息系统 GIS-T。所以，GIS-T 就是收集、存储、管理、综合分析和处理空间信息及交通信息的信息系统，是 GIS 与多种交通信息分析和处理技术的集成，它将为交通各部门提供一个功能强大的空间信息服务及管理工具。

具体说来，它的应用体现在以下几个方面：电子地图的应用、公路网规划、道路设计和维护、运输企业运营管理、为智能运输系统提供数字化平台。

随着智能交通系统进程的不断推进，其规模不断扩大，城市信息化的进程不断深入，物流信息化迅速建立及公民对信息服务需求意识不断增强。为适应交通信息服务对象对交通信息综合运用的需求，智能交通系统与"数字城市"相结合，应用"3S"（GIS、GPS、RS）等新的信息处理技术，实现与交通信息的融合。GIS 具有存储各种数据以及进行交通运输空间分析与数据处理的能力，可以满足交通运输部门进行规划、决策和管理的功能要求。智能交通系统中大量的数据涉及与地理位置有关的信息（如事故的发生地等），这些信息需要与其地理位置联系起来。随着计算能力和无线通信技术的提高以及精确的空间数据的获取，GIS 已成为采集、整合、存储、管理、分析、表达和传播分散在交通运输部门中有关信息的首选平台和实施智能交通系统的核心技术。

GIS 技术在交通信息融合中占有重要的地位。在交通基础空间数据采集的过程中，会产生多种格式的数据，如 ESRIShp 文件、ARC/INFO Coverage、MapInfo 表格等地理数据，以及各种格式的影像数据等多媒体数据，这些数据归为静态交通信息。可以以 GIS 为信息融合平台，将各种不同格式、不同精度和不同分辨率的矢量数据转换为通用的数据格式，并实现与多种格式影像数据的融合。不同传感器检测设备以及闭路电视等视频检测设备采集的动态交通信息，由于各检测器采集的数据存在误差，并且数据格式也多种多样，为了整体把握一个路段的交通流参数，必须对多个数据源进行联合分析处理，以避免单个信息源失效而导致判断失误。因此，需要研究其相应的误差处理方法和数据转换，并对各检测器进行数据融合处理。动态交通信息传输至信息中心，通过信息融合技术进行处理、分类后还需与存储在 GIS 中的静态信息实现融合和应用。

GIS 技术延伸到交通运输领域为 GIS-T，它是实现"数字交通"和智能交通系统的基石和脊梁。交通运输系统具有必然的地理特征，这也是 GIS 在这一领域具有的独特优势。因此，应用和开发 GIS-T 在这一领域的潜力，能够提高传统交通运输效率，增强有效性、快速响应能力，提高操作质量，降低费用消耗。GIS-T 的发展经历了大致三个应用阶段：基于电子地图数据库的应用、导航系统的应用以及以交通需求行为为目标的应用。美国的国家公路合作研究计划（NCHRP）以 GIS-T 应用价值、研究内容、应用需求及对交通产业的影响等为研究目标，包括 GIS-T 的定义、GIS-T 的结构、内外部系统的组成和关系、分析工具、标准问题、数据转换与维护、专家系统的使用以及系统输出，并设计基于 GIS-T 的交通部门的需求，包括事故分析，对特种货物运输进行线路选择和监控，高速公路的运营监控、规划与管理，以及社会经济和环境影响评价等。目前，GIS-T 的应用主要包括：道路电子地图的应用，GIS 在道路 CAD 工程中的应用，GIS 在交通规划中的应用，GIS 在公交、机场管理和运营中的应用，3S 集成在交通工程中的应用以及 GIS 在系统中的应用等。这些应用为 GIS 在智能交通系统中的研究奠定了基础。GIS-T 是一种集成系统，是以信息为中心的，把应用模型和软件系统进行协调统一的信息系统工程。它通过系统的用户界面、无缝数据库、嵌入式的分析机制、面向专业领域的 GIS，将多种信息（数据）融合与集中管理，以此建立多目标统一数据库。因此，信息、模型、应用及融合是 GIS-T 实现集成的内容和关键问题。目前，研究人员主要进行下列几方面的研究：GIS-T的数据质量、GIS-T 的线性参照数据模型、动态分段模型与算法、GIS-T 与交通分析模型的集成以及 GIS-T 中的信息融合技术等。

复习思考题

1. 什么是信息？信息与数据有何关系？
2. 什么是信息系统？
3. 交通信息源的种类主要有哪些？
4. 试述未来交通信息系统的发展趋势。

第 2 章 交通信息采集

交通信息是城市交通规划和交通管理的重要基础信息。通过全面的、丰富的、实时的交通信息，不但可以把握城市道路交通的发展状况，而且可以对其未来发展进行预测，为城市交通规划和城市管理部门的正确决策提供依据。同时，交通信息服务也是智能交通系统功能的一个重要方面，实时交通信息是智能交通系统最基本的信息源之一，只有对实时交通信息有了准确的掌握，才能有效地实施和发挥诸如交通诱导之类的智能交通系统功能。因此，交通信息采集技术无论对交通规划、路网建设、交通管理，还是对智能交通系统功能的实现都是非常重要的。

交通信息采集技术主要是指对动态交通信息的采集技术。它不但能检测车辆，对车辆进行计数，而且能检测车辆的存在及一些主要的动态交通参数。目前，交通信息采集技术主要分为三类：一是基于传感器的交通信息采集技术，如通过安装在道路上或路侧的环形感应线圈、微波发射装置等对交通信息进行采集；二是基于视频的交通信息采集技术；三是基于定位技术的交通信息采集技术，如利用 GPS 和无线移动通信网络进行移动位置信息采集。此外，蓝牙技术、移动通信技术、遥感技术、射频识别技术等近年来在交通信息采集中的应用越来越广泛。

2.1 地磁感应式采集技术

2.1.1 地磁感应式采集技术的工作原理及特点

1. 工作原理及特点 地球周围存在一层很弱的磁场，称为地磁场，方向由北向南。在磁场中物质的电阻将发生变化，这种现象称为磁阻效应。磁阻效应有基于霍尔效应的普通磁阻效应和各向异性磁阻效应之分。对于强磁性金属（铁、钴、镍及其合金），当外加磁场平行于磁体内的磁化方向时，电阻几乎不随外加磁场变化而变化；当外加磁场方向偏离金属的内磁化方向时，金属的电阻减小，这就是各向异性磁阻（Anisotropic Magneto-Resistive，AMR）效应，又称为磁阻的非均质现象，其中能够引起磁阻效应的方向称为敏感方向或者感应方向。

地磁车辆检测器是一种各向异性磁阻传感器（以下简称 AMR 检测器），能够检测出 1/12000 地球磁感应强度的变化量。以美国霍尼韦尔公司生产的 HMC1041 型单轴 AMR 检测器为例，检测部件是一种特制的电阻条。该电阻条是在强磁场下将铁镍合金薄膜沉积在硅衬底上制成的，沉积时薄膜以长条带状的形式分布。该检测器的检测电路是由 4 个这样的磁阻构成的惠斯顿电桥，如图 2-1 所示。该检测器是一种单边封装的磁场检测器，可感应与引脚平行方向的磁场。

该检测器的工作原理为：当有铁磁性物体通过检测器所在的特殊区域时，相当于在电桥上施加了一个偏置磁场，使得 2 个相对放置的电阻条的磁化方向朝着电流方向转动，引起电阻阻值的增大，另外 2 个相对放置的电阻条的磁化方向背着电流方向转动，引起电阻阻值的减小，这就打破了惠斯顿电桥的平衡，并将磁场的变化转化成差动输出电压。该输出电压可以表示为

$$U_{\text{OUT}} = \frac{\Delta R}{R} U_{\text{b}} \tag{2-1}$$

式中　　R——薄膜电阻；

　　　$\Delta R/R$——相对变化量；

　　　U_b——检测器工作电压。

通过电桥输出信号的放大、调理、采样，就可以得到检测器感应方向上的磁场变化数据，从磁场的变化或畸变中检测出铁磁性的物体。

AMR检测器具有尺寸小、成本低、灵敏度高（传感器可离被测铁磁性物体一段较长的距离）、对电磁噪声和干扰不敏感的优点，如HMC1043

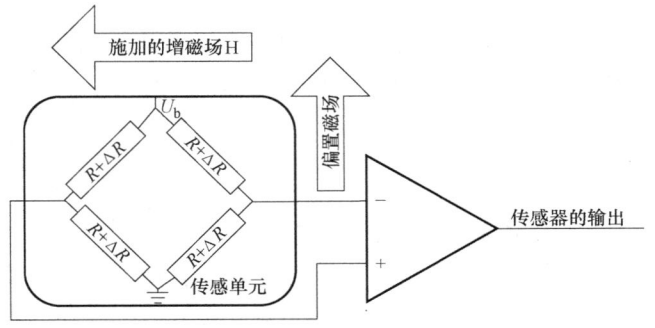

图 2-1　HMC1041型单轴AMR检测器的检测电路

型检测器是三轴AMR检测器，由三个相互垂直的惠斯顿电桥组成，能测量空间三维方向的磁场，测量范围为±6Gs（$1Gs = 10^{-4}T$），分辨率为120μGs。

地磁车辆检测器在检测车辆时就是利用AMR地磁探测原理对车辆的存在与运动及运动方向进行探测的。车辆本身含有铁磁性物质，当车辆接近地磁车辆检测器的检测区域时，检测区域的磁力线挤压聚合；当车辆将要通过检测区域时，磁力线沿中心进一步聚合收缩；当车辆正在通过检测区域时，磁力线受到牵拉而沿中心发散。这样，利用地磁车辆检测器捕捉车辆接近、将要通过以及正在通过检测区域时的磁力线的变化，并进行信号分析和处理，就可以实现对车辆的实时检测，也可以根据不同车辆对地磁产生的扰动不同来识别车辆类型。

目前，市场上的地磁车辆检测器多以无线传输为主，以其检测准确度高，自适应、自学习能力强，适应各种复杂天气状况，稳定可靠，安装维护方便，使用寿命长等优点迅速占领市场，被一些专家认为是环形线圈车辆检测器的理想替代产品，在我国各大城市的道路上已经逐步使用。其缺点在于，对于纵向过于接近的车辆的干扰排除能力较差，即当车流速度较低，前后车辆之间的距离较小时，测量准确度受到的影响较大。

2. 基于地磁车辆检测器的车辆信息检测

（1）车辆的存在性检测。车辆的发动机和车轮对地磁场的扰动尤为明显，而车辆内部、车顶和后备厢等其他铁磁性物质产生的地磁场扰动可以忽略。一般在地下埋设单轴地磁车辆检测器检测车辆，通过观察磁场的变化，来确定通过车辆的存在和方向。根据车辆内铁磁性物质含量的不同，检测器对车辆的检测距离最远可达15m。

当车辆位于检测器上方时，磁场出现峰值，在数据处理时通过建立合适的阈值，可以滤掉旁边车道的车辆或远距离车辆带来的干扰信号，当检测值大于阈值时，认为有车辆通过。

（2）车辆行驶方向的判定。沿着车辆的行驶方向安装一个单轴地磁车辆检测器就可以测量车辆的行驶方向，如图2-2所示。

当没有车辆存在时，检测器输出背景的磁场作为它的初始值。当有车辆接近时，地磁场的磁力线将会偏向铁磁性车辆。如果地磁传感器的敏感轴指向右侧，而车辆是由左向右行驶的，那么磁场的变化是首先减弱，因为更多的磁力线会弯向迎面驶来的车辆。所以，从检测器的初始值磁场背景开始，随之而来的第一个畸变是曲线偏向负方向。

当车辆在检测器正上方时，通过车辆的磁场变化量为零，检测器的输出返回到初始值。当车辆继续向右时，磁力线将沿着敏感轴的正方向偏向车辆，所以传感器的输出将会在初始值的基础上增大。当车辆驶离传感器的测量范围时，传感器的输出恢复到初始值。图2-2所示为当车辆通过时传感器的响应。

（3）基本车型的识别方法。任何铁磁性物体都会改变地磁场的分布，形成地磁场的扰动，其综合的影响是对地磁场磁力线的扭曲和畸变，且这个扰动因铁磁性物质的结构及质量不同而不同。也就是说，不同类型的车辆对地磁场的干扰是不一样的。利用这个特征，就可以对车辆的基本类型进行分类。

一般利用双轴地磁车辆传感器，将其水平安装后，可将任何水平的磁场分为 X 轴和 Y 轴矢量分量，通过两个方向的磁场变化的叠加来区分车型。检测波形如图 2-3 所示。

从图 2-4 所示曲线可以看出，大型车、小型车的两轴地磁场扰动磁场叠加的缺陷有明显的不同，可以建立基本模板用于区分车型。

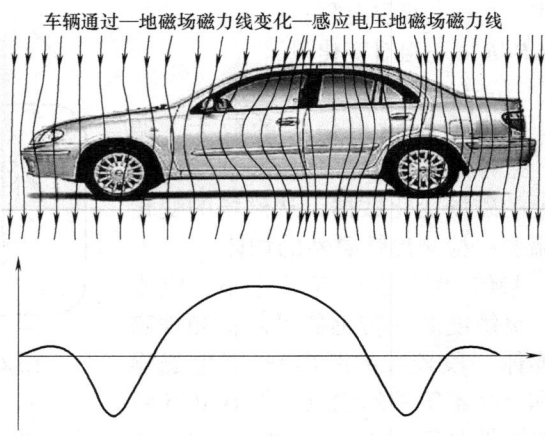

图 2-2　通过单轴地磁车辆检测器检测车辆方向

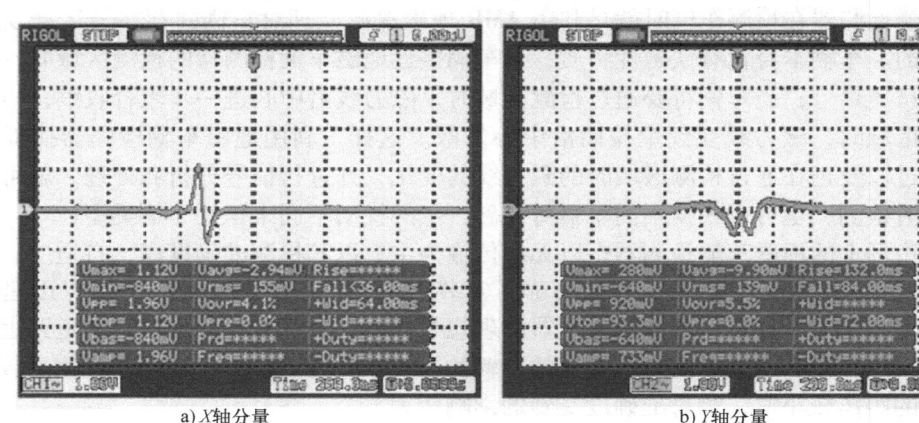

a) X 轴分量　　　　　　　　　b) Y 轴分量

图 2-3　某车辆的检测波形

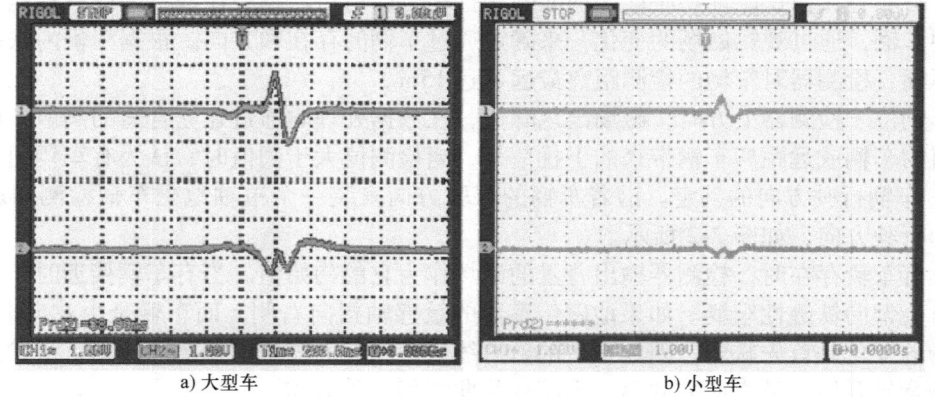

a) 大型车　　　　　　　　　b) 小型车

图 2-4　两种车型的曲线对比

如果要实现准确的车型区分，可以建立标准的车辆模板库，通过对大量样本车辆感应曲线进行数据采样分析，提取与车型分类有关的若干种特征（主要包括磁感应强度、高度、左右相对密度、上下相对密度、上升沿、下降沿、凹凸性、峰值等），通过对标准车辆模板的匹配、识别来准确区分车辆。

2.1.2 地磁感应式采集技术在车辆检测中的应用

1. 地磁车辆检测器的安装 地磁车辆检测器的安装方式有两种：埋入路面下安装和道路侧边安装。

（1）埋入路面下安装。在路面挖掘安装孔和引线槽，将地磁车辆检测器和连接线缆埋入。地磁车辆检测器安装固定后，其与车辆底盘间的距离可控制在某个范围内（一般在 0.5m 以内）。与埋设环形线圈的工程量相比，其埋入路面下的安装工程量较少，占用车道时间较短，可离线设置灵敏度和其他参数。

图 2-5 所示为地磁车辆检测器埋入路面下的安装示意图。

1）安装步骤

① 在路面挖掘安装孔和引线槽，孔径以能放入检测器为宜，深度为 0.2~0.6m。

② 将套有地磁车辆检测器电缆线的聚氯乙烯（PVC）管放入槽中。

③ 调节电缆线，将地磁车辆检测器放入孔中，距离地面高度为 0.2~0.4m，电缆线要处于松弛状态。

④ 在地磁车辆检测器与安装孔间隙处填充固化防水材料。

⑤ 将电缆线连接到客户控制系统。

2）材料与安装要点

① PVC 管不要太粗，比电缆线直径稍大，能套入电缆线即可。

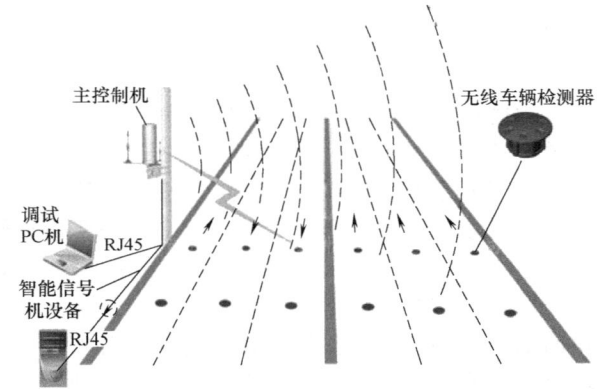

图 2-5 地磁车辆检测器埋入路面下的安装示意图

② 电缆线在 PVC 管中应处于适当的松弛状态（不可处于紧绷状态），避免 PVC 管变形，拉断电缆线。PVC 管与电缆线的出入口处要填充防水材料。

③ 装 PVC 管的引线槽宽度以能埋下 PVC 管为宜。

④ 引线槽深度不能太浅，太浅容易被车轮轧塌而影响电缆的性能，甚至会被轧断电缆。

⑤ 安装孔和检测器间隙的填充材料可选用水泥浆料或环氧树脂、沥青等，视情况而定。

3）参数调试

① 参数预设置。预固定好地磁车辆检测器，根据参数设置步骤进行参数设置，可设置灵敏度、响应设置系数、恢复设置数等。设置完成后，需利用在规定车速范围内行驶通过的汽车，看是否能够成功地检测，否则需要检查地磁车辆检测器与安装孔是否有问题。

② 固化安装。在以上测试正常的情况下，填入防水、固化材料，进行防水和加固处理。

（2）道路侧边安装。该安装方式适合某些不能破坏的路面或比较松软的路面（安装后无法保证检测器位置长期不发生位移），以及车道较窄的场合，如高速公路出入口匝道和高速公路收费路。

道路侧边安装时，地磁车辆检测器不同于环形线圈车辆检测器的鲜明特点，然而它可为客户提供更高的性价比、最小的施工量，如图 2-6 所示。

1）使用场合。道路侧边安装时，理论上与车辆间的侧向距离应为 2~3m。距离在 3m 以上时，需要设置较高的灵敏度，但灵敏度较高会导致地磁车辆检测器对距离较近的摩托车、电动自行车等过滤能力不足，因为它们在 1m 内也能触发检测器。所以，选择适当的与车辆间的侧向距离和灵敏度等参数是道路侧边安装要特别考虑的问题。一般而言，需要遵循以下特性：

① 与车辆间的侧向距离越近，检测器感应到的扰动越大，这有助于通过调高阈值（降低灵敏度）以及其他参数将非机动车过滤掉。

② 如果有条件，应尽量将车流引到地磁车辆检测器的最佳距离范围内，或者将地磁车辆检测器安装在最佳的距离范围内，即确保地磁车辆检测器离车辆尽可能近。

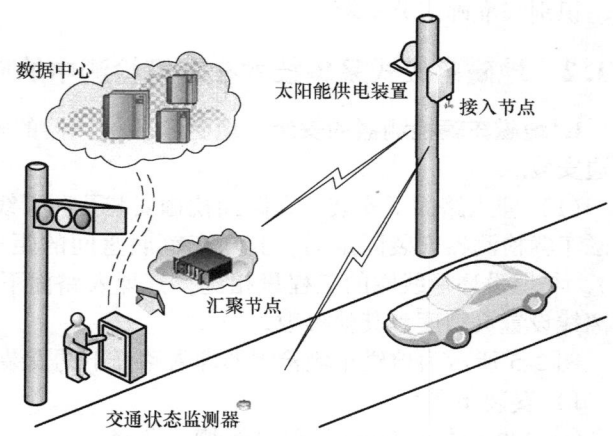

图 2-6　地磁车辆检测器的道路侧边安装

③ 停车场出、入口处通常都是单行道，因此可以将地磁车辆检测器安装在车道最狭窄处的外侧。这种情况下，道路侧边安装将可取得最佳效果。

④ 高速公路出口匝道也适合道路侧边安装。高速公路出口匝道通常是单车道，车辆与侧边的距离较小，可只在匝道两侧各安装一个地磁车辆检测器；若匝道特别窄，可只安装一个检测器。

⑤ 在低等级车道上的使用。我国除了高等级公路外，还有众多低等级公路，路面质量一般，塌陷、破坏的概率高，不适合埋设环形线圈车辆检测器。但是低等级车道通常较窄，同一路面双向行驶，因此只需要在路边两侧各安装一个地磁车辆检测器即可。当有车辆驶过两侧的地磁车辆检测器时，必然距离其中某一个地磁车辆检测器较近，因此检测率较高。这样就使得在以往没有条件装备地磁车辆检测器的地方进行车辆检测成为可能。

⑥ 在钢结构桥梁上的使用。桥梁对安全性的要求很高，通常不允许挖掘路面，而且越来越多的桥梁是钢结构的，桥路基础面下钢材质量巨大，远远大于汽车的钢质量，导致靠电涡原理工作的环形线圈车辆检测器对汽车引发的阻抗变化很不敏感，以至于无法使用。在这种情况下，地磁车辆检测器可以胜任，背景地磁场的大小并不影响它正常工作，它只需要磁场的扰动量，所以无论路面和桥面材料如何，其对车辆引起的地磁场的扰动量都是敏感的，能够进行检测。另外，它可以安装在道路侧边，不破坏路面，符合大桥装配检测器的安装要求。

2）道路侧边安装的侧向距离要求。与车辆间的距离最好保持在 0.2~2m，在此范围内距离越近效果越好，以 1m 以内为最佳距离。

3）对检测器安装的基础物要求

① 必须有合适的基础结构用来固定地磁车辆检测器，如水泥墙、立杆、箱体等。

② 地磁车辆检测器安装基础物尽量不要使用钢铁类磁性材料，尤其是较大的钢铁制品，如钢板、钢筋网。木材、塑料、铝制材料（铝型材）是允许的，水泥墙面（要保证墙面内附近没有或有少量钢筋等钢铁物质，且远离墙面）也是允许的。

③ 地磁车辆检测器要尽量远离钢铁类磁性物质。若非要安装在某些钢铁类结构上，则要保证距离 10cm 以上，越远越好；不得将地磁车辆检测器直接固定在某些钢铁类结构上，应该用非金属或铝制材料隔离出 10cm 的距离。

4）地磁车辆检测器安装的外部机械、电气等条件要求

① 地磁车辆检测器在基础物上安装后，必须保证牢固、不松动、不晃动，螺钉要加弹簧垫圈。

② 地磁车辆检测器安装基础件（如立杆、横杆等）本身必须有足够的刚度，并且要固定牢靠，位置要长期稳定，并要评估其随气候变化发生意外的可能。

③ 要注意增加对地磁车辆检测器的防水措施。
④ 要安装在不容易被人接触的地方。
⑤ 不要把地磁车辆检测器安装在具有大电流且电流经常发生变化的地方，要远离大容量电力设备，如变压箱、配电箱。
⑥ 不要安装在靠近电力输电线处，特别是地下埋设的输电线。
⑦ 安装后，地磁车辆检测器本身的电缆也要远离电气干扰源。
5）地磁车辆检测器参数的调试。与埋入地面下安装方式的参数调试方法类似。

2. 地磁车辆检测器的应用

（1）相关设备型号及作用简介

1）交通状态检测器 ED。其主要作用是检测指定车道上的车型（车长）、车速、流量、时间占有率、车头时距等。目前提供的交通状态检测器有三种型号：ED010、ED020、ED030。其中，ED010 可以指定检测车头到达和车尾离开，为车辆存在检测器，检测时间精度为 20ms，一般用于停车场或特定场所对车辆存在的检测，通过接入节点或汇聚节点向停车管理系统传送车位占用情况。ED020 可以指定检测车头到达和车尾离开，为车辆到达检测器，检测时间精度为 20ms，一般用于平交口交通状态和违章检测、路段违章检测、特殊区域车辆检测、自动化停车场等。ED030 可以指定检测车头到达和车尾离开，为车辆到达检测器，检测时间精度为 20ms。ED030 还可进行单车检测和时段检测。

2）接入节点 AP。其主要作用是将检测器采集的交通状态传送至汇聚节点。目前提供的接入节点主要有三种型号：AP101、AP102、AP103。其中，AP101 为简单接入节点，可连接交通状态检测器，连接汇聚节点或用户联网设备（通过串口连接），具备精确速度计算功能。AP101 不能与其他 AP 连接。AP102 为延伸接入节点，可连接汇集节点和其他接入节点，具有向其他接入节点转发检测器检测数据的功能。AP103 为混合接入节点，具备接入节点的所有功能，能连接检测器、其他接入节点和汇聚节点。

3）汇聚节点 CP。其主要作用是：连接接入节点，将检测器采集的交通状态数据传送给中心节点，或传送给用户联网设备；根据检测器物理位置及其检测数据融合平交口、路段级交通参数，并将融合后的交通参数传送给数据中心或传送给用户联网设备；对交通状态传感网络中的接入节点和检测器的组成及其相互关系、运行状态、检测参数、检测数据进行配置和管理；监控交通状态传感网络中的接入节点和检测器的运行状态，以便于及时发现和排除接入节点和检测器的运行故障（或更换）。目前提供的汇聚节点有三种型号：CP201、CP202、CP203。其中，CP201 为基本型汇聚节点，CP202 为普及型汇聚节点，CP203 为大容量汇聚节点。

（2）交通控制优化

1）平交口信号优化控制

① 需求描述：通过动态获取平交口各个方向的交通流状态，为交通信号配时优化提供交通流方面的依据，提高平交口通行能力，减少平均延误时间，并进一步为干线交通和区域交通的优化控制提供各平交口交通流基础数据。

② 检测对象：平交口各方向各车道行驶的车辆及其行驶状态。

③ 获取信息

a. 各车道进出口平均车速、平均流量、平均排队长度、平均占有率、平均延误时间等。

b. 各方向进出口平均车速、平均流量、平均排队长度、平均占有率、平均延误时间等。

c. 平交口平均通行能力。

④ 部署方案

a. 车速、流量、占有率检测。每个车道进口处部署一个检测器（ED030），根据平交口车道总数、地理范围等部署一个接入节点（AP101）或多个接入节点（AP102）和一个汇聚节点（CP201），汇聚节点输出交通检测参数给信号控制系统，或通过网络连接到交通指挥中心，如图 2-7 所示。

b. 排队长度和延误时间检测。根据排队长度、延误时间的检测要求和实际交通情况，每个车道除部署一个 ED030 检测器检测车速、流量、占有率外，还需部署多个 ED020 检测器用于检测排队长度和平均延误时间；根据排队长度的可能范围，在每个方向上都需要增加一个或多个 AP102 接入节点，用于增大接收检测器检测数据的地理覆盖范围，如图 2-8 所示。

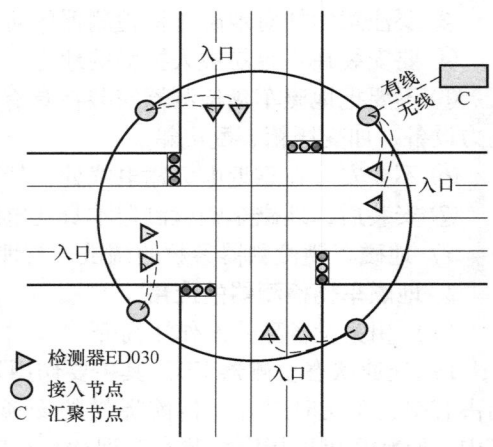

图 2-7　用于平交口信号优化控制的检测器部署示意图（一）

c. 出口车速、流量检测。每个车道出口部署一个 ED030 检测器（见图 2-9），用于检测每个车道的出口车速和流量，提供给下一个平交口作为参考。根据进出口车速、流量的比较，还可用于检测平交口可能的交通事故和拥堵情况。

2）主辅道平交口优化控制

① 需求描述。通过动态获取主辅道平交口各个方向的交通流状态，为主辅道（辅道平交口）交通信号配时优化提供交通流方面的依据，提高主辅道（辅道平交口）的通行能力，保障主道畅通、交通流量均衡（交通策略），并进一步为干线交通和区域交通的优化控制提供各主辅道平交口交通流基础数据。

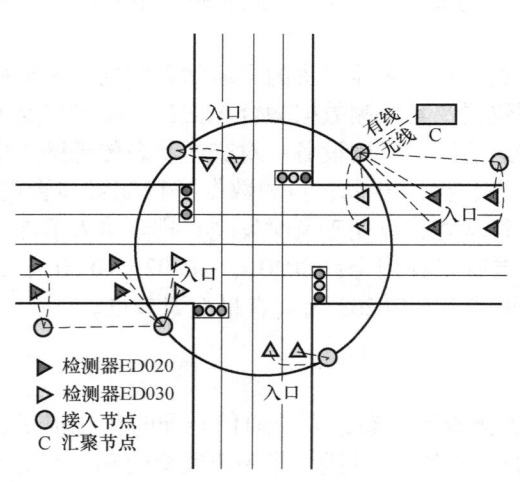

图 2-8　用于平交口信号优化控制的检测器部署示意图（二）

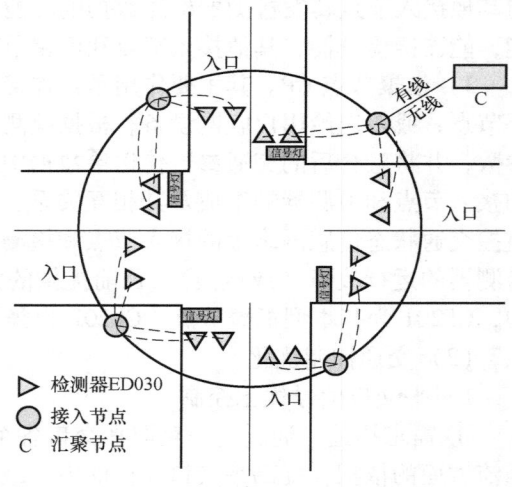

图 2-9　用于平交口信号优化控制的检测器部署示意图（三）

② 检测对象：主辅道出入口、匝道、辅道平交口各方向、各车道行驶的车辆及其行驶状态。

③ 获取信息

a. 各车道出入口平均车速、平均流量、平均排队长度、平均占有率、平均延误时间等。

b. 各方向出入口平均车速、平均流量、平均排队长度、平均占有率、平均延误时间等。

c. 主辅道出入口平均通行能力。

④ 部署方案

a. 车速、流量、占有率检测。每个车道部署一个检测器（ED030），主辅道出入口部署一个检测器（ED020），根据出入口车道总数、地理范围部署一个接入节点（AP101）或多个接入节点（AP102）和一个汇聚节点（CP201），汇聚节点输出交通检测参数给信号控制系统，或通过网络连接到交通指挥中心，如图 2-10 所示。

b. 排队长度和延误时间检测。根据排队长度和延误时间的检测要求以及实际交通情况，每个车道除部署一个 ED030 检测器检测车速、流量、占有率外，还需部署多个 ED020 检测器用于检测排队长度和平均延误时间，并且根据排队长度的可能范围，在每个方向上都需要增加一个或多个 AP102 接入节点来延长检测器的部署范围，如图 2-11 所示。

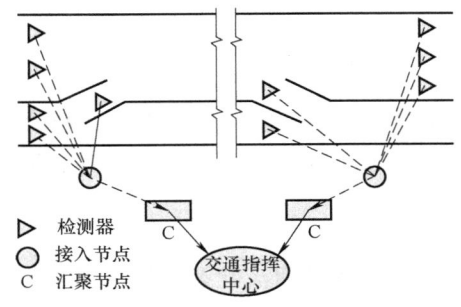

图 2-10 用于主辅道出入口信号优化控制的检测器部署示意图（一）

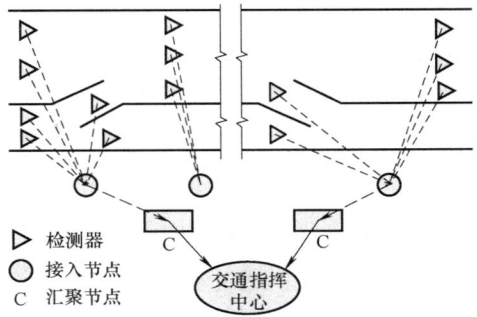

图 2-11 用于主辅道出入口信号优化控制的检测器部署示意图（二）

3）绿波带控制

① 需求描述：通过动态获取绿波带沿途的连续平交口各个方向的交通流状态，为交通配时优化和配时调整提供交通流方面的依据，实现道路的绿波带作用。

② 检测对象：绿波带沿途连续平交口各方向、各车道行驶的车辆及其行驶状态。

③ 获取信息

a. 各车道进出口平均车速、平均流量、平均排队长度、平均延误时间等。

b. 相邻平交口之间的平均行驶时间。

④ 部署方案：绿波带控制需要检测车速、流量、平均排队长度、平均延误时间等交通参数。根据车速、排队长度和延误的检测要求以及实际交通情况，每个车道除部署一个 ED030 检测器检测车速、流量外，还需部署多个 ED020 检测器用于检测排队长度和平均延误时间，并且根据排队长度的可能范围，在每个方向上都需要增加一个或多个 AP102 接入节点，用于增大接收检测器检测数据的地理覆盖范围，如图 2-12 所示。

4）优先通行控制

① 需求描述：通过动态获取平交口各个方向的交通流状态，特别是通过对

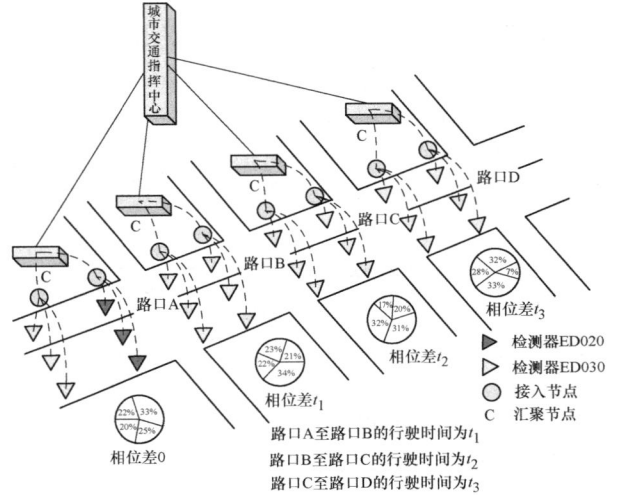

图 2-12 用于绿波带信号优化控制的检测器部署示意图

车型进行识别，检测出优先通行车辆（公交车），并优先为其提供通行信号，从而提高道路上优先通行车辆（公文车）的通行效率。

② 检测对象：各方向优先通行车辆（公交车）和专用车道（公交专用道、应急专用道等）上行驶车辆的状态。

③ 获取信息：各方向专用公交车道进入的公交车辆及数量。

④ 部署方案：优先通行控制需要检测车型，根据优先通行的控制要求，每个车道部署一个检测器（ED030），根据车道总数、地理范围部署一个接入节点（AP101）或多个接入节点（AP102）和一个汇聚节点（CP201），汇聚节点输出交通检测数据给信号控制系统或通过网络连接到交通指挥中心，如图 2-13 所示。

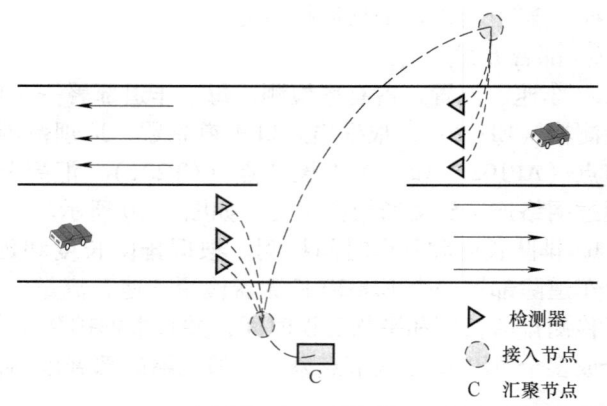

图 2-13　用于优先通行信号优化控制的检测器部署示意图

5）快（高）速路入口优化控制

① 需求描述：通过动态获取快（高）速路以及沿途各入口的交通流状态，为交通信号配时优化和配时调整提供交通流方面的依据，提高快（高）速路通行能力，保证快（高）速路畅通，并进一步为快（高）速交通和区域交通的优化控制提供交通流基础数据。

② 检测对象：快（高）速路各方向、各车道和匝道入口行驶的车辆及其行驶状态。

③ 获取信息

a. 快（高）速路各方向、各车道进出口平均车速、平均流量、平均排队长度、平均占有率、平均延误时间等。

b. 匝道的平均车速、平均流量、平均排队长度、平均占有率、平均延误时间等。

④ 部署方案

a. 车速、流量、占有率检测。快（高）速路和匝道每个车道部署一个检测器（ED030），根据车道总数、地理范围部署一个接入节点（AP101）或多个接入节点（AP102）和一个汇聚节点（CP201），汇聚节点输出交通检测参数给信号控制系统或通过网络连接到交通指挥中心，如图 2-14 所示。

b. 排队长度和延误时间检测。根据排队长度和延误时间的检测要求以及实际交通情况，每个车道除部署一个 ED030 检测器检测车速、流量、占有率外，还需部署多个 ED020 检测器用于检测排队长度和平均延误时间，根据排队长度的可能范围，在每个方向上都需要增加一个或多个 AP102 接入节点，用于增大接收检测器检测数据的地理覆盖范围，如图 2-15 所示。

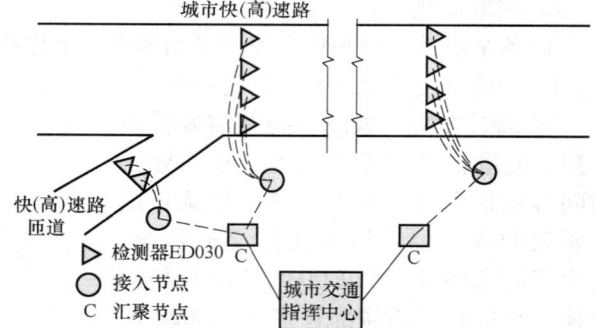

图 2-14　用于快（高）速路入口信号优化控制的检测器部署示意图（一）

6）区域信号优化控制

① 需求描述：通过动态获取该区域的各路段、平交口的交通流状态，为该区域的交通信

号配时优化和配时调整提供交通流方面的依据，提高区域总体的通行能力，并进一步为区域交通的优化控制提供交通流基础数据。

② 检测对象：该区域的各路段、平交口等行驶的车辆及其行驶状态。

③ 获取信息

a. 各路段、各方向、各车道进出口平均车速、平均流量、平均排队长度、平均占有率、平均延误时间等。

b. 各平交口进出口平均车速、平均流量、平均排队长度、平均占有率、平均延误时间等。

④ 部署方案：对于不同场合的系统部署方式可参照1）~5），在实际应用中还需要结合其他信息技术（如信号机控制、视频监控、GPS等），使管理者可从整个区域的层次整体把握交通状况，结合该区域所有接入节点和汇集节点所提供的路况信息（如有无交通事故、目前拥堵情况等），对该区域的交通进行控制，并通过信息显示、发布系统及时为驾驶人提供路况信息，从而起到尽快疏导车辆的效果，如图2-16所示。

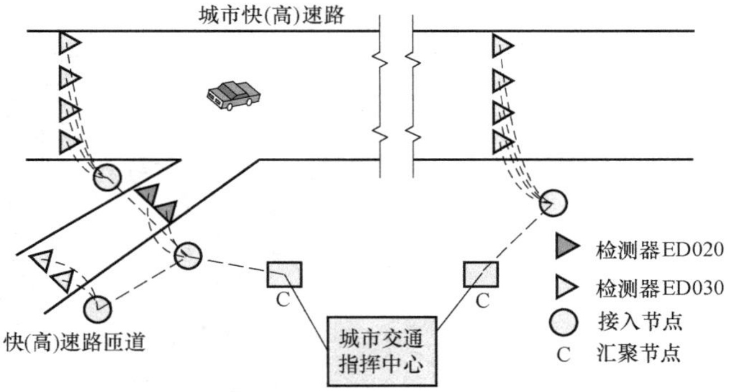

图2-15 用于快（高）速路入口信号优化控制的检测器部署示意图（二）

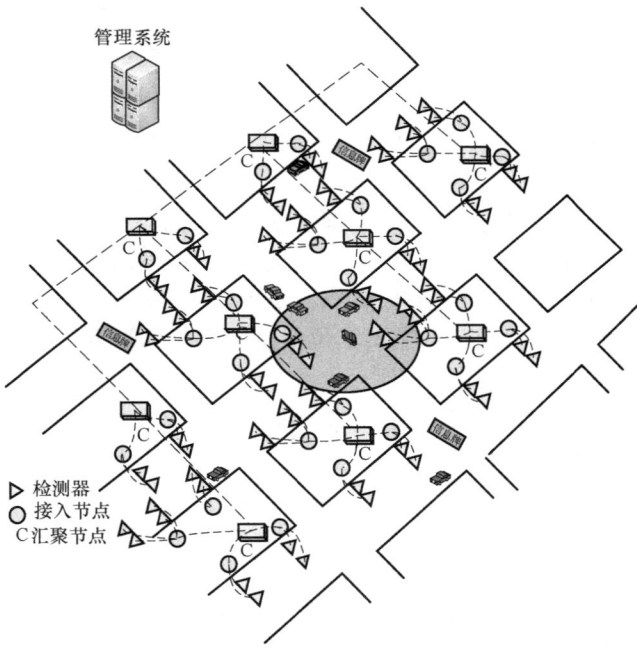

图2-16 用于区域信号优化控制的检测器部署示意图

（3）交通诱导服务

1）区域交通诱导

① 需求描述：通过动态获取该区域各路段、平交口的交通流状态，为区域内车辆驾驶人提供交通信息诱导服务，预防、缓解和绕避拥堵路径，从而提高区域的总体通行能力，保持和快速恢复路面畅通。

② 检测对象：该区域各路段、平交口等行驶的车辆及其行驶状态。

③ 获取信息

a. 各路段平均车速、平均流量、平均排队长度、平均占有率、平均延误时间等。

b. 各平交口平均车速、平均流量、平均排队长度、平均占有率、平均延误时间等。

④ 部署方案：平交口、路段的布置方式参照"交通控制优化"中的1）~5）。区域交通诱导可以为车辆驾驶人提供优化的道路引导建议，帮助其控制到达目的地的时间，如图2-17所示。

2）停车场管理与车位指示

① 需求描述：掌握停车场车位占用情况，发布空余车位个数和空余车位的具体位置，引

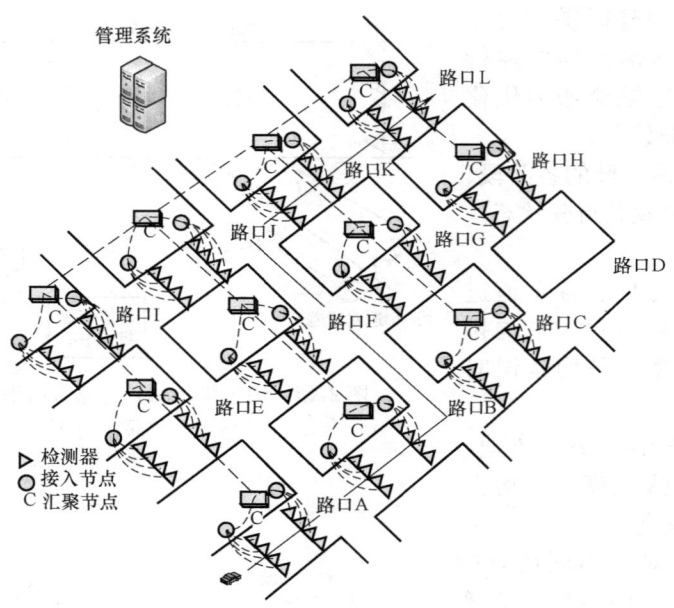

图 2-17 用于区域交通诱导的检测器部署示意图

导车辆准确停车,减少车辆等待与寻找车位的时间,实现停车场的自动化管理。

② 检测对象:停车场各车位的停车状态和进入车辆引导。

③ 获取信息:车位空闲信息、车辆驶入(沿车道)信息。

④ 部署方案:在每个停车位和车道导入关键点部署一个检测器(ED010),根据检测器分布情况部署一个接入节点(AP101)或多个接入节点(AP102),部署一个汇聚节点(CP201),汇聚节点输出车位信息给停车场管理系统,如图 2-18 所示。

3)停车场卡口控制

① 需求描述:自动检测车辆进出,并控制栏杆起落。

② 检测对象:停车场出入口车辆。

③ 获取信息:车辆达到和离开。

④ 部署方案:卡口控制需要检测车辆的到达和离开。根据卡口的设置,在出入口分别部署一个检测器(ED010)和一个接入节点(AP101),部署一个汇聚节点(CP201,可与停车场车位状态检测共用),汇聚节点输出车位信息给停车场管理系统,如图 2-19 所示。

4)大型客运站车辆引导服务

① 需求描述:准确掌握各区域(载客区、等候区、落客区)的车辆信息(车辆是否及时达到、目前区域车辆数目),实现客运站自动化管理。

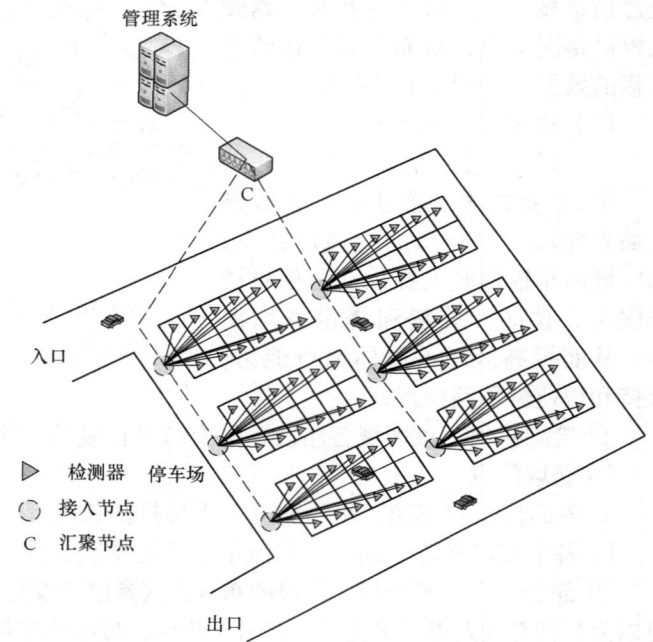

图 2-18 用于自动化停车场管理与车位指示的检测器部署示意图

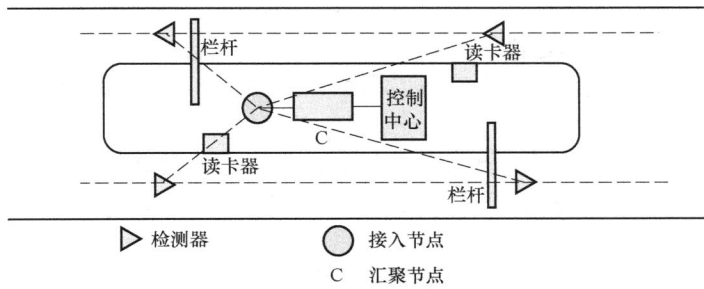

图 2-19　用于卡口控制的检测器部署示意图

② 检测对象：不同区域的客运车辆、通道车辆状态（停车、行驶）检测。

③ 获取信息：各区域车辆分布和目前所处的状态。

④ 部署方案：大型客运站车辆引导服务需要检测车辆的到达和离开，并对车辆行驶进行跟踪。根据车辆引导的要求，可在每个停车位部署一个检测器（ED010），根据检测器分布情况部署一个接入节点（AP101）或多个接入节点（AP102）和一个汇聚节点（CP201），汇聚节点输出车位信息给客运站管理系统，在实际应用中需要结合客运站内车辆管理系统的要求进行部署，如图 2-20 所示。

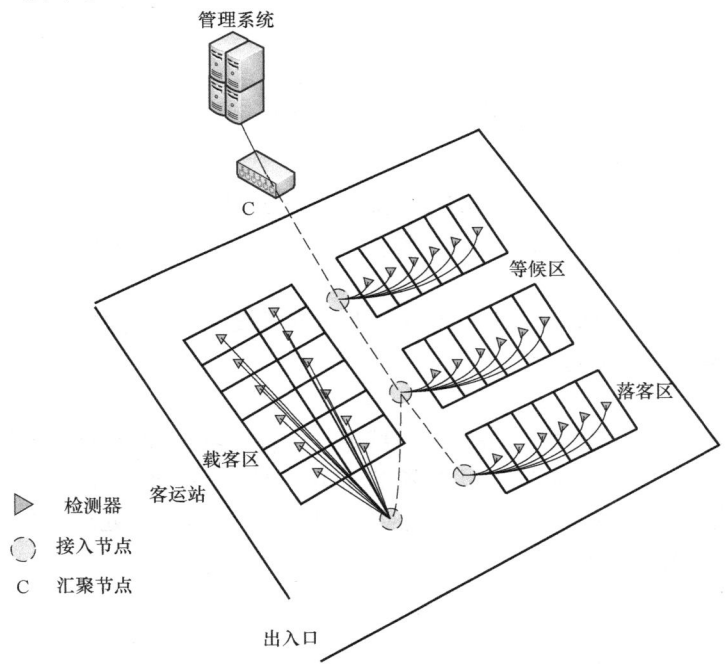

图 2-20　大型客运站检测器部署示意图

5）交通枢纽诱导服务

① 需求描述：通过实时动态获取枢纽区域的交通状态（车流和客流）以及相关交通工具（长途汽车、公交车、出租车、列车、飞机、地铁等）的运营情况（到发时刻、载客量等），为客运管理提供交通流量和载运工具数据，从而提高交通枢纽的营管能力。

② 检测对象

a. 枢纽区域内交通工具、旅客状态（停留、行驶、聚散等）。

b. 客流信息（由其他检测器进行检测）。

③ 获取信息

a. 枢纽区域内的交通流和客流信息。

b. 相关交通形式（长途汽车、公交车、出租车、列车、飞机、地铁等）的班次、载客量、售票信息等。

④ 部署方案。根据检测要求，针对停车场、候车通道、公交站等进行检测器部署方案设计，可视枢纽大小利用中心节点（CS）、汇聚节点（CP）、接入节点（AP）和检测器（ED）组成混合交通状态传感网络。

交通状态传感网络在大型交通枢纽的应用如图 2-21 所示。

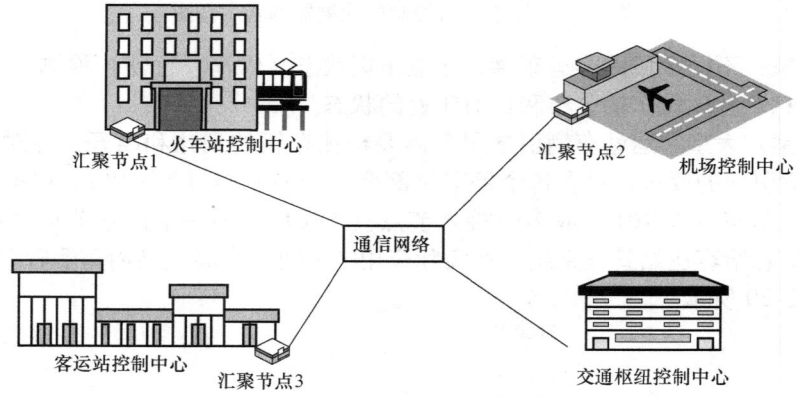

图 2-21　交通状态传感网络在大型交通枢纽的应用

6）快（高）速路交通诱导

① 需求描述：获取快（高）速路的交通流状态，及时为出行提供交通诱导服务。

② 检测对象：快（高）速路各方向、各车道行驶的车辆及其行驶状态。

③ 获取信息

a. 各方向和各车道平均车速、平均流量、平均排队长度、平均占有率、平均延误时间等。

b. 快（高）速路平均通行能力。

④ 部署方案

a. 车速、流量、占有率检测。每个车道部署一个检测器（ED030），根据检测器分布情况部署一个接入节点（AP101）或多个接入节点（AP102）和一个汇聚节点（CP201），汇聚节点输出交通检测数据给交通指挥中心，由交通指挥中心将检测数据处理成公众能理解的交通状况，再经广播、互联网、诱导屏等发布给公众，如图 2-22 所示。

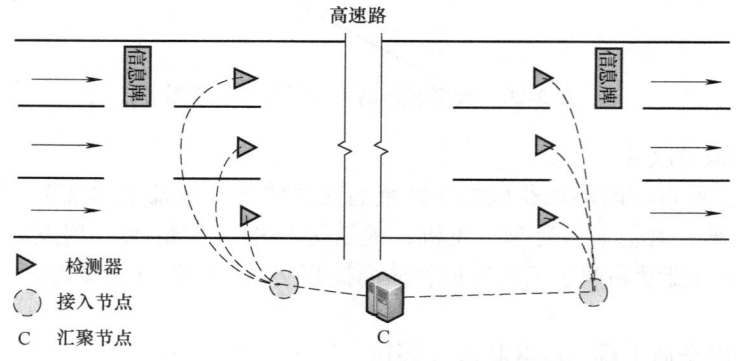

图 2-22　用于快（高）速路交通诱导的检测器部署示意图

b. 排队长度和平均延误时间检测（可检测该路段的交通状况是否良好）。每个车道除部署一个 ED030 检测器检测车速、流量、占有率外，还可连续部署多个 ED010（或 ED020）检测器检测排队长度和平均延误时间，向交通指挥中心和诱导屏输出路段交通状况检测数据，如图 2-23 所示。

7）智能公交诱导

① 需求描述：通过获取公交沿线的交通流状态以及公交车的位置信息，为候车乘客提供公交车运行信息，便于乘客出行。

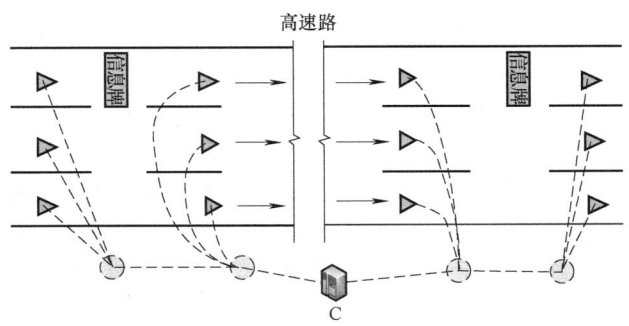

图 2-23　用于快（高）速路型交通诱导的检测器部署示意图（考虑排队因素）

② 检测对象：沿公交线路的车辆及其行驶状态、公交车本身的运行状态。

③ 获取信息

a. 沿公交线路各方向、各车道进出口平均车速、平均流量、平均排队长度、平均占有率、平均延误时间等。

b. 公交车的位置信息。

④ 部署方案：除在公交沿线部署必要的检测器外，还需要在每个公交车站部署至少一个检测器（ED030），部署的接入节点通过远程无线连接的方式连接到公交总站的汇聚节点，由公交总站根据检测信息控制信息站牌显示或进行公交车辆调度（结合车载 GPS），如图 2-24 所示。

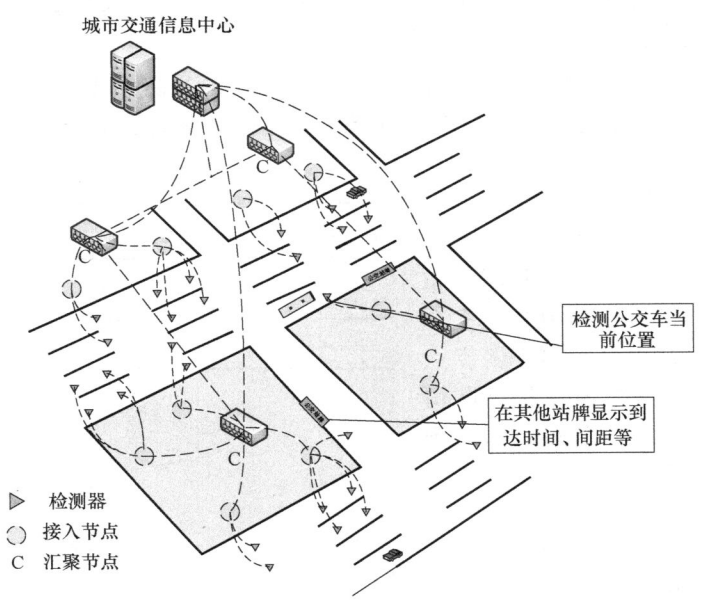

图 2-24　用于智能公交诱导的检测器部署示意图

(4) 交通应急与监管

1）平交口违章检测

① 需求描述：通过动态获取平交口各个方向的车辆行驶状态和交通流状态，根据车辆行驶状态异常所反映的车辆驾驶行为，及时判断和发现车辆违章和交通事故等，为快速处理事故及因事故造成的拥堵提供依据。

② 检测对象：平交口各方向、各车道行驶的车辆及其行驶状态。

③ 获取信息：结合信号机的不同状态，获取车辆停车或驶出状态。

④ 部署方案：在平交口流量检测的基础上，补充车辆行为检测的检测器（ED020），由汇聚节点或中心节点对交通行为进行分析，并将发现的可能违章和事故信息推送给交通指挥中心，再结合电子警察、视频跟踪等，为交通管理和指挥提供全方位的检测信息，如图 2-25 所示。

2）路段违章和事件检测

① 需求描述：检测路段上车辆行驶状态和交通流状态，根据车辆行驶状态和交通流状态异常所反映的车辆驾驶行为，及时发现车辆违章和交通故障，为快速处理违章和交通事故提供依据，提高对违章和交通事故的快速处理能力，实现对交通秩序的全方位监管。

② 检测对象：各方向、各车道行驶的车辆及其行驶状态。

③ 获取信息：各方向、各车道平均车速、平均延误等。

④ 部署方案

a. 超速检测（车速精确测量）。在每个车道一定间距的两端各部署一个检测器（ED010），根据检测器分布情况部署一个接入节点（AP101）或多个接入节点（AP102）和一个汇聚节点（CP201），结合电子警察等，为交通管理和指挥提供全方位的检测信息，如图 2-26 所示。

b. 事件检测与预警（非正常状态检测）。在每个车道一定间距的两端各部署一个检测器（ED030），根据检测器分布情况部署一个接入节点（AP101）或多个接入节点（AP102）和一个汇聚节点（CP201），采集车辆行驶速度和排队情况，通过车辆行驶异常情况判断和发现交通事件，如图 2-27 所示。

3）特定区域车辆检测

① 需求描述：通过获取特定区域车辆状态，为特定区域监管提供动态车辆检测信息。

② 检测对象：特定区域的车辆及其行驶状态。

③ 获取信息：车辆驶入、停留、驶离信息，结合电子警察系统获得车牌信息。

④ 部署方案

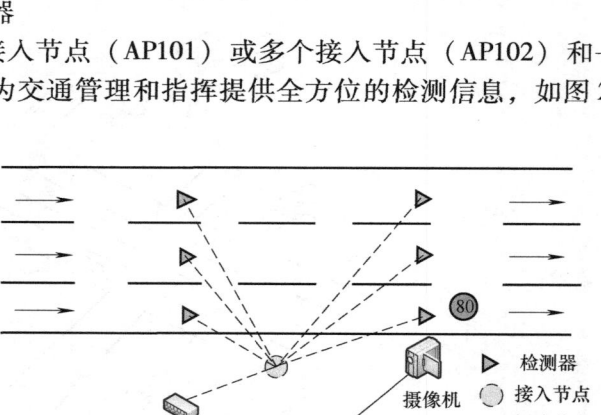

图 2-25　用于平交口违章检测的检测器部署示意图

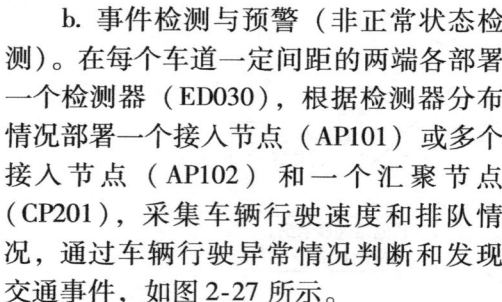

图 2-26　用于路段违章检测的检测器部署示意图

a. 驶入应急车道。在应急车道沿线部署检测器（ED010），根据检测器分布情况部署接入节点（AP101、AP102、AP103），部署一个汇聚节点（CP201），汇聚节点输出检测到的数据传输给交通指挥中心或电子警察系统，如图 2-28 所示。

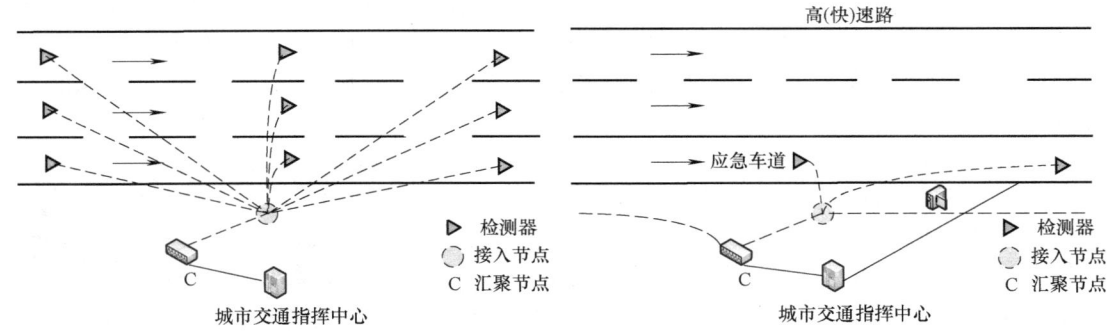

图 2-27 用于路段事件检测的
检测器部署示意图

图 2-28 用于路段违章（驶入应急
车道）检测的检测器部署示意图

b. 驶入公交专用车道的检测同应急车道检测。

c. 驶入禁行区域。在禁行区域部署一个或多个检测器（ED030），部署一个接入节点（AP101）和一个汇聚节点（CP201），汇聚节点将车辆驶入信息发送给电子警察系统或禁行区域监控系统，如图 2-29 所示。

d. 禁停区域停车。在禁停区域部署一个或多个检测器（ED010），部署一个接入节点（AP101）和一个汇聚节点（CP201），汇聚节点输出车辆检测信息给电子警察系统和禁停区域监控系统，如图 2-30 所示。

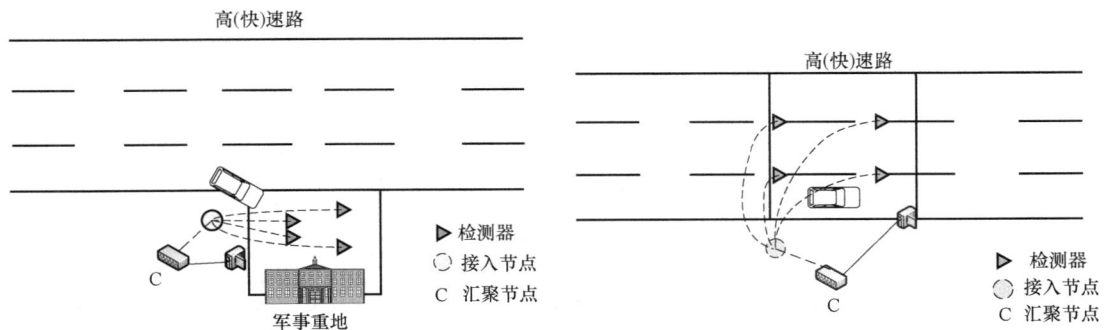

图 2-29 用于路段违章（驶入禁行区）
检测的检测器部署示意图

图 2-30 用于路段违章（禁停区域停车）
检测的检测器部署示意图

4) 关键道路基础设施和交通状态检测

① 需求描述：通过获取关键基础设施（如桥梁、隧道、路堑等）的服役状态和交通状态信息，为关键基础设施及其所处交通路段实施监管、及时发现交通事故和安全隐患提供依据，从而提高道路关键基础设施及其所处路段的交通安全保障能力。

② 检测对象

a. 关键道路基础设施（如桥梁、隧道、路堑等）和相应路段交通车辆。

b. 信息获取需要结合视频、应变、压力、位移、水位、温度、噪声等传感器，并与接入节点连接，现有检测器用于相关路段交通状态检测。

③ 获取信息：获取能反映道路关键基础设施的服役状态和相关路段交通状态的数据，如基础设施关键点的变形、位移、水位、温度、应变、裂缝、图像等，以及相关路段交通流量、车辆速度、交通事件等。

④ 部署方案：依据基础设施服役状态和交通状态监控要求，选取相应的传感器和交通状态检测器，通过接入节点（AP）、汇聚节点（CP）和中心节点（CS）组成传感网络，通过CP或CS将接收到的检测数据传送给监控系统，实现对关键基础设施及其相关路段交通状态的实时监控，如图2-31所示。

5）特定道路环境检测

① 需求描述：通过获取道路相关的环境信息（温度、湿度、光照、能见度、湿滑、气压、积水、积雪、结冰、噪声等），为交通管理和限行提示提供环境方面的依据。

② 检测对象：指定路段环境参数。

③ 获取信息：根据交通安全管理和监控的需要，结合环境参数传感设备，检测路段环境信息。

④ 部署方案：按路段和区域部署交通环境检测传感器，并通过接入节点（AP）、汇聚节点（CP）、中心节点（CS）构成交通环境检测传感网络，由CP或CS将检测数据传递给交通监控系统和交通环境信息提示系统，为交通管理服务，如图2-32所示。

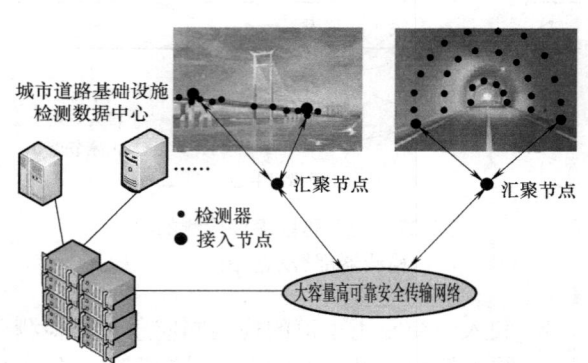

图2-31 用于关键道路基础设施和交通状态检测的检测器部署示意图

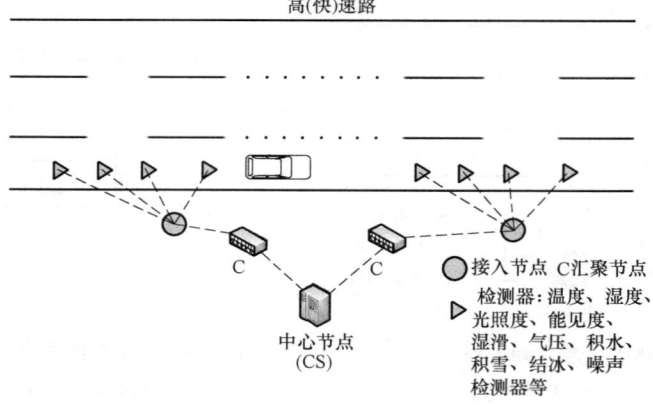

图2-32 用于特定道路环境检测的检测器部署示意图

6）长期交通状态调查

① 需求描述：长期交通状态调查需要花费大量人力和物力，应该采取自动化手段实现长期交通状态调查。

通过长期检测平交口、路段交通状态信息，可对交通管理优化（特别是交通信号配时优化、道路安全设施布局、标志标线设置等）提供长期数据积累，使交通管理更具有针对性。

根据长期交通状态调查，部署相应的检测器（ED010、ED020、ED030等），采集所需的交通状态数据，积累翔实的实际数据，为交通优化控制、服务诱导以及监管应急提供实测数据。

② 检测对象：检测指定的车道、断面、平交口、路段、区域通行车辆。

③ 获取信息：获取指定的车道、断面、平交口、路段、区域的交通流量、行车速度、排队长度、平均延误时间、车道占有率、实测通行能力等，并根据长期检测数据绘制各种交通参数的分布情况，为交通管理的信号设置和配时、安全设施部署、标志标线设置等提供参考依据。

④ 部署方案：针对长期交通调查目的，参考上述1）~5）的基本部署方案，结合视频、微波等检测技术，设计检测器及交通传感网络系统的部署及系统组成。

2.2 环形线圈感应式采集技术

2.2.1 环形线圈感应式采集技术的工作原理及特点

环形线圈车辆检测器是一种基于电磁感应原理的车辆检测器，由埋设在路面下的环形线圈、信号检测处理单元（包括耦合振荡电路、信号整形电路、检测信号放大电路、数据处理单元和通信接口等）及馈线三部分构成。环形线圈车辆检测器结构框图如图2-33所示。

通有交流电流的环形线圈埋在待检区域路面下，当车辆通过线圈或者停在线圈上时，引起回路电感变化，信号检测处理单元检测出该变化就可以检测出车辆的存在。电感量的变化表现为耦合振荡电路频率的变化和相位的变化，所以检测这个电感变化量一般来说有两种方式：一种方式是利用相位锁存器和鉴相器，对相位的变化进行检测；另一种方式则是利用计数器等对其振荡频率进行检测。本节将详细地介绍后一种检测方法。

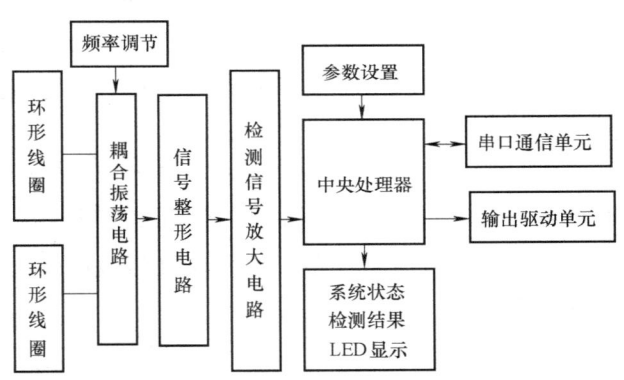

图2-33 环形线圈车辆检测器结构框图

环形线圈车辆检测器的主要优点是线圈电子放大器已标准化，技术成熟，测量准确度高；不足是线圈长时间埋在路面下，实际使用中由于路面物理位移（道路施工、热胀冷缩、重车碾压等）而造成的损坏居多，使用寿命较短。但美国现已研制出一种免维护型环形线圈系统，克服了以往环形线圈所存在的安装要求高、线圈易损坏等问题，能使线圈使用寿命保持在10年以上，这是环形线圈车辆检测器发展的一个飞跃，给其应用注入了新的活力。

1. 环形线圈的检测原理 环形线圈的结构如图2-34所示。其为一种8字形绕法的线圈，环形线圈与被测车辆通过电磁场相互耦合、相互影响。

根据电磁感应原理可知，当车辆处于环形线圈产生的交变磁场中时，就会在车辆内部产生感应电动势，并在车辆中形成闭合回路，产生感应电流，这种感应电流就称为涡流。涡流产生的磁场与环形磁场的方向相反，引起振荡回路的阻抗发生变化。从电路角度来看，一辆车不管它的形状多么复杂，当它通过环形线圈交变磁场时，在车体中引起的涡流是一定的，所形成的影响也是一定的，即车辆可以被等效地看成具有一定电路参数的电路。环形线圈和车辆的等效电路如图2-35所示。

在图2-35a中，车辆被看成一个由电感L_A和电阻R_A组成的短路环；环形线圈回路有电感L_P、线圈电阻R_P和正弦交流电压$U_m\sin\omega t$，U_m为交流电压的幅值，ω为电压角频率。图2-35a

中，i_P、i_A 分别为环形线圈回路和车辆回路中的电流；L_M 为环形线圈和车辆之间的互感，与环形线圈和车辆之间的位置有关。

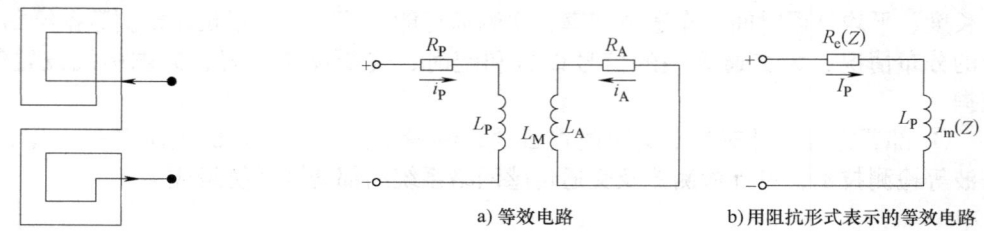

图 2-34　环形线圈（8 字形绕法）的结构

图 2-35　环形线圈和车辆的等效电路

a) 等效电路　　b) 用阻抗形式表示的等效电路

根据基尔霍夫电压环路定律，通过等效电路可以得到以下动态方程：

$$i_P R_P + L_P \frac{di_P}{dt} + L_M \frac{di_A}{dt} = U_m \sin\omega t$$
$$L_A \frac{di_A}{dt} + i_A R_A - L_M \frac{di_P}{dt} = 0 \tag{2-2}$$

当电路处于稳态时，i_P 和 i_A 都是按正弦变化的交流电，且角频率和电压角频率相同，为 ω，可以得到如下的用复数表示的稳态方程：

$$R_P \dot{I}_P + \omega L_P \dot{I}_P j - \omega L_M \dot{I}_A j = U$$
$$\omega L_A \dot{I}_A j + R_A \dot{I}_A - \omega L_M \dot{I}_P j = 0 \tag{2-3}$$

式中　$\dot{I}_P$、$\dot{I}_A$——与电流 i_P、i_A 对应的电流相量。

由式（2-3）的第二个等式可得到用 $\dot{I}_P$ 表示的 $\dot{I}_A$，再带入式（2-3）的第一个等式，可得等效阻抗为

$$Z = R_A + \frac{\omega L_M^2 R_A}{R_A^2 + (\omega L_A)^2} + \omega \left[L_P - \frac{(\omega L_M)^2 L_A}{R_A^2 + (\omega L_A)^2} \right] j \tag{2-4}$$

则图 2-35a 所示电路就等效成了图 2-35b 所示电路。在图 2-35b 中，$R_e(Z)$ 表示等效阻抗 Z 的实部，$I_M(Z)$ 表示等效阻抗 Z 的虚部。式（2-3）的虚部被称为等效电阻，其对应的等效电感为

$$L = L_P - \frac{(\omega L_M)^2 L_A}{R_A^2 + (\omega L_A)^2} \tag{2-5}$$

式（2-5）中的 L_P 与车辆材料的磁导率有关，第二项 $(\omega L_M)^2 L_A / [R_A^2 + (\omega L_A)^2]$ 与车辆中的涡流效应有关。通过式（2-5）可以得到阻抗中的等效电感的变化情况，式（2-5）中的负号表示电涡流效应是使线圈的等效电感量减小的。如果工作频率适当，当有车辆通过环形线圈时，等效电感的变化正是环形线圈车辆检测器所需要检测的参数。

2. LC 并联谐振电路的谐振频率　一般情况下，在环形线圈检测器中，谐振电路把等效电感 L 的变化转化为谐频率的变化输出。图 2-36 所示为 LC 并联谐振原理电路，其中的关键环节就是 LC 并联谐振电路，它的作用是把等效电感 L 的变化变换为对应频率的变化。

图 2-36 中，R 为等效电阻，相当于图 2-35b 所示的 $R_e(Z)$；$\dot{U}$ 为电压相量；$\dot{I}$ 为电流相量；L 则为式（2-5）给出

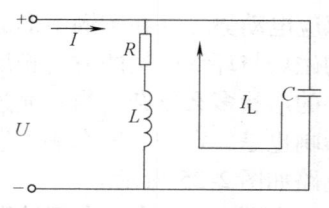

图 2-36　LC 并联谐振原理电路

的等效电感; $\dot{I}_L$ 为流经电感 L、电阻 R 和电容 C 组成的回路的电流相量。根据图 2-35 所示可知复数导纳为

$$Y = \omega C \mathrm{j} + \frac{1}{R + \omega L \mathrm{j}} \tag{2-6}$$

经过简化变为

$$Y = \frac{R}{R^2 + (\omega L)^2} + \left(\omega C - \frac{\omega L}{R^2 + (\omega L)^2}\right)\mathrm{j} \tag{2-7}$$

由式（2-7）可见，当并联电路导纳的虚部等于零时，电流与电压同相位，并发生并联谐振，令并联谐振的角频率为 ω_0，考虑实际情况，R 表示的等效电阻是很小的，则有

$$\frac{1}{\sqrt{1 + \left(\frac{R}{\omega_0 L}\right)^2}} \approx 1$$

由此，可得并联谐振的角频率的表达式为

$$\omega_0 \approx \frac{1}{\sqrt{LC}} \text{ 或 } f_0 \approx \frac{1}{2\pi\sqrt{LC}} \tag{2-8}$$

基于图 2-36 所示的 LC 并联谐振电路可以构成各种形式的 LC 振荡电路，LC 振荡电路输出的是频率为 f_0 的正弦信号。

由以上分析可见，车辆通过环形线圈时会引起等效电感 L 的变化，通过谐振电路就可以转变为谐振频率的变化，进而引起 LC 振荡电路输出的正弦信号的频率变化。

3. 频率f_0的估计方法　LC 振荡电路输出的正弦信号经过放大整形后得到方波信号，作为处理器的输出信号。处理器通过检测方波信号的频率，可间接获得 LC 振荡电路的输出频率。下面介绍两种估计频率 f_0 的方法。

（1）测频法。测频法就是在确定的一段时间内，记录待测信号的变化周期数（或计数脉冲的个数）N_X，利用得到的 N_X 就可以计算出待测信号的频率为

$$\widehat{f_0} = \frac{N_X}{T_\omega} \tag{2-9}$$

式中　$\widehat{f_0}$——待测信号频率的估计值。

（2）测周期法。在测周期法中，需要使用标准信号，如处理器的时钟信号。设该标准信号的频率为 f_S，如果在一个时间 $T_d = 1/f_0$ 内，且 $f_S > f_0$，记录标准信号的周期数为 N_S，则待测信号的频率为

$$\widehat{f_0} = \frac{f_S}{N_S} \tag{2-10}$$

测频法和测周期法的误差分析：这两种方法在计数值上能够产生的最大计数误差为 ±1。例如在测频法中，如果记录待测信号的变化周期数为 N_X，那么待测信号的真实频率满足下列不等式：

$$\frac{N_X - 1}{T_\omega} \leqslant f_0 \leqslant \frac{N_X + 1}{T_\omega} \tag{2-11}$$

在测周期法中，如果记录标准信号的周期数为 N_S，那么待测信号的真实频率满足下列不等式：

$$\frac{f_S}{N_S + 1} \leqslant f_0 \leqslant \frac{f_S}{N_S - 1} \tag{2-12}$$

通过以上分析可见,当待测信号的频率比较低时,测周期法比测频法的准确度高;当待测信号的频率较高时,为了获得较高的频率测量准确度,应采用测频法。

(3) 等精度测频法。等精度测频法是在上述测频法的基础上发展起来的,测量时间 T_ω 不是固定的值,而是被测信号周期的整数倍,即与待测信号同步,因此消除了对待测信号计数时产生的 ±1 的计数误差,可以实现整个测量频段内的等精度测量。

在测量过程中,有两个计数器分别对标准信号和待测信号同时计数。首先给出测量时间 T_ω 开启信号,此时计数器并不开始计数,而是等到被测信号的上升沿到来时,计数器才真正开始计数,然后在测量时间的关闭信号到来时,计数器也不立即停止计数,而是等到被测信号的下一个上升沿到来时才停止计数,到此一个测量过程结束。

可以看出,实际的测量时间与预设测量时间 T_ω 并不严格相等,但是其差值不会超过待测信号的一个周期,假设在一次实际测量时间内,计数器对待测信号的计数值为 N_X,对标准信号的计数值为 N_S,标准信号的频率为 f_S,则待测信号的频率为

$$\widehat{f_0} = \frac{N_X}{N_S} f_S \tag{2-13}$$

等精度测频法能够产生的相对误差可以表示为

$$\delta = \frac{|\widehat{f_0} - f_0|}{f_0} \times 100\% \tag{2-14}$$

在测量过程中,由于 N_X 计数起停时间是由该信号的上升沿触发的,故在实际测量时间内,N_X 的计数是无误差的,实际测量时间 τ 为

$$\tau = N_S \frac{1}{f_0} \tag{2-15}$$

在实际测量时间 τ 内,对标准信号的计数值为 N_S,N_S 最多相差一个计数误差,令计数误差为 ΔN_S,则有

$$|\Delta N_S| \leq 1$$

$$f_0 = \frac{N_X}{N_S + \Delta N_S} f_S \tag{2-16}$$

将式(2-16)和式(2-13)代入式(2-14)有

$$\delta = \frac{\left|\dfrac{N_X}{N_S}f_S - \dfrac{N_X}{N_S + \Delta N_S}f_S\right|}{\dfrac{N_X}{N_S + \Delta N_S}f_S} \times 100\%$$

$$= \frac{|\Delta N_S|}{N_S} \times 100\% \leq \frac{1}{N_S} = \frac{1}{\tau f_S} \tag{2-17}$$

由式(2-17)可知,这种测量方法的测量相对误差与待测信号的频率无关,仅与实际测量时间 τ 和标准信号 f_S 的频率有关,即实现了整个测试频段内的等准确度测量。还可以看出,实际时间越长,标准频率越高,测量结果的相对误差就越小。更进一步来讲,根据估计得到的频率值 f_0,利用式(2-17)即可得到等效电感的估计值为

$$\widehat{L} = \frac{1}{(2\pi f_0)^2 C} \tag{2-18}$$

2.2.2　环形线圈感应式采集技术在车辆检测中的应用

环形线圈车辆检测器是目前世界上应用非常广泛的一种检测设备。车辆通过埋设在路面下

的环形线圈时,引起线圈磁场的变化,检测器据此计算出交通流量、车速、时间占有率和行进方向等交通参数,并上传给中央控制系统,以满足交通管理与控制系统的需要。

1. 环形线圈车辆检测器的安装

(1) 线圈施工规范。在环形线圈车辆检测器的安装过程中,应按施工要求进行施工。根据气候等因素,在不同地区,敷设时的具体要求不同。

1) 线圈尺寸及材料。线圈尺寸取决于检测功能需求和实际道路宽度,一般埋设宽度不小于 0.5m,线圈匝数不少于 4 圈。一般情况下,推荐埋设宽度为 2m,长度(行车方向)至少 1m。

环形线圈是埋设于路面之下的,所以要求它应具有良好的耐热、耐寒、耐拉、耐蚀和柔韧性能,推荐使用聚氯乙烯尼龙护套线。

2) 线圈形状。根据电磁场理论,在线圈的平面上,磁力线在线圈的拐点附近比较集中,因此线圈拐点处的灵敏度比较高。线圈有多种切法,常用的有梯形线圈和平行四边形线圈。梯形线圈检测面积比较小,平行四边形线圈检测面积比较大。

① 矩形安装。两条长边与行车方向垂直,两端距道路边缘或分道线为 0.35~1.0m,线圈埋设长度(行车方向)为 1m,如图 2-37 所示。

② 倾斜 45°安装。长边与行车方向成 45°角,两端距道路边缘约为 0.2m,宽为 0.8m,如图 2-38 所示。

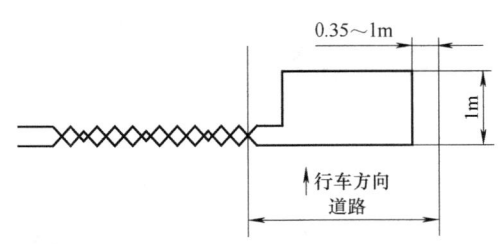

图 2-37 矩形安装示意图

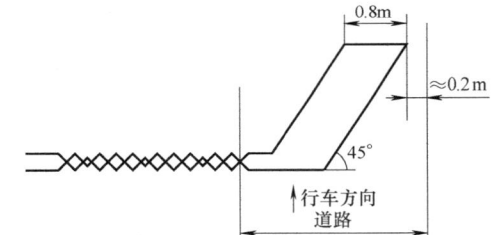

图 2-38 倾斜 45°安装示意图

③ 8 字形安装。适用于路面较宽(超过 6m)或滑动门检测的情况,该形状可分散检测点,提高灵敏度,如图 2-39 所示。

3) 线圈匝数。检测器工作在最佳状态下,线圈的电感应保持在 100~300μH 之间。线圈周长与线圈匝数的关系见表 2-1。

4) 输出引线。鉴于双绞线的输出引线将会引入干扰,使得线圈的电感变得不稳定,同时检测器的灵敏度会随着引线的增加而降低,因此要求输出引线不能过长,且引出电缆做成紧密双绞线的形式,要求最少每米绞 20 次。

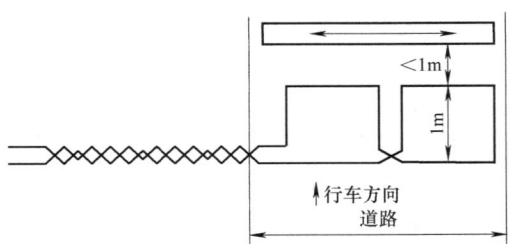

图 2-39 8 字形安装示意图

表 2-1 线圈周长与线圈匝数的关系

线圈周长/m	线圈匝数
<3	根据实际情况,保证线圈的电感保持在 20~2000μH 之间
3~6	5~6 匝
6~10	4~5 匝
10~25	3 匝
>25	2 匝

5）馈线。它是环形线圈的连接端到信号机之间的线缆，用于传输检测信号。馈线的质量与检测稳定性和灵敏度有直接的关系，因此不能随意选择线型，要求选用聚氯乙烯绝缘屏蔽电缆。在实际应用时，一般采用带有优质橡胶护套的 2.5mm² 铜芯屏蔽双绞线电缆（馈线长度为 300~500m）或 1.5mm² 铜芯屏蔽或非屏蔽双绞线电缆（馈线长度小于 300m），其双绞密度每米不少于 30 绞，电缆本身绝缘电阻大于 100MΩ/500V。

（2）埋设方法及注意事项。环形线圈常工作于单线圈埋设的情况下，但有些场合，如测速等，则用双线圈埋设，铺设过程和要求与单线圈大体相同。在双线圈埋设方式中，检测单元是铺设在路面下一前一后的两个线圈，线圈在车辆行驶方向上的长度是固定的，宽度可由实际路面决定。两个线圈的放置要有一定的距离，如图 2-40 所示。

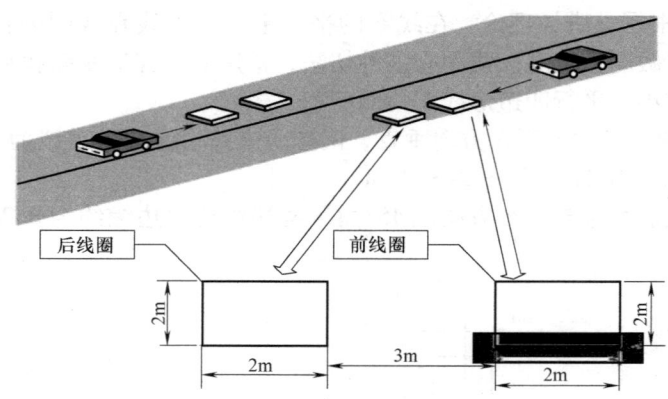

图 2-40　环形线圈检测器放置距离示意图

环形线圈车辆检测器必须安装在离探测线圈尽可能近且防水的环境里。环形线圈车辆检测器能否良好地工作，在很大程度上取决于它所连接的感应线圈。

线圈安装示意图如图 2-41 所示，具体铺设要求如下：

1）按规格，使用切路机在路面切出槽，槽宽一般为 5~15mm，由电缆直径决定；深度为 50~150cm。

2）在四个角上进行 45°倒角，防止尖角破坏线圈电缆。

3）从线圈至路边切一条引线槽。

4）绕制线圈。绕制线圈时必须将线圈拉直，但不要绷得太紧并贴紧槽底。注意，在线圈的绕制过程中，应使用电感测试仪测试线圈的电感，并确保线圈的电感在 100~300μH 之间。

5）沿引线槽将双绞线引至路边。

6）用沥青或软性树脂将切槽封上。

埋设好的环形线圈都应用 500V 绝缘电阻表（俗称兆欧表）测试其对地电阻，在 500V 直流电压下其绝缘电阻应大于或等于 10MΩ，线圈串联电阻小于 10Ω。环形线圈和馈线连接点建议用 TL - JTK - BV5 长形全绝缘（黄色）中间接头，用压接钳压接。接好后，两股接头用防水橡胶带紧裹数匝，并在表面

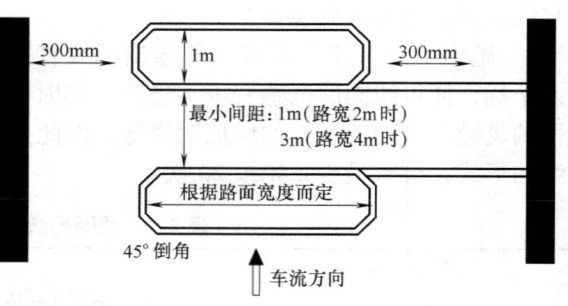

图 2-41　线圈安装示意图

涂上环氧树脂固化。馈线的屏蔽套必须可靠接地。

当环形线圈放置于钢筋混凝土的钢筋之上时，线圈至少在钢筋之上 5cm。安置线圈的槽内除了线圈本身之外不得有其他任何导体。安置的线圈应当离任何可移动的金属物品至少 1.4m 以上。

对于多车道并要在不同的车道下分别安装多组检测线圈的情况，在安装时还应该防止线圈串扰。所谓线圈串扰，就是当两个感应线圈靠得很近时，两个线圈的磁场叠加在一起，相互造成干扰。串扰会导致错误的检测结果和环路检测器的死锁。相邻的但属于不同感应器的线圈间可以通过以下措施消除串扰：

1) 将相邻的线圈间距加大，必须保证探测器线圈之间的间距大于 2m。
2) 相同的尺寸采用不同的线圈匝数，以改变线圈的工作频率。
3) 对线圈引出导线进行良好的屏蔽，屏蔽线必须在探测器端接地。线圈电缆和接头最好采用多股铜导线。在电缆和接头之间最好不要有接线端，如果必须有接线端，也要保证连接可靠，用电烙铁将它们焊接起来。导线线径不应小于 $0.5mm^2$，最好采用双层防水线，并且置于防水的环境中。

线圈槽的填充物：为了保证线圈的密封性和柔软度，推荐使用环氧树脂、聚酰胺树脂和邻苯二甲酯的混合物，当搅拌到 60~70℃ 时可进行线圈封装。如果路面是沥青路面，也建议底层使用环氧树脂的混合物，上层使用沥青。

在实际工程中，由于路面基础不同，所以埋设线圈的深度也有差异。在混凝土路面上埋设线圈时，严禁一个线圈跨越两块混凝土板面，否则线圈容易断裂，并且在布设线圈电缆之后应使用环氧树脂或特殊沥青封好路面。

2. 典型的环形线圈车辆检测器

（1）ST4S 检测器。德国西门子公司的 ST4S 环形线圈车辆检测器是针对城市和城际交通环境设计的，符合最新技术规范标准，并可与所有通用交通控制设备接口。

1) ST4S 检测器的功能

① 自调谐，积木式 3U 欧标板卡结构，符合英国 TR2512 标准接口定义。

② 4 路独立检测通道，高可靠固态继电器输出。

③ 用插值运算进行车速测量。

④ 灵敏度和存在时间可调，每个通道有三个灵敏度设置开关和一个存在时间设置开关。通过检测卡面板外置的开关，ST4S 检测器可以灵活地设置每个通道的灵敏度和存在时间。当配置为高灵敏度时，ST4S 检测器可以进行自行车检测。ST4S 检测器可将存在时间设定为 3.5s、4min、35min 或 4h。另外，每通道均为通过开关选择不同的线圈励磁频率，以消除相邻线圈间的串扰。

⑤ LED（发光二极管）节能显示模式。检测板配有若干 LED 指示灯，显示检测和故障状态。指示灯可以在超过预定的时间后关闭，以降低功耗。按动面板上的激活按钮可以恢复状态显示，并可以通过面板上的复位按钮、开/关电源操作和背板上的复位输入对检测器进行复位。

2) ST4S 检测器的主要技术参数。ST4S 检测器的主要技术参数见表 2-2。ST4S 检测器接口引脚编号及定义见表 2-3。

表 2-2 ST4S 检测器的主要技术参数

	物理参数		其他
产品规格	标准欧式单卡，160mm×100mm×25mm，四通道环形线圈检测器	安全标准	符合欧洲标准化委员会标准 EN60950

（续）

物理参数		其他	
灵敏度	7级,0.01%~0.1%	环境标准	机械和温度符合欧洲标准HD638,工作温度为-15~70℃,相对湿度为95%（无冷凝）
车速	0~129km/h		
线圈电感	20~1000mH,包括馈线		
推荐线圈截面积	105~205mm²		
最大线圈尺寸	150m馈线可覆盖6车道或300m馈线可覆盖3车道（按照101m长的V形布局)	电磁兼容	CE认证,电磁辐射和电磁敏感性符合欧洲标准EN50293
馈线长度	0~300m		
推荐线圈截面积	105~205mm²		
线圈电感调谐范围	50~300μH(含馈线电感)		
电源	AC/DC 24×(1±20%)V,120mA		
工作频率	20~110kHz		
输出方式	隔离固态继电器输出		
设计标准	设计符合英国标准TR2512		

表2-3 ST4S检测器接口引脚编号及定义

引脚	定义	引脚	定义	引脚	定义	引脚	定义
a1	通道1输出,常闭	a17	通道3输出,常开	b1		b17	
a2		a18		b2	通道1输出,公共端	b18	AC 24V电源
a3	通道1输出,常开	a19	通道3线圈	b3		b19	
a4		a20		b4		b20	通道3线圈
a5	通道1线圈	a21	AC21电源	b5		b21	PCB地址第1位
a6		a22		b6	通道1线圈	b22	通道4输出,常闭
a7		a23	通道4输出,公共端	b7		b23	
a8		a24		b8	通道2输出,常闭	b24	通道4输出,常开
a9	通道2输出,公共端	a25	SCI Txd	b9		b25	SCI Txd
a10		a26		b10	通道2输出,常开	b26	通道4线圈
a11		a27	通道4输出,公共端	b11		b27	
a12		a28	SCI Rxd	b12	通道2线圈	b28	SCI Rxd
a13	通道2线圈	a29	复位	b13		b29	PCB地址第2位
a14		a30	PCB地址第3位	b14	机箱接地	b30	DC 24V或DC 12V电源
a15	通道3输出,常闭	a31	+5V输出	b15		b31	PCB地址第4位
a16		a32	PCB地址第5位	b16	通道3输出,公共端	b32	直流电源,零电位

在实际应用中,如果检测器使用24V交流电压,检测器内部的0V参考电压来自桥式整流器的一个输出端。在ST4S中,由于控制电源经常与地面检测器电源相连,所以一种安全的预防措施就是将检测器的AC 24V电源一端接地。这样检测器内部的0V参考电压（DC 24V零电压端）上就会有50Hz交流信号。因此,在不同电路板之间,0V参考电压节点（引脚B32电压）一般是不同的,不应接连在一起,而且不能将其连接到控制器的0V参考电压或地段。如果需要将测试设备与检测器相连,在这种情况下,用户应避免将检测器内部0V参考电压端接地,否则将会损坏整流桥。

3）ST4S检测器主要参数的设定。ST4S检测器在设置时应确保以下连接的正确性：任何情况下,一对输入馈线只能接入同一个ST4S卡；管道和地面下的导线连接牢固。灵敏度、存在时间、频率选择的设置要遵循以下规定：

① 灵敏度。每个独立的检测通道有三个灵敏度设置开关和一个存在时间设置开关,都设置于检测器卡的面板上,应根据具体应用场合检测通道灵敏度的设置,见表2-4。

表 2-4 检测通道灵敏度的设置

S1	S2	S4	灵敏度 $\Delta L/L$	应用
ON	ON	ON	通道关闭	
OFF	ON	ON	0.01%	一般不使用
ON	OFF	ON	0.02%	感应控制机自行车检测、停止线
OFF	OFF	ON	0.04%	感应控制,无须自行车检测
ON	ON	OFF	0.08%	SCOOT 系统
OFF	ON	OFF	0.16%	一般不使用
ON	OFF	OFF	0.5%	一般不使用
OFF	OFF	OFF	1.0%	一般不使用

当其中某个通道不使用时,可以通过设置对应的三个灵敏度设置开关为"ON"状态来关闭该通道。这可以确保无检测信号输出,并且避免对其他正在工作的检测器造成干扰。

在设置或修改完成后,要按下复位按钮使更改生效。通常不推荐将灵敏度设置为 0.01%,因为它极易产生错误,但是在需要检测自行车的场合下可能需要进行这样的设置。

同时针对具体应用,表 2-5 给出了在一些应用场合下灵敏度的建议设定值,当遇到特殊的路面情况、线圈尺寸或馈线长度时,需要重新进行灵敏度计算。

表 2-5 灵敏度设置参考

应用	灵敏度	备注
交通信号感应控制或便携式信号	0.02%	需要进行自行车检测
人行道感应控制	0.04%	不需要进行自行车检测
停车场	0.04% 或 0.08%	通常不需要进行自行车检测
车速检测	0.04%	车速准确度不受灵敏度的影响
城市交通控制(交通流量、排队和占有率)	0.04% 或 0.08%	需要高配置,减少相邻车道之间检测器的影响
SCOOT 系统	0.08%	参阅 STC 线圈安装手册

② 存在时间。存在时间设置开关 S9 和工作频率选择开关(SW5~SW8,分别对应 4 个检测通道)布设在检测器板上。

存在时间开关 S9 和检测器面板上标志为 P 的开关设置要严格遵从表 2-6 的规定。

表 2-6 存在时间设置开关的应用

检测器面板上存在时间设置开关		检测器面板上的开关 P	检测通道的存在时间范围
S9/2	S9/1	P	—
ON	OFF	ON	3.5s
ON	OFF	OFF	4min
ON	OFF	ON	35min
ON	OFF	OFF	2h(英国不使用)

开关 S9/2 始终处于 ON 的状态,这个开关是为以后系统升级预留的。

③ 频率选择。在检测器面板上为每一个检测器通道设置了一个独立的 2 位开关(见表 2-7),可以分别设置在不同频率下工作,以最大限度地减少检测单元间的干扰。

表 2-7 工作频率选择开关的应用

工作频率选择开关	POS2	POS1	频率
SW5(或 SW6、SW7、SW8)	OFF	OFF	HIGH
	OFF	ON	↓
	ON	OFF	↓
	ON	ON	LOW

当控制柜机架上插有多套检测器板卡时，可以按照以下方式进行设置：机架中第一块检测器板卡的 SW5～SW8 全部设置为 OFF 状态，使其工作在高频率点上；紧邻的另一块检测器板卡的 SW5～SW8 全部设置为 ON 状态，使其工作在低频率点上；此后的检测器板卡的 SW5～SW8 全部设置为 OFF 状态。以此类推，使其工作频率设置在高、低交错的状态，以最大限度地减少彼此间的相互干扰。

在将所有参数设置好后，应确保通电至少 10min，然后观察前面板"检测"LED 的状态。当有车辆经过时，LED 指示灯应亮起。注意，在任何时间，LED 灯都不应该处于闪烁状态。

目前，在北京市道路交通控制系统中，特别是在 SCOOT 系统中，广泛采用了 ST4S 检测器。

（2）IR100 系统。IR100 是南非 Nortech 公司生产的一款基于环形线圈检测器的智能道路交通事件检测系统，是专门为高等级公路交通流检测及交通事件检测而设计的。该系统可实时提供准确的交通数据，也可按照预设的时间段存储数据并定时上传，适用于高速公路、城市主干道的断面交通数据采集。

1）IR100 系统的特点

① IR100 系统可输出多种数据，包括交通流量、车速、车道占有率、车长、行车时距等。

② 采用 90MHz 32 位高性能微处理器。

③ 8MB 数据存储区。

④ 连接 12 组线圈或 24 个单线圈。

⑤ 数据预处理时间可按 5s～1h 进行设置。

⑥ 数据上传周期有 5s、10s、30s、1min、5min、15min、30min、1h，以数据块方式上传。

⑦ 系统负载能力可达约 60000 个节点（255 网段×234B，即 59670B）。

⑧ 系统实时检测各个检测器、各个线圈的工作状态，并能实时报警。

⑨ 具有逆向行车的单车报警或逆向交通流检测功能。

⑩ 系统中的 TD634ES 检测器内设时间同步器，彻底消除串扰。

2）IR100 系统的设备组成

① 四通道车辆检测器 TD634ES。TD634ES 是一个全新的快速、准确、可靠的四通道环形线圈车辆检测器。它可以准确检测道路上的所有车辆，适用车速高达 200km/h 以上，可充分满足道路车辆事件检测系统在测量车辆车速与间距时的最高要求。

② SC600E 处理模块。SC600E 与各检测器板卡的数据交换提供智能管理，在任何情况下，SC600E 可以在 100μs 内"捕获"并存储线圈状态的变化。

③ NP601 通信模块

a. 采用 90MHz 32 位高性能微处理器，具有 8MB 数据闪速（Flash）存储区，大容量存储单元可满足长时间段（间隔 60s，24 个线圈，大于 10 天）的数据存储需求。

b. 可设定为 5s、10s、30s、1min、5min、15min、30min、1h 周期累计，隔 30s（可调）以数据块的方式上传。

c. 具有多种通信接口，除现场的 RS-232 配置检测口外，交通数据接口可以选择 RS-232、RS-485 和 10Base-T 以太网接口，并支持 TCP/IP 协议，易于和计算机联网，以减少集成商开发的工作量。

d. IR100 系统地址设置范围可达约 60000 个节点。

e. 数据传输速率为 300～115200bit/s。

④ PS224B 电源模块及 19in（1in = 0.0254m）机架与背板。

3）IR100 系统主要性能指标

① 检测车速范围：0~200km/h。
② 车辆计数准确度：>99%。
③ 占有率准确度：>95%。
④ 检测、处理并存储各个车道交通数据的时间间隔：5s、10s、30s、1min、5min、15min、30min、1h，可调。
⑤ 交通数据上传周期：5s、10s、30s、1min、5min、15min、30min、1h，可调。
⑥ 交通数据存储时间：大于10天。
⑦ 数据传输速率：300~115200bit/s。

IR100系统从2000年进入我国以来，已广泛用于我国多条高速公路、公路隧道、桥梁的交通监控项目中，表现出非常好的技术性能。

3. 环形线圈车辆检测器在电子警察系统中的应用 电子警察系统又称为闯红灯违章自动监控系统，一般包括数据采集、视频抓拍、违章确认、数据上报、处罚等子系统，主要安装于城市交通平交口，24h全天候对闯红灯的机动车辆进行自动识别与抓拍，并对闯红灯违法车辆进行记录。公安交通管理部门以抓拍的违章照片为依据，对违章者进行处罚和教育，这样可以大大提高机动车驾驶人的自觉性，增强安全意识，保证道路畅通。

（1）系统组成。电子警察系统由指挥中心管理部分、通信网络部分和平交口控制部分组成，通过有线和无线通信相结合的网络数据交换体系进行信息传递。指挥中心管理部分主要实现对平交口设备、网络的监控，并对抓拍的图像、数据进行处理；通信网络部分实现平交口控制部分和指挥中心管理部分的数据及图像信息的传输；平交口控制部分通过摄像机抓拍机动车辆闯红灯的图像信息，并将图像信息传送至指挥中心管理部分，如图2-42所示。

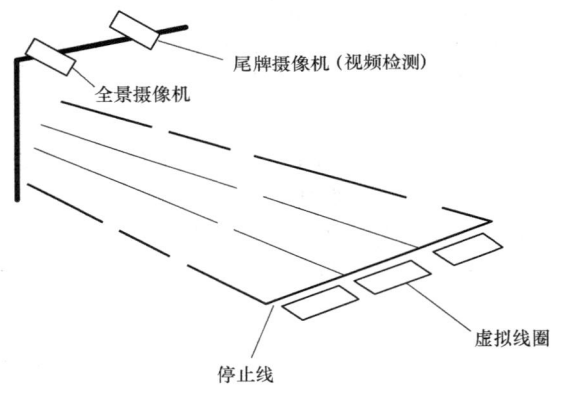

图2-42 电子警察系统平交口控制部分

（2）检测器的布设。《闯红灯自动记录系统通用技术条件》（GA/T 496—2014）中规定，不对绿灯、黄灯相位通过停止线的机动车进行记录。同时，为了避免闯红灯相位期间由对向的通行机动车误触发所产生的无效图像，往往要求车辆检测器具有机动车通行方向判断功能。因此，这就要求车辆检测器在同一车道上要有两个检测点。电子警察系统原理框图如图2-43所示。

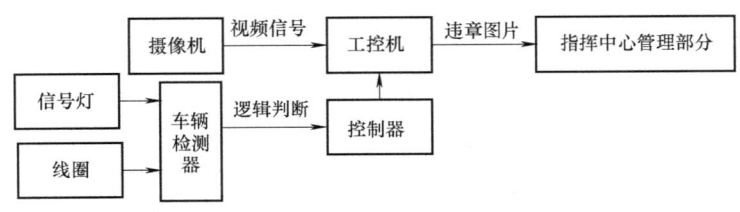

图2-43 电子警察系统原理框图

（3）闯红灯抓拍工作原理。环形线圈车辆检测器一旦检测到车辆进出线圈，就会给控制器输出相应信号。控制器同时和车辆检测器、红绿灯相连。红绿灯信号通过光耦隔离转换成标准TLT电平输入。控制器时刻监控车辆检测器输出的车辆通过线圈的情况和红绿灯信号的状态，一旦有闯红灯的车辆出现，控制器就会给工控机输出信号，控制违法抓拍和违章图片的上传。

4. 环形线圈车辆检测器在 SCOOT 信号控制系统中的应用 在现代交通信号控制中，区域控制、自适应控制等信号控制手段正在快速取代基于传统的单点多时段的信号控制模式。快速增长的交通需求和交通管理的需要，都非常迫切地要求交通管理部门能够根据路面的实时交通状况，自动调整路面的交通流，提升平交口的通行速率。准确、快速的交通流检测是其中的关键环节之一。环形线圈车辆检测器作为最成熟、最可靠、成本最低廉的检测手段，在信号控制系统中一直被业界广泛采用。

绿信比、周期、相位差优化技术是方案形成式控制方式的典型代表。SCOOT 信号控制系统是一种对交通信号网施行实时协调的自适应控制系统，1975 年由英国运输与道路研究所研制成功，目前全世界超过 170 个城市正运行着该系统。我国第一套 SCOOT 系统应用于北京市建国门外地区，所控制的区域包括 39 个平交口。目前，SCOOT 系统在大连、青岛、成都、武汉等城市都有应用。

（1）SCOOT 系统的构成。SCOOT 系统是通过连续检测道路网络中平交口所有进口交通需求来优化每个平交口的配时方案，使平交口的延误和停车次数最小的动态、实时、在线信号控制系统。其硬件组成包括 3 个主要部分：中心计算机及外围设备、数据传输网络、外设装置（包括交通信号控制机、线圈检测器或视频检测器、信号灯等）。

软件大体由 5 个部分组成：
1）车辆检测器数据的采集和分析系统。
2）交通模型（用于计算延误时间和排队长度等）系统。
3）配时方案参数优化调整系统。
4）信号控制方案的执行系统。
5）系统运行状态实时监测系统。

以上 5 个子系统相互配合、协调工作，共同完成交通控制任务，如图 2-44 所示。

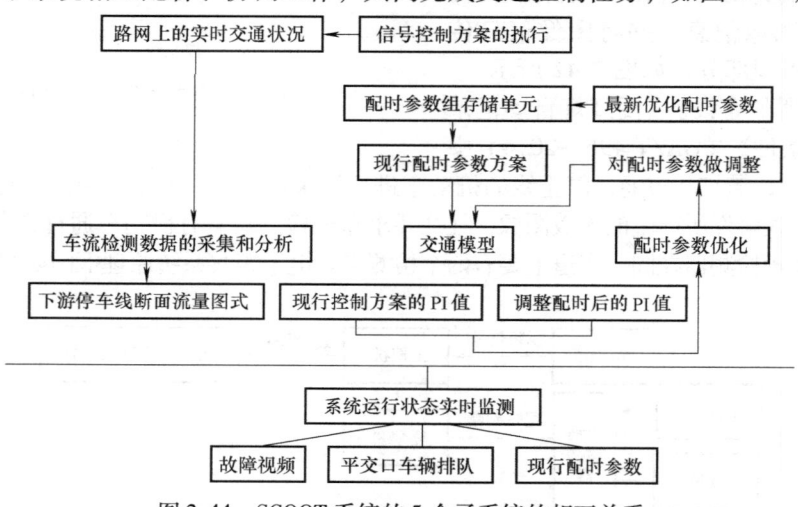

图 2-44 SCOOT 系统的 5 个子系统的相互关系

（2）SCOOT 系统交通信息的采集与处理。传统上 SCOOT 系统一般采用环形线圈车辆检测器采集交通信息，目前在北京市大多采用的是西门子 ST4R/ST4S 环形线圈车辆检测器。随着视频技术的发展和交通控制系统对交通信息需求的丰富，部分地区的 SCOOT 系统已采用了视频车辆检测器用于信息的采集。

1）环形线圈的布设原则。在 SCOOT 系统中，环形线圈车辆检测器或其他检测器是用来检测某个具体连线（Link，指检测线圈到停止线的有向线段）上的车流的。一个连线可能需要多个检测器采集数据。一个检测器通常覆盖 1 条或 2 条车道，所以 3 条车道的道路至少需要 2 个检测器。原则上要保证接受 SCOOT 系统控制的每一股车流的实时动态情况均能被正确地检测，即接受专用信号相位控制的每一股车流都要有一个检测线。同理，非直接由 SCOOT 系统控制的连线上（如按固定相位差与相邻平交口同步运行的信号灯控制行人通过的街道）也可以不专设检测器。

一个 SCOOT 系统的环形线圈车辆检测器的线圈宽度为 2m（沿车流方向），这是检测车流最合适的长度。在 SCOOT 系统中，一般要求通向平交口的进口车道都要设置检测器。环形线圈车辆检测器设置在上游段，距停止线的距离为 80~150m。没有条件配置上游检测器的，可将环形线圈车辆检测器设置在停止线前。

SCOOT 系统环形线圈放置位置示意图如图 2-45 所示。

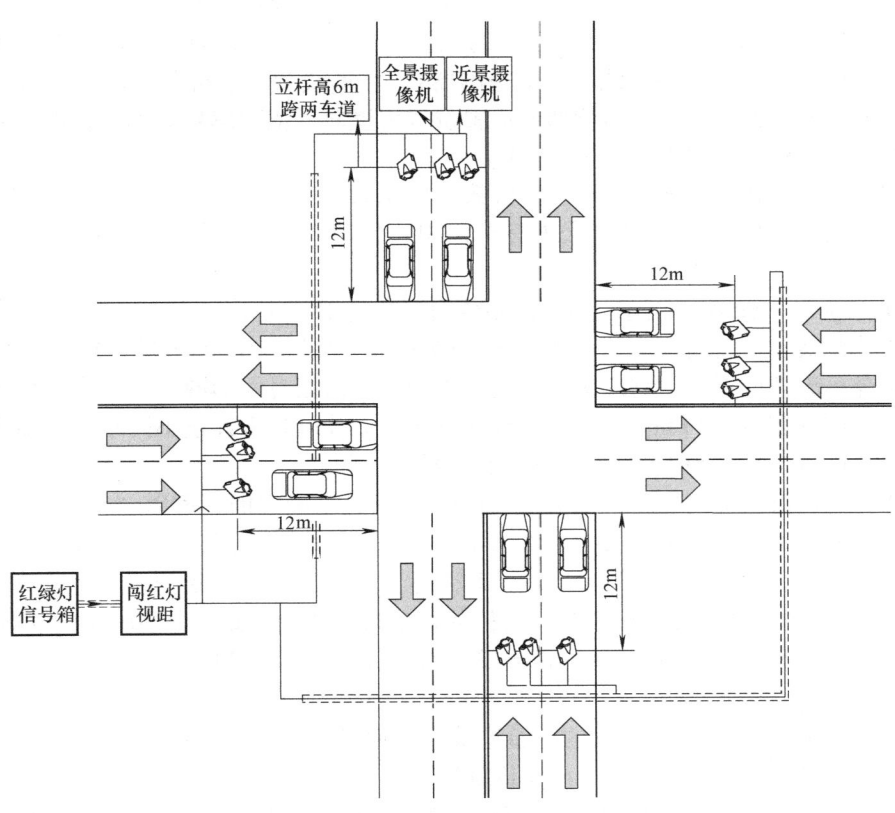

图 2-45　SCOOT 系统环形线圈放置位置示意图

在 SCOOT 系统中，环形线圈车辆检测器的设置还要考虑以下因素：

① 通过环形线圈的车辆行驶速度。为了正确反映路网上车流运动的实时情况，要求环形线圈的设置位置应在通常无阻滞的地段，即通过环形线圈的车流的速度大致等于或接近车流平均速度，偏差不超过 ±20%。如果把检测器的环形线圈设置在下游停止线附近，显然是达不到要求的。但是，若将其设置得过于靠近上游平交口，同样也达不到要求的效果。因此，通过实践，一般将环形线圈设置在上面提到的上游路段，距停止线的距离为 80~150m。对于平交口上游行人过街信号灯杆下的管线来说，环形线圈至少要离行人过街通道 25~30m。

② 受阻滞车队的队尾位置。SCOOT 系统的正常功能之一是防止路网上交通拥挤和堵塞的发生，尤其要防止受阻滞车队蔓延至上游平交口乃至堵塞上游平交口的情况发生。一旦发生上述异常情况，控制系统应能立即察觉，并十分快速地做出反应。为此，环形线圈应尽可能向上游路段设置，要设置在预计可能出现的最大排队长度之外。

③ 支路汇入车流。有些连线（路段）中途有非灯管平交口，一些从支路上来的车辆随机地汇入该路段，而且车流量较大，其日交通量占主路车流日交通总量的 10% 以上。在这种情况下，对环形线圈的布设位置也应多加考虑，可把环形线圈设在支路汇入点的下游。若汇入点离下游停车线太近，则应当采取分设环形线圈的方法。

④ 左转车流。对于左转车辆的检测有两种情况：一种是在远离停止线的上游方向提前设置左转车道标志，左转车流在上游就和直行车流分道行驶，传感器仍可以按常规设置在上游；另一种情况，左转车流只在靠近停止线的渠化段才和直行车分开，这时，检测左转车的环形线圈就只能设置在出口断面处。这种方法虽不及第一种方法好，但也能向系统提供较为满意的左转车流数据，只不过所提供的数据总是滞后于实时交通一个周期的时间。

2) SCOOT 系统中环形线圈车辆检测器的配置。平交口每个方向最多设置 4 个环形线圈车辆检测器（右转车道不设置环形线圈车辆检测器）。环形线圈车辆检测器的编号规则是：平交口每一个方向按照环形线圈车辆检测器的设置位置由里向外依次编号。例如，由南向北方向车道的检测器由里向外编号依次为 S1V、S2V。

3) SCOOT 系统中环形线圈车辆检测器数据的采集及应用。在 SCOOT 系统中，每一个检测器的采样周期是 250ms，以 "1" 代表有车，"0" 代表无车，采样数据每隔 1s 上传 1 次，每次上传 4bit 信息。

SCOOT 系统是一种实时自适应系统。不同种类的车辆到达停止线断面的排列次序是随机的，无法预计在某一时间内到达几辆什么车型的车辆。因此，在 SCOOT 系统中采用实测流量图式来对混合车流进行折算，它以交通流量和检测器被占据时间的混合量作为计量单位，取名为 "连线车流图式单位"（Link Profile Unit，LPU）。使用 LPU 来计量不同车型的随机混合车流所形成的交通负荷，这是 SCOOT 系统的一个重要的特点。

检测器流量是根据检测器状态从 OFF 到 ON 的次数来确定的，即以 "0"（可以是连续多个 "0"，个数不限）为分割符，以连续的 "1"（"1" 的个数不限，可以是单个 "1"）构成 1 个字串，在这 1 个字串中，对连续出现的 "1" 按 "7、6、5、4" 赋予权重，换算出 LPU 值。字串中如果 "1" 的个数超过 4 位，超过的位数则忽略不计，因此一个字串对应的最大 LPU 为 22。例如："11" 表示 LPU = 1×7 + 1×6 = 13；"111111" 表示 LPU = 1×7 + 1×6 + 1×5 + 1×4 = 22。

SCOOT 系统中采用 LPU/h 表征的交通流量可以通过当量因子转换成实际的交通流量，一般取 1veh = 12~17LPU，系统默认 1veh = 17LPU。

SCOOT 系统以交通流为观察目标，根据检测数据与需求截面图相结合来预测停止线处的排队长度，每 150s 优化一次（平峰时 300s 优化一次）来动态寻求最佳控制。

在 SCOOT 系统中，通过检测器还可以获得检测器占有率（检测器 0.25s 占有的次数与整个时间段的比）和车辆占有率（通过检测器占有率除以检测器流量获得的，提供车辆的平均占有率，单位为 ms/veh）等参数。

同时，SCOOT 系统通过检测器是否被连续占用或没有被占用来检查检测器是否出现故障。如果一个状态连续 5min 没有改变，则把检测器设置为 "疑点" 状态，其相对的阶段复位到所设定的默认值。如果检测器又开始正常工作，则检测器的显示回归到 "正确" 状态，并且开始优化工作。如果 30min 后检测器依然显示为 "疑点" 状态，则 SCOOT 系统将把检测器设定为故障状态,并要求操作员或时间表命令重新设置检测器。

5. 环形线圈车辆检测器在城市快速路出入口信号控制系统中的应用 城市的道路网系统一般由常规的城市道路系统、城市快速路系统、高速公路系统组成。城市快速路作为高速公路和城市主干道的衔接,一般起着连接城市中心商业区和机场、码头、车站等大型公共设施的作用。特别是疏散内部交通压力的放射状快速路,一般都与区域交通网络连接。通过合理科学的监控手段,提高快速路的监控水平,提高车辆的运行效率,是缓解城市道路拥堵的重要措施之一。

(1) 检测器的设置位置。环形线圈车辆检测器在快速路出入口匝道处应根据控制算法中的需求设置。作为信号控制检测环节,一般情况下在出入口上游或下游50~80m之间设置环形线圈车辆检测器。此外,在出口的辅路上下游也应设置环形线圈车辆检测器,在出口匝道或者入口匝道的出入口处有时也需设置环形线圈车辆检测器。

1) 城市快速路入口匝道信号控制系统中检测器的设置。一般需设置匝道排队检测器、上游检测器、下游检测器、汇入检测器等采集交通数据,如图2-46所示。

① 匝道排队检测器。匝道排队检测器的设置需根据匝道长度而定。如果匝道较短,或者与匝道相连接的城市地面道路距离高速公路较近(不超过150m),匝道排队检测器需要设置在距离入口匝道与城市地面道路相连接点约50m处,以保证入口匝道上的排队车辆不影响城市地面道路的通行。如果匝道较长或者与匝道相连接的城市地面道路距离高速公路较远(大于150m),匝道排队检测器应设置在距离入口匝道停止线100m处。当匝道

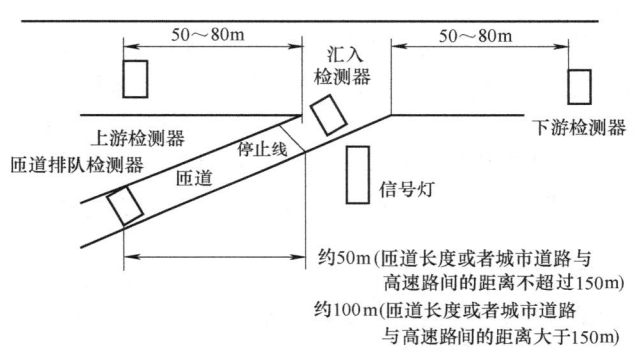

图2-46 入口匝道检测器的设置

排队检测器被车流长时间占有时,说明车辆排队已至匝道排队检测器的位置。

② 上游检测器。上游检测器设置在高速路上的入口匝道上游处,距离入口匝道汇入处50~80m,用来检测上游交通流量、占有率。

③ 下游检测器。下游检测器设置在高速路上的入口匝道下游处,距离入口匝道汇入处50~80m,用来检测下游交通流量、占有率。

④ 汇入检测器用于检测车辆是否顺利地汇入快速路主路。

2) 城市快速路出口匝道检测器的设置。对于出口匝道与相连辅路而言,应确保出口匝道流量与辅路流量总和不超过出口匝道下游辅路路段瓶颈处的通行能力,这样才能避免出口匝道与辅路车流间的相互干扰,采取的办法是在辅路安装信号灯调节辅路车流的运行,确保出口匝道的车辆及时驶出。

以一个典型的城市快速路的出口匝道为例,设置图2-47所示的用来采集交通数据的出口匝道检测器和辅路下游检测器。

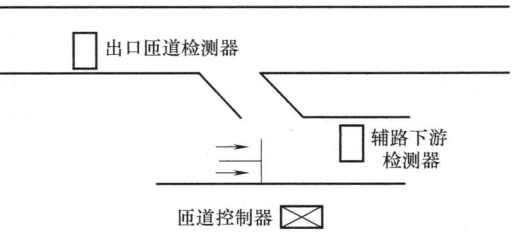

图2-47 出口匝道检测器和辅路下游检测器的设置

① 出口匝道检测器。出口匝道检测器设置在高速路上的出口匝道上游处,距离入口匝道汇合处50~80m,用来检测上游交通流量、占有率。

② 辅路下游检测器。辅路下游检测器设置在高速路上的入口匝道下游处,距离辅路匝道停止线 50~80m,用来检测辅路下游处的交通流量及占有率。

(2) 一种快速路入口交通信号控制方法。下面介绍一种基于道路水平的快速路入口交通信号控制方法。

1) 道路服务水平计算。道路服务水平是衡量交通流运行条件以及驾驶人和乘客所感受的服务质量的一项指标,通常根据交通量、车速、行驶时间、驾驶自由度、交通间断、舒适性和方便性等指标确定。道路服务水平反映了道路在某种交通条件下所提供运行服务的质量水平。

检测器将采集的交通数据传输至信号控制器,由信号控制器对其进行分析、计算,首先计算上下游交通流量,然后根据预设的道路饱和流量计算流率(流率 = 当前流量/饱和流量),然后计算占有率,根据流率和占有率两项数据,综合上下游数据进行加权,总数据 = 上游数据 × 0.4 + 下游数据 × 0.6。

2) 控制策略。信号控制器根据交通数据分析结果会自动选择控制方式,实现动态控制,具体如下:

① 首先判断流率和占有率的增长情况。当出现流率已经停止增长或者下降而占有率仍然继续增长的情况时,需要对入口匝道采取关闭措施,即信号灯保持在红灯状态,不给入口匝道通行权。

② 如果占有率小于 20%,说明此时车速较高,车辆行驶畅通。在此情况下,信号控制器会采取匝道开放措施,即信号灯保持在绿灯状态,一直给入口匝道通行权,直至占有率超过 20%。

③ 当占有率值大于 20%,而又没有出现流率已经停止增长或者下降而占有率仍然继续增长的情况时,信号控制器采取基于排队长度的多入口匝道协调控制。

基于排队长度的多入口匝道协调控制思想是:为了避免个别入口匝道上的车辆排队过长而影响到与其相连的城市地面道路的交通,对各个入口匝道进行排队检测,使排队长度较长的入口匝道多放行一些车辆,排队长度较短的入口匝道少放行一些车辆。这样既不会增加入口驶入高速路主线的总体车辆数,也不会导致某些入口匝道上的车辆排队过长而影响与其相连的城市地面道路的交通。具体实现方法如下:当检测到某个入口匝道排队检测器长期被车流占有时,说明此入口匝道排队长度过长,需请求其他入口匝道协调控制。此时,该入口的信号控制器会向其相邻的信号控制器发送协调请求,相邻的信号控制器收到协调控制请求后,首先判断自身入口匝道上的车辆排队是否过长,如果排队长度没有超过匝道排队检测器位置,则响应协调控制请求,响应方法为,在下个周期放行入口匝道车辆时绿灯放行时间减少 4s,并且向发送协调控制请求的信号控制器回传响应信息;如果自身入口匝道排队长度已经过长,则再向相邻的其他信号控制器转发此协调请求。发送协调控制请求的信号控制器收到其他信号控制器回传的响应信息后,在下个周期放行入口匝道车辆时绿灯放行时间增加 4s。

在信号控制器对入口匝道的控制方法中,如果周期过大、入口匝道绿灯放行时间过长,会导致车辆汇入主线困难,浪费绿灯放行时间;周期越小,车辆汇入效率越高。所以,为了使入口匝道上的车辆更容易汇入主线,对一般的入口匝道周期设置最大值为 160s,同时设置周期最小值为 20s。周期会随着上下游检测器所采集的占有率变化而变化,周期变化幅度为每步 20s,见表 2-8。

表 2-8　周期的选择与占有率的关系

周期/s	占有率(%)
160	$20 < Q_C \leq 25$
140	$25 < Q_C \leq 30$

(续)

周期/s	占有率(%)
120	$30 < Q_C \leq 35$
100	$35 < Q_C \leq 40$
80	$40 < Q_C \leq 45$
60	$45 < Q_C \leq 50$
40	$50 < Q_C \leq 55$
20	$55 < Q_C \leq 60$

3) 绿灯放行时间调整方法。正常情况下，绿灯放行时间（单位为s）计算如下：

$$绿灯时间 = 周期 \times (1 - Q)$$

式中　Q——流率。

响应协调控制请求时绿灯放行时间计算如下：

$$绿灯时间 = 周期 \times (1 - Q) - 4$$

请求协调控制并得到响应时绿灯放行时间计算如下：

$$绿灯时间 = 周期 \times (1 - Q) + 4$$

当一次入口匝道放行开始时，即一个周期开始时，绿灯放行时间开始计时，直到绿灯放行时间结束，计时结束。如果绿灯放行期间，入口匝道与快速路主线中间的汇入检测器到放行的车辆没有顺利汇入主线，计时也会结束，即绿灯放行时间结束。这样可以避免车辆汇入主线困难，浪费绿灯放行时间。

2.3　视频采集检测技术

对于交通管理人员，平交口的电视图像是最直接的交通信息，同时也是最大的交通信息源。国外从20世纪70年代起就开始了运用视频检测技术检测交通参数的研究，并在理论和实践方面取得了丰硕的研究成果，从20世纪90年代起进入了商业化阶段，成熟产品如美国的Autoscope系列产品、ITERIS系列产品，英国的Peek系统等，它们代表了视频交通领域研究的最高水平，并覆盖了大部分的市场份额。我国的视频检测系统是在世界智能交通热的推动下逐渐发展起来的，还处于初级阶段。目前，我国较成熟的产品有川大智胜公司的基于PC平台实现的视频采集系统、清华VISATARAM系统和哈尔滨工业大学的VTD3000视频交通动态信息采集及事件分析仪等。当前，国内外院校、公司纷纷将产品研发方向转向于基于数字信号处理（Digital Signal Processing，DSP）的嵌入式平台开发。

由于感应线圈检测器技术成熟、计数精确，因此传统的交通数据是通过在路面上铺设感应线圈检测器采集的。但是，感应线圈检测器的缺点也是非常明显的，例如为实现交通信息的采集，每个车道都要单独埋设线圈；线圈的安装需要在路面开槽，在一定程度上影响路面寿命；感应线圈易受到重型车辆、路面维修及路面热胀冷缩等因素影响而遭到破坏，因此维修难度较大。正是由于感应线圈的上述缺点，使得大面积安装这种检测器存在很大的困难。

相比之下，基于视频图像处理的交通信息采集作为一种新兴的检测技术，已受到国内外的广泛重视。视频采集检测具有图像监控和交通数据采集双重功能，其灵活性要大于感应线圈，并且视频采集设备还可以移到新的地方使用，无须破坏路面。视频采集检测的基本思想是：通过摄像机采集道路现场图像，并利用数字视频处理技术获取道路交通信息。随着图像处理技术的发展，视频采集检测技术已经走向市场，应用到交通管理工作中。

2.3.1 视频采集检测技术的工作原理及特点

1. 视频采集检测系统的组成　视频采集检测属于非接触式的检测方法，是利用视频、计算机及现代通信等技术，实时对交通动态信息的采集。

图像检查是指利用拍摄的视频图像，采用模式识别和图像处理技术，识别图像中的行人或车辆。视频采集检测系统通过安装在平交口或路段的摄像机采集交通图像，再进行图像处理，得到车流量、瞬时车速度、指定时间段内的车速统计平均值、车型分类、占有率、平均车距等交通动态信息，并可对监控范围内的交通事件自动报警，从而为交通的信号控制、信息发布、交通诱导、指挥提供实时、动态的交通信息。通常一台摄像机可观测多车道，视频采集检测系统可以处理多个摄像机拍摄的数据。视频采集检测技术对视频交通图像数据处理及特征提取都是实时进行的，其处理过程如图 2-48 所示。视频交通信息采集系统的摄像机对车辆进行拍摄，将拍摄到的图像进行存储并数字化，对图像初步处理，去掉多余信息，接着对图像进行分区，对各分区图像进行处理，提取特征信息，根据特征信息进行车辆计数、分类，根据相邻图片得到车速、车流量等交通参数，最后在拍摄区域内跟踪所辨识出的车辆。视频采集检测技术中交通图像处理通常有两种算法：第一种是将摄像机拍摄的区域分成若干小区域，视频采集检测系统对各小区域进行图像处理，小区域可以与车道垂直、平行、斜交。由于视频采集检测系统的一个摄像机的检测区域可跨多车道，所以一个视频采集检测系统可以代替许多环形线圈车辆检测器或其他检测器，对更大区域进行车辆检测；另一种是连续跟踪在摄像机拍摄区域内行驶的车辆，通过对车辆的多次图像信息采集，如果确定车辆图像不变，就对车辆图像进行记录并计算其速度和车辆排队长度。

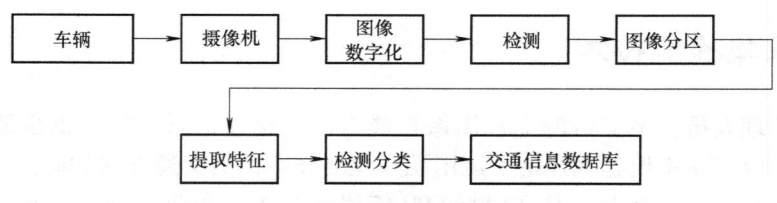

图 2-48　视频交通图像数据处理过程

视频采集检测对摄像机有一定的要求，其中频率与分辨率的要求与一般电视监视系统的要求是一样的。摄像机一般安装在路面上方或路中间的分隔带上，通常安装于现成的杆柱、桥梁或建筑物上。为了准确获得速度、车头时距等参数，要求摄像机必须准确安装，镜头离地面高度至少超过 7m，以避免被测车辆在摄像机的视野中被另一车辆遮挡。其工作流程如下：①将摄像机安装在合适的高度（7~20m）；②摄像机输出接到视频检测器；③在摄像机画面上设置检测线和检测区；④通过图像处理板经特殊算法测到交通数据；⑤通过视频压缩板和通信板、线圈检测器得到的图像和数据可传到远端控制中心；⑥最后得到的叠加有交通数据的视频图像、交通数据则可通过通信口输出。

视频采集检测最基本的任务就是对道路上行驶的各种车辆进行检测，几乎所有的交通参数的获取都源于对车辆的检测，而车辆检测的关键就是运动目标检测。已有的基于视频处理的运动目标检测与提取技术，根据不同的分类方式可以有不同的分类。从所使用的摄像头数目来看，可以分为单目视觉和多目视觉。单目视觉只采用一个摄像头来获取运动场景中的视频图像，而多目视觉则采用两个或两个以上的摄像头同时获取运动场景中的视频图像，利用不同的摄像头的视觉差可以获得运动场景更多的信息。根据所采用的技术不同，常用的基于视频原理的运动目标检测和提取技术有立体视频分析法、邻帧差法及背景帧差法。

（1）立体视频分析法。立体视频分析法采用两个或两个以上的摄像头来获取运动场景的图像，与人眼类似，单目或多目视觉在各视场之间存在一定的偏差，利用这个偏差就可以恢复出目标的高度或深度信息，因此比普通的单目视觉系统要多输出一些信息。立体视觉分析法能够提供很好的检测效果，尤其是当多个运动目标间距之间有部分被遮挡时，能够很好地将它们分离开来。另外，立体视觉分析法能够很好地判断出运动目标和它的阴影之间的区别，从而避免将阴影也判断成运动目标。但是，立体视觉分析法至少需要两个摄像头，而且要考虑多个摄像头之间在采集图像时的同步问题，因此硬件成本比单目视觉要高很多。立体视觉在软件上需要对摄像头采集到的图像进行标定，以消除摄像机参数不同对图像造成的影响，因此从时间复杂度上说，立体视觉分析法需要较多的运算时间。

（2）邻帧差法。邻帧差法是把两幅相邻帧相减，滤出图像中的静止事物，通过阈值化来提取运动信息。基于邻帧差法的运动检测对场景中的光线渐变不敏感，较好地克服了外界背景的不确定因素，检测有效且稳定，但一般不能提取所有相关的特征像素点，在运动实体内部容易产生空洞现象。检测位置不够精准，特别是当目标的运动速度较快，在相邻帧之间的运动位移较大时，这种方法将导致差分图像中运动变化区域内被覆盖和显露的背景区域较大，从而极大地影响运动目标区域的准确提取。

（3）背景帧差法。背景帧差法的基本思想是：先形成交通场景的背景图像，然后将待检测图像逐像素相减（理想情况下的差值图像中非零像素点就表示了运动物体），进而就可以运用阈值方法将运动物体从背景中分离出来。背景帧差法一般能够提供最完全的特征数据，但需要建立初始背景，而且对于动态场景的变化（如光照和外来无关事件的干扰等）特别敏感。为了确保检测的稳定性和可靠性，需要不断地更新背景来消除这种影响。此外，背景帧差法应考虑路况，车辆不能过多，以确保更新的背景真实可靠。这种方法不适合平交口进口车道处和车距较小的情况，因为突然停止的车辆会导致背景瞬间变化，引起较高的误判率。

2. 视频采集检测系统的功能　基于视频采集检测技术的视频采集检测系统能提供三类交通信息。

（1）实时交通数据：车速、车辆数、车身长度及车队长度等。

（2）统计性交通数据：平均车速、车流量、道路占有率等。

（3）交通事故信息：车辆延迟时间过长、车道占有率过高、车队队列过长、违法停车、车辆闯红灯等，并可起动高解像数字摄像机，拍下违反交通规则的车辆号码。

视频检测系统还能够直接探测在摄像机焦距范围内的交通异常状况，如交通拥挤、交通堵塞和交通事故等。当视频检测系统检测到某个检测点有交通异常状况时，它将发出报警信息。控制室的操作员获得报警信号后，可以将显示的视频输出信号切换到该检测点的有关摄像机，以便核实和验证异常交通状况。

3. 视频采集检测技术的优缺点　视频采集设备，安装方便，摄像机可以覆盖较宽的区域，能够进行真正意义上的大区域检测。在智能交通系统中，将视频采集检测技术用于道路交通流量、车型分类统计、车速等数据采集是较为适用的，但若用于更多的交通情况调查，如出行信息、OD调查等，就显得无能为力了。

视频采集检测技术的优点是：设备易于安装和调试，系统维护费用低，不破坏路面，施工时基本不会影响交通；单台摄像机和检测器可以检测多车道信息；能实时进行各种车辆违章行为的采集及各种交通异常状况的采集和报警，如拥堵及事故等；具有图像可视和交通数据采集双重功能。

视频采集检测技术的缺点是：大型车辆遮挡随行的小型车辆时，会因为摄像机高度和检测域距离设置不当而造成漏检；交通流参数的检测会因为检测环境（如雪、雾、雨、风等恶劣天气环境)、阴影、昼夜变换、能见度及照明条件等因素的影响而产生误差。

2.3.2 视频采集检测技术在车辆检测中的应用

随着计算机技术和微电子技术的快速发展,视频采集检测技术作为智能交通管理系统领域中重要的信息采集手段之一,对提高道路管理水平、降低交通事故发生率有着至关重要的作用。目前,其在智能交通领域的应用主要集中在以下几个方面:

(1) 交通综合检测系统。交通综合检测器利用各种先进的图像处理算法和计算机智能优化算法对所采集的视频图像进行处理,能够对各种交通事件、事故(如火灾、车辆行驶、交通拥堵、车辆逆行、车辆排队超限、低能见度检测等情况)进行自动检测和监控,同时,可以用来检测各种基础交通数据,如车流量、车速、车道占有率、排队长度等,可应用于高速公路或城市道路采集交通数据进行交通控制和交通信号控制。采用交通综合检测器,能够实时地进行交通参数检测、交通事件报警,以及交通事件记录、传输、统计和诱导,从而有效地对道路交通进行管理,提高公路网的交通运输能力,为道路交通安全管理和道路运营提供极大的帮助。

(2) 电子警察系统。广义上的电子警察系统包括机动车闯红灯检测系统、超速违章检测系统、移动式车辆侦查系统、公交车道检测系统、压双黄线检测系统、非机动车道行车检测系统、逆行禁行车辆检测系统及紧急停车带行车检测系统等。电子警察系统的出现可以大大缓解因违章行为导致交通事故增加与警力少和警务人员劳动强度大的矛盾,有效地抑制由于人为违章引起的交通事故。尤其是近年来,大中城市加快电子警察系统的建设,很多中小城市也开始进行城市道路监控。电子警察系统的建设,使交通监控已经成为安防行业增长最快的领域。图2-49所示为某平交口的违章抓拍效果。

(3) 交通卡口系统。交通卡口系统是智能交通系统的子系统。它采用先进的光电子技术、图像处理技术及模式识别技术对城市主要出入口和主要路段过往的每一辆车都拍下图像,对车牌号码、行驶方向、车速及通行时间等各种数据进行自动记录。

图2-49 违章抓拍效果

(4) 城市停车诱导系统、出入口及停车场识别系统。随着交通拥挤、堵塞、事故、环境污染等问题成为难以解决的现代化社会问题,改变交通状况的研究越来越受到各国政府的重视和民众的关心,"停车难"日益成为制约我国大中城市发展的瓶颈。利用现代科学技术,引入城市停车诱导系统,可在节省巨大建设费用的同时,改善"停车难"的状况。出入口及停车场识别系统能够在车辆出入口时自动记录车辆号牌,并记录车辆照片,极大地方便了车辆的进出管理,减少了车辆进出的等待时间,提高了系统的工作效率。

实践表明,视频采集检测系统的功能不同于单纯的环形线圈车辆检测器,它能够准确地完成交通流量检测、数据收集、交通堵塞和交通事故的自动检测与报警,比其他交通检测技术能够采集更多、更全面的数据,实现了真正的大区域交通检测。随着图像处理技术的进步和其他相关技术的发展,以及检测功能的扩展和系统成本的降低,视频采集检测技术必将得到不断的提高和更为广泛的应用。

2.4 微波采集检测技术

本节重点介绍两类发射波中心频率工作在微波频段的车辆检测器,即雷达测速仪和远程微波交通检测器。

2.4.1 雷达测速仪

雷达是指一种进行无线电检测和测距(Radio Detection and Ranging)的电子设备。其基本原理是:雷达设备的发射机通过天线把电磁波射向空间的某一方向,处在此方向上的物体反射遇到的电磁波,雷达天线接收此反射波,根据发射和接收的发射波提取有关该物体的某些信息(如目标物体至雷达的距离、距离变化率、或径向速度、方位、高度等)。

雷达系统自始至终都是首先服务于军事应用的。20 世纪初雷达的概念开始兴起,几十年间经历了模拟雷达、数字雷达、数字相控阵雷达等多个主要的技术发展阶段,其产品种类繁多,分类方法复杂。除了军事上的用途之外,现在雷达无损检测技术还广泛应用于隧道衬砌以及地质情况的检测方面。其实质是一种特高频电磁波发射与接收技术:将自身激振产生的雷达波直接发射到道床和路基中,通过波的反射与接收得到道床和路基的采样信号,再经过硬件、软件及图文显示系统得到检测结果,可分析道床和路基的病害发生地点及变化趋势。1989 年,加拿大人 Dan Manor 第一次将雷达技术应用于交通领域。

根据雷达波探头测得的雷达波的反射波的强弱,可以检测出车辆是否存在。还可以利用多普勒效应检测车辆的车速,并且根据车辆的经过时间和速度可以计算出车辆的长度,从而可以判别车辆的车型。雷达波车辆检测器安装示意图如图 2-50 所示。

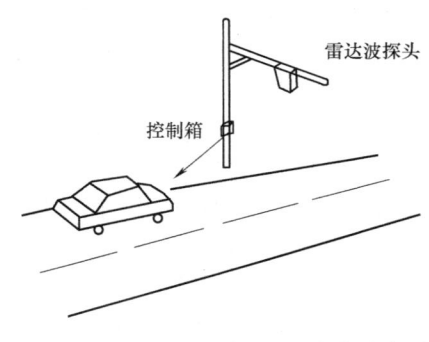

图 2-50 雷达波车辆检测器安装示意图

在使用雷达波车辆检测器时,要受到雷达波的频率以及雷达波强度、能引起电波干扰的有害电波等的限制。发射信号的频率大约是 13.4GHz,车速检测范围为 4~120km/h。车的种类可根据车的长度来判定,车的长度在 9m 以上的判定为大型车。其检测特性基本上和超声波车辆检测器相同。因为可以实时测得每辆车的车速,所以可以将其应用到高速行驶的车辆警告系统以及交通信号灯的绿灯到黄灯的切换时间的传感控制系统中。

目前在智能交通领域,应用最为广泛的是雷达测速仪,主要应用于道路交通巡逻、车速检测等方面,特别是在交通执法方面起着重要作用。当今国际上使用的雷达测速仪的发射频率都要遵守国际航空通信法令的规范[美国联邦通信委员会(Federal Communications Commission,FCC)所规定的警用频道],主要分为以下几个波段:S 波段,2.445GHz;X 波段,10.525GHz;K 波段,24.150GHz;Ka 波段,33.40~36.00GHz。

目前,我国生产的雷达测速仪主要采用 X 波段和 K 波段。

1. 雷达测速仪的基本组成 雷达测速仪由发射系统、接收系统和数字处理系统等几个部分组成。微波振荡器是整个系统的核心,采用的是体效应二极管。体效应二极管作为励磁源,通电后在谐振腔中激起电磁波。收发隔离器是一个 3 端口微波网络,其中一个端口接微波振荡器,接入发射信号;一个端口接混频器;另一个端口接天线。微波振荡器的发射信号能量大部分通过天线辐射出去,一小部分能量通过环形器耦合到混频器,作为本振信号与天线接收到的回波信号进行混频,由检测器检出频移,获得目标的运行速度。

2. 雷达测速仪的工作原理 雷达测速仪是根据多普勒效应对行驶中的车辆进行测速的。多普勒效应是为纪念奥地利物理学家及数学家克里斯琴·约翰·多普勒(Christian Johann Doppler)而命名的。他于 1843 年首先提出了这一理论,认为物理辐射的波长因为波源和观测者的相对运动而产生变化。当光源和观测者相对运动时,波被压缩,该光源在静止状态下的光波波长被压缩了,波长变短,频率变高,称为蓝移(Blue Shift)现象;当光源与观测者反向运动时,该光源在静止状态下的光波波长被拉长了,波长变长,频率变低,称为红移(Red Shift)现象。由多普勒效应所形成的频率变化叫作多普勒频移,它与相对速度 v 成正比,与振动的频率成反比,波源的速度越高,所产生的效应越大。根据波红(蓝)移的程度,可以计算出运动物体循着光源观测方向的运动速度。雷达测速仪的工作频率通常是 24.45GHz 或 10.525GHz。

下面简要说明应用多普勒效应的雷达测距、测速的原理,此处假定雷达发射的信号为连续波信号。

雷达发射信号可表示为

$$S(t) = A\cos(\omega_0 t + \varphi) \tag{2-19}$$

式中　ω_0——发射波角频率;

　　　φ——初相位;

　　　A——振幅。

在雷达站接收到由目标反射的回波信号为

$$S_r(t) = ks(t - t_r) = kA\cos[\omega_0(t - t_r) + \varphi] \tag{2-20}$$

式中　t_r——回波滞后于发射信号的时间,$t_r = 2R/c$,其中,R 为目标和雷达站间的距离,c 为电磁波传播速度,在自由空间传播时它等于光速;

　　　k——回波衰减系数。

如果目标固定不动,则距离为常数。回波与发射信号之间有固定相位差 $\omega_0 t_r = 2\pi f_0 \times 2R/c = (2\pi/\lambda)2R$,它是电磁波往返于雷达与目标物之间所产生的相位滞后。

下文中 v_r 为运动物体的速度,当物体向着雷达所在位置 R_0 运动时,则目标与雷达回波接收点的距离 $R(t) = R_0 - v_r t$,为雷达工作的波长。

(1) 固定目标

1) 回波滞后于发射信号的时间 $t_r = 2R/c$,为固定值。

2) 回波信号瞬时相位 $\varphi_r = \omega_0(t - t_r) + \varphi = \omega_0(t - 2R_0/c) + \varphi$,为固定值。

3) 回波信号频率 $f_r = \mathrm{d}\varphi_r/2\pi \mathrm{d}t = f_0$,等于发射信号频率。

4) 回波信号与发射信号的相位差 $\Delta\varphi = \varphi_r - \varphi_t = -\omega_0 t_r = -2R_0/c$,为固定值。

(2) 运动目标

1) 回波滞后于发射信号的时间为

$$t_r = 2R(t)/c = 2(R_0 - v_r t)/c \tag{2-21}$$

2) 回波信号瞬时相位随时间改变,即

$$\varphi_r = \omega_0(t - t_r) + \varphi = \omega_0\left[t - \frac{2R(t)}{c}\right] + \varphi$$

$$= \omega_0[t - 2(R_0 - v_r t)/c] + \varphi \tag{2-22}$$

3) 回波信号频率不等于发射信号频率,有

$$f_r = \frac{1}{2\pi}\frac{\mathrm{d}\varphi_r}{\mathrm{d}t} = \frac{\omega_0}{2\pi}\left(1 + \frac{2v_r}{c}\right) = f_0 + f_0\frac{2v_r}{c} = f_0 + \frac{2v_r}{\lambda} \tag{2-23}$$

4) 回波信号与发射信号的相位差随时间改变,有

$$\Delta\varphi = -\omega_0 t_r = -\frac{2\omega_0(R_0 - v_r t)}{c} = -\omega_0 \frac{2R_0}{c} + \omega_0 \frac{2v_r t}{c} = 2\pi \frac{2v_r t}{\lambda} - \omega_0 \frac{2R_0}{c} \quad (2\text{-}24)$$

(3) 多普勒信息的提取。通过上面的分析可知,多普勒频移正比于径向速度,而反比于雷达工作的波长 λ,即

$$f_d = f_r - f = \frac{2v_r}{\lambda} = \frac{2f_0}{c} v_r \quad (2\text{-}25)$$

或表达为

$$\frac{f_d}{f_0} = \frac{2v_r}{c}$$

多普勒频移的相对值正比于目标速度与光速之比,f_d 的值可取正值或负值,取决于目标的运动方向。不同车速所对应的频移和相位差信息不同。在采样时,可以以恒定的频率进行采样,这样即可得到正比于车速的多普勒频移,从而可以得到车辆的速度。

常用的雷达信号为窄带信号(带宽远小于中心频率),其工作原理与连续波的情况一样,可以参阅相关资料。

3. 雷达测速仪的特点　雷达测速仪具有以下特点:

(1) 雷达波束比激光光束的照射面大,更易于捕捉目标,无须准确瞄准。

(2) 雷达测速仪可安装在巡逻车上,能够在运动中实现车速检测,是"移动电子警察"非常重要的组成部分。

(3) 雷达固定测速误差和运动时测速误差均为 ±1km/h,完全可以满足对交通违章查出的要求。

(4) 雷达测速仪发射波束的张角是一个很重要的技术指标,张角越大,测速准确率越易受到影响。

(5) 雷达测速仪在恶劣天气下有出色的性能,可以直接检测速度,但是它不能检测静止或低速行驶的车辆,不能进行车辆排队长度这一重要信息的采集。

(6) 如果雷达测速仪的天线放置不当,当地势为非平原状态时,容易造成误检。

(7) 如果目标旁边有反射能力更强的物体存在,则雷达测速仪检测到的是发射能力强的物体。

(8) 当两车并行时,雷达测速仪无法分辨出哪一辆车是超速车辆。

(9) 无线电波会对雷达测速仪产生干扰,使测量结果失真。

(10) 雷达感应器可以侦测到雷达测速仪的存在。

4. 雷达测速仪的应用　雷达测速仪在车型单一、车流稳定、车速分布均匀的道路上准确度较高,可以直接检测车速,但是在车流拥堵以及大型车较多、车型分布不均匀的路段,由于遮挡,测量准确度会受到比较大的影响。

雷达测速仪常用于车辆超速违章监测。手持式雷达测速仪是交警现场执法检查采用的设备之一,当雷达发射波和接收回波信号的频移值超过交通管理条例中规定的车辆最高速度所对应的最大频移 v_m 时,将判定为违法超速。

当监测雷达发射频率为 f_0 的微波被以速度 v 向其运动的车辆接收后,形成的多普勒频差为

$$\Delta f = f - f_0 = 2f(c - v) - f_0 = 2vf_0/c \quad (2\text{-}26)$$

根据交通管理条例,对车辆最高速率限制为 v_m,那么构成超速违法的最大频差为 Δf_m,即

$$\Delta f_m = 2f_0 v_m/c \tag{2-27}$$

当雷达测速仪放置方向与车辆行进的方向存在一定的角度 θ 时，超速违法的最大频差 Δf_m 应为

$$\Delta f_m = f - f_0 = 2f_0 v_m \cos\theta/c \tag{2-28}$$

实际上，当雷达测速仪的放置方向与车辆行进的方向存在一定的角度时，雷达测速仪检测到的速度比实际值略低，检测到的速度为车辆的实际速度在 X 方向上的投影，而所减低的速度将正比于偏斜角度的余弦值，即偏斜角度越大，检测到的速度将比实际速度降低得越多。例如，雷达测速仪的放置方向与车辆方向存在 20°的夹角，当车辆实际速度为 105km/h 时，被检测到的车速为 105km/h×cos20°=98.7km/h，在一个限速为 100km/h 的路段，上述应是超速的情况，但由于雷达测速仪检测到的速度存在误差而未检出违章。

在定点违章超速道路监测中，雷达测速仪常和摄像机一起构成超速违法监测抓拍系统，其安装示意图如图 2-51 所示，雷达捕获到道路车辆超速信号后，立马起动数码相机拍摄或起动摄像机进行图像捕获，从而得到违章车辆的号牌图像。

雷达测速仪响应时间、照射区域与测速抓拍系统的配合关系对监测系统尤为重要。图 2-51 中与道路成一定夹角架设的摄像机拍摄范围是有限的，阴影区域代表了摄像机

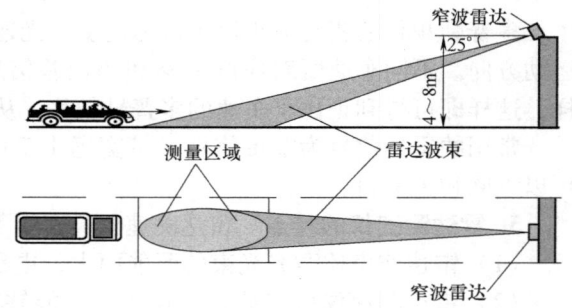

图 2-51 超速违法监测抓拍系统安装示意图

的可视区域。从图 2-51 中可以看到，靠近摄像机的车道可视区域小一些，而远离摄像机的车道可视区域要大一些（不考虑景深，如果考虑要拍清号牌，这个区域将更小），这就给雷达测速仪所能检测到的车速的实时性提出了要求。如果雷达测速仪提供的超速抓拍信号的时间太晚，摄像机就会因此拍不到或拍不全超速车辆。

从系统的角度来说，雷达测速仪的响应时间越短越好。从雷达工作原理上来说，它必须有采样和计算分析这两大过程。各种雷达测速仪由于设计不同，因此在响应时间这一指标上有所差异，下面将分析响应时间对系统产生的影响。

当雷达测速仪与道路成一夹角架设时，其发射的雷达波为有一定夹角的连续波束。每一种雷达测速仪的发射角度是固定的，一般为 6°、12°等。

雷达测速仪的测量周期由采样和计算分析两个阶段组成。每种雷达测速仪的测量周期是不同的，一般为 0.2~1s。雷达波瓣覆盖区域内测量周期的长短直接影响着测量准确度。由于波束的夹角是固定的，所以波束范围内的测量周期个数取决于目标车速。车速越高，测量周期个数就越少；车速越低，测量周期个数就越多。如图 2-52 所示，假设在波瓣宽度内有两个测量周期，白色部分为采样阶段，灰色部分为计算分析阶段。需要注意的是，采样阶段与道路位置的关系不是固定的，而是随机的。车

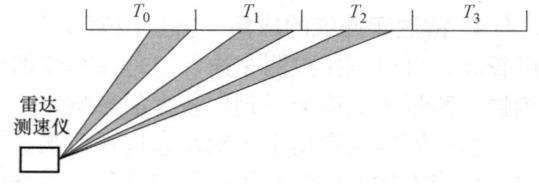

图 2-52 雷达测速仪波束宽度内采样周期示意图

辆只有在采样位置才能被发现，而雷达只能在响应周期结束时才能报告其计算分析结果。

如果车辆进入监测区域时，恰好雷达测速仪正处于计算分析阶段，如图 2-52 中的 T_0 灰色区，则在 T_0 周期结束时是不会发现有车辆存在的，只有到了 T_1 周期的采样阶段，雷达测速仪才能发现车辆，并在 T_1 周期结束时报告车辆的车速。由于车辆的车速不同，波瓣宽度内能容

纳的周期个数也不同，测试周期周而复始地循环，波瓣宽度内不可能正好容纳整数个周期数，所以车辆被发现的位置是变化的。因此，车辆进入雷达波覆盖区域第一次被发现的位置不是固定的，存在一个随机区域，即：

$$随机区域的大小 = 雷达测量周期车速$$

假设雷达测速仪的测量周期为1s，车速为150km/h，随机区域沿车辆行进方向长度为41.6m，雷达测速仪第一次能检测到车速的位置在整个41.6m范围内随机出现。如果响应周期为0.2s，车速同样也为150km/h，随机区域大小则为8.3m。

同样，当车速为60km/h，雷达测速仪的测量周期分别为1s、0.2s时，对应的随机区域大小分别为16.7m和3.3m。

随机区域的存在，给准确地抓拍车辆图像带来了困难，一般采用多张图片连续拍摄的方法，但可能存在以下问题：

（1）漏拍。雷达响应时间长会造成系统响应时间过长，可能引起许多车辆漏拍。例如，当雷达响应时间为1s时，系统抓拍需要1.5s，系统完成一次抓拍全过程至少需要2.5s，但当两辆车同时超速且间距较近（为当时车速两倍左右的距离）同时经过时，系统可能对第一辆车进行了抓拍，但因响应时间的关系而漏掉对第二辆车的抓拍。

（2）雷达波辐射区域的影响。根据前面的分析，车速越高，雷达波覆盖区域内能容纳的测量周期个数越少，如果扩大雷达波辐射区域，增加测量周期个数，对系统将带来怎样的结果呢？假设所检测的路段为三车道，每个车道宽度为4m，采用的是移动的超速违法移动检测车，检测车位于最外侧边道的中央线，检测从其后面驶来的车辆，雷达波发射角为12°，雷达中心沿车道中心左偏20°。

当雷达偏角 $f_0 = 20°$ 时，则

雷达波在内侧车道的覆盖区域大小 $= 8m \times (\cot 14° - \cot 26°) = 16m$

如果雷达偏角 $f_0 = 10°$，则

雷达波在内侧车道的覆盖区域大小 $= 8m \times (\cot 4° - \cot 16°) = 88m$

如果雷达偏角 $f_0 = 15°$，则

雷达波在内侧车道的覆盖区域大小 $= 8m \times (\cot 9° - \cot 21°) = 29.6m$

如果雷达偏角 $f_0 = 30°$，则

雷达波在内侧车道的覆盖区域 $= 8m \times (\cot 24° - \cot 36°) = 7m$

从中可以看到，偏角越小，覆盖范围越大，但是如果偏角过小（如10°），大部分正常间隔行驶的车辆将会在雷达波的覆盖范围以内，从而无法区分哪一辆车是超速车，所以缺乏实用性。雷达的偏角一般都在15°以上。

以雷达偏角15°为例，并假设雷达响应时间为1s，当车速分别为100km/h、120km/h、150km/h、200km/h时，对应的随机范围分别为28m、33m、41m、55.5m。对比上述数据可以看到，车速为120km/h以上时，由于随机距离大于雷达波覆盖范围，就会有一部分车辆无法被雷达检测到，车速越高，不被检测到的概率越大。

（3）减小偏角形成的错拍。雷达和摄像机同时减小偏角，这样可以缓解图片密度和车速之间的矛盾。但是，当两个车道上有两辆车在行驶时，假设超车道上有车超速，行车道上的车以正常车速行驶，在白色位置雷达采样发现有车超速，由于需要1s才能报告结果（90km/h的车速能行驶25m，120km/h的车速能行驶33m，正常车速60km/h能行驶16.7m），如果超速车的速度较大的话，就会跑出摄像机的拍摄区域，而此时正常行驶的车辆正好进入拍摄区域，系统会将正常行驶的车辆拍摄下来，形成错拍，引起纠纷。

（4）增大偏角，车辆将跑出雷达波束范围。如果雷达和摄像机同时增大偏角，上述雷达

波的覆盖范围将变小。三车道的情况时，每车道为4m宽，当雷达的偏角为15°时，雷达波覆盖区域为30m；偏角为20°时，覆盖区域为16m；偏角为30°时，覆盖范围为7m。参照1s不同车速行驶的路程表，即使偏角为15°，只要车速在90km/h以上，在雷达波覆盖区域内也只能容纳一次采样周期，甚至只有零点几个周期。如果车辆正好处在采样阶段进入波束范围，则雷达能发现目标；如果在计算分析阶段，车辆将驶出雷达波束范围且雷达无法发现，这种情况将会随着角度的增加而明显增多。

在上述情况下，雷达即使发现了目标，如果摄像机的偏角较大，1s以后车辆将驶出拍摄区域，这时如果有别的车辆进入拍摄区域，将会引起错拍。如果摄像机的偏角较小的话，雷达报告车速时超速车辆可能还未进入拍摄区域，这时系统进行抓拍，会把前面正常行驶的车辆拍摄下来，造成超速和正常行驶的车辆同时被拍下来，无法分辨。

如果把响应时间降低为0.2s或者更小，就会大大降低随机区域，从而从根本上克服或减少两者之间的矛盾，大大提高成功率和准确率，使执法工作更准确、更有效。

综上所述，雷达的响应时间和雷达的辐射区域是一个客观存在的因素，它直接影响着自动抓拍捕获率。从系统的角度来说，雷达响应时间越短越好，雷达辐射区域越小越好。同时，响应时间和辐射区域又是相互关联的，即辐射区域越小，车辆在辐射区域滞留的时间越短，要求雷达的响应时间越快。

目前，大部分雷达的测量周期已大大缩短，如国产CSR-28型雷达测速仪静止测量时响应时间小于0.2s，动态测量时响应时间也小于0.2s。通过对作用距离的有效控制，在雷达波瓣角度不变的情况下，辅助以其他技术，有效地控制漏拍、错拍现象，能够满足测速抓拍系统的要求。

其他典型的应用产品如美国斯德克（STALKER）公司的BASIC型雷达测速仪，微波频率为24.15GHz，测试准确度高，静止测速范围为8~322km/h，准确度为±1km/h，测程为1000m，并具有响应时间短、重量轻、防水滴溅落、抗2m跌落、适合野外应用等优点，是交通警察随身携带的理想测速工具。

为满足用户取证的需要，可以对此款雷达测速仪进行二次开发，利用雷达测速仪自身携带的串口输出功能定制一台打印机，在打印机上可设置限速值，当雷达测速仪测量的数据传入打印机时，打印机将自动判断被测车辆是否超速，若发现其超过限速值，将自动打印，打印内容包括时间、限速值、超速值，同时预留驾驶证号、车牌、违章驾驶人、执勤民警、违章地点等项供交警填写。

作为其高端的产品，美国STALKER公司的ATS型（STATS）雷达测速仪的工作频率为34.7GHz（Ka波段），测量距离对于卡车可以达到3000m，轿车为1800m，目标速度获取时间为0.01s（整数输出）或0.04s（一位小数输出），测速范围为1.6~480km/h，准确度为±1.61km/h，最大的特点是拥有了加速测试系统。ATS型雷达测速仪以准确的间隔测量目标的速度，然后将这些速度数据传输给计算机，其自带软件系统存储这些速度记录，分析时间信息，然后计算距离和每一数据的加速度。目前，它已成为交通工具生产厂商用于加速度和制动系统测试的主要设备之一。

2.4.2 远程微波交通检测器

远程微波交通检测器（Remote Traffic Microwave Sensor, RTMS）是智能的、大范围的存在型检测器。从距离上来说，RTMS可以检测几米到几十米内的车辆，不需要像环形线圈车辆检测器、地磁车辆检测器等那样与车辆近距离接触。在交通的数据采集方面，路侧安装的RTMS可检测断面上8车道的车辆流量、平均车速、占有率、车型分类、车间距等交通参数，所检测数据能通过串口周期地上传至后端服务器。RTMS 还支持通过 I/O 接口直接输出车辆存在信号，给信号控制器提供原始数据。其名称里的微波是指频率为 0.3～300GHz 的电磁波（波长为 1～1000mm），是无线电波中一个有限频带的简称，通常也称为"超高频电磁波"。

RTMS 不仅可在绝大多数场合下取代传统的环形线圈车辆检测器，而且其特有的智能性能够适应将来智能交通系统应用的需要，是一种极具推广价值和应用前景的检测器。

1. RTMS 的工作原理 RTMS 实际是一个在微波范围内工作的雷达，通过发射和接收反射雷达波来检测车辆。其工作频率很高，一般在 10GHz 以上，适用于运动车辆的实时检测。

RTMS 一般由三部分组成：

（1）RTMS 雷达波发射接收设备及其控制器。

（2）RTMS 专用无线调制解调（RF-modem）发射设备，该设备与 RTMS 同高度安装，可定期将 RTMS 采集的数据通过无线电波传送回本地控制器或直接送往交通控制中心，使得 RTMS 可以工作在无线方式下。

（3）RTMS 及 RF-modem 的专用电源。

RTMS 是工作在微波波段的小范围雷达检测器，它不同于一般的微波测速检测器。一般的微波测速检测器利用多普勒效应（运动引起频率变化）探测物体的存在，因而只能探测到运动的物体。RTMS 应用的是一种连续调频波雷达。RTMS 以低功率微波信号在扇形区域内发射调频连续波（Frequency Modulated Continuous Waves，FMCW），典型的微波束以倾角为 40°～45°、方位角为 15°向道路投影，形成一个可以分为 32 个层面、长达 60m 的椭圆形波束，微波束层面间距为 2m，可以在小范围内进行微调。不同型号的 RTMS 产品的以上参数有所不同。当车辆经过检测区域时，会将信号反射回 RTMS，RTMS 由此检测车流量、占有率、车速和车型等信息。RTMS 是一个真实再现式的多车道微波感应检测器，准确度高、性能稳定、功能强大，可对 60m 范围内的检测区域或车道分别进行检测。

RTMS 采用线性调频连续波，调频信号采用三角波，通过发射调频连续波在检测路面上投影一个微波带，所采用的频率为 10.525GHz 或 24.20GHz，带宽为 45MHz。每当车辆通过这个微波投影区时，都会向 RTMS 发射一个微波信号。RTMS 发射的调频连续波频率和接收的目标反射波的频率是不同的，其差值与 RTMS 到目标的距离成比例。检测器根据侦测到的这个差值来计算它与目标的距离，并进一步解析车辆的其他信息。

雷达发射信号采用三角波调制信号，如图 2-53 所示，ΔF 为调频带宽，Δf 为 Δt 时间内雷达发射的电磁波频率的改变值。

雷达收到的物体反射信号与发射信号存在 $\Delta t = 2R/c$ 的时间延迟，如图 2-54 所示。其中，R 为 RTMS 与运动物体的相对距离；c 为真空中的光速；T_m 为调制三角波的半周期；Δf 为 Δt 时间内雷达发射的电磁波频率的改变值；虚线表示的是物体静止时对应的接收频率；f_b 为拍频，等同于对静止物体所发射和接收的微波的频率之差，有：

$$f_b = \frac{2R}{c} \frac{\Delta f}{T_m} \quad (2\text{-}29)$$

当观察者以 v 的相对速度向波源移动时，接收到的波会产生频移，即多普勒频移。根据式(2-29)，

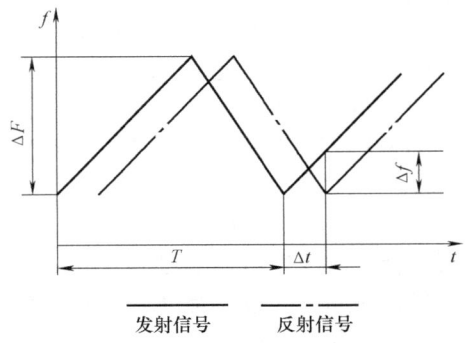

图 2-53 三角波频率扫描发射信号

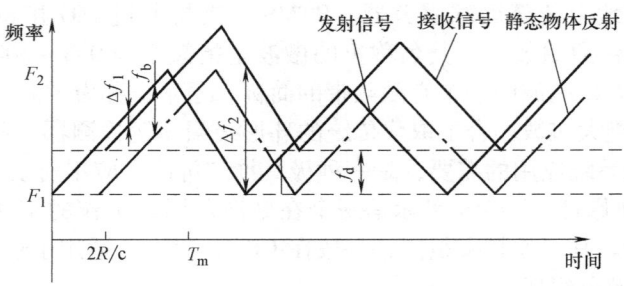

图 2-54 连续波频率调制发射及接收信号

多普勒频移可以表示为

$$f_d = 2\frac{v}{\lambda}$$

运动物体发射和接收频率差可以表示为

$$\Delta f_1 = f_b - f_d$$
$$\Delta f_2 = f_b + f_d$$

Δf_1 和 Δf_2 分别为发射波和接收波的中频信号,在实际应用中,可通过检测电路获得参数,进而通过运算可得

$$f_b = \frac{\Delta f_1 + \Delta f_2}{2}$$

$$f_d = \frac{\Delta f_1 - \Delta f_2}{2}$$

则

$$R = \frac{c}{2\Delta f}T_m f_b = \frac{cT_m}{2\Delta f}(\Delta f_1 + \Delta f_2) \qquad (2\text{-}30)$$

$$v = \frac{\lambda}{2}f_d = \frac{\lambda}{4}(\Delta f_1 + \Delta f_2) \qquad (2\text{-}31)$$

2. RTMS 的工作过程 RTMS 的微波束以一定的发射角和方位角,在发射方向上以特定的距离为一层面,分层面地探测物体。例如,近期的 RTMSG4 微波束的发射角可达到 50°,方位角为 12°,在微波束的发射方向上以 0.38m 为一层面,分层面地探测物体。安装好以后,它向公路投影形成一个可以分为 254 个层面的椭圆形波束,可以测量微波投影区域内目标的距离,通过距离来实现对多个车道静止或行驶车辆的检测。该系统不但可以自动识别并划分层面来定义检测区域,而且用户可以手动调整微层面,使得检测区域和车道或行车线路密切契合,同时有效屏蔽中央隔离带、防眩光板、交通设施带来的影响。其具体工作过程如下:

(1) RTMS 在开机后自动进行背景学习,接收天线检测到路面的回波信号后,会根据回波信号的强弱自动生成背景阈值,"背景获取"可在 30s 内实现。

RTMS 收到各种表面(如人行道、栅栏、车辆以及树木等)连续不断的发射波,如图 2-55 所示。

RTMS 能自动调整背景阈值,当有停靠车辆或其他物体不动时,则会产生一个更高的背景阈值,背景阈值通过自学习可以更新,新的背景阈值在 30s 内形成。例如,来自停止车辆的回波信号在 30min 后成为背景,检测将终止,与车道对应的输出开关将断开。相反地,当车辆离开时,背景阈值会很快降至初始状态,新的背景阈值在 30s 内形成。

背景信号处理就是指通过设定合适的背景阈值分辨多个检测层面上的背景和车辆,如果反

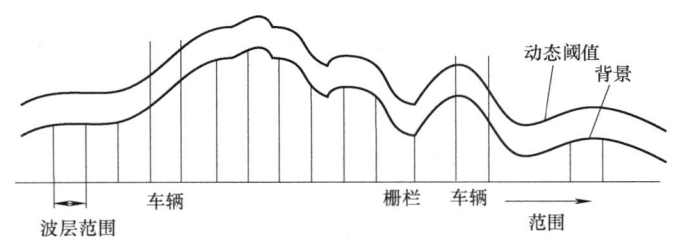

图 2-55 RTMS 背景信号处理示意图

射信号的阈值高于其范围段的背景阈值,则表明有车辆存在。

(2) 当车辆经过检测断面时,若车辆近侧回波信号强度高于背景阈值,则判断该车辆所在车道有目标存在。

接收到的回波信号的强弱取决于车辆的发射面,最强的回波信号来自车辆的垂直表面的反射,水平表面(如车顶)将散射微波,回波信号较弱。实际接收的信号是多重反射信号的总和,有时来自各处的信号可能不是同一相位,导致信号低于阈值,此时短暂的低电平信号称为零信号。为避免由零信号产生的误判,RTMS 在信号处理时引入一个参数——扩展延迟时间(Extend Delay Time,EDT),这样持续时间短于 EDT 的零信号就被忽略。

阈值和 EDT 是两个参数,在操作模式选定后,其默认值也就设置了。通过参数设置可以优化检测器的运行。

(3) 在目标车辆驶离检测区域后,车辆检测器接收的回波信号恢复到背景阈值下,等待下一次检测,同时将检测到的信息记录到检测器内部的缓存中。

RTMS 以一个较高的频率重复上述工作过程。例如,美国 ISS 公司的 X3 检测器在高速公路/快速路应用中采样频率是 5 次/s,在城市平交口应用中的采样频率是 1 次/s,而其第四代产品——采用陈列雷达天线技术的 RTMS G4,采样频率则高达 800 次/s。

3. RTMS 的优势、存在的问题和适用性

(1) 优势

1) 全天候工作。RTMS 是一种实时的雷达设备,不受环境变化影响,抗干扰能力强,检测波能穿透雨滴、浓雾和大雪,安装立柱的弯曲和振动也不会影响检测准确度,真正实现全天候工作。

2) 多道性。微波频率决定了其具有多个检测区域的明显优势,既可以检测静止的车辆,也可以侧向方向检测多车道信息。一般 RTMS 能够检测到 8 条车道(RTMS G4 可以检测到 12 条车道)上的车辆类型、道路占有率、车流量和平均车速等交通信息。

3) 衍射。光在传播路径中,遇到障碍物或小孔(窄缝)后通过散射继续传播的现象称为光的衍射。微波具有衍射特性,一般来说,空隙越小、波长越长,衍射现象越显著。RTMS 的波长为 1~2cm,由于货车的体积比较大,当微波的波束经过货车的边沿时,会产生衍射现象,如图 2-56 所示。凭借高灵敏度接收天线,RTMS 能够接收二次衍射之后被遮挡的车辆的反射波。为了降低完全遮挡情况的发生,对 RTMS 的安装高度有一定的要求,如高于地面 5m。由于被遮挡的车

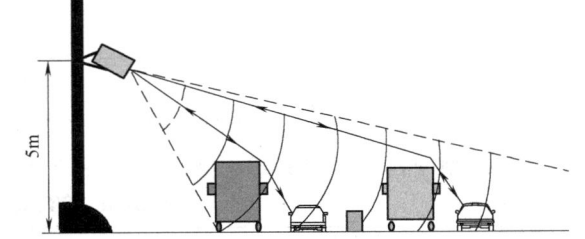

图 2-56 RTMS 衍射探测被遮挡车辆示意图

辆的反射波微弱，RTMS 并不能探测到所有被遮挡的车辆，通常遮挡率小于 60% 的车辆都能被探测到，因此，RTMS 安装在路侧进行交通数据采集时，能够解决一部分大车遮挡问题，这是 RTMS 的独特优势。

4）流量准确度较高。

5）安装简易方便，不破坏路面，维修时不需封闭车道。

（2）存在的问题

1）交通流量小、速度差距大的情况下，测速准确度差。

2）安装要求高，检测准确度受周围地形条件的影响，需安装在路侧没有丘陵或其他障碍物的平坦路段。

3）道路中有铁制的分隔带时，检测准确度下降。

（3）适用性。RTMS 适合于交通流量大、车辆行驶速度均匀的道路，目前主要应用于高速公路、城市快速路、普通公路交通流量调查站和桥梁的交通参数采集；提供车流量、车速、车道占有率和车型等实时信息；信息可用隔离接触器连接到现行的控制器或通过串行通信线路连接到其他系统，为交通控制管理、交通信息发布等提供数据支持。

4. 典型的 RTMS 产品 典型的 RTMS 产品主要有俄罗斯奥利维亚公司的 SPECTR 微波交通检测器、美国 SmartSensor 公司的 125 微波车辆检测器等。美国 ISS 公司的 RTMS X3 及 2008 年推出的 RTMS G4 是带摄像头的数字陈列式雷达微波车辆检测器，已经成为微波车辆检测器的一个标杆，它们把视频和微波检测融于一体，以更先进的检测技术、更大的检测范围、更高的检测准确度给智能交通系统注入了新的活力。

美国 ISS 公司制造的 RTMS X3 微波车辆检测器，可用于检测车辆的车速、车流量、道路占有率、车辆分类等交通数据，实时再现道路的交通情况，是一种准确度高、性能稳定和功能强大的车辆检测器。

（1）RTMS X3 的应用范围。RTMS X3 广泛适用于高速公路、城市道路、桥梁、隧道等各种道路的交通检测需要，实现智能化交通管理。其主要功能有：平交口之间路段交通检测；高速路交通管理和事件检测；旅行者信息和行程预测；匝道交通检测；车辆排队检测；用于工作区安全保护系统；用于固定式或移动式交通检测站；超速执法；替代环形线圈车辆检测器（单双或双环形线圈模拟）。

（2）RTMS X3 技术规范

1）参数。RTMS X3 参数见表 2-9。

表 2-9　RTMS X3 参数

参　　数	X 型	K 型
中心频率/GHz	10.525	24.20
微波频率宽度/MHz	45	45
输出功率/mW	10	10
微波发射方位角度/(°)	15	12
微波发射垂直角度/(°)	45	40
覆盖范围/m	3~60	3~45
可检测车道数	8	8

2）检测项目。RTMS X3 检测项目见表 2-10。

表 2-10　RTMS X3 检测项目

检测项目	错误率	范围
单车道的实时检测	2%	—
单车道的车道占有率（侧向模式）	5%	0~100%

(续)

检测项目	错误率	范围
单车道的车流量(侧向模式)	5%	0~255
单车道的长车流量(侧向模式)	10%	0~255
单车道的平均车速(侧向模式)	10%	0~250km/h
流量和车道占有率(正向模式)	2%	—
平均车速(正向模式)	2%	0~250km/h
车辆长度(正向模式5.0或更高版本)	10%	0~25m
每车道平均车速(X3型正向安装)	2%	0~250km/h
每车道单车车速(X3型正向安装)	2%	0~250km/h
车辆范围分辨力	2m	—
检测时间分辨力	10ms	—

(3) RTMS X3 工作模式。RTMS X3 根据不同应用提供部分参数优化了的工作模式，主要有：

1) 高速公路的侧向模式。检测器侧向安装，检测多达 8 个车道的数据，可用于高速公路车流量检测。RTMS X3 固化软件 5.x 版提供了两种长车分类，内部固化软件 6.1 以上版本将提供更多的分类。该模式设置默认值为 EDT = 0.2s，阈值 = NORMAL（正常值）。

2) 十字路口模式。侧向安装的检测器只用来检测多车道停车线处的车辆，不提供交通统计数据。该模式设置默认值为 EDT = 1s，阈值 = LOW。

3) 路段检测模式。该模式类似于高速公路的侧向安装模式，用于中等拥挤城市道路的检测。设置的默认值为 EDT = 1s（对于固化软件 5.x 版本）或 EDT = 0.3s（对于固化软件 6.1 版本），阈值 = MEDIUM（中等值）。

4) 高速公路的正向模式。该模式用于高速公路高准确度的速度检测和超速检测。三个连续的探测区形成速度陷阱，以保证准确测量。固化软件 5.x 以上版本，当车速超过 15km/h 时，采用了准确的多普勒测速技术。检测器可检测到每一辆车的车速和长度数据，并保存与 7 个不同车速和长度相与交通流量数据。设置的默认值为 EDT = 0.2s，阈值 = NORMAL。

5) 正向安装报警模式。该模式类似于公路的正向安装模式，由 RTMS 固化软件 5.x 或更高版本提供。当有车辆超过检测器设置的车速限制值和长度限制值时，第 8 对开关量将实时闭合（保持 20ms）。该模式应用于超速违章检测。设置的默认值为 EDT = 0.2s，阈值 = NORMAL。

(4) RTMS X3 的数据输出。车辆检测结果有两种独立的输出方式：

1) 车道开关量。与 8 对模拟开关对应的车道有车辆出现时，对应车道的模拟开关闭合。开关可与交通控制器相连，用于车辆检测（平交口应用方式）或交通流量检测。一对附加的开关可用于故障保护操作、EDT 修正或速度陷阱触发等。

2) 串行接口。RTMS X3 内部固化软件可实现车流量、车道占有率、平均车速检测和由用户定义的车型分类。在统计周期结束时，对应各车道的累计数据可通过串行接口输出。

数据输出选项：RTMS X3 型产品有一个可选的内部数字传播谱（Digital Spread Spectrum，DSS）无线调制解调器，可以传输统计周期的数据或对应的车道开关量信息。此外，它还可以选配 RS-485 界面或以太网传输接口。

(5) RTMS X3 的安装。RTMS X3 有正向和侧向两种安装方式，对安装点的选择要考虑后退距离和高度要求。

1) 侧向安装。为使微波束的投影覆盖所有的车道，RTMS X3 检测器的安装必须保证有一定的后退距离，见表 2-11。RTMS X3 的安装杆与要检测的最近的车道线之间的水平距离称为后退距离，是 RTMS X3 安装的一个重要限制性参数。通常后退距离越远，可检测到的车道越多。

表 2-11　检测车道数与后退距离的设置参考表

车道数	要求最小的后退距离			
	X2 型		X3 型	
	ft	m	ft	m
1~3	10~13	3~4	8	2.5
4	15	4.5	10	3
6	20	6	12	3.5
8	25	7.5	13	4
8+中间隔离带	>30	>9	15	4.5

安装高度距离路面并不是固定的 5m，如果后退距离大于或等于 6m，安装高度可根据后退距离每增加 1.5m 则高度增加 0.6m 来估算。注意，高于规定的安装高度并不能增加检测准确性或提高检测能力，而较低的安装高度则可能出现车辆遮挡的情况。在设备安装后，为了较好地覆盖全部检测车道，需进行瞄准调整，按照以下要点进行：

① 从设备的后面看，以其侧面作为视轴的方向。
② 调节 RTMS X3，使之与车道垂直。
③ 若是 1~4 车道，则瞄准检测车道的中心。
④ 若是 5~8 车道，则瞄准检测车道近点的 1/3 处。
⑤ 保持 RTMS X3 两边水平，侧向安装设备。

侧向安装时的注意事项：当 RTMS X3 侧向安装在大型建筑物（如过街天桥、龙门架等）附近时，要尽量保持检测器微波束区域无干扰，以保证多车道探测的准确度；一般不要直接安装在过街天桥（天桥与道路垂直）上，应另用一杆安装在离开过街天桥至少 7m 的位置；当安装在有角度的天桥（指天桥与道路不垂直，有夹角）上时，应利用提前角或采用延伸措施；安装在龙门架无障碍的一侧时，应远离人行道，并形成一个角度（不可大于 15°），一般建议采用延伸臂。

2）正向安装。在高速公路的检测应用中，RTMS X3 可安装在远离障碍物的天桥或龙门架上，如图 2-57 所示。RTMS X3 的瞄准方向可以是对着车辆驶来的方向或驶出的方向，对着车辆驶出的方向效果更佳。

① RTMS X3 安装在道路正上方时，要求的高度是 5m，不要超过 7m。
② 微波的发射方向与检测车道平行。
③ 保持 RTMS X3 两边水平。

从设备后面看，视轴的指向位置应离检测器约为 10m，保证有充分长度和合适宽度的投影对应于单一的车道。

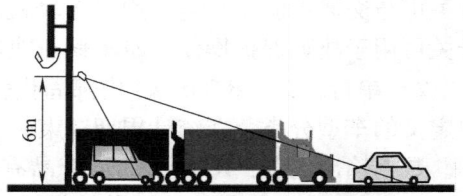

图 2-57　RTMS X3 正向安装示意图

错误的瞄准会带来较低的准确度。瞄准的调节可在设置时进行核对。

（6）RTMS X3 主要参数设置。设置过程必须按表 2-12 中的步骤进行，其中步骤 1~5（除瞄准确认外）可以通过自动设置来完成（设置文件提供"WIZARD"功能，可以自动完成车道设置和微调的设定，但不包括校验和高级参数设置）。

表 2-12 RTMS X3 主要参数的设置

步骤	设置项目	步骤
1	工作模式	选择"MODE"按钮,根据应用需要,从模式菜单中选择所需要的模式
2	灵敏度	一般选择中间值(5~7)
3	瞄准确认	确保经过检测车道的车辆能被检测到(屏幕上出现表示相应车辆的闪烁块)。在效果不好的情况下,可适当调高检测器的灵敏度,使得每一个小型车辆都能被检测到
4	车道设置	选择"ZONES"按钮,设置车道数、检测区域的位置和大小。注意:RTMS X3 在正向安装和侧向安装方式下,车道设置是不同的
5	微调,减小"溢出"	选择"FINE TUNE"按钮,通过调整微调可以消除"溢出"(指当车辆经过时,相邻车道也出现闪烁块)
6	检测准确度校验	选择"PERIOD"按钮,设置为30s。选择"VERIFY"键,通过与人工计数相比较进行每一检测车道检测准确度的校验
7	选择速度单位	若需要改变速度的单位,则选择"ADVANCED"按钮,即可进行"km/h"与"mile/h"间的转换
8	速度校验	选择"SPEED CALIB"按钮,通过对测量的速度与每车道实际速度的比较进行校验
9	设置统计周期	选择"PERIOD"按钮,设置所需要的信息周期值(范围为 10~600s),用"UP/DOWN"和"ENTER"键确认
10	设置数据输出模式	选择"DATA"按钮设置所需要的数据模式,选择"NORMAL"或者取决于实际采用的通信方式的要求
11	设置 ID 码	选择"ID NUMBER"按钮,设置当前检测器的标识码,用"UP/DOWN"和"ENTER"键确认
12	退出	设置结束,选择"EXIT"按钮退出系统

1) RTMS X3 工作模式的设置。选择"MODE"按钮,打开"RTMS MODE SETUP"对话框,根据实际应用场合,选择"高速公路的侧向模式""十字路口模式""高速公路的正向模式"或"正向安装报警模式"。根据选定的工作模式,进一步进行相应参数的设置,具体见表 2-13。

表 2-13 RTMS X3 部分参数的设定

参数	描述
扩展延迟时间	更改与操作模式对应的 EDT 默认值,范围为 0.1~3s,以 10ms 为单位,用"UP/DOWN"键调整,用"ENTER"键(或单击"OK"键)进行确认
检测阈值	更改与操作模式对应的检测阈值默认值,根据所需选择"NORMAL""MEDIUM"或"LOW"项。在未改变参数的情况下,按"OK"键退出对话框
速度单位切换	可使 RTMS X3 的速度单位在"km/h"和"mlie/h"之间进行转换。若选择拟采用的速度单位,将自动关闭对话框,未改变参数的情况下,单击"OK"键退出
长车流量/车头距	用于侧向安装模式时,可以选择统计长车流量或车头距。根据所需选择"LONG VEHICLES"或"HEADWAY"项,在未改变参数的情况下,按"OK"键退出对话框。如果检测器设置成车头距模式或者统计周期超过 310s,将不报告车长流量
速度和长车分段设置	在弹出的"正向安装模式"对话框中设定 7 个速度及车长分段统计
电源管理设置	此功能需向厂商特别制订,用以设置期望的数值。需设置的参数为:检测器工作信息周期数量(0~254),最后一个周期结束 1s 后,检测器进入等待状态;检测器等待状态,即供电等待分钟数(0~254)。如果工作信息周期设置为"255"或等待分钟数设置为"0",即为关闭电源管理模式
车型分类(适用于固化软件 6.1 版本或以上)	用于中型车、长车和超长车的分类统计。打开显示附加参数的窗口,用"LEFT/RIGHT"项选择亮度部分,以 0.1 为单位,用"UP/DOWN"键进行调节

在工作模式中选择正向安装报警模式时,还要设置以下一些附加参数:

① 高度及偏移。在选择速度校正按钮后，程序会自动打开一个带有高度及偏移参数的速度修正窗口，这些参数将用来修正微波束的角度造成的速度误差。高度：检测器安装在路面上方 5m 处。偏移：检测器与检测车道中心线间的距离。设置方法：用"LEFT/RIGHT"项对参数进行选择，用"UP/DOWN"键来改变参数值，参数值设置好后，按"ENTER"键或单击"OK"键退出。

② 速度超限及长度超限的设置。选择正向报警模式后，系统自动打开"ALARM LIMITS"对话框进行相应参数设定，设置方法同上。

③ 速度和车长分段值的设置。用户可自定义 7 个速度和 7 个车长分段值，根据被检测车辆的速度和长度，计入相应分段值的统计中，检测器未能测出的车辆将计入第 8 段。设置方法同上。

2）灵敏度设置及瞄准确认。选择"SENSITIVITY"按钮进行灵敏度设置，可以通过"UP/DOWN"键进行修改。灵敏度的范围为 1~15，一般建议将检测器灵敏度设为中间值 7。当检测器漏检一些小型车辆时，需要增加灵敏度；当显示"WARNING：SENSITIVITY TOO HIGH"时，则需减少灵敏度。

注意，不能用增加灵敏度来补偿瞄准的不足。当检测器漏检一些小型车辆时，需要调节瞄准，灵敏度被修改后，检测器需要重新获取背景信号，并建立新的阈值。

3）车道设置

① 侧向安装方式车道设置。可以通过"ZONE SETUP"命令来设定检测车道。首先设定所要检测的车道数，然后按车道分别设定其宽度和位置。屏幕上用矩形框表示探测车道。按下相应的数字键选择要设置的车道数。设置区域时必须将矩形框移到表示车辆的闪烁块上，用上下键调节车道的宽度，用左右键可使被选择的车道靠近或远离检测器。

注意，车道设置是交互式的过程，需要实时地靠眼睛观察、修正车道的位置。当有部分车辆被障碍物挡住时，则需提高安装高度。只有使用闭路电视摄像机能够获取现场视频图像时，才可进行远程设置。

在高速公路侧向安装模式下，需要为每条车道设置独立的检测区，以避免将并排行驶的车辆记为一辆车。车道设置不需要特定的顺序，通常每条车道都对应一个微波层面，有时一条车道需要对应两个微波层面。如果车辆通过这样的车道，则会有两个目标闪烁块出现在检测区域内，RTMS X3 计数一次。

在十字路口工作模式下，若干微波层面对应若干车道，当有车辆在此区域内任何地方出现时，屏幕都会显示（或开关闭合）。

假如有一辆车从某条车道经过，距离检测器较近的相邻车道也出现了闪烁块，则需要增大微调值，以消除误判。相反地，如果距离检测器较远的相邻车道也出现了闪烁块，则需要减小微调值，以消除误判。

② 正向安装方式车道设置。可采用 WIZARD 功能进行正向安装模式的车道自动设置，启动"自动车道设置"对话框，只需输入高度和偏移值，"WIZARD"功能将根据交通流量自动确定 3 个连续检测区域的最佳位置。

如果由于检测器瞄准不准确等原因，程序不能获得最佳位置，程序将提示"警告：检测区域交通流量差异过大"；如果由于检测器瞄准原因，检测区域内有遮挡，程序将提示"警告：检测区域有遮挡或强反射物体"；如果交通流量过小，程序也会提示"警告：检测区域流量不够"。

4）微调。微调的作用是减小"溢出"现象。溢出是指当一辆车出现时，两相邻检测区域均出现闪烁块（同时检测到车辆）。造成溢出的原因可能是车辆跨线行驶或设定的检测区域与实际车道吻合不好所致,这将出现所不希望的多计数现象。溢出使得近处的检测区域多计数,可以通过微调减小"溢出"现象。

通过微调也可以减小道路中间隔离护栏对相邻近处车道的影响,有经验的用户一般将护栏设置成一个单独的区域。

微调将引起全部检测区域的变化(每一格的变化约为2%,全部可达±10%),对远方车道的影响比对近处车道的影响大。当微调后仍造成检测区域与车道较大偏离时,可能需要重新调整车道位置。

此外,微调的改变会引起检测背景的变化,检测器需要约30s后才能稳定。

可以选择自动或者手动方式来设置微调,自动方式通过"AUTO"按钮来实现。在自动设置结束后会出现一个对话框,可以按"OK"键结束设置或选择采取手动设置。对于手动设置,微调的初始值为"0",基于所观察的各车道的检测效果和溢出的情况,通过键盘上的"UP/DOWN"键来调整微调值。需要正确判断微调值的改变方向,进行逐格改变并观察效果。调试结束后,按"OK"键,保存设置并退出。

5)检测准确度校验。校验 RTMS X3 设置的准确性,一般需要通过对每一个检测车道的人工计数和检测器检测数据进行比较。十字路口模式要比对人工观察所用的时间和检测器所用的时间是否一致。

对于高速公路的安装模式(正向或侧向),建议采用手持式计数器验证同一时间间隔内人工计数与检测器计数的差异。

手动校验过程如下:选择"PERIOD"项,将信息周期设置为"30s";然后选择"VERIFY"选项,此时需清除原有的数据,选择"CLEAR TOTAL COUNTERS ON NEXT MESSAGE ARRIVAL"项,检测器将经过 RTMS X3 微波束的车辆分车道统计。当车流量不足50辆时,可以连续统计几个周期,按下空格键,单击"STOP COUNTING"按键,结束检测器统计数据。然后,在相应检测区域内输入同一时间段的人工统计数据,则会自动计算出绝对误差和相对误差。如果相对误差超过5%,则需重新设置,再进行重复校验。在正向安装模式中,仅将第一车道内的数据与人工计数进行比较校验。

6)速度校验。速度校验允许用户调整平均车速系数(在"COEFFICIENTS"处调整),不同工作模式下的调整方法不同,可以通过自动或手动方式进行速度校验。

自动方式校验:适用于交通流比较大、道路通畅情况下的速度校准,可预设每车道的参数车速用于评估或测量,并设置速度校准循环周期,规定为5min。

手动方式校验:适用于交通流比较小、长车较多的情况,平均速度系数通过对速度的直接计算得到。

下面根据安装方式的不同,分别说明速度校验的方法。

① 侧向安装速度校验。在侧向安装模式下,速度由 RTMS X3 根据车辆通过检测区的时间来确定(不包括卡车)。每个检测区都设有"速度系数",速度系数表示检测区的长度和小车的平均车长之和。为获得较为准确的速度,根据实际情况选择一个合适的速度参数参考值。因为 RTMS X3 会舍弃一些速度值,所以在低流量时不能得到车辆的准确速度。

侧向安装自动方式校验:选择"SPEED CALIB"按钮,打开对话框定义每条车道的参考车速,使用"LEFT/RIGHT"键选定需要的车道,输入检验周期数,设定完成后按退出按钮退出;使用"UP/DOWN"键或直接输入对应车道的预期参考速度(预期参考速度是对被检测车道平均车速的估计,不存在的车道输入"X");单击校验周期数"NUMBER OF CALIBRATION",用"UP"键来设定5的倍数值,然后将提示正在校验,并闪烁。每完成一个周期,速度常数就会根据参考和实际测量情况进行自动调整,校验周期数值也将递减。在全部校验完成后，当校验周期数递减至零时，单击"QUIT"键退出。

侧向安装模式手动方式校验：选择"SPEED CALIB"按钮，并按空格键，打开对话框，显示每条车道的车速修正常数；比较每条车道的平均速度测量值和实际测量值；使用"LEFT/RIGHT"键变换车道，用"UP/DOWN"键或直接输入更改速度修正常数值（150~640），如果检测器测得的数据比实际估计的值低10%，则需要将该车道速度修正常数增大10%；选择加载车速修正常数或单击"L"，然后按"ENTER"键，程序即加载所有的车速修正常数。观察调整后的速度测量值，直至合适为止，单击"QUIT"键退出。

② 正向安装速度校正。RTMS X3 正向安装时，将采用多普勒雷达测出的单车速度对平均车速进行校正，以确保低速（低于15km/h）时的测量准确度。

在选择自动方式检验时，建议周期数选为"10"（每个周期为30s）。多普勒雷达测速值与平均车速测量值相差的百分数将在每一个周期结束后显示出来。当该百分数小于5%时，即可中断校正进程，单击"OK"键退出。

7）数据传输模式。设置程序中的"RTMS DATA SETUP"对话框，程序将列出可供选择的数据传输模式，见表2-14。

表2-14 数据传输模式配置

参数	描述
NORMAL	检测器与便携式计算机进行双向通信，传输的数据包括每100ms刷新的目标车辆闪烁块和正向安装情况下的车速及完整的交通统计数据
STAT	用于尽量减少数据传输量的非轮询方式，计算机在右下角的灯只有传输数据时亮一下。车道和车辆闪烁块将不显示
POLLED	每一个统计周期结束后，检测器将统计的交通数据保存在缓冲区内，只有在接收到ID号匹配的轮询指令后，才向外传输数据
EUSC	向系统传输提供事件信息。该模式下不再显示车道和闪烁块
SPIDER	此模式与DSS无限调制解调器相连，事件的探测信息以0.5s的间隔传到蜂窝网络控制器。该模式下不显示车道和闪烁块

8）用户定制统计数据格式。单击"MESSAGE COMPOSITION"按钮，程序将弹出"RTMS STATISTICAL MESSAGE SETUP"对话框，用户可根据需要选择数据项。固化软件6.1版本提供了交通检测数据和实时时钟选项：

① 交通流量：在某个信息周期内通过探测区的车辆总数。

② 中型车流量。

③ 车长流量。

④ 超车长流量。

⑤ 速度。

⑥ 占有率。在某个信息周期内所探测车道的占有率，系统一般将其四舍五入为整数。占有率有高分辨率输出和模拟6ft（1ft=0.3048m）电感线圈输出两种形式。

高分辨输出：采用改进的数据协议，可以提供分辨率为0.1%的占有率测量值。如果不选择高分辨率，检测分辨率保持1%，并可以使用老版本（如RTMS X2型）的数据协议。

模拟6ft电感线圈输出：正确的车道占有率检测，可以仿真6ft电感线圈数据。如果不选择该输出形式，则车道占有率的测量与RTMS X2型兼容。

⑦ 时标。以10ms间隔为基础，给输出数据加上4B的时间标志，时间从检测器通电工作开始计算。

⑧ 实时时钟：选择在实时传输的数据上附加检测器内部时间和日期标志。注意，如果数据不包含时间标志，那么接收的程序（如设置程序）会加上时间标志，但与实际时间有差别，

一般是在一个周期内。如果以接收计算机时钟为准,那么将接收计算机时间校对准确就很重要。

统计数据在屏幕上显示每一个周期内每条车道的数据,同时还显示安装模式(侧向或正向)等信息。

除流量和占有率两个参数在不同安装方式下定义相同外,其余的参数在不同的安装方式下有不同的定义。

① 侧向安装数据的定义

a. 速度:在某个信息周期内通过检测区车辆的平均速度,不包括对长车速度的测量。在以下情况下,测量速度显示为"?":信息周期内没有车辆经过;信息周期内所有车辆都被视为卡车;高拥堵状态和只检测占有率时。

b. 长车流量:早期固化的软件版本将长车定义为平均车长的 3 倍,在 6.1 版或更高版本的固化软件中,则由用户自己定义。当统计周期大于 300s 时,长车流量计数被用来处理总流量的溢出,实际总的车流量等于流量值加上 256 乘以长车流量值。

② 正向安装数据定义

a. 车流量、占有率:车流量和占有率数据是指经过 3 个检测区域的车辆的数据,第一个车道检测区域的数据是有效数据。

b. 速度分段流量:在附加的正向参数设置中,用户定义每个车速分段的车流量,将无法测出速度的流量统计值放在第 8 分段显示。

c. 车长分段流量:在附加的正向参数设置中,用户定义每个车长分段的车流量,将无法测出车长的流量值放在第 8 分段显示。

d. 平均车速:正向安装模式下所有车辆的平均速度。

e. 方向:行车方向(与速度分段的次序有关)。

f. 单车车速/车长:每辆车连续通过 3 个检测器,程序若选中"PER VEHICLE SPEED",则显示当前车辆数据。报警模式下只显示超速车辆数据。

以上仅说明了 RTMS X3 检测器的工作模式、校正及输出数据的设置,还有关于通信方面的其他设置,在此不做介绍。

5. RTMS 的应用 RTMS 适用于多车道流量检测和实时监控,在主要平交口可取代停止线感应线圈、出口匝道交通控制检测器及道路平交口的独立传感器,并可取代作为平交口多车道进口道监视的感应线圈、车速测量装置等。自 1991 年起,RTMS 在北美、欧洲及亚洲开始广泛应用,已成为城市和高速公路的"眼睛"。到 2007 年,已建的北京快速路交通流信息实时检测的 339 个检测断面中,有 283 个采用了 RTMS。

(1) 应用一:替代传统感应线圈车辆传感器。在道路交通信号控制系统中,RTMS 可以替代传统感应线圈车辆检测器。RTMS 的安装方案简易,它无疑是感应线圈车辆检测器的一个最佳替代产品,并且一台 RTMS 可以同时监控 8 个车道,就相当于代替了传统的 16 个感应线圈车辆检测器。经实践证明,它可以有效地替代 SCOOT 系统中的感应线圈车辆检测器。加拿大安大略交通部用一个冬季的时间对比测试了 RTMS 和感应线圈车辆检测器,同时也对比测试了基于 RTMS 的系统和基于感应线圈车辆检测器的系统,所有的研究表明,RTMS 的数据准确度及运行的稳定性与感应线圈车辆检测器相近或好于感应线圈车辆检测器。

(2) 应用二:RTMS 永久计数站。现代交通技术站需要一些附加的检测数据,如速度和车辆分类统计数据。位于道路上的一些永久性计数站的安装位置没有严格的要求(可用龙门架安装),移动式计数站则需要快捷、安全、方便地进行安装,并采用蓄电池或太阳能发电供电。利用 RTMS 可以方便地构成一个永久性或移动式计数站,每个计数站包括一台 RTMS 和一个交通存储器,就可以自动收集多达 28 天的交通数据。RTMS 能分别检测多达 8 个车道的数据,数据可以周期性(以 5min 为一个周期)地采集和存放在存储器中。

(3) 应用三:RTMS/FIMS(Freeway Traffic Management System,高速公路交通管理系统)移动事故检测系统。交通检测器最难应用在事故检测系统中,建立这样的系统需要建立许多同等间隔[通常是 0.25mile(1mile = 1609.344m)]的检测站。每个检测站将每条车道的可靠交通数据(流量和占有率是必需的,速度是可选的)每隔 20s 或 30s 传送到中心的处理器进行实时处理。当发生事故时,会造成道路拥堵,在这种情况下,一些依靠物体运动来检测车辆的检测器就不能采用了。对于数据而言,所有经过证实的事故检测算法主要依赖于占有率这个参数,这就需要检测车辆的整个车体,并要求路面上的检测区域保持稳定,昼夜交替和拥堵情况均不会对其造成影响。不符合这些要求的检测器会使事故检测的准确率低、错误率高或响应时间长等情况出现。RTMS/FIMS 可以构成一个完整的高速公路交通管理系统,它能够对不中断交通的情况下快速、简便安装的上百台 RTMS 的实时数据进行分析,可采用多种通信解决方案,采用专门的算法实现事故检测,并可以区分事故引发的拥堵与重复发生的拥堵。

(4) 应用四。RTMS/ATIS(Advanced Transportation Information System,先进交通信息系统)。ATIS 要求检测站之间的距离,高速公路以 1mile 为间隔,城市以街区距离为间隔,所有传送至中心的实时数据以 2~5min 为周期。如果在一个较大的地理区域内安装和维护大量的检测站,需要具有简单接口的低成本广域通信网络,多车道完整和准确的真实再现数据。复杂度低、易于安装、真实再现、全天候准确工作、低成本,使 RTMS 成为 ATIS 的理想选择。在高速公路、城市快速路、联络线上,RTMS 都能提供整个路面每条车道双向的准确交通信息检测结果,通信系统能够完成数百台检测定时数据报告、轮询式数据报告和选择性数据报告向中心传送。

早期美国休斯敦航宇公司代表美国联邦公路局,在 1992—1994 年对采用 12 种技术的 20 种交通检测器做了全面的测试。通过在各种天气、交通状况和各种路面情况下进行测试,形成了各种检测技术的对比报告,RTMS 的真实再现使微波雷达技术得到了最强烈的推荐,它适合应用于众多的交通管理系统中。

2.5 其他交通信息采集检测技术

2.5.1 超声波车辆检测器

超声波检测(Ultrasonic Detection)是一种非接触式的检测方式,它不受光线的影响,在较恶劣的环境中具有较强的适应能力,具有成本低、体积小、优化升级方便灵活、可靠性高等优点,应用范围较广。超声波车辆检测器不仅可以实现对城市道路和高速公路的交通流量、车速的检测,还能提供车辆排队长度、行程时间等数据。

1. 超声波车辆检测器的工作原理及特点 利用超声波在超声场中的物理特征和各种效应研制的装置有超声波换能器、超声波检测器或超声波传感器。

目前,大中城市道路交通拥挤现象比较突出,许多路段车间距往往较小,且有大量摩托车、非机动车混行其中,同时车辆在平交口等红灯时的车间距非常小,许多检测产品都无法适应这种交通状况,检测准确度大幅度降低,甚至无法检测到有效的信息,而超声波车辆检测器可以解决以上问题。例如,视频检测器需要车间距为 3~4m 才能保证正常检测,而超声波车辆检测器只要求车间距达 30~50cm 就能保证检测准确度。因此,超声波车辆检测器能为车辆排队长度的计算、行程时间的计算、平交口信号的控制提供准确的数据。但是,超声波车辆检测器容易受环境的影响，当风速在 6 级以上时，反射波将产生飘移而无法正常检测，且易受行人和非机动车干扰，造成误检。若反射波返回时与路面门脉冲重合，则表示检测路段无车辆；若反射波与车辆检测门脉冲重合，则表示检测路段有车辆；若反射波连续 3 次以上既未与路面门脉冲重合，也未与车辆检测门脉冲重合，则按检测路段有车辆处理。

超声波检测器按工作原理可分为压电式、磁滞伸缩式、电磁式等，而以压电式最为常用。压电式超声波检测器最常用的材料是压电晶体和压电陶瓷，这种检测器统称为压电式超声波探头。它是利用压电材料的压电效应来工作的。逆压电效应将高频电振动转换成机械振动，从而产生超声波，可作为发射探头；而利用正电压效应将超声振动波转化成电信号，可用作接收探头。

（1）超声波车辆检测器的分类。超声波车辆检测器主要有脉冲型、谐振型和连续型三种类型。

1）脉冲型超声波车辆检测器：悬挂在车道的上方，向车道下方发射超声波脉冲，并且接收回波，基于车辆从下方通过时，从车顶反射的回波比从路面反射的回波经历的路程短这一原理检测车辆的通过性或存在性。

2）谐振型超声波车辆检测器：在车道两边分别安装相应对立的发射器和接收器，从发射器发射谐振型超声波，此超声波横越车道，被车道对面的接收器接收，车辆通过时就截断了波束，从而实现车辆的存在性检测。

3）连续型超声波车辆检测器：发射一个连续的超声波波束，当射向驶近的车辆时，利用多普勒效应引起发射频率的变化，可以检测到车速等信息。

（2）超声波车辆检测器的工作原理及特点。大多数超声波车辆检测器是通过发射脉冲波实现检测的，它可进行车辆的存在性检测，以及提供交通流量及道路占有率等信息。超声波车辆检测器检测区域的大小由超声波发射器的波幅决定。

1）超声波车辆检测器的组成。超声波车辆检测器主要由超声波探头、主机和通信组件三个部分组成。

安装在路段上方的超声波探头将感应到的道路交通流数据以总线方式传送到安装点处的检测器主机。检测器主机经过数据分析、处理后，得到每条车道的车流量、车速，以及车道占有时间、堵车时间等数据。这些数据可通过 RS-232 或 RS-485 接口实时回传到数据服务器上，同时，检测器会按用户确定的时间周期将数据存储于主机内的闪速存储器芯片上，供日后调用。

图 2-58 所示为一种超声波车辆检测器硬件结构设计框图。在硬件结构设计框图中，超声波的发送和接收通过 LM1812 超声波专用集成电路来实现。LM1812 是一种性能优良的，既能发射又能接收超声波的超声波收发器集成电路。555 定时电路产生的调制波输入至 LM1812，LM1812 就会产生所需频率的调制超声波脉冲，该脉冲信号经功率放大电路放大后由超声波探头发射出去。当超声波

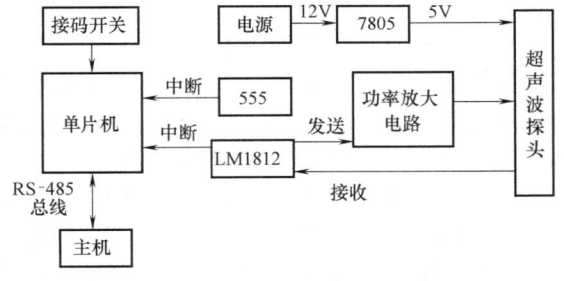

图 2-58 超声波车辆检测器硬件结构设计框图

探头接收到回波后，经 LM1812 滤波、放大处理后传送到单片机，在单片机中由中断服务程序计算出超声波由发射到接收的时间差，并推算出其他相关信息参数。具体原理如下：

通过超声波探头发射并接收反射回来的超声回波，由于超声波探头与地面的距离是一定的，所以探头发射出超声波的时间也是固定的。当有车辆通过时，鉴于车辆本身的高度，探头

接收到反射波的时间缩短,从而检测到有车辆通过或存在。

若超声波探头距地面高度为 H,车辆高度为 h,声速为 v,超声波从发出到反射波分别从路面和车辆返回的时间为 t 和 t',则

$$t = 2H/v \tag{2-32}$$

$$t' = 2(H-h)/v \tag{2-33}$$

发射波所用的时间与发射距离存在函数关系。根据这个特点,超声波车辆检测器即可以检测车辆的存在和通过,同时也可以根据预置的参数,按车型分别计数,进一步得到车型(大型车、小型车)、交通流量、占有率等参数。

2)超声波车辆检测器的特点

① 优点

a. 价格低、体积小、可移动、使用寿命较长、易于安装与维护。

b. 方向性好。

c. 不受车辆遮挡影响,对密集车流适应性好。

d. 能通过检测车辆高度区分车型,与人工调查分型方式相近,因此得出的分型结果最接近人工调查。

e. 对雨、雾、雪的穿透能力强,可在恶劣天气条件下工作。

② 缺点

a. 仪器响应时间长、误差大、波束发散角大、分辨率低、衰减快,有效测量距离小。

b. 性能受温度和气流等环境的影响较大。

③ 适用性:主要用于车速测量、停车场车位检测,也可以用于交通信号机中代替环形线圈车辆检测器。

2. 超声波车辆检测器的安装与应用

(1)安装。超声波车辆检测器一般垂直安装在车道上方,每个探头检测一个车道。可利用立交桥、过街天桥、导向牌龙门架及路灯的灯杆安装,可以大大降低安装费用。

(2)应用。超声波车辆检测器可广泛应用于交通流量检测、信号控制和交通诱导等智能交通领域。例如,停车场车位监测系统需要动态了解车位的占用情况,可利用超声波车辆检测器的超声波测距工作原理来检测车位占用情况;装置安放于停车场每一车位的上方,检测此车位是否有车辆停放,配合智能型停车场管制软件系统,更可实现准确到车位的停车诱导的功能。深圳第一代交通信号系统采用了超声波车辆检测器来代替环形线圈车辆检测器。1989 年,深圳引进了日本京三信号控制系统,信号机安装在罗湖与福田两区的主要平交口,初期在 52 个信号控制平交口安装使用了 174 个超声波车辆检测器。其安装在主要控制平交口,所起到的作用与环形线圈车辆检测器相同,主要采集交通流量与占有率,所采集交通流数据信号用于控制系统决策。但是,这种检测方式容易受行人与非机动车干扰,考虑到城市景观的影响,在后期的升级改造中逐渐被其他检测器替代。

目前,在城市快速路出入口控制中也大量采用了超声波车辆检测器。在北京四环路上,超过 50 个检测断面处安装了 CJK—04 型超声波车辆检测器,用于快速路的出入口控制。该类型的超声波车辆检测器对交通流量和平均车速的检测准确度较高,能识别客货车等 7 种车型,并可根据用户的需求再细分车型。并且,其检测不受光线、天气的影响,不受车流状况的影响,在各种天气条件下及车流拥堵时,均能保持较高的检测准确度。一般情况下,其长期使用无须再做调整,均能保持原有的检测准确度。

CJK—04 型超声波车辆检测器的标准配置是 8 个探头,同时检测 8 条车道,如有需要,能扩充连接 16 个探头,同时检测 16 条车道。该产品先后在北京、上海、武汉、广州等城市应

用,主要提供的检测参数有以下几项:

1)交通流量。探头垂直安装在车道上方,每个探头检测一个车道。它通过测量发射和接收超声波的时间差计算出超声波发射和接收所走过的距离,确定有无车辆并实现交通流量统计。

2)车型。通过对比超声波的发射波和接收波,可以获得车辆的纵向高度变化曲线,以此推断出车辆的外形轮廓线,将此外形轮廓线与超声波交通流数据库中不同车型的外形轮廓线进行比较,可以获得车辆的基本类型。

3)车速。根据车辆先后通过悬挂于同一车道上方的两个超声波检测探头的时间差及两探头的距离(一般为2m),可以计算出车辆的瞬时车速。在保证探头安装角度、安装距离准确的情况下,可以获得较为准确的平均车速。

4)占有率。探头下方有车辆通过的时间与周期之比即为该断面的时间占有率。

5)拥堵时间。当一辆车通过检测断面的时间超过一定时长(如3s,此参数可以根据应用需求设置)时,则认为该断面堵车。若连续几辆车经过该断面均出现堵车现象,则实时发出堵车信号,同时,超声波车辆检测器记录堵车起始时间,累计堵车时长。

其中的检测部分采用了日本交通系统电气株式会社生产的超声波车辆检测器,它可以检测设定范围内是否有车辆,并输出相应信号到控制设备。该超声波车辆检测器周期性地发射53kHz的超声波,发射脉宽为2.5ms,额定的探测距离为1.5~6.5m,使用此设备检测电车时,探头安装高度为6.3m,设定检测范围为距探头2~4m。在检测过程中,如果在一个检测周期($T=200ms$)中的11.7~23.5ms之间收到发射波,表示此刻有车辆通过,输出信号有效,否则无效。

该系统中采用的超声波车辆检测器,无须任何车载设备,即可实现电车同其他车辆的辨别。经过大量的试验和运行结果表明,该检测方式的准确度满足要求,误码率低,运行可靠,经济实用。

在日本,由于考虑路面状况和维修方便,基本上采用在路面上设置传感器的方式,以非接触的方式通过超声波车辆检测器来检测车辆。

2.5.2 红外线车辆检测器

红外线是太阳光谱中红光外介于微波与可见光之间的不可见光,其波长范围相当宽,为0.75~1000μm。红外线探测技术实质上是红外线测温技术。红外线传感器可以分为主动式和被动式两大类。主动式红外线传感器和被动式红外线传感器都可以用于交通管理。主动式红外线车辆传感器中的激光二极管在红外线波长范围(即光谱波长0.85μm)附近工作,发射低能红外线照射探测区域,并经车辆的反射或散射返回传感器。使用可调发光二极管的主动式红外线车辆传感器可测量车速和进入高速公路曲线型较大的高大货车的高度,发光二极管在880nm的红外线波长范围附近工作,信号调节装置可防止其他红外线(如阳光)的干扰,由2个发射-接收系统用于测量车速,有1个发射-接收系统用于测量车辆高度。

被动式红外线车辆传感器本身不发射红外线,而是接收两种红外线:一种是传感器监测范围内的车辆、路面及其他物体自身散发的红外线,另一种是它们反射的来自太阳的红外线。

主动式红外线车辆传感器和被动式红外线车辆传感器设备中有特制的光学系统,在光学系统焦面上安装了红外线光敏材料。红外线车辆传感器(主动式或被动式)接收红外线后,经光学系统将其聚焦于红外线光敏材料上。对红外线车辆传感器来说,探测器指红外线光敏材料,它将接收的红外线转换成电信号,实时信号分析系统对信号进行分析,可获得车辆相关参数。红外线车辆传感器可安装在车流上方,以观测驶来或驶离的交通流,也可安装于路旁。红外线车辆传感器可用于信号控制及车流量、车速和车辆类型的检测,监视人行道上的行人及向驾驶人发布交通信息等。

1. 主动式红外线车辆传感器 主动式红外线车辆传感器具有两套光学系统,即发射光学系统和接收光学系统。发射光学系统将脉冲激光二极管发射的红外线以一定角度分成两束。接收光学系统有较大的接收区域,能更好地接收由车辆散射的红外线。主动式红外线车辆传感器记录车辆通过两束光的时间间隔 Δt,由于两束光的距离 d 已知,则速度 v 为

$$v = \frac{d}{\Delta t} \tag{2-34}$$

主动式红外线车辆传感器可进行信号平交口的流量、道路占有率、车速、车辆长度的检测,车辆排队长度及车辆的分类,可在一个平交口安装多个主动式红外线车辆传感器,而不存在发射红外线和接收红外线间的相互干扰。为适应车辆分类的需要,许多先进的主动式红外线车辆传感器能生成二维或三维的监视图像。

如果对红外线波进行调频处理或编码,红外线波可代表一定的信息,则主动式红外线车辆传感器可向驾驶人发布交通信息。

2. 被动式红外线车辆传感器 无生成图像的被动式红外线车辆传感器在其光学系统的焦面上装有一个或多个红外线光敏探测单元,由它们采集来自外部的红外线。无生成图像的被动式红外线车辆传感器中的光敏探测单元具有很大的瞬息探测区域,它等于一个像素所对应的弧角,因此这种传感探测区域中的物体不能被分为更小的像素,只有一个探测区域的被动式红外线车辆传感器可测量流量及道路占有率,而具有多个探测区域的被动式红外线车辆传感器还可以测量车速和车辆长度。可生成图像的被动式红外线车辆传感器,若采用电荷耦合器件(CCD)的摄像机,装备有二维分布的探测单元组,每个探测单元都有一个小的瞬息探测区域,则整个探测单元组有一个总的瞬息探测区域,探测单元组可接收总的瞬息探测区域内的红外线,并由图像传感器转化为视频图像。

被动式红外线车辆传感器可采集到探测区域内温度高于绝对零度(-273.15℃)的物体。射率为1的物体称为"黑体",而大部分物体发射率小于1,称为"灰体"。虽然被动式红外线车辆传感器可设计为能接收各种频率的能量,但考虑到造价因素,被动式红外线车辆传感器的波长可限定在足以检测车辆的一定数目的像素范围内,如某些型号在 $8 \sim 14\mu m$ 的远程红外线波长范围内工作,可减少太阳光及云层移动引起的照度变化的影响。

当车辆进入被动式红外线车辆传感器的探测区域时,传感器探测到的红外线能量发生变化。假设车辆和路面(由路面发射的波长在传感器可测波长范围内)的红外线发射率分别为 ε_V 和 ε_B,车辆和路面的表面温度(单位为K)分别为 T_V 和 T_B,则在传感器自身发射的红外线能量忽略不计的情况下,车辆温度可由式(2-35)近似确定。

$$T_{BV}(\theta,\varphi) = \varepsilon_V T_V + (1-\varepsilon_V) T_{SKY} \tag{2-35}$$

式中　　T_{SKY}——大气温度(大气吸收太阳光、宇宙射线而使大气具有的温度);

θ——传感器探测角度的最小值(如竖直向下时达到的角度);

φ——路面坐标系中的角度;

$\varepsilon_V T_V$——由车辆散发的红外线能量,由亮度温度表示;

$(1-\varepsilon_V) T_{SKY}$——由车辆反射的大气红外线能量。

同样,路面温度也可由式(2-36)近似确定。

$$T_{BR}(\theta,\varphi) = \varepsilon_R T_R + (1-\varepsilon_R) T_{SKY} \tag{2-36}$$

式中　　$\varepsilon_R T_R$——由路面散发的红外线能量;

$(1-\varepsilon_R) T_{SKY}$——由路面反射的大气红外线能量。

当车辆经过时，被动式红外线传感器探测到的红外线能量（亮度温度）由式（2-37）确定。

$$T_{\mathrm{B}}(\theta,\varphi) = T_{\mathrm{BR}}(\theta,\varphi) - T_{\mathrm{BV}}(\theta,\varphi) \tag{2-37}$$
$$= (\varepsilon_{\mathrm{R}} T_{\mathrm{R}} - \varepsilon_{\mathrm{V}} T_{\mathrm{V}}) + (\varepsilon_{\mathrm{V}} - \varepsilon_{\mathrm{R}}) T_{\mathrm{SKY}}$$

当 $T_{\mathrm{V}} = T_{\mathrm{R}}$ 时，有

$$T_{\mathrm{B}}(\theta,\varphi) = (\varepsilon_{\mathrm{V}} - \varepsilon_{\mathrm{R}})(T_{\mathrm{R}} - T_{\mathrm{SKY}}) \tag{2-38}$$

因此，如果车辆和路面的表面温度相同，车辆经过所引起的传感器信号与路面和车辆的反射率差及路面和大气的温度差有关。在阴天、雨天等湿度较大的天气情况下，大气温度比晴天时的高，则由车辆经过引起的信号会减弱。各种交通信息采集检测方式比较见表2-15。

表2-15　各种交通信息采集检测方式比较

检测方式	优点	缺点
光、电方式	检测原理简单，便于安装、维修	下雪、下雾时，有可能使红外线光束的衰减量很大，导致误判；需要花较多时间养护
环形线圈方式	可在积雪区使用，信号受车辆影响的变化很小，原理设计简单，便于开发	易受气温和湿度的影响；安装位置一般为地下，需将路面挖开施工，故安装和维修保养的工程费用较高
超声波方式	是一种全天候的障碍物检测方式	由于在路口需安装多个发射与接收器，故容易受到人为破坏；由于采用组件较多，因此容易发生误判；维修与保养时间和经费较高
视频检测方式	方式先进，备受国内外关注；适合于人流量大的路口精确检测，工作性能稳定，便于维修和及时发现故障；具备辅助功能	目前识别算法及并行处理的高速化问题还尚在研究当中，可靠处理性尚未证明可达100%；地处偏远地段的路口不宜使用视频检测模式，否则会造成财力、物力的浪费

复习思考题

1. 简述感应线圈、地磁、视频、微波这几种交通信息采集技术的区别。
2. 说明各种交通信息采集方法在智能交通中的应用。
3. 列举和对比分析现实生活中接触到的各种交通信息采集方法。

第 3 章 交通信息传输

交通信息业务主要是集语音、数据、图像于一体的综合数据业务。这些业务，模拟信息传输技术已经难以胜任甚至无法实现，只有依靠数字信息传输技术来解决。本章针对交通信息传输的应用背景，分别介绍数字信息传输技术及传输网络、无线信息传输技术及传输网络、光纤信息传输技术及传输网络。

3.1 交通信息传输系统

交通信息系统由许多部分组成，包括现场设备部分（如可变信息标志、交通检测器、匝道控制机、车道控制器和闭路电视摄像机等）和中心设备部分（如计算机、工作站和监控器等）。为了使智能交通系统能够正常运行，各组成部分之间的信息交换非常重要，而交通信息传输系统为这些信息的传输交换提供了传输通路。

交通信息传输系统实现的功能包括：

（1）向现场设备（如闭路电视、可变信息标志、公路路况广播、匝道控制机、交通信号控制机和交通检测器等）发出指令。

（2）在现场设备收到指令并对其进行应答后，接收现场设备发出的确认信息。

（3）从各种交通检测器获取交通数据。

（4）监视现场设备的工作状态。

交通信息传输系统是智能交通系统中一个相对独立且非常重要的部分，它与智能交通系统的结构、配置和运行方式等相互影响。信息传输技术选择是否得当，将影响信息传输的有效性和可靠性，最终影响智能交通系统的性能。

3.1.1 交通信息的传输需求、媒介和类型

1. 交通信息的传输需求

（1）交通检测站及匝道控制机。交通检测站与匝道控制机一般采用多路轮询方式，一个传输通道内可有多部控制机，传输速率一般为 1200bit/s。数据率虽然不高，但因为采用轮询方式，所以需要保证设备运行及通信的全天可用性。

（2）其他检测器。除了用于检测流量、占有率和速度的交通检测器外，沿高速公路还安装了用于检测车辆类型和道路路况（如路面的干湿程度、结冰状况等）的检测器。每种类型的检测器与控制中心或网络分中心之间的通信通过多个低速信道进行，采用轮询方式，保证设备运行及通信的全天可用性。

（3）可变信息标志（VMS）。可变信息标志要使用现场控制设备，这些现场控制设备采用的通信协议要与控制中心系统的可变信息标志协议和数据格式兼容。一般情况下，可变信息标志通信使用与检测器和匝道控制机所用信道类型相同的信道。为了能迅速确认，可变信息标志的信息显示要非常快，以保证信息传输的实时性。

（4）视频设备。一方面，视频设备应用于交通事件的确认，仅需要持续时间较短的视频图像。在交通事件确认的过程中，要保证视频图像的稳定性和清晰度。虽然摄像机真正用于交通事件确认的时间很短，但是要保证摄像机有全天的可用性。而且，在用于检测交通事件的检

测器出现故障时，检测区的摄像机要保证运行及通信的全天可用性，以进行车辆堵塞时的交通管理和交通事件检测。另一方面，视频设备用于对交通拥堵的监视，要求摄像机能实时地将现场交通图像传输到控制中心，因为视频图像的数据量很大，故要求足够高的传输速率。

传输视频图像时，还应考虑是通过动态图像模拟信号传输，还是通过多媒体数字信号编解码转化为数字信号传输。这要综合考虑图像质量、费用和图像压缩技术的发展等多个因素。就目前趋势来说，随着光纤技术的应用和图像转化技术的发展，由模拟图像转化为数字图像并通过光纤传输的过程，实现起来将会更加简单高效。

2. 交通信息的传输媒介 20 世纪 80 年代中期，交通控制系统的传输媒介（传输线）主要采用双绞线。同时，为了减少投资费用，有的交通控制系统采用租用的电话线路。20 世纪 80 年代后期，许多交通控制系统特别是高速公路交通管理系统，开始使用同轴电缆，因为同轴电缆较宽的带宽可以满足传输闭路电视图像的需求。近年来，光纤通信成为交通控制系统的主要传输媒介。其他信息传输媒介还包括区域无线广播网络、地面微波链路、蜂窝无线网络、分组无线网络和卫星通信系统。

（1）屏蔽双绞线。分立的绝缘导体通常以特定的间隔扭绞 90°，因而称为双绞线（扭绞线对）。这种处理通过围住双绞线内部的电磁场来提高传输性能，因为电磁能量的辐射减少，使得线内信号的强度提高。屏蔽双绞线的线对周围有金属屏蔽层或栅网层。线对可以分别屏蔽，也可用一个单独的屏蔽层包在多对线的电缆周围。屏蔽层采用金属铂、铝、钢、铜制成的编织网。

屏蔽双绞线的优点是减少了电磁辐射干扰，信号损失减少，信号能传输更远的距离，但相对来说成本比非屏蔽双绞线高，施工成本加大，因为附加的屏蔽层体积和重量使施工难度加大，另外，屏蔽层的电接地需要较多的时间和精力。

（2）同轴电缆。同轴电缆是非常坚韧的屏蔽铜线，其中心导体比屏蔽双绞线更粗，而且被外屏蔽层包着，以降低信号衰减，提高传输性能。

同轴电缆的优点是可传输的信号带宽范围比屏蔽双绞线大，传输距离比屏蔽双绞线远，误码率相对也更低，但是其生产、施工的成本都比屏蔽双绞线高。

（3）光纤。光纤传输的是调制后的光信号。光纤有极高的信息传输带宽。在 20 世纪 80 年代后期，因为闭路电视图像的传输要求交通信息系统的传输媒介有较高的传输带宽，所以在各个系统开始采用光纤传输媒介。目前，安装及维护光纤传输网的费用也大大降低，更使光纤成为交通信息传输媒介的首选。光纤传输的优点是对环境的变化和电磁干扰不敏感，维护起来相对比较容易，产品和技术相对成熟，采用密集波分复用技术后信息传输率高达 10Gbit/s 甚至 40Gbit/s，光纤传输距离远，能达到 50km 甚至更远而不需要中继转发。

（4）区域无线广播网络。区域无线广播网络是指向一个区域而不是某一个特定的地点发送信号的自备无线系统，它可以在交通信号控制机及其他交通控制设备上使用，可向高速公路维修车辆提供语音通信。

（5）地面微波链路。地面微波链路是自备的无线通信媒介。微波主要用作点对点通信的主干媒介，传输音频信息、数据及有限的闭路电视视频信息。它可对多个交通控制设备进行组群控制，可传输模拟信号和数字信号。

（6）蜂窝无线网络。公众的蜂窝无线网络是另一种广泛应用的无线传输媒介，但交通部门专用的蜂窝无线网络一般只用于一些小规模和短期的交通应用。随着蜂窝无线网络的业务从语音扩展到数据、图像等，它在交通信息传输领域有了更好的应用前景。交通部门通常采用专用的无线网络和集群制式，适用于调度指挥。

（7）卫星通信系统。卫星通信系统属于公众的无线通信系统。就现在的卫星设备及其提供的服务来说，在相对小的区域（如交通控制系统）内使用卫星通信系统还不能取得令人满意的效益，但是可以考虑卫星通信系统在较大区域内的应用，此时交通部门可以租用卫星信道专门用于交通信息控制。

对特定的应用来说，要选择最有效的传输媒介，就必须考虑许多关键的设计因素。这些因素包括一般的传输特性，如带宽和差错性能，二者均影响系统的吞吐量。另外，还必须考虑设备之间的可容许距离，以及传播时延、安全性、机械长度和物理尺寸等问题。最后，要考虑可用性和成本，包括生产成本、施工成本、操作与维护成本以及升级换代成本。

3. 交通信息的传输类型　智能交通系统的信息传输设备按工作方式可分为两种类型：模拟传输和数字传输。传输的信息可分为三类：

（1）数据：来自系统检测站、匝道控制机和可变信息标志，这部分信息传输时的数据包较小，所需的带宽较窄。

（2）声音：可通过有线和无线的方式传播。

（3）视频图像：来自闭路电视摄像机的动态图像可用于交通事件确认和交通监制，传输时需要较宽的带宽。

另外，现场检测点需要与各控制分中心进行数据交互，各个控制分中心要与控制中心进行信息交互，然后发布到互联网上。这种与用户终端有关的信息交互称为信息接入。

3.1.2　现场设备通信

现场设备通信具有一些特殊要求，首先需要具备抗电磁干扰能力，因为控制设备，尤其是一些车载设备和室外设备，工作环境比一般的工业控制设备的工作环境恶劣，其中影响最大的是电磁干扰。现场设备通信技术要求使用的数据总线具有很好的抗电磁干扰能力，以保证数据传输的可靠性。其次，交通控制系统是典型的实时控制系统，随着控制设备的系统功能不断提升，系统结构也越来越复杂，信号控制设备使用的计算机性能不断提高，设备内部和设备之间的数据通信也越来越多。为了匹配计算机性能及应对复杂任务，数据总线除了要有更高的数据传输速率外，还要有一套有效的数据通信协议，确保数据传输的速率，从而满足实时性的要求。对于可靠性要求比较高的系统，现场通信技术需要具备容错性，一般要求数据通信为冗余配置，对每一条数据线的要求是，无论哪一通信节点出现故障，都不导致数据线瘫痪。此外，要求传输数据时能够满足一定的错误检测和错误恢复等要求，对于瞬间干扰，要能够通过检错和重发等机制克服。

在交通控制系统中，设备内部和设备之间的数据通信的工作模式可以是点对点方式，也可以是支持多通信对象的总线方式，数据通信速率从几千比特每秒至数万比特每秒。设备内部的数据通信速率通常比较高，而设备之间的数据通信速率则会因通信距离以及电磁干扰等因素而降低。

目前，实际的信号控制设备现场通信广泛使用基于传统的 RS-422 和 RS-458 等串行通信总线的数据通信技术。近年来，随着现场总线技术的飞速发展，CAN 通信总线的数据通信技术也得以应用。下面简要介绍基于传统串行通信的 RS-232、RS-422、RS-485 总线和现场总线的数据通信技术。

1. 传统串行通信

（1）异步串行通信。异步串行通信每次传送一个字符，因此，也称为字符同步方式。每个字符的首末分别设置 1 位起始位和 1、1.5、2 位停止位，分别表示字符的开始与结束。起始位为"0"，停止位为"1"。字符可以为 5~8 位，字符后的停止位之前可以传输 1 位奇/偶校验位。一般 5 位字符的停止位是 1.5 位，8 位字符的停止位是 1 位或 2 位。其数据格式如图

3-1a 所示。

异步传输格式的工作原理：平时不传输字符时，传输线一直处于停止位状态，即高电平，一旦检测到传输线上有"1""0"的跳变，说明发送端开始发送字符，接收端立即应用电平的变化启动定时机构，按发送的顺序接收字符，待发送字符结束，发送端又使传输线处于高电平，直至下一个字符。这种方式对接收时钟的精度要求降低了，只要时钟偏差不超过 50%，一般就不会引起采样出错。其特点是简单易实现，但传输效率降低，每个字符都要附加起始位和停止位，辅助开销比例很大。该通信技术一般用于低速线路中，像计算机与终端、计算机与调制解调器、计算机与多路复用器等通信设备的连接。

（2）同步串行通信。同步串行通信以字符块或位块为单位进行传输，一块一般有几千个数据位。发送时钟和接收时钟必须同步，一般采用自同步法，即从所接收的数据中提取时钟特征。要求传输码具有自同步能力，传输数据中包含着发送时钟信号。接收端从接收数据中提取与发送时钟一致的时钟信号作为接收时钟信号，这样接收时钟和发送时钟就自同步了。

为使接收端和发送端同步，除使双方时钟同步外，还必须使接收端能准确判断出数据的开始与结束。一般的做法是在数据块前面加一个一定长度的位模式，一般称为同步信号或前文，数据结束后加上后同步信号（后文）。前文、后文加上所传输的数据信息，构成了一个完整的同步传输方式下的数据单位，称为帧。帧是数据链路层的数据传输单位。同步串行通信数据帧结构如图 3-1b 所示。

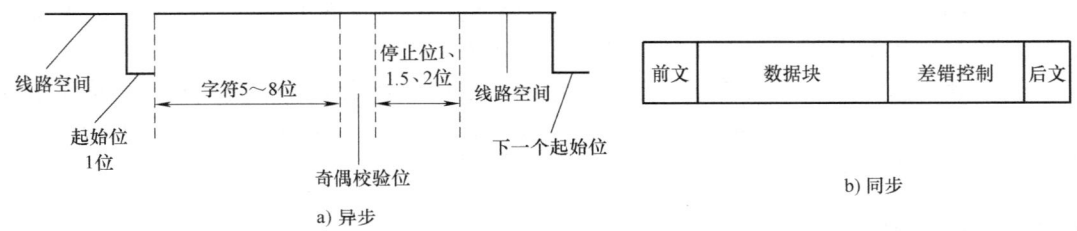

图 3-1 串行通信数据帧结构

帧的传输过程是这样的：接收端检测到前、后文后，说明发送端已开始发送数据，接收端利用从数据中提取出的时钟信号作为接收时钟，按顺序接收前文之后的数据信息，直到碰上后文为止。其优点是，因为以块为单位（几千比特），额外开销小，因此传输效率高，在数据通信中得到了广泛应用；缺点则是发送端和接收端的控制复杂，且对线路要求较高。

2. 现场总线技术　　现场总线是应用在生产现场，在测量控制设备之间实现双向、串行、多点数字通信的系统，也称为开放式、数字化、多点通信的底层控制网络。它在制造业、流程工业、交通、楼宇等方面的自动化系统中具有广泛的应用前景。基于现场总线的控制系统称为现场总线控制系统（FCS）。FCS 实质是一种开放的、具有互操作性的、彻底分散的分布式控制系统。在信号控制领域，目前应用最为广泛的是 CAN 总线。该总线最初由德国 BOSCH 公司在 20 世纪 80 年代初期提出，是为汽车检测、控制系统设计开发的一种串行数据通信总线。

标准的 CAN 协议仅定义了开放式系统互联（OSI）参考模型中的物理层和数据链路层。CAN 总线采用多主竞争式结构，其信号传输介质为双绞线、同轴电缆或光纤。采用双绞线通信时，速率最高可达 1Mbit/s，直接传输距离最远可达 10km，可挂接设备数量为 110 个。CAN 控制器根据两根线上的电位差来判断总线电平。CAN 总线中的总线电平为两种互补逻辑数值之一，D/"显性"或 R/"隐性"。"显性"数值表示逻辑"0"，"隐性"数值表示逻辑"1"，二者必居其一。发送方通过使总线电平发生变化，将消息发送给接收方。"显性"和"隐性"位同时发送时，总线电平为"显性"。CAN 总线特点如下：

(1) 多主控制。在总线空闲时，所有的单元都可开始发送消息。

(2) 消息的发送。在 CAN 协议中，所有的消息都是以固定的格式发送的。总线空闲时，所有与总线相连的单元都可以开始发送新消息。两个以上的单元同时开始发送消息时，根据标示符（以下称为 ID）决定优先级。ID 不是表示发送的目的地，而是表示访问总线的消息的优先级。两个以上的单元同时开始发送消息时，对各消息 ID 的每个位进行逐个仲裁比较，仲裁获胜（被判定为优先级最高）的单元可继续发送消息，仲裁失利的单元则立刻停止发送而进行接收工作。

(3) 系统的柔软性。与总线相连的单元没有类似于"地址"的信息，因此在总线上增加单元时，连接在总线上的其他单元的软硬件及应用层都不需要改变。

(4) 通信速度。根据整个网络的规模，可设定合适的通信速度。在同一网络中，所有单元必须设定成统一的通信速度。即使有一个单元的通信速度与其他的不一样，此单元也会输出错误信号，妨碍整个网络的通信。不同网络间可以有不同的通信速度。

(5) 远程数据请求。可通过发送"遥控帧"请求其他单元发送数据。

(6) 错误检测功能、错误通知功能、错误恢复功能。所有的单元都可以检测错误（错误检测功能），检测出错误的单元会立即同时通知其他所有单元（错误通知功能）。正在发送消息的单元一旦检测出错误，会强制结束当前的发送。强制结束发送的单元会不断反复地重新发送此消息，直到成功发送为止（错误恢复功能）。

(7) 故障封闭。CAN 总线可以判断出错误的类型是总线上暂时的数据错误（如外部噪声等）还是持续的数据错误（如单元内部故障、驱动器故障、断线等）。

(8) 连接。CAN 总线是可同时连接多个单元的总线。理论上其可连接的单元总线是没有限制的，但实际上其可连接的单元数受总线上的时间延迟及电气负载限制。降低通信速度，可连接的单元数增加；提高通信速度，则可连接的单元数减少。

3.1.3 交通信息接入方式

交通信息接入方式主要分为有线接入和无线接入两大类。

1. 有线接入

(1) 铜线接入

1) 电话音频线接入。电话线路上传输的是语音信息，也就是说普通的电话与交换机之间传输的是模拟信号。公共交换电话网络（PSTN）交换机只接收 0～3.4kHz 频宽的信号。那么在这么窄的载波上面，用户如果要传输交通检测数据的话，需要在用户端加调制解调器（Modem）。如图 3-2 所示，将串口 RS-232 数据通过电话线传输到更远距离。

2) xDSL 接入。目前流行的铜线接入主要是采用 xDSL 技术。DSL 是 "Digital Subscriber Line" 的缩写，即所谓的数字用户环路。DSL 技术是基于普通电话线的宽带接入技术，它在同一铜线上分别传送数据和语音信号，数据信号并不通过电话交换机设备，减轻了电话交换机的负载，并且不需要拨号，一直在线，属于专线上网方式。最常用的 ADSL 是一种非对称带宽接入方式。"不对称"是指交互式宽带业务上行方向（从用户终端向交换机的发送方向）与下行方向（从交换机向用户终端的发送方向）的信息速率是不对称的。在交通检测中，控制中心和检测现场之间的信息传输往往是不对称的。ADSL 典型的上行速率为 16～640kbit/s，下行速率为 1.544～8.192Mbit/s，传输距离为 3～6km。通过关闭低端子信道可将 0～4kHz 留给普通电话信号使用，上行信号占 30～138kHz，下行信号占 138～1104kHz。

ADSL 的核心是编码技术，目前有离散多音调制（DMT）和抑制载波幅度和相位（CAP）两种主要方法。两种方法的共同点是都使用正交幅度调制（QAM）。两者的区别是：在 CAP

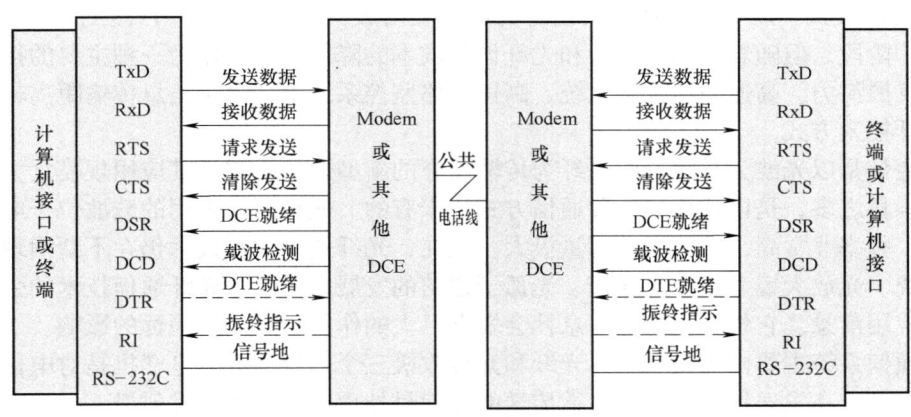

图 3-2 电话线数据传输

中，数据被调制到单一载波之上；在 DMT 中，数据被调制到多个载波之上，每个载波上的数据使用正交振幅调制（QAM）技术进行调制。两者相比，DMT 技术复杂且成本也稍高一些，但由于 DMT 对线路的依赖性低，并且有很强的抗干扰性和自适应能力，因此已被定为标准的编码技术。

由于 xDSL 技术的带宽接入优势，现有许多交通诱导系统、交通检测系统以及检测点与分中心或区域中心之间的信息传输都采用该接入方式。

3）以太网电缆接入。基于以太网的局域网（LAN）是实现办公自动化、企业管理现代化和工业过程控制自动化的基础，它以 5 类线作为传输媒介。将交通管理部门或控制中心的局域网接入到整个网络是实现最终的智能交通系统共有信息平台不可缺少的。以太网的最大优点是廉价，但是因为其接入公众网，所以用于信息传输及发布还存在安全管理、业务管理等问题。

所谓安全管理指的是接入网需要保障用户数据的安全性，隔离携带有用户个人信息的广播信息［如地址解析协议（ARP）、动态主机配置协议（DHCP）消息等］，防止关键设备受到攻击。对每个用户而言，当然不希望别人能够接收到自己的信息，因此要从物理上隔离用户数据，保证用户的单播地址的帧只有该用户可以接收到，不像在共享总线方式的局域网中，单播地址的帧总线上所有的用户都可以接收到。所谓业务管理指的是以太网接入需要支持组播业务（如信息发布），需要为保证服务质量提供一定手段，因为组播业务是未来互联网上的重要业务。另外，为了保证业务的服务质量，需要提供一定的带宽控制能力，例如保证用户最低接入速率，限制用户最高速率，从而支持对业务的服务质量，保证以太网应用到公用的网络环境。主要的解决方案有两种：VLAN（虚拟局域网）方式和 VLAN + PPPoE（以太网点对点协议）方式。在 VLAN 方式中，利用 VLAN 可以隔离 ARP、DHCP 等携带用户信息的广播消息，从而使用户数据的安全性得到进一步的提高。在这种方案中，虽然解决了用户数据的安全性问题，但是缺少对用户进行管理的手段，即无法对用户进行认证、授权。

为了识别用户的合法性，可以对用户的 IP 地址与该用户所连接的端口 VID（VLAN 标识号）进行绑定，这样设备可以通过核实 IP 地址与 VID 来识别用户是否合法。但是，这种解决方案带来的问题是用户 IP 地址与所在端口捆绑在一起，只能进行静态 IP 地址的配置。另一方面，因为每个用户处在逻辑独立的网内，所以，对每个用户至少要配置一个子网的 4 个 IP 地址，即子网地址、网关地址、子网广播地址和用户主机地址，这样会造成地址利用率极低。

4）同轴电缆接入。同轴电缆作为传输介质，其相对于双绞线的优点是传输衰减减少，抗干扰能力强。一般当信号需要中等距离传输时，可以采用同轴电缆传输。

（2）光纤接入。现阶段光纤接入设备的成本相对较大，所以将光纤作为接入方式的用法正处于推广阶段，但随着技术的发展和光纤设备成本的降低，光纤作为一种主要的接入方式具有很大的发展潜力。高速公路收费系统、高速公路监控系统中，由于信息传输距离较长，一般都采用光纤接入方式。

光纤通信是以光波为载频，以光纤为传输媒介的新型通信方式。其应用规模之大，范围之广，涉及学科之多，是以往任何一种通信方式所未有的。光纤通信采用的载波位于电磁波谱的近红外区，频率非常高，因而通信容量极大。现在，光纤通信的新技术仍在不断涌现，诸如频分复用系统、光放大镜、相干光通信、光孤子通信的发展，预示着光纤通信技术的强大生命力和广阔的应用前景。它将在未来的信息社会发挥巨大的作用，并产生深远的影响。

光纤通信系统主要由光发射机、光纤和光接收机三个部分组成。电端机是对电信号进行处理的电子设备。在发送端，电端机将欲传送的电信号处理后，送给光发射机，光发射机将电信号转变成光信号，并将光信号耦合进入光纤中，光信号经光纤传输到接收端，由光接收机将接收到的光信号恢复成原来的电信号，再经电端机处理，将消息送给用户。

光纤通信系统可以分成三种不同的结构，即点对点的传输、光纤分配网及局域网。利用光纤进行点对点的信息传输是光纤通信系统最简单的一种形式，传输距离可以从几千米到成千上万千米的跨洋传输。在传输距离超过一定值后，需要对光纤的损耗进行补偿，否则信号功率将十分微弱，以致不能恢复原有信息，因此长距离光纤通信系统需采用中继器接力方式。

光纤通信一出现，便得到惊人的发展和广泛的应用，这是与光纤通信的优势分不开的。光纤通信的主要优点有：

1）光纤的通信容量大。光纤通信应用的是红外光，其光频为 3×10^{14} Hz 数量级。如语言信号的带宽以 4×10^3 户计，则光通信的容量为 $3 \times 10^{14}/(4 \times 10^3)$ = 750 亿路电话。虽然实际的光纤通信系统尚与此相距甚远，但光纤通信容量之大是毋庸置疑的。

2）光纤的传输损耗低，传输通信距离长。光在光纤内的传输损耗很低，随着光纤制造技术的提高，光纤损耗会进一步降低，如今光纤最低损耗可低至 0.2dB/km 以内。由于光纤损耗小，中继距离长，这对减少建设投资，减少维护工作量，以及提高通信系统的可靠性等都带来了好处。

3）不受电磁干扰，通信质量高，适合于有强电干扰和电磁辐射的环境中。

4）光纤尺寸小，重量轻，便于铺设施工和运输。

5）制造光纤的主要原料是 SiO_2，它是地球上蕴藏最丰富的物质。

2. 无线接入　　无线接入是指从交换节点到用户终端部分或全部采用无线电波作为传输媒介的接入技术。用无须物理传输媒介的无线传输手段来代替接入网的部分甚至全部，从而达到降低成本、改进灵活性和扩展传输距离的目的。无线接入技术可以分为移动接入和固定接入两大类。

（1）移动蜂窝无线接入。通过移动蜂窝网进行数据业务的接入技术有：

1）通用分组无线业务（GPRS）。GPRS 是按 GSM 标准定义的封包交换协议，它在移动终端和网络之间实现了"永远在线"的连接，网络容量只有在实际进行传输时才被占有。它是一种基于分组交换传输数据的方式，在 GSM 网络中增加分组交换功能，在 GSM 平台上运用 X.25 和 TCP/IP 协议的分组交换数据通信。它的空中接口传输速率高达 115kbit/s。GPRS 使若干移动用户能同时共享一个无线信道，一个移动用户也可以使用多个无线信道，实际不发送或接收数据包的用户仅占很小一部分网络资源。其数据率是现有 GSM 的 10 倍以上，巨大的吞吐量改变了单一面向文本的无线应用，使得包括图片、语音和视频的多媒体业务得以实现。

GPRS 的特点包括：充分利用频谱资源、传输带宽，适用于突发性业务。GPRS 技术呼叫建立时间短，支持点到点、点到多点、上下行链路非对称传达。从有效利用网络资源和降低用户费用方面考虑，GPRS 非常适用于互联网业务等突发性、面向大众的业务。

2）3G 数据通信。第三代移动通信 IMT-2000 工作在 2000MHz 频段，最高业务数据速率可达 2000kbit/s。无线接口技术标准目前应用的方案是 WCDMA、CDMA2000 和 TD-SCDMA，其基本思想是全球统一频段、统一标准、无缝覆盖、全球漫游。

3）专用短程通信（DSRC）。专用短程通信采用无线通信技术，由车载单元（OBU）、路旁单元（RSU）、专用短程通信协议以及后台计算机网络组成，在智能交通系统中实现线路、车之间的信息传输。

车载单元主要由车载设备及电子标签组成。电子标签中存储了该车的有关信息，如车号、车型、所有者等。路旁单元有车道单元、车道设备，主要是车道通信设备，即读写器，包括车道天线和天线控制器。专用短程通信系统主要利用专用短程通信技术，通过路旁单元的信号发射和接收装置识别通过车辆的相关信息，自动对车辆进行省份鉴别、实时监控、动态引导等智能化管理，完成车辆相关信息的动态采集工作。

（2）固定无线接入

1）无线局域网（WLAN）。WLAN 是一种能支持较高数据速率（2~11Mbit/s），采用微蜂窝、微微蜂窝结构，自主管理的计算机局部网络。它可以无线电或红外线为传输媒介，并采用码分多址（CDMA）的扩展频谱技术，移动的终端可通过无线接入点来实现对互联网的访问。在无线局域网这个领域中有两个主要标准：IEEE802.11 和 HiperLAN（High Performance Radio Local Area Network）。

IEEE 对 802.11 的标准进行了高速扩展，高速扩展有两个版本，其中之一是 IEEE802.11a，工作在 5GHz 频段，采用正交频分复用（OFDM）技术调制，传输速率为 6~54Mbit/s 或 11Mbit/s。

WLAN 利用常规的局域网（如 10/100/1000Mbit/s 以太网）及其互联设备（路由器）构成骨干支撑网，利用无线接入点（AP）和无线接入服务器（WAS）来支持移动终端（MT）的移动和漫游。无线接入服务器的作用是提供无线终端的接入管理和移动管理。在无线接入服务器的范围内可支持多个小区。无线接入点的作用是完成 WLAN 和 LAN 之间的桥接，实现无线空中接口协议到 LAN 协议的转换，并实现小区的移动用户管理。在无线接入服务器中运行移动 IP 服务器软件，在移动终端上运行移动 IP 客户机，便可支持移动 IP 功能。

2）蓝牙（Bluetooth）技术。蓝牙技术是一种无线数据与语音通信的开放性全球规范，它以低成本的近距离无线连接为基础，为固定与移动设备通信环境建立一个特别连接。蓝牙工作在全球通用的 2.4GHz ISM（即工业、科学、医学）频段，蓝牙的数据速率为 1Mbit/s，采用 TDD/CDMA 时分双工传输方案来实现全双工传输。与其他工作在相同频段的系统相比，蓝牙调频更快，数据包更短，这使蓝牙比其他系统更稳定。前向纠错（FEC）的使用抑制了长距离链路的随机噪声。应用了二进制调频（FM）技术的跳频收发器被用来抑制干扰和防止衰落。

3.2 数字信息传输

目前，智能交通系统的信息以数字信息为主，故交通信息传输系统同样也以数字信息传输系统为主体。数字信息传输系统的组成如图 3-3 所示。正如前述，它除了将信号匹配到信道的调制与解调之外，还增加了编码器和译码器。按照功能的不同，编码器又可细分为信源编码和信道编码两部分。信源编码将原来不适合在数字通信系统内传输的模拟信号转换为有效的数字信号，如语音信号或图像信号的数字化等。另外，数据加密或数据压缩等数字信号处理任务也是信源编码器的特定功能。信道编码则主要实现数字信号传输中的差错控制功能。一般来说，信源编码用于删除和减少原始信号中的信号冗余量，提高信号传输的有效性，而信道编码则用于适当地增加信号传输中的信息冗余量，提高传输可靠性。因此，它们所实现的功能是完全不同的，在设计通信系统的传输有效性和传输可靠性指标时要全面兼顾。由于编码器在数字通信系统中的突出地位，因此，有时将发送端编码器之后直到接收端译码器之前的传输过程称为编码信道，以区别模拟通信系统中的调制信道。图3-3中接收端译码器的功能是将编码后的信号恢复成原来编码前的信号，而且要尽量减少由于编码和译码所带来的信号失真，因此，它要完成的任务更为复杂。

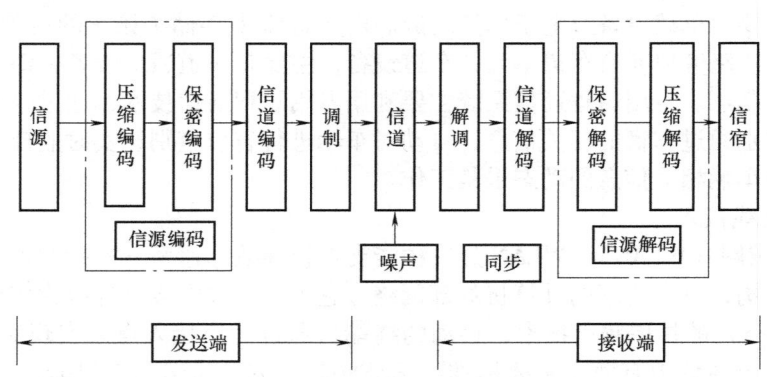

图3-3 数字信息传输系统的组成

通信系统一方面要求被传输的信号准确可靠，另一方面要求被传输的信号及时有效。前者称为通信系统的可靠性性能，后者则称为通信系统的有效性性能，通信的有效性和可靠性是最重要的技术指标。所谓通信的有效性通常是指在给定的信道内能够容纳多大的信息量，或者允许多高的信息传输速率；通信的可靠性则用误码率来衡量。在理想的通信系统中应该使传输的信号流通量达到最大，同时应该保持被传输的信号没有失真，也没有误码。

在数字通信系统中衡量通信有效性的指标是信息传输速率，它是指在单位时间（通常为1s）内允许传输的最大信息量。信息传输速率（简称传信率）的基本单位是 bit/s，它代表在每秒时间内传送一个二进制单位的信息量。有时也可用每秒的波特（Baud）数来衡量传信率的大小，这里波特是指一个多进制单位的信息量，称为传码率，即每秒传送的码元数。在计算上波特与比特之间可以相互转换。在采用传信率作为数字通信系统的有效性指标后，不管传输什么信息，包括数字化后的语音或图像信息、数据信息等均可统一用每秒比特数来计算通信的有效性。目前，低速率数字传输信道内（如无线移动通信或普通对称电缆），最大传信率只有几百到几千比特每秒，用于在信道内传送数字传真或单路数字语音信息。中速率数字传输信道内的最大信息传输率可以提高到几兆到几十兆比特每秒，如综合布线系统或有线电视电缆，大多用于传输计算机数据或图像信息。高速率数字传输信道内的最大信息传输率已可达到几百兆比特每秒到几吉比特每秒，如光缆或卫星通信系统可以传输大量的网络数据或图像信息。

通信系统的可靠性指标在数字通信系统内通常是指误码的数量占全部传输码位的比例，称为误码率。例如，有线或卫星传输时误码率可以达到 10^{-7}，而在无线移动信道内误码率能达到 10^{-3} 就算不差了。当然，误码率还与所采用的信道编码技术有关，无线移动信道具有一定的差错控制能力，即通过检错和纠错的方法来使误码率的指标提高，以便满足不同通信系统的传输要求。例如，在低速率数字通信系统中只要求误码率达到 10^{-3}，而在中速率数字通信系统中要求误码率达到 10^{-5}，在高速率通信系统中则要求误码率达到 10^{-7}，这是目前努力的方向。

3.2.1 数字信息传输系统简介

众所周知,数字通信与模拟通信相比较,具有一系列优点:①用数字信号传递信息易于再生,防止干扰的积累,从图 3-4 可以看出受干扰的数字信号能够容易地恢复出数字信号;②数字信号便于连接各种数据终端,特别是计算机终端;③数字信号易于加密,可靠性好;④数字信息易于实现信息传输业务综合化,有利于组网传输;⑤数字信息的电子元器件易于高度集成化,有利于通信设备的小型化和提高灵活性;⑥数字信息易于加工处理,有利于扩大信息传输容量和提高传输质量。

要实现数字信号的有效、可靠传输,首先需要将模拟信号数字化,变成二进制或多进制的数字编码信号,然后在信道上进行传输,这种信号的传输称为数字信号的基带传输。传输信道噪声的影响,导致传输信号产生误码,若要减少误码率,则需要对数字信号进行信道编码,最后对编码的数字信号进行调制,使之变成频带数字信号,以便在合适的信道上进行传输。

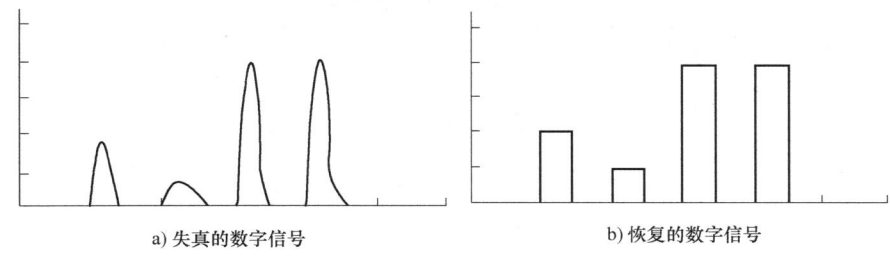

图 3-4 数字信号恢复

1. 模拟数字信号化 模拟数字信号化也就是我们常说的模-数变换,它由基本的三个步骤组成:抽样、量化和编码。信源产生的模拟信号经过抽样(见图 3-5)后,在时间上离散化了,但是其幅值仍是连续变化的,只有经过幅度的分层处理,才能形成时间上和幅度上都是离散的数字信号。

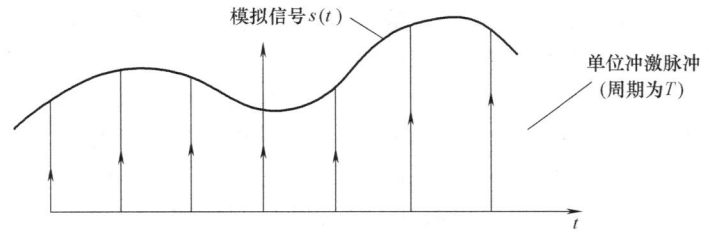

图 3-5 模拟信号抽样过程

(1) 抽样。实际上,抽样过程等于周期性单位冲激脉冲乘以模拟信号。

(2) 量化。所谓量化就是由有限个电平来近似地表示连续变化的幅度值。图 3-6 所示为某量化过程,纵坐标上 m_1, m_2, $\cdots$, m_6 表示量化区间的端点(图 3-6 中为均匀量化),q_1, q_2, $\cdots$, q_7 表示量化器输出的诸量化电平值。每个抽样瞬间($t = kT$, $k = 0, 1, 2, \cdots, n$)的信号实际值 $s(kT)$ 和量化值 $s_q(kT)$ 分别用"·"与"△"表示。图 3-6 中,量化电平值与信号实际值之间产生了量化误差。量化误差是因为将抽样值舍入到最接近的量化电平值所致。这种量化误差在接收端是无法消除的,而且与传输信道无关。但是,在有噪声干扰的信道中传输经幅度量化后的信号,并用有限位数的二进制数字代码来表示这个信号,只要噪声干扰不太大,接收端就有可能准确地恢复该量化信号,从而消除传输中的噪声影响,对数字信号的远距离传输是有利的。

(3) 编码。量化信息可以直接在信道中作为进制信号传输,遇到噪声的起伏幅度不超过量化层时就不会影响原来的信噪比。还有一种常用的方法是将抽样经过量化后再进行编码。所谓编码就是用一定的数字代码与量化电平一一对应,代码的形成通常采用二进制,而多进制代码只用在传输信道的信噪比比较好、可利用的频带比较窄的情况,或者在多进制调制方式时采用。两种二进制编码方式见表3-1。

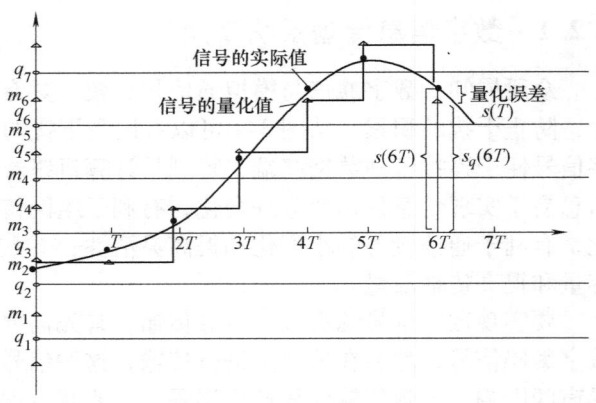

图 3-6 量化过程

表 3-1 两种二进制编码方式

量化值	极性	自然二进制码	对称二进制码	量化值	极性	自然二进制码	对称二进制码
15		1111	1111	7		0111	0000
14		1110	1110	6		0110	0001
13	正	1101	1101	5	负	0101	0010
12		1100	1100	4		0100	0011
11	极	1011	1011	3	极	0011	0100
10		1010	1010	2		0010	0101
9	性	1001	1001	1	性	0001	0110
8		1000	1000	0		0000	0111

一位二进制数码只能表示两个数值,即1或0,若由 k 位码元构成一个码组(又称码字),则它能表示量化级数为 $M=2^k$。例如,当 $k=4$ 时,4bit二进制的组合能表示 $2^4=16$ 种量化值。

经过抽样、量化和编码后,模拟信号的样值可由0和1二进制的代码组来表示,将该二进制编码信号直接在电路(信道)上传输,称为基带传输。

2. 数字基带信号传输 数字基带信号是指对二进制的数字信号进行电脉冲表示,也就是用未经调制的电信号表示二进制码或多进制码。

(1) 数字基带信号码型。通常把数字信号的电脉冲表示过程称为码型变换。不同形式的数字基带信号具有不同的频谱结构。在有限信道中传输的数字基带信号又称为线路传输码型。常有的二进制数字基带信号有归零码(RZ)和不归零码(NRZ)两类,而其极性又分别有单极性和双极性,故其组合有四种码:单极性不归零码、双极性不归零码、单极性归零码、双极性归零码。

1) 单极性不归零码。如图3-7a所示,此方式中"1"和"0"分别对应正电平和零电平,或负电平和零电平。在表示一个码元时,电压均无须回到零,故称为不归零码。其特点为:发送能量大,有利于提高接收端的信噪比;在信道上占用频带较窄;有直流分量,将导致信号的失

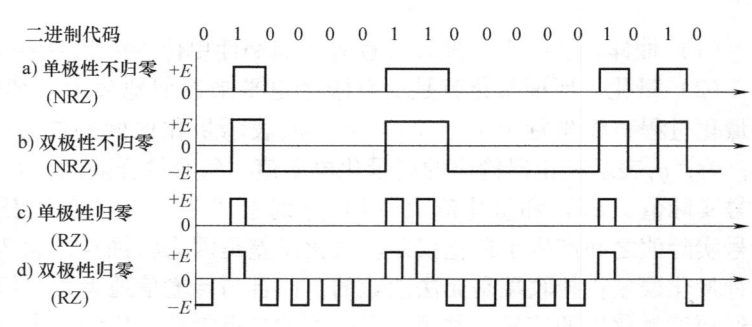

图 3-7 基带数字信号型时序图

真与畸变；由于直流分量的存在，无法使用交流耦合的线路和设备；不能直接提取位同步信息。

接收单极性不归零码的最佳判决电平应取"1"码电平的1/2。由于信道衰减或特性随各种因素变化时，接收波形的振幅和宽度容易变化，因此判决门限不能稳定在最佳电平，使抗噪性能变坏。由于单极性不归零码的缺点，基带数字信号传输中很少采用这种码型，它只适合极短距离传输。

2）双极性不归零码。在此码型中，"1"和"0"分别对应正、负电平，如图3-7b所示。其除与单极性不归零码的发送能量、频带、直流分量相同外，还有以下特点：当"1"和"0"数量各占1/2时无直流分量；接收端最佳判决门限为零，容易设置并且稳定，因此抗干扰能力强；可以在电缆等无接地线上传输。

此码经常被用作线路码。近年来，随着100Mbit/s高速网络技术的发展，双极性不归零码的优点（特别是信号传输带宽窄）受到人们关注，并成为主流编码技术。但在使用时，为解决提取同步信息和含有直流分量的问题，先要对双极性不归零进行一次预编码，再实现物理传输。

3）单极性归零码。如图3-7c所示，在传送"1"码时发送1个宽度小于码元持续时间的归零脉冲，在传送"0"码时不发送脉冲。其特征是所用脉冲宽度比码元宽度窄，即一个码元还没有终止就回到零值，因此称其为单极性归零码。单极性归零码与单极性不归零码比较，除仍具有单极性码的一般缺点外，主要优点是可以作为同步信号在线路中传输，但不携带信息。

4）双极性归零码。双极性归零码的构成原理与单极性归零码相同，如图3-7d所示。"1"和"0"在传输线路上分别用正脉冲和负脉冲表示，且相邻脉冲间必有零电平区域存在。

上面介绍的是用得较多的二进制码元，有时还会用到多进制码元。如图3-8a和图3-8b所示，分别画出了两种四进制码元波形。其中，图3-8a所示只有正电平（即0、1、2、3四个电平），而图3-8b所示为正负电平（即+2、+1、-1、-2四个电平）均有。采用多进制码的目的是在码元速率一定时可提高信息传输速率。

以上介绍的几种码型，其波形均为矩形脉冲。实际上，基带传输系统中各处的信号波形可以是矩形脉冲，也可以是其他形状，如升余弦、三角形、高斯形等，但它们很少使用。

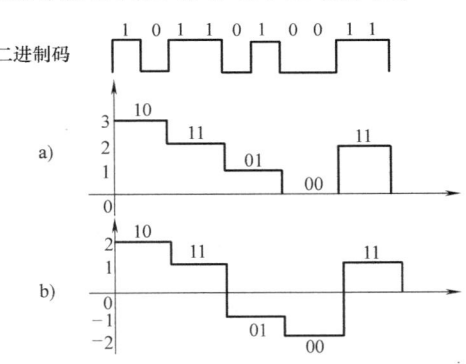

图3-8 四进制码元波形

(2) 数字信号基带传输性能。二进制数字信号"1"和"0"在时钟脉冲的控制下，经脉冲发生器形成不归零的单极性码。理论上讲，矩形脉冲的功率谱是无限的，故应先经过发送滤波器限制其频带后送入信道。由于信道一般不能满足不失真传输的条件，因此会引起传输波形的失真。再者，在信道传输时还会有噪声干扰，故在接收端应有接收滤波器，用以滤除通频带以外的噪声，同时又可以对失真波形进行均衡。所以，基带信号经传输信道后先经过接收滤波器，然后每间隔一个码元时间进行一次抽样，然后对抽样值进行判决。图3-9所示为最简单的二元数字基带信号的接收框图及各点波形。图3-9中的再生信号与发送信号有两点不同：它会产生传输延时，这是由信道的相移特性（尤其是发送、接收滤波器）造成的；会发生差错（误码）。误码产生的原因：一是传输频带是有限的，造成矩形脉冲失真而产生拖尾，对邻近判决瞬间造成干扰，如果这种码间串扰太强，就会发生误判；二是信道的噪声干扰也会造成误判。

对二进制数字基带信号的传输可用对称编码信道来描述。图 3-10 所示为二进制无记忆编码信道模型。这里发送端发送"1"和"0"码的概率分别为 $P(S_1)$ 和 $P(S_0)$，且 $P(S_1)+P(S_0)=1$。当"1"或"0"正确转移的概率相等时，称为对称信道；反之，称为不对称信道。错误转移可能有两类：由"0"转移为"1"，称为"虚报"；由"1"转移为"0"，称为"漏报"。所谓"无记忆"是指任一码元的差错与其前后码元的差错不存在依赖关系，因此，它们的转移概率是统计独立的。

经过误码特性分析后得到图 3-11。单极性码由于含有直流分量，不利于在有隔直流的信道上传输，并且其最佳阈值又随信道的变化而变动，不易维持稳定，另外，其误码性能劣于双极性码。例如，在误码率要求相同时，双极性码的信噪比比单极性码的信噪比少 3dB（即 2 倍），故数字信号在基带传输时常采用双极性码。

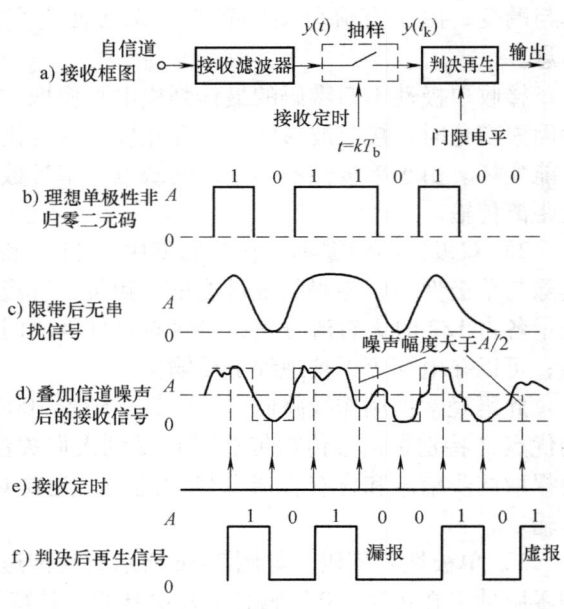

图 3-9 接收判决过程及其典型波形

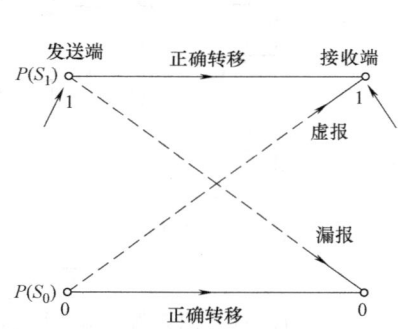

图 3-10 二进制无记忆编码信道

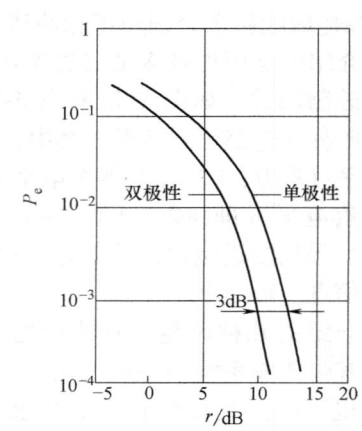

图 3-11 单极性码和双极性码的误码特性

3.2.2 数字信息传输的关键技术

数字信号在信道中传输，由于受到信道内噪声和各种干扰的影响，不可避免地会造成数字信号码元间串扰，同时会产生差错。当传输系统不能满足系统对误码率的要求时，就要采用信道编码措施。在进行信道编码时，可在原来的码元基础上加入一些新的冗余码元，它可以帮助检查在信号传输过程中是否产生差错码元。如果存在差错码元，则可以采用差错控制方法进行纠正。因此，具有检纠错能力的码字是在增加了冗余码元后获得的，而这种检纠错能力与各码字间的最小码距有关。在编码理论中码距又称为汉明距离，它有其特殊的定义。

1. 信道编解码 下面着重介绍在交通信息传输中最常用的线性分组码。

线性分组码具有严密的代数结构，它的生成和校检都应符合代数规则。将信息数列中每 k

个码元分成一段,然后由这 k 个信息码元按一定的规则产生 r 个监督码元,两者再组成长度为 $n=k+r$ 的码字,这样就构成了分组码。当分组码中的监督码元与信息码元满足模 2 加代数方程时,就可称为 (n,k) 线性分组码。

奇偶校检码是一种编码效率很高的 $(n, n-1)$ 线性分组码,但是,它只有一位监督码元 C_0,故只能发现错误而不能纠正错误。接收端的译码校检是由模 2 加建立监督关系的监督方程来完成的,即用

$$S = C_{n-1} \oplus C_{n-2} \oplus \cdots \oplus C_1 \oplus C_0 \tag{3-1}$$

来判决有无错误。若构成偶校检,则由式(3-1)得 $S=0$,就认为无错;反之,$S=1$,就认为有错。由于监督方程的取值只有两种,因此它只能代表"有错"和"无错"这两种信息。这样只有在发生奇数位错时,才能起到检错作用,但不能指出错误的位置。不难想象,如果再增加一位监督元,相应地再增加一个监督方程,此时接收端的两个监督方程就可能出现 00、01、10、11 四种组合。以 00 表示"无错",则余下 3 种就有可能用来指示一位错误码的三种不同位置。以此类推,如果有个监督位,就可能指示出一位错误码的 (2^r-1) 个可能的位置。

例如,$(7,3)$ 线性分组码 $(C_6 C_5 C_4 C_3 C_2 C_1 C_0)$ 中,前面的 $C_6 C_5 C_4$ 为原来的信息元,后面的 $C_3 C_2 C_1 C_0$ 是由这三个信息元求得的监督元。这种由信息元以不变的形式出现在码字前面的构成方式所组成的线性分组码,称为线性系统码。

接收端收到码字 $(R_6 R_5 R_4 R_3 R_2 R_1 R_0)$ 后,原则上在译码器中可以把码集中的码字存储起来,由接收码字与其逐一比较,按照"最大似然"准则找出码距最小的一个码字作为译码输出,然后再将监督位去除后得到信息码。但是在码长 n 和信息位数 k 很大时,这种在译码器内逐个比较的"查对"方法是难于实现的,需要采用代数计算的方法。

2. 差错控制编码 差错控制编码的种类很多,按其功能可以分为检错码和纠错码两大类。一般地说,能在译码器中发现错误的称为检错码,但它没有自动纠正错误的能力。若在译码器中不仅能发现错误,而且能自动纠正错误,则称为纠错码,它是一种最重要的差错控制编码。

实现差错控制的方法有自动要求重发(ARQ)、前向纠错(FEC)和反馈检验等几种。不同的控制方式,对编码的要求也不同,同时系统结构及设备的复杂程度也有很大差别。

(1)自动要求重发(ARQ)方式。自动要求重发方式也称为检错重发,发送的码字是具有一定检错能力的冗余码,接收端通过检错译码发现有错码时,由指令产生器阻止输出,同时经反向信道启动发送端的重发控制,将存储的原码字重新发送,然后,接收端重新检测,直到正确为止。自动要求重发工作过程如图 3-12 所示。自动要求重发方式必须要有反向信道,并且它只适用于单个用户之间的通信,而不能同时对多个用户进行差错控制。自动要求重发系统中冗余码本身只有检错能力,而无纠错能力,并且因重传而影响信道利用率。自动要求重发方式的优点是译码设备简单。

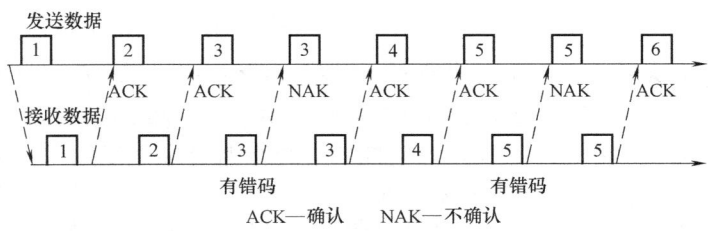

图 3-12 自动要求重发工作过程

（2）前向纠错（FEC）方式。前向纠错方式不需要反馈重发，因此不必设置反向信道和发送存储器，同时可以提高信道利用率。在接收端通过对接收码进行相关运算，不仅能发现错误，而且还能纠正错误。前向纠错方式不存在因反复重发而延误时间的缺点，而且适合一个用户对多个用户的通信，但其缺点是译码设备比较复杂。

（3）反馈校验法。反馈校检法也称为狭义的信息反馈系统，其方法是接收端将收到的信息（信码）原封不动地转发回发送端，并与原发送的信码进行比较，如果发现错误，则发送端再进行重发。这种方式从系统上看具有纠错能力，但原理上发送端可不进行纠检错编码，接收端也不需要进行纠检错译码，因而设备比较简单，但需要有双向通道，而且每一信码至少要传送两次，因而传输效率较低。

3. 多路复用 多路复用技术就是将多路信号组合在一条物理信道上进行传输，到接收端再用专门的设备将各路信号分离开来。这样一条物理信道资源就被多路信号共享。

如图 3-13 所示，使用多路复用技术的数字信号多路复用系统由复用器、共享信道和分用器组成。复用器和分用器总是成对出现，也就是说多路复用系统是一种可逆系统。

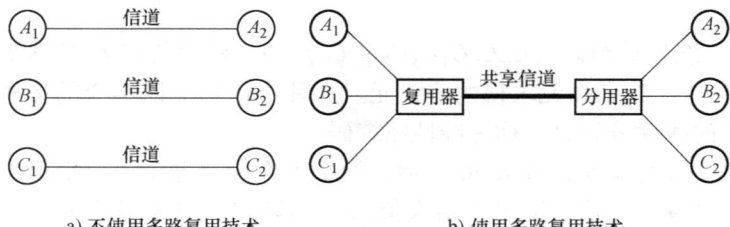

a) 不使用多路复用技术　　　b) 使用多路复用技术

图 3-13　多路复用技术示意图

（1）时分多路复用（TDM）技术。图 3-14 为三个低速用户信号（称为支路信号）共享一条高速传输线的时分多路复用系统图。时分多路复用器给每个用户分配一个固定的时隙。无论如何，每个用户只能在分配给它的时隙内发送信息，其他用户无信息发送时，他们的时隙就会处于空闲状态，别人也不能加以利用。时分多路复用技术采用固定频长结构，根据时隙在帧内的相对位置来识别用户信道，要求时隙周期性地出现，因此需要有同步信号来进行时隙定位。通常在现场有综合信息需要传输时，终端机设备都采用数字时分多路复用技术，即数字复接技术。

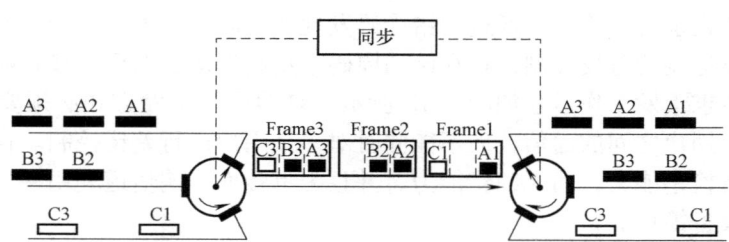

图 3-14　时分多路复用系统图

（2）统计时分多路复用（STDM）技术。使用时分多路复用系统传送计算机数据时，由于计算机数据的突发性质，用户对分配到的子信道的利用率一般都不高。统计时分多路复用是一种改进的时分多路复用，如图 3-15 所示。它能明显提高时分多路复用的效率。统计时分多路复用帧中的时隙数小于链接在线的用户数。统计时分多路复用不是固定地分配时隙，而是按需动态分配，因此，时隙中必须包含用户的地址信息。使用统计时分多路复用技术的集中器称为智能复用器，它具有对整个报文的存储转发能力。

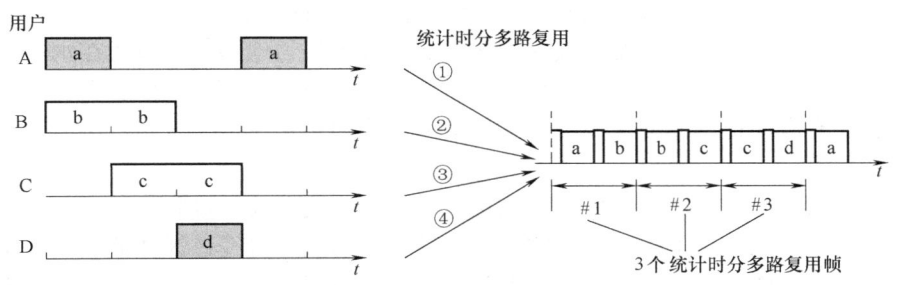

图 3-15　统计时分多路复用工作原理

3.3　无线信息传输

随着公网移动通信业务的快速发展,作为交通信息传输的重要手段,无线信息传输技术在智能交通系统中的应用越来越广泛,成为现代化交通的重要支柱。目前,在智能交通系统中广泛应用的无线传输网络主要包括无线通信专网、无线局域网以及卫星通信网。

无线信息传输在移动通信系统中发挥着核心作用。在交通信息工程内,无线信息传输同时是主要的信息传输方式之一。本节首先简单介绍无线信息传输及其他关键技术,然后结合智能交通系统的应用需求,介绍实现车辆与路旁设备或控制中心、车辆与车辆之间进行信息传输的车路移动通信网络以及车载自组织网络。

3.3.1　无线信息传输简介

前面介绍的数字信息传输属于基带传输,而基带信号经过载波调制后就成了频带信号。无线信息传输就是通过射频调制后的射频信号传输信息的。

1. 电磁辐射　无线信息传输将载有信息的射频信号通过天线向空间发射,也就是发射天线把发射机输出的高频电流能量变换成电磁波能量,并向自由空间辐射。电磁波在自由空间里以类似光的运动状态存在,形成无线电波。这个把天线电流的能量变为电磁波能量的过程叫作无线电波的辐射。导线载有射频电流时,就可以形成电磁波的辐射,其辐射能力与导线的电长度(物理长度与工作波长之比)和负载有关。如果将两导线张开,这时负载为无限大,传导电流几乎为零,而位移电流很大,因此发射天线主要依靠高频位移电流来发射。当导线的长度增大到可与波长相比拟时,导线间的位移电流就大大增加,因而就能形成较强的辐射。通常将上述能产生辐射的导线称为有源振子天线,其辐射原理如图 3-16 所示。

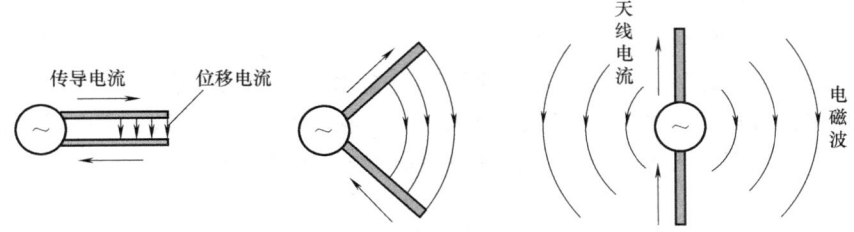

图 3-16　有源振子天线辐射原理图

向外辐射能量是发射天线的任务之一。发射天线在点对点的固定通信系统中,希望辐射出去的能量集中在一个方向,也就是对准对方的方向,而不应将无线电波发散到四面八方,这样才能提高接收点的电场强度,减少其他方向电台的干扰。因此,发射天线的另一任务是使辐射出去的无线电波向预定的某一方向或某一区域传播。当接收终端的位置不固定时，也就是说接收天线的相对方向不固定时，就要求发射天线在水平方向均匀地辐射，成为在水平面里没有方向性的发射天线。相反地，如果发射天线在某一方向辐射很强，而在其他方向辐射减弱甚至不辐射，则它属于有方向性的发射天线。因为移动通信采用超短波传播方式，所以基站架设悬挂式垂直天线。

为了接收发射天线发射的无线电波，在接收端需要接收天线。接收天线接收无线电波的过程正好与发射过程相反，即电磁波在接收天线上感应出电流，再经过馈线流入接收机的输入回路。所以，接收天线的任务之一是把无线电波的能量变换成高频电流的能量。接收天线的另一个任务是最有效地分辨出从需要接收的电台方向传来的无线电波，将从其他方向传来的干扰电波减弱或不接收，这就叫作接收天线的方向性。接收天线与发射天线是可逆的。同一个天线即可用于发射又可用于接收，它的特性不变。在移动通信基站必须悬挂一副天线，它们共同完成双向收发任务。

2. 电波传播特性 无线电波是一种能量传播形式。在传播过程中，电场和磁场在空间是互相垂直的，同时这两者又都垂直于传播方向。电波传播过程如图 3-17 所示。

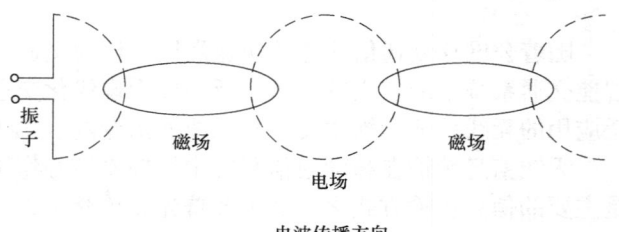

图 3-17 电波传播过程

无线电波和光波一样，其传播速度与传播媒介有关。无线电波在真空中的传播速度等于光速，用 $c = 3 \times 10^8$ m/s 表示。其在媒介中的传播速度为 $v_\varepsilon = c/\sqrt{\varepsilon}$，其中 ε 为传播媒介的相对介电常数。空气的相对介电常数与真空的相对介电常数很接近，略大于 1。因此，无线电波在空气中的传播速度略小于光速，通常认为它等于光速。无线电波的波长、频率和传播速度的关系用 $\lambda = v/f$ 表示，其中 v 为传播速度（单位为 m/s），f 为频率（单位为 Hz），λ 为波长（单位为 m）。由上述关系不难看出，同一频率的无线电波在不同的媒介中传播速度是不同的，因此，波长也不一样。

（1）自由空间传播。在无线通信系统中，发射天线辐射电磁波，经一定传播方式后到达接收天线。因此，无线电波的传播对整个无线通信质量有很大影响。无线通信的作用距离，不仅取决于发射机和接收机的性能指标，而且在很大程度上依赖于无线电波的传播环境，它相当于有线通信中的电缆或光纤信道。

电波在发射天线和接收天线之间理想的、均匀的、各向同性的媒介里传播时，不会出现折射、绕射、反射、吸收和散射等现象，只需考虑由于电波的扩散而引起的传播损耗，像这样的传播环境就称为自由空间。

虽然电波在自由空间中传播不受阻挡，不产生反射、折射、绕射、散射和吸收，但是，当电波经过一段路径传播之后，能量仍然会衰减，这是由于能量以球状的方式扩散而引起的。由电磁场理论可知，若各向同性天线（又称为全向天线或无方向性天线）的辐射功率为 P_1，距离辐射源 d 处的接收功率为 P_R，则自由空间传播损耗可定义为

$$L_{fs} = \frac{P_1}{P_R} = \left(\frac{4\pi d}{\lambda}\right)^2 \tag{3-2}$$

或折合成分贝（dB）为

$$L_{fs} = 32.44 + 20\lg d + 20\lg f \tag{3-3}$$

式中 d——距离（km）；
f——频率（MHz）。

由此可知，自由空间中电波传播损耗只与工作频率和传播距离有关。

（2）多径传播。无线通信的特征是信号以电磁波的形式传播。同一个发送站的电磁波在从发送到接收的过程中，由于在其传播路径上存在建筑物、树木、植被、起伏的地形、海面和水面等因素引起的地波反射、散射和绕射，使得到达接收站的信号不是从单一路径传播来的，而是从许多路径传播来的众多反射波的合成。这就是所谓的多径传播。

由于电波通过各个路径的距离不同，因此通过各条路径传播的电磁波到达接收方的时间不同，相位也就不同。不同相位的多个信号在接收端叠加，有时是同相叠加而增加，有时是反相叠加而减弱。这样，合成接收信号的幅度和相位都急剧变化，即产生了衰落。这种衰落由于是多径传播引起的，因此称为多径衰落。

在发送方发送一个脉冲信号时，由于多径传播的影响，原来的一个脉冲在到达接收端时却变成了一串脉冲，这就是所谓的时延扩展。在数字通信中，由于时延扩展，接收信号中一个码元的波形会扩展到其他码元周期中，引起码间串扰，这样就产生了多径干扰。

（3）移动环境。在移动通信中发射机和接收机都在不断地移动，而且其多径环境也处于不断变化的状态中。移动环境所产生的衰减大小与自由空间传播相比，几乎要大50dB，因此在设计基站距离时必须将其考虑进去。

另外一个与移动通信有关的问题是快速衰落。移动用户在通信环境中不断地移动，使得移动台受到多径干扰后接收场强发生快速变化，信号强度也会产生剧烈变动，这就是快衰落。在大城市中由于高楼林立，多径干扰非常普遍，因此移动通信的快衰落现象也就很严重，接收信号忽强忽弱，甚至迫使通信中断。

由于道路车辆的移动特性，车辆与地面进行无线通信时，无疑会存在较大的多普勒频移，该频移对信号来说就是干扰。要想在接收端较好地恢复信号，可先对该频移进行估计，然后采取频率补偿措施。

3.3.2 车路移动通信网络

车辆与路旁设备或控制中心的通信在轨道交通中的应用较为成熟。作为无线通信的典型代表，铁路综合数字移动通信系统GSM-R（Global System for Mobile Communications-Railway）是专门为铁路通信设计的综合专用数字移动通信系统。目前，GSM-R在武广线、新丰镇编组站、大秦线、胶济线、青藏线、石太线、合宁线、京津城际线等线路中已经得到应用。

GSM-R是基于分组数据的通信方式。它在GSM Phase2+规范协议的高级语音呼叫功能（如组呼、广播呼叫、多优先级抢占和强拆业务）的基础上，加入了基于位置寻址和功能寻址的功能，适用于铁路通信特别是铁路专用调度通信的需要，主要具有无线列调、编组调车通信、区段养护维修作业通信、应急通信、隧道通信等语音通信功能，可为列车自动控制与检测信息提供数据传输通道，并可提供列车自动寻址和旅客服务。其在我国铁路的频段为：上行方向为885～889MHz，下行方向为930～934MHz。

GSM-R在沿路轨方向安装定向天线，以形成沿轨的椭圆形小区，在话务量较大但对速度要求较低的编组站内采用扇形小区覆盖，在人口密度不高的低速路段和轨道交织处一般采用全向小区覆盖。每个小区有一个或几个收发信机，数量由话务量决定。

我国铁路采用的GSM-R主要组成部分包括：基站子系统BSS（Base Station Subsystem）、网络交换子系统NSS（Network and Switching Subsystem）、智能网系统IN（Intelligent Network）、通用分组无线业务系统GPRS（General Packet Radio Service）、运行和维护子系统OMS（Operation Maintenance Subsystem）、终端。

GSM-R是专门为铁路通信设计的综合数字移动通信系统。该系统在公众移动通信GSM网络的基础上解决了高速移动、隧道环境、安全可靠性、快速漫游切换等多项关键技术问题。

1. GSM-R 的基本结构 GSM-R 由基站（BS）、移动业务交换中心（MSC）和移动台（MS）组成，如图 3-18 所示。

基站包括基站收发信机和基站控制器两部分。基站收发信机为无线部分和固定部分提供中继；基站控制器具有一定的交换功能，是无线信道接至移动业务交换中心的接口。移动交换中心除包括移动业务交换中心、归属位置寄存器、访问位置寄存器，还有鉴权中心（AUC）、设备识别寄存器（EIR）、操作与维护中心（OMC）等。鉴权中心对用户有效性进行鉴定，保护用户的通信不受侵犯；设备识别寄存器通过对移动台号码的识别，禁止非法用户使用；操作与维护中心用于对基站、移动业务交换中心、归属位置寄存器、访问位置寄存器、鉴权中心、设备识别寄存器进行操作和维护。

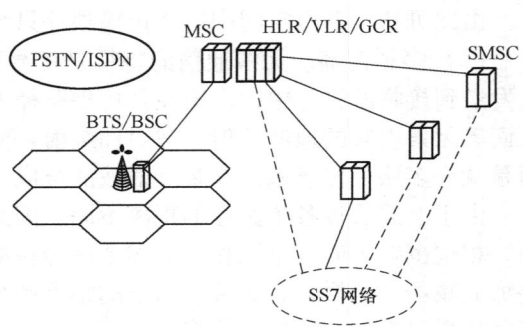

图 3-18 GSM-R 的基本结构

注：MS 为移动台；BSC 为基站控制器；BTS 为基站收发信机；MSC 为移动业务交换中心；HLR 为归属位置寄存器；VLR 为访问位置寄存器；GCR 为组呼寄存器；SMSC 为短消息中心；PSTN 为公用电话网；ISDN 为综合业务数字网。

GSM-R 是基于 GSM 的规范协议，增加了优先级、组呼、广播呼叫等铁路运输专用调度通信功能，适用于铁路信息的需要。为了完成调度通信的功能，GSM-R 与 GSM 不同的是在其结构中增加了组呼寄存器（GCR）。GSM-R 除了具有语音传送功能外，更重要的是具有数据传送功能。它与全球定位系统、机车车载计算机结合后能够实现机车和地面之间列车控制信息的实时传送，达到控制列车运行与确保列车安全的目的。

2. 基于 GSM-R 的列车控制系统 基于 GSM-R 的列车控制系统包括地面设备和车载设备。GSM-R 网络是列车控制系统安全数据的透明承载平台，提供车地双向高可靠性的数据传输通道。列车控制系统与 GSM-R 网络间的接口为 I_{GSM-R} 接口、I_{FIX} 接口，空中接口则采用 GSM 系统中成熟的 U_M 接口，如图 3-19 所示。I_{GSM-R} 接口为车载设备与移动终端之间的接口；I_{FIX} 接口为列车控制系统的地面设备（RBC）与 GSM-R 网络中的移动业务交换中心之间的接口，它从物理、电气、机械特性、接口的数据传输到信令传输都有相应的规范。基于 GSM-R 的列车控制系统结构如图 3-20 所示。

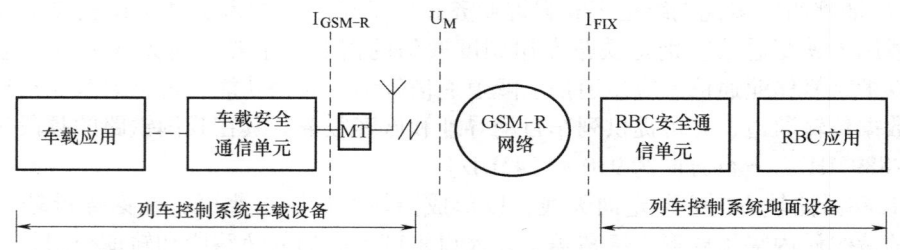

图 3-19 基于 GSM-R 的列车控制系统模块图

GSM-R 是 GSM 增加集群通信功能而构成的一个专用移动通信系统，可以提供 GSM 的所有功能。增加的集群功能在 GSM 标准中定义为高级语音呼叫功能，它包括以下业务：

（1）优先级业务（eMLPP）。优先级业务规定了在呼叫建立或越区切换时呼叫接续的不同优先级，以及资源不足时的资源抢占能力。该业务包含两个方面：

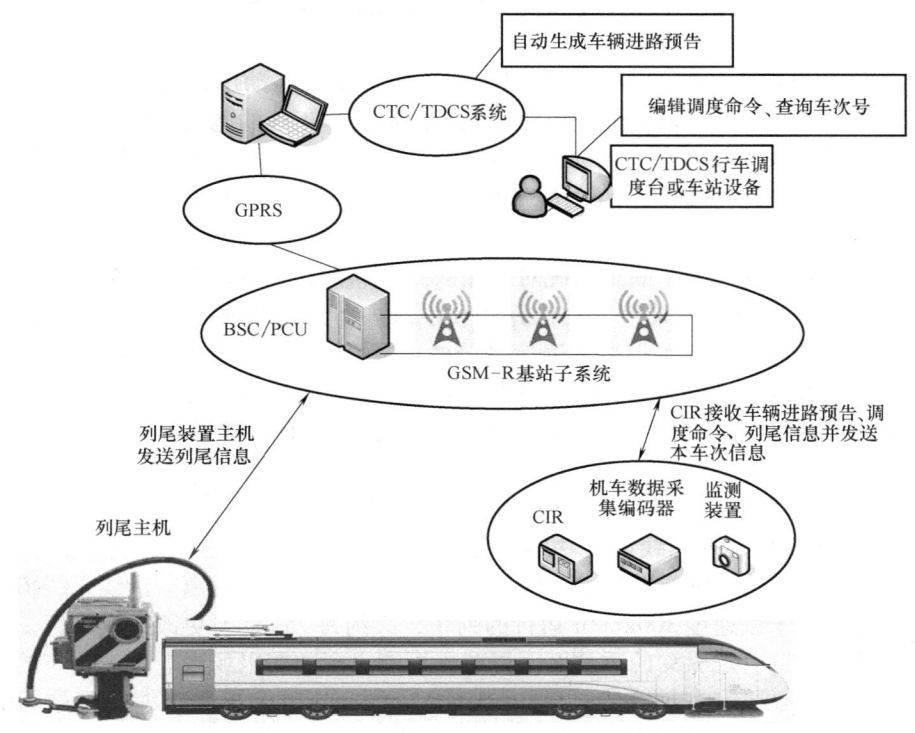

图 3-20 基于 GSM-R 的列车控制系统结构

1)优先级是指在呼叫建立时给该呼叫指配一个优先级别,该呼叫以此级别参与网络资源的竞争与调配。

2)资源抢占是指当网络没有空闲资源可用时,具有较高优先级的呼叫将抢占正在被较低优先级呼叫占用的信道资源,还可以表现为被叫用户断开正在进行的低优先级呼叫而接听高优先级的呼入呼叫。这种业务提供了一种强制能力,符合铁路通信的调度特点。

(2)语音组呼业务(VGCS)。语音组呼业务允许一种由多方(GSM-R 移动台或固网电话)参加、一人讲话、多方聆听的语音通信方式,工作于半双工模式下。参与同一个语音组呼业务通信的移动用户可以分布在多个蜂窝小区内,用一个组功能码来呼叫所有该组成员。一个特定的语音组呼业务通信由组功能码和组呼区域唯一确定。组功能码标志着该组的功能,即由哪些身份的成员参加。组呼区域是指语音组呼业务通信所覆盖的地理范围,以无线蜂窝小区为基本单位。呼叫建立之后,讲话人可以改变,组内成员一般是收听组呼,一旦语音组呼业务发起人停止讲话,系统示意其释放上行信道,所有的组内成员都被通知,如果其他人想成为下一个讲话人,可使用即按即说(Push to Talk, PTT)功能来申请上行信道。语音组呼业务突破了 GSM 网络点对点通信的局限性,能够以简捷的方式建立组呼叫,实现调度指挥、紧急通知等特定功能,尤其适用于行车指挥调度部门。

(3)语音广播呼叫(VBS)。语音广播呼叫允许一个业务用户将话音或者其他用话音编码传输的信号发送到某一个预先定义的地理区域内的所有用户或者用户组。它工作于单工模式下,用组功能码来呼叫所有该组成员。与语音组呼业务一样,语音广播呼叫也提供了点对多点呼叫的能力,适用于行车调度。

(4)功能寻址。功能寻址是指用户可以由他们当时所担任的功能角色,而不是他们所使用的终端设备的号码来寻址。在同一时刻,至少可以为一个用户分配若干功能地址,但只能将一个功能地址分配给一个用户。用户可以向网络注册和注销功能地址。这种功能简化了呼叫的操作，能够提高工作人员的工作效率。

（5）基于位置的寻址（LDA）。基于位置寻址是指网络将移动用户发起的用于特定功能的呼叫，路由到一个与该用户当前所处位置相关的目的地址，正确的调度员或车站值班员由主叫移动用户当时所处的位置来确定。例如，列车无线调度中的"大三角"通信，移动台要呼叫的调度员取决于移动用户当前所处的位置。这种功能用于移动用户呼叫特定的固定用户（调度员和车站值班员）。

3. GSM-R 组网方案 为了满足系统对传输的高可靠性，覆盖范围、服务质量和网络可用性是通信系统的关键。GSM-R 采用了独特算法和小区规划，成功地克服了高速引起的信号失真，减少了信道切换，从而大大提高了通信系统的可靠性。GSM-R 在网络规划方面，能够有效利用现有资源，可根据系统现有的机房条件、供电能力、传输条件等，利用系统各个车站台进行基站选址，便于维护，并可提供丰富的网络覆盖解决方案，满足系统覆盖需求。GSM-R 可以构成既含有面状覆盖又含有链状覆盖的网络，既可用于地区性的覆盖，也可用于全国性的覆盖。例如，沿线采用链状覆盖，车站及枢纽地区采用面状覆盖。

由于 GSM-R 将完成列车无线调度功能，更重要的是要承载一些重要的控制列车的数据，这就要求沿线和车站进行双网重叠覆盖，保证可靠的数据无线传输通道。沿线无线覆盖是指沿铁轨呈条状分布，对于以速度300km/h运行的列车，大约每75s就要更改一次小区。为此，在相邻小区的连接处设置一定纵深的重叠区，以减少可能出现的弱电场区。由于列车的高速移动及小区半径较大，重叠区需有足够的长度。GSM-R 采用小区冗余覆盖，缩短基站间隔，使移动台总是处于2个小区的覆盖范围内。因此，GSM-R 有一个非常独特的地方，它的信号采取了双重覆盖，类似于双备份，两套信号控制系统交错、重叠。一旦一套系统出现问题和故障，另一套系统仍然可以保持正常的通信，保障列车高速运行时通信的连续性。

3.3.3 车载自组织网络

车车通信主要用于车辆的公共安全方面，这种专门为车辆间通信设计的自组织网络称车载自组织网络（Vehicle Ad-Hoc Networks，VANET）。它创造性地将自组织网络技术应用于车辆间通信，使驾驶人能够在超视距的范围内获得其他车辆的状况信息（如车速、方向、位置、制动踏板压力等）和实时路况信息，如图3-21所示。前面车辆检测到障碍物或车祸等情况时，将向后发送碰撞警告信息，提醒后面的车辆潜在的危险。车载自组织网络的设计目标是建立一个车辆间通信的平台，不仅提高交通效率，而且为驾驶人的通行带来可靠安全和多重便利，使旅行者更加舒适。

1. 车载自组织网络概述 自组织网络是一种无线分布式结构，强调的是多跳、自组织、无中心的概念。因此，可以把车载自组织网络定义为快速移动户外通信网络。车载自组织网络的基本思想是：一定通信范围内的车辆可以相互交换各自的车速、位置等信息和车载传感器的感知数据，并自动连接建立起一个移动网络。节点的单跳通信范围只有几百米到1km，每个节点（车辆）不仅是一个收发器，而且是一个路由器，因此，采用多跳的方式把数据转发给更远的车辆。整个车载自组织网络分为两部分：车与车（V2V，Vehicle to Vehicle）和车与设施（V2I，Vehicle to Infrastructure）。

（1）车载自组织网络特点。车载自组织网络是极其特殊的移动自组织网络，其主要特点包括：

1）节点高速移动（速度大致在5~42m/s之间），导致网络拓扑结构变化快，路径寿命短。例如，在平均速度为100km/h的道路上，如果节点的覆盖半径为250m，则链路存在15s

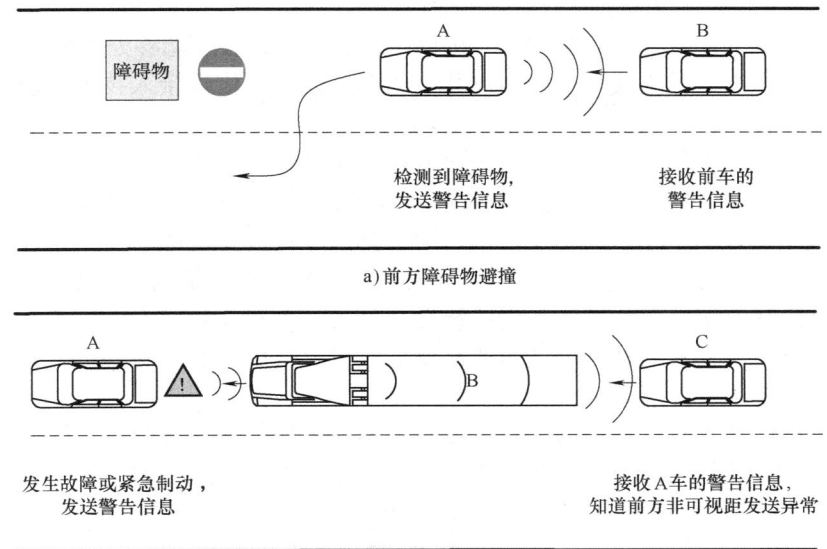

图 3-21 车载自组织网络的应用

的概率为 57%。

2）无线通信的质量不稳定，受多种因素影响，其中包括路边建筑、道路情况、车辆类型和车辆相对速度等。

3）节点通过发动机可以提供源源不断的电力支持，车辆的承载空间也可以确保天线有足够的尺寸和容纳其他额外的通信设备。

4）节点移动具有一定的规律性，只能沿着车道单向或双向移动。

5）道路的静态形状使得车辆的移动是受限制的，车辆轨道一般可预测。

6）GPS 能够为节点提供精确的定位和精准时钟信息，有利于获取自身位置信息和进行时钟同步。

7）GPS 和电子地图相结合，利用路径规划功能，将使车载自组织网络由策略到实现变得更为简单。

（2）车载自组织网络的应用。车载自组织网络在交通运输中，能够扩展驾驶人的视野与车载部件的功能，从而提高道路交通的安全与高效。典型的应用包括：

1）行驶安全预警。车辆间相互交互的状态信息，通过车载自组织网络提前通告给驾驶人，建议驾驶人根据情况做出及时、适当的驾驶行为，有效地提升了驾驶人的注意力，提高驾驶的安全性。

2）协助驾驶。帮助驾驶人快速、安全地通过"盲区"，例如在高速路出入口或平交口处的车辆协调通行。

3）分布式交通信息发布。改变传统的基于中心式网络结构的交通信息发布形式，车辆从车载自组织网络中获取实时交通信息，提高路况信息的实时性。例如，综合出与自身相关的车流量状况，更新电子地图，以便更高效地决定路径规划。

4）基于通信的纵向车辆控制。通过车载自组织网络，车辆能根据尾随车辆和更多前边视线范围外的车辆相互协同行驶，这样能够自动形成一个更为和谐的车辆行驶队列，避免更多的交通事故。

（3）车载自组织网络面临的挑战。车载自组织网络是一种动态变化并基于无线信道的自

组织网络,面临的主要挑战包括以下几个方面:

1) 网络固有的大规模性,很难保证一维网络的连通性,必须能够处理网络的分割问题。

2) 车载自组织网络的无线信道是多跳共享的多点信道,信道接入技术控制节点接入无线信道的方式,对网络的性能起着至关重要的作用。

3) 车载自组织网络的多跳路由是由普通节点(车辆)协作完成的,不存在专用的路由设备,此外还需适应网络拓扑频繁变化等特殊性,因此必须设计专用、高效的多跳路由协议。

4) 服务质量保证。自组织网络在出现初期主要用于传输少量的数据信息,车载自组织网络则需要传输实时性很强的信息,这对带宽、时延和时延抖动等都提出了很高的要求。

5) 广播和组播。车载自组织网络的特殊性(如交通事故发生时发送的广播会导致通信负载突然增大),使得广播和组播问题变得非常复杂,需要链路层和网络层的支持,因此需要跨层研究。

6) 安全问题。移动自组织网络的特点之一就是安全性较差,易受到窃听和攻击,车辆节点不能保证可靠性,因此需要研究适用于车载自组织网络的安全体系结构和专用的安全技术。

7) 网络管理。车载自组织网络管理涉及面较广,包括移动性管理、地址管理和服务管理等,需要相应的机制来解决节点定位和地址自动配置等问题。

2. 车载自组织网络协议栈

车载自组织网络采用车载自组织网络协议栈结构,有 Ad Hoc 网络特征,仿照开放式系统互联(OSI)的 7 层协议栈模型和 TCP/IP 的体系结构。可以将 Ad Hoc 网络的协议栈划分为 5 层,如图 3-22 所示,其中的虚线方框表示可选的功能部件。考虑到 TCP/IP 协议已经成为事实上的网络互联标准,Ad Hoc 网络的体系结构也基于 TCP/IP 体系结构,并根据其自身特点进行了必要的简化、修改和扩充。下

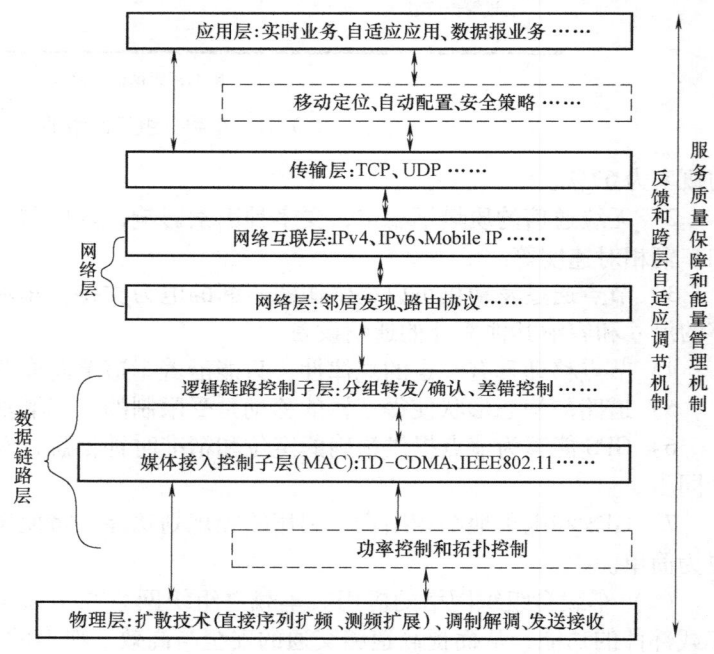

图 3-22 车载自组织网络的适用协议栈结构

面简要地介绍其中比较特殊的物理层、媒体接入控制(MAC)层和网络层的路由协议。

(1) 物理层。物理层负责频率的选择、无线信号的检测和调制解调、信道加密和解密、信号发送和接收等,此外,还要确定采用哪种无线扩频技术(直接序列扩频或跳频扩频)。车载自组织网络独特的性质,决定了其对物理层的要求比较苛刻,如要求在高速移动的环境下具有较强的健壮性,以减少因高速移动引起的信号突变所带来的影响,尤其是在高速状态下产生的多普勒效应等的影响;要支持高速率传输,提供多跳连接(甚至是在节点密度比较小的情况下),保证足够的信息交互;对安全报警信息延迟要非常小,支持突发性数据流,保证其实时性,与 MAC 层协议接口相匹配;另外,需要工作在无须授权的频段内,以保证其应用普及。目前,国外所应用的车载自组织网络系统采用的物理层技术主要基于 802.11 标准和 TD–CD-MA 技术。

(2) MAC 层。MAC 协议是报文在信道上发送和接收的直接控制者，它的优劣直接影响极为有限的无线资源的使用效率，对车载自组织网络的性能起着决定性的作用。MAC 层除了需要解决隐藏终端、暴露终端和资源分配的公平性等普遍问题外，还要面临车载自组织网络特定的应用环境和业务需求等特殊问题，如车载终端移动速度快，网络的拓扑结构高度动态变化，需要支持突发的优先级高，实时性强的交通安全类业务应用，许多实时业务需要以广播的形式发送等。因此，基于自组织网络的车载通信系统 MAC 协议需要具有以下特征：①支持车辆的高速移动性；②保证通信的实时性和可靠性；③具有较好的可扩展性；④具有较高的带宽利用率；⑤采用全分布式自组织网络方式；⑥为每个用户提供公平通信的机会；⑦提供高效、及时的广播机制。

(3) 网络层的路由协议。由于车载网络的拓扑频繁变化，节点移动速度很快，路由技术成为车载自组织网络面临的重大挑战之一。目前，在车载自组织网络中使用的路由协议大致可以分为 3 类：基于拓扑的路由协议、基于位置的路由协议、基于地图的路由协议。

基于拓扑的路由协议根据是否持续维持一条源到目的节点的路径，采用先应式或反应式的方法建立路由。这一类协议的致命缺陷在于路由控制开销大，时间延迟无法忍受，如寻找或维护邻居节点的 Hello 信息平均时间间隔是 1s，而在交通安全领域要求的反应时间是 0.1s。基于位置的路由协议并不需要路由表或存储路径，每个节点仅需要提供获知邻居的节点和目的节点的位置信息来决定它自己的下一个节点。这一类路由协议能更好地适应网络的大小和拓扑结构的变化，因此在车载网络中主要使用基于位置的路由协议。基于地图的路由协议到目前为止还没有人提出具体的协议，然而从车载自组织网络的特点来看，应用于车间通信的路由协议可以利用车辆的特性。例如，车载 GPS 和电子地图，这些都可以帮助节点获知自己的位置、邻居阶段和道路拓扑信息，更能利用导航系统中具备的路径规划等功能。未来的车载自组织网络路由协议的发展方向应该是位置和电子地图相结合的基于地图的路由协议。

3.4 光纤信息传输

3.4.1 光纤信息传输系统简介

光导纤维通信简称光纤通信，是利用光导纤维传输信号，以实现信息传递的一种通信方式。可以把光纤通信看成以光导纤维为传输媒介的"有线"光通信。光纤由内芯和包层组成。内芯直径一般为几十微米或几微米；外面层称为包层，用于保护内芯。实际上光纤信息传输系统使用的不是单根光纤，而是许多光纤聚集在一起组成的光缆。

光纤通信的主要应用领域是公用电信网。光纤通信的容量大、中继距离长等，在长途干线网和局域中继网得到普遍的应用。目前，在公用电信网中普遍使用 140Mbit/s 的四次群光纤信息传输系统和 565Mbit/s 的五次群信息传输系统，同步数字系列（mH）在公用干线网中也得到应用。在信息高速公路的发展中，光纤信息传输系统将成为其主要的高速网络。除了公用电信网络外，在各种特殊场合的专用通信网中，光纤通信得到大量的应用。例如，在计算机局域网中，光纤通信因其通信容量大，不受电磁干扰的特点将会得到越来越多的应用。迅速发展的有线电视干线网越来越多地采用光纤信息传输系统。光纤通信在电力、油田、化工、铁路、矿山、军事等部门都有广泛应用。由于光纤尺寸小、重量轻，飞机、舰船中采用光纤信息传输系统具有特别重要的意义。

光纤信息传输系统（见图 3-23）中最基本的三个组成部分是光发射机、光接收机和光纤链路。光发射机由模拟或数字电接口、电压-电流驱动和光盘组件（光源以及光源与光纤之间的耦合接口等)组成。光纤是由高纯度的玻璃或塑料构成,长距离、大容量的光纤链路普遍采用玻璃光纤,低速率、短距离的信息传输系统可以采用塑料光纤。光接收机包括光纤与光检波器之间的耦合器件、光检测器、放大器和模拟或数字电接口等。

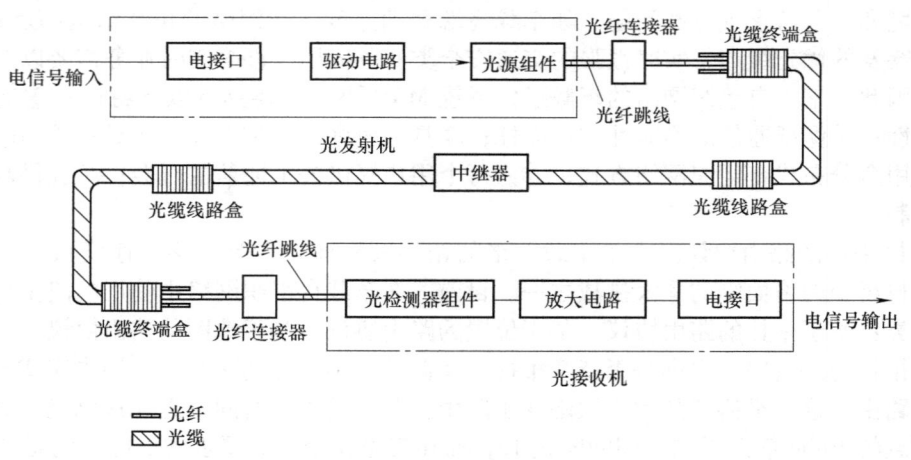

图 3-23　光纤信息传输系统框图

光源与光纤之间的耦合器是一种机械接口,它的作用是把发光源发出的光波耦合到光纤或光缆中。光缆由玻璃或塑料纤维光纤、金属包层和外套管组成。光纤与光检波器的耦合器件也是一种机械接口,其作用是把光缆中的光波尽可能多地耦合到光检测器中。目前,在实际的系统中都将光源、光源与光纤的接口和一段光纤封装在一起,形成光源组件,这样就增加了系统的可靠性,这一小段光纤常称为尾纤。同样,将光纤、光纤与光检测器之间的接口和光检测器封装在一起,就形成光检测器组件。

光纤链路由光纤光缆、光纤光缆线路(接续)盒、中继器等组成。光缆可以架空敷设、在管道内敷设、埋植于地下,或敷设于海底。由于制造、敷设等原因,光缆一般为 2km 一盘,因而如果光发送与光接收之间的距离超过 2km,那么每隔 2km 就需要用光缆线路盒将光缆接起来。光缆线路盒一般置于户外,因而要注意采取防潮、防腐等措施。光缆终端盒主要用于将光缆从户外引入室内,将光缆中的光纤分出来,一般放置在光设备机房内。光纤连接器主要用于将光发送机或光接收机与光缆终端盒分出的光纤连接起来,即连接尾纤与光缆中的光纤。

中继器主要用于补偿信号因长距离传送而损失的能量。由于光纤的损耗和带宽限制了光波的传输距离,因此当光纤通信线路很长时,要求每隔一定距离加入一个中继器。需要指出的是,由于光纤损耗很低,因此光纤通信的中继距离要比有线通信甚至微波通信大得多。目前,2.5Gbit/s 的单模光纤长波长通信系统的中继距离可达 153km,这就可以减少光纤通信线路的中继器数量,从而提高光纤通信的可靠性和经济效益。

1. 光源　光纤系统中的光源有很多种,从红光发光二极管(LED)到以高度精确的波长发射红外光的激光器。激光器或发光二极管产生能通过光纤传输的光波,它们可以直接调制信号,或用控制光束强度的外调制器进行调制。有些数字信号以与电话信号相似的速率短距离传输,而有些数字信号以高达每秒数太比特(Tbit)的速率通过数千千米的光纤。光放大器也是光源,但不产生自身信号,而是放大输入的弱光信号。

有几种因素决定了光纤信号传输系统中光源的选择。例如,信号源的波长必须位于所用光纤的传输窗口内;功率应足够大,以跨越到达第一个放大器或接收机所需要传输的距离,但功率也不能过高,以免引起光线中的非线性效应或使接收机过载;光源发射的波长范围不能太宽,因为光纤色散限制了传输速率;光源能有效地耦合进传输光纤中。

光纤通信的主要光源是半导体激光器（常为二极管激光器）和发光二极管。半导体激光器不仅发射功率大、耦合效率高、响应速度快，而且发射光的相干性好，在一些高速率、大容量数字光纤信息传输系统中得到广泛应用。如果使用多模光纤且信息传输速率在 200Mbit/s 以下，同时只要求几十微瓦的输入光功率，那么发光二极管是可以选用的最佳光源。因为它不需要热稳定和光稳定电路，所以发光二极管的驱动电路要相对简单很多，另外其制作成本低、产量高。

2. 光检测器　光信号经过光纤传输到接收端后，必须先转变成电信号，再由电子线路进行放大，最后还原成原来的电信号。这一接收转换元件称为光检测器，或称为光电检波器（即光敏二极管）。

光纤信息传输系统要求光检测器能检测出光信号功率，并完成光电信号的转换。同时，光检测器还要满足以下要求：足够高的灵敏度，即对一定的入射功率能输出足够大的光电流；具有尽可能低的噪声，以降低器件本身对信号的影响；具有良好的线性关系，以保证转换过程中信号不失真；具有较小的体积、较长的工作寿命等。常用的半导体光检测器有本征 PN 光敏二极管和雪崩光敏二极管两种。

3. 光接收机　光接收机的作用是将光纤终端的光信号转换为电信号，然后进行放大、处理，最后还原成原始的电信号。也就是说，光接收机除了光检测器外，还包括其他一些部件。数字光接收机主要由光检测器、前置放大器、主放大器、滤波器、判决电路、时钟恢复电路以及自动增益控制电路等组成。光接收机原理框图如图 3-24 所示。

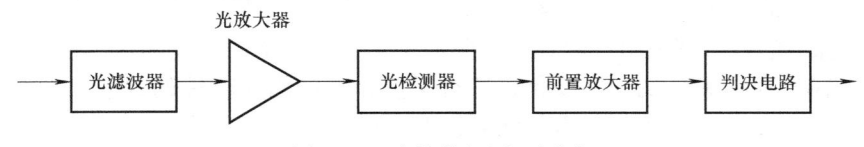

图 3-24　光接收机原理框图

1）前置放大器。由光检测器输出的信号十分微弱，必须先经过前置放大器放大。要求前置放大器有足够小的噪声、适当的带宽和一定的增益。前置放大器有多种类型，如双极型晶体管前置放大器、场效应晶体管互阻抗前置放大器、PIN – FET（PIN 管与场效应晶体管）前置放大器组件等。

2）主放大器。前置放大器输出信号的幅度对于判决阈值是不够的，因此，还需要主放大器做进一步的放大。主放大器除了将前置放大器输出的信号放大到判决电路所需要的信号电平外，还起着调节增益的作用。当光检测器输出的信号出现起伏时，光接收机的自动增益控制电路对主放大器的增益进行调整，即输入信号越大，增益越小；反之，对于小的信号呈现较大的增益。这样，主放大器的输出信号幅度在一定范围由不受输入信号的影响。

3）判决电路。为了使滤波器的输出能够判决出信号是"0"码还是"1"码，首先要知道在什么时刻进行判决，即应将混合在信号中的时钟信号（又称为定时信号）提取出来，接着再根据给定的判决门限电平（或称为判决阈值），按照时钟信号所"指定"的瞬间来判决由滤波器输出的信号。若信号电平超过判决门限电平，则判为"1"码；若低于判决门限电平，则判为"0"码。

4. 光发射机　由图 3-23 可见，光发射机由电接口（包括线路编码）、驱动电路（包括光信号调制）和光源组件（光源以及光源与光纤之间的耦合接口等）组成。下面主要介绍线路编码和光信号调制。

（1）线路编码。为了使信息在信道中传输和接收时便于处理，往往先对数字电信号进行编码，再对光信号进行调制。光信号除了可调制光载波信号的幅度、频率和相位外，还可调制光强（光功率）。由于光强不同于电信号的电压或电流有正值与负值之分，它只有正值（即光强或光功率没有负值），因此它是单极性信号，不像电流或电压那样是双极性信号。

光纤通信中常用的调制方案为通断键控（OOK），它是幅度键控（ASK）的简化形式。这种调制方案中，编码为"1"表示在码元周期内有光脉冲，或称光源激光二极管（LD）或发光二极管处于开（ON）状态；编码为"0"表示在码元周期内无光脉冲，或称光源激光二极管或发光二极管处于关（OFF）状态。光脉冲的宽度为码元持续时间，它的计量单位通常取纳秒（ns）。例如，对于一个数据速率为1Gbit/s的码元，对应的光脉冲时间宽度为1ns。编码既可以采用直接将光源调谐在开或关两种状态的方法来完成，也可以通过外调制器的方法来完成。

通断键控调制可以采用许多信号格式，最常用的为不归零码、归零码和短脉冲三种格式。不归零码的码元"1"对应有光脉冲且持续时间为整个码元周期，码元"0"对应无光脉冲出现。如果是连续两个码元"1"，则光脉冲持续两个码元周期。归零码的码元"1"对应有光脉冲且持续时间为整个比特周期的一部分（通常取1/2），码元"0"对应无光脉冲出现。短脉冲是由归零码变化而来的，码元"1"对应有光脉冲且持续时间为整个码元周期的很小一部分，码元"0"对应无光脉冲出现。通断键控数据调制格式如图3-25所示。

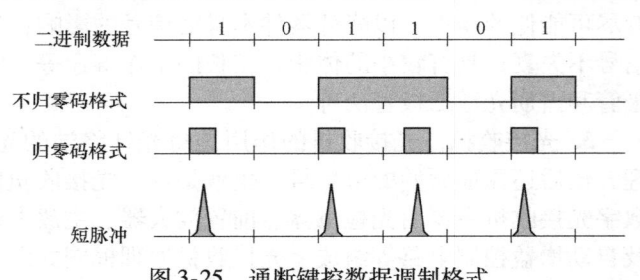

图3-25 通断键控数据调制格式

不归零码与其他格式相比，其主要优点是不归零脉冲的频带宽度窄，只有归零码的一半，缺点是当出现长连"1"或连"0"时，光脉冲没有"有"和"无"的交替变化，这对于接收时对码元时钟的提取是不利的。归零码虽然解决了连"1"的问题，但连"0"问题仍然存在。

以上所有格式都存在直流分量（DC）波动导致不平衡的问题。假设待发送的所有数字码元的平均发送光功率为零，则通断键控调制方案被认为是直流分量平衡的。通断键控调制方案获得直流分量平衡是很重要的，因为这使得接收时设计判决阈值变得容易，有利于数字处理的恢复。

为了保证光信号有足够的交替变化和提供直流分量平衡，系统中常采用扰码和分组码方案。扰码是一个数码流与另一个数码流的映射，在发送端扰码器将输入的数码流与经过仔细挑选的另一个数码流进行异或运算。后一个数码流序列的选取原则是应尽量使输出码元的连"1"或连"0"出现的概率尽可能的小。

（2）光信号调制。光信号调制可以分为直接调制和外调制两种方式。直接调制是用电脉冲码流直接控制激光二极管的工作电流，从而使其发出与电信号脉冲相应的光脉冲流。直接强度调制是光纤通信中最简单、最经济、最容易实现的一种调制方式，适用于激光二极管和发光二极管。这是因为它们的输出功率与注入电流成正比（激光二极管阈值以上），故只需通过改变注入电流就可实现发光强度调制。

在数字调制中，当电脉冲信号为"1"时，激光器的工作电流大于其阈值电流，所以它会发出一个光脉冲；当电脉冲信号为"0"时，激光器的工作电流因低于其阈值电流而不发光，如图3-26所示。直调方式简单、损耗小、成本低，但是激光器工作电流

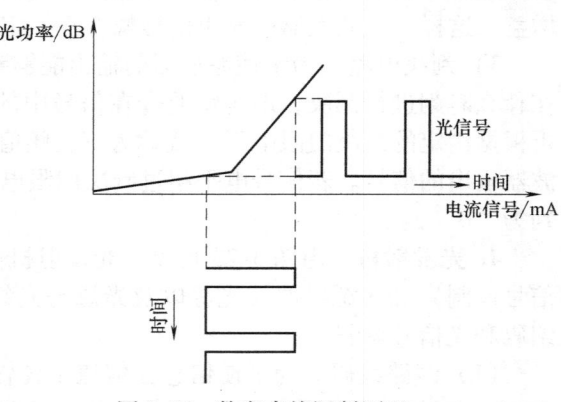

图3-26 数字直接调制原理

的超高速变化容易导致调制啁啾现象的产生,将限制系统的传输速率和距离。直调方式通常运用于 G.652 光纤,传输距离小于 100km,速率小于 2.5Gbit/s 的传输系统。

3.4.2 视频接入光纤传输网络

视频监控系统是智能交通系统的重要组成部分。目前,在智能交通系统中图像、语音、数据的应用越来越广泛,它们可以为管理人员提供更加直观和具体的交通情况。其中,图像的信息量是最大的,也是智能交通最重要的信息平台。一旦发生交通事故、车道拥塞等意外事件,通过报警、联动等功能,工作人员可以对事故地传回的图像信息进行直接观察和确认,及时、正确地决策,保障道路的安全通畅。

1. 视频远距离传输 大容量的交通视频监控系统的信息传输可以采用点对点的数字非压缩光端机、数字以太网编解码和节点级联光端机方式实现。

(1) 点对点光端机方式。要想实现视频图像及辅助信号的实时、高质量、远距离传输,可以采用光端机方式传输。视频光端机本质上是以传输非压缩数字视频(包括其他数据、音频、开关量、以太网、电话等信号)为主的光电转换传输设备。

外场每个监控点和监控中心采用点对点方式,如图 3-27 所示。这种方式结构简单,视频信号采用数字非压缩方式传输,一路或多路图像占用一路光纤,技术成熟,图像没有经过压缩处理,采用时分多路复用技术,质量好、无延时,但占用光纤资源多、系统扩容量有限。

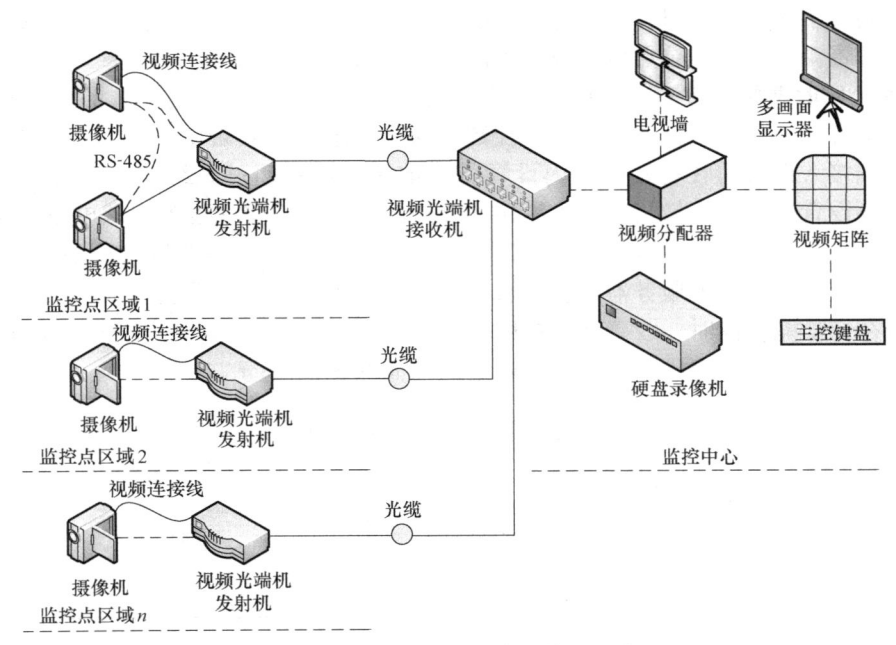

图 3-27 点对点视频信息传输方式

(2) 以太网编解码方式。随着宽带 IP 网络的发展以及图像压缩标准的逐步完善,交通视频监控系统转换成全数字型方案,而数字监控设备通过 IP 地址进行标识,以网络设备的形式存在,增加设备仅意味着 IP 地址的扩充。可充分利用计算机网络的传输能力、交换能力和扩展能力进行系统的扩展,只需给设备分配相应的 IP 地址。

以太网编解码方式采用压缩方法将图像进行数字化处理,它对每一幅图像(称为帧)进行帧内和帧间压缩,即用一定的算法对图像帧自身以及相邻两帧之间的冗余部分进行去除。视频信号通过光端机汇集到场外区域交换机,再通过编解码转换成 IP 包上传到监控中心,数字化编码格式采用 MPEG-2 或 H.236。图像交换在千兆网络上实现。主干的 IP 环传输系统采用工业千兆以太网技术。以上结构由于外场视频信号向就近通信节点汇集，大大减少了主干光缆芯数的使用。图像在各个通信节点实现了数字化，通过组播技术可以实现各个点的图像共享。

(3) 节点级联光端机方式。级联光端机采用波分复用技术，仅通过单芯光纤便可以将沿线分布的各监控点的视频及多路音频、数据、以太网、电话等信号传送到监控中心，充分节省用户设备的投资成本，大大提高了一根光纤的使用限度。例如，如果在光纤资源有限，重新敷设光纤工程条件又不允许的情况下，当现有的一根光纤已经被使用，又需要传输多个站点的视频信号时，就采用该级联光端机的方式。

(4) 三种方案比较。以上三种方案技术上均已经成熟。点对点的传输方案应用广，设备选择面广，图像质量好，单个视频点和单路光纤的故障不会影响其他图像。由于现在光纤成本不断降低，因此系统成本也比较低。但在通信管孔有限、光纤资源紧张的场合下系统扩容有限，各传输通道独立，很难做到对所有设备进行统一管理。以太网编解码技术使图像信号在本地实现了以太网数字化，MPEG-2 编解码技术趋于成熟，图像质量和传输控制延时均达到了监控要求，编解码器可以进行集中网络管理，且通过以太网组播技术可实现一次编码多点同时观看。终端既可以还原成模拟图像在监视器和大屏幕上进行显示，也可以在计算机上进行软解，适合网站图像发布等应用。以太网交换和路由自身的自愈技术可以实现光纤链路的自愈保护，但是大容量视频数字编码传输要求以太网设备具有较强路由功能和组播控制能力，在外场条件相对恶劣的场合多采用工业以太网设备，系统成本较高。节点级联光端机传输方式在很大程度上节省了光纤资源，但存在单点设备故障可能影响整条链路的问题。

2. 高速公路收费站监控系统组网　　高速公路各收费站收费车道内设置的车道摄像机、亭内摄像机、拾音器、告警踏板采集到的监控数据通过电缆接入收费亭内的多路远端接入设备，各车道的远端接入设备与收费站机房内设置的本地接入设备通过光纤连接，构成光纤自愈环网。收费广场设置的广场摄像机通过电缆接入临近的单路远端接入设备，该单路远端设备通过光纤与机房内的本地接入设备进行点对点连接。收费站机房内的本地接入设备通过 IP 网络连接系统终端、数字视频检测服务器、存储服务器、磁盘阵列，实现系统控制、管理、智能视频分析和录像存储功能。同时，收费站监控网络通过通信系统的 IP 通道与分中心的监控系统连接，构成路段整体监控系统。收费站监控网络结构如图 3-28 所示。

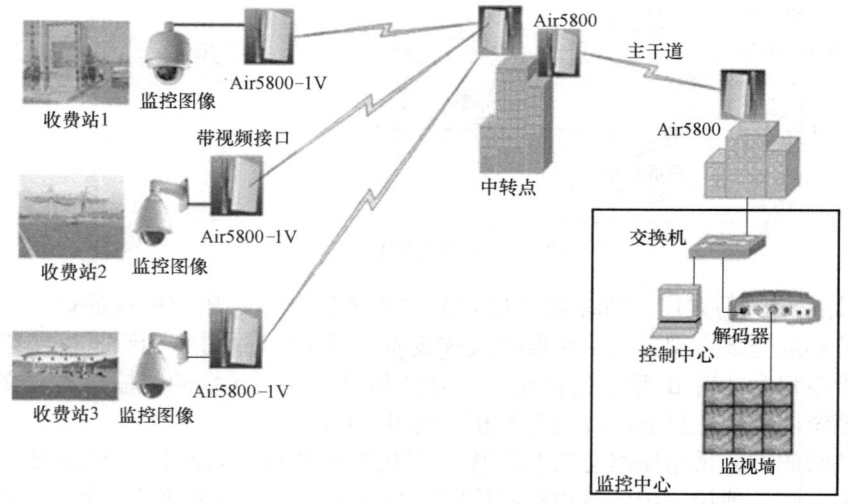

图 3-28　收费站监控网络结构

复习思考题

1. 不同的信息传输方式各有怎样的特点？
2. 视频信息传输对传输媒介有何要求？
3. 列举和分析现实生活中常见的信息传输方式。

第4章 交通信息处理

交通信息的一个显著特征是它的空间性和随机性。因此,对它的研究和分析需要建立在广泛统计的基础上,应用各类信息处理技术和统计分析方法来探索它的规律性。目前,交通信息处理技术非常多,这里介绍几种主要的处理技术,包括:数据预处理技术、道路交通状态判别与预测技术、模式识别技术、融合处理技术等。这些技术的综合利用在实际交通运输系统中起着重要的作用。

4.1 数据预处理技术

信息获取之后的信息分析处理是系统的关键环节,即对安全数据进行整合与共享,通过建立分析模型对获取的信息进行分析处理,辅助交通管理者做出决策。信息分析处理主要包括信息预处理与信息综合处理两个环节。

交通检测设备及人工采集的原始数据经常不完整或者存在异常,这给数据融合、数据挖掘、知识发现等进一步的数据处理造成了困难,因此要对原始数据进行整理,称为数据预处理。

来自多种检测设备及人工渠道的交通信息数据,在精确程度、详细程度方面存在误差。为了能够及时准确地采集交通流数据,除了增加检测设备的种类和数量外,还需要对原始信息进一步加工,使其更加可靠,从而更准确地反映交通状况。因此,交通信息采集数据预处理的目的是通过预处理,使交通信息原始数据更加完整、有效、准确、可靠,保证数据的充分应用,提高数据的质量,进而提高整个数据分析过程的精度和性能。

4.1.1 预检测数据处理方法

数据预处理技术就是对各个信息数据源的数据进行缺失数据识别,然后进行数据异常识别与分析,排除数据采集系统中的错误数据。此外,对于实际数据获取过程导致的数据缺失和错误数据排除所导致的数据缺失,也应采用一定的技术方法进行修复或提供替代数据。数据预处理技术可以改进数据的质量,从而有助于提高其后的数据融合、挖掘过程的精度和质量。

1. 数据预处理过程 数据预处理过程包括三个部分:缺失数据的识别、采集数据的异常识别、故障信息的修复。

(1) 缺失数据的识别。信息的获取是周期性的,但是在实际情况中,系统不稳定、环境干扰、传输线路故障等多种原因都会使获取的安全数据无法严格地按照预定周期上传,经常会出现某个时段或连续几个时段内数据缺失的现象,或者在某个时段内出现多组数据的情况,这些都属于数据缺失故障。数据缺失将对下一步算法的实际应用效果带来不利的影响。通常数据的采集间隔相对稳定,而且上传数据均有时间标识。在一定时间段内对数据的时间标识进行扫描和判断,如果在该时段内没有得到数据,或者在一个时段内有多于一组的数据,则认为该时段的数据存在问题,需要进行相应的修复处理。

(2) 采集数据的异常识别与分析。异常值(坏值)是指所获取的客观条件不能合理解释且明显偏离测量总体的个别测量值。异常值是偶然出现的,带有随机性,并会直接影响数据总体的稳定性和准确性。在信息获取中,出现异常值的主要原因是传感器故障,以及出现概率极小但作用较强的环境等的偶发性干扰。通过对信息获取和传输过程进行分析可知,在系统运营过程中,异常数据的产生主要是由环境影响、传感器故障或通信系统线路故障引起的。针对异常数据,通常用统计学方法来进行判别。用统计学方法处理可疑数据实质就是给定一个置信系数或置信概率 α,找出相应的置信区间,凡在此置信区间以外的数据,就定为异常数据。确定为异常数据后即从测定值数列中剔除。系统信息异常识别方法包括:

1) 阈值算法。阈值算法是将传感器获取的单一数据按照统计的历史数据确定上下阈值,如果检测值不在上下阈值所规定的区间内,则认为是异常数据。

2) 聚类算法。聚类算法将类似的值组织成群或"聚类",直观地看,落在聚类集合之外的值被视为孤立点。

(3) 故障信息的修复。根据系统信息获取的具体情况并综合信息分析建模的需求,可以针对不同故障采用相应方法对故障数据进行补充或修复。可以采用以下几种方法对缺失、剔除数据进行修补:

1) 利用"周期相似"理论,采用历史数据的加权估计值进行修补。这种方法适用于数据的离线或在线处理,当大批量的数据缺失时,可采用该方法进行处理。

2) 采用相邻时段数据的平均值进行修复。当仅有几组数据有故障出现时,可采用该方法进行处理。

3) 采用指数平滑法、历史趋势法、卡尔曼滤波预测方法等交通参数预测方法对缺失数据进行预测,从而补全缺失数据。

2. 交通信息数据预处理内容 交通信息数据预处理内容主要包括数据稳健性处理和残缺数据处理。实时交通数据往往来自各线路上的各种交通参数检测器,检测到的交通参数种类和形式均不相同,而且存在各种误差,因此必须对各个数据源的数据进行检验,排除错误数据。另外,对于检测器故障、天气状况或通信系统故障等原因造成的数据丢失,也应采用一定的技术方法进行修复或提供替代数据。

3. 交通信息采集数据预处理流程 城市道路交通流检测数据的质量问题包含以下三种:数据缺失、数据错误和噪声污染数据。故障数据对比见表 4-1。

表 4-1 故障数据对比

类别	数据缺失	数据错误	噪声污染数据
表现形式	数据输出端没有输出数据	数据不在期望的范围内或不满足已有的原理与规则	数据随机成分过大
故障发生的主要原因	检测设备失灵、传输设备故障或车辆过度密集无法检测,导致数据缺失	检测器故障或传输线路故障,导致数据失真	实际采样环境中存在各种干扰
空间特征	在一个检测点或者多个检测点甚至所有地点数据缺失	在一个检测点或几个检测点数据失真	所有检测数据都有可能被噪声污染
时间特征	一个检测时间段内或连续几个时间段内数据缺失	一般是短期内(如 1h)数据失真,也可能由于修复速度慢而持续较长时间	所有检测时间段内都可能存在噪声污染

这些问题数据影响了数据的正确性和完整性,需要开发有效的数据质量控制模型对问题数据进行判别和修正,以得到更为准确和完整的数据,为交通模型提供良好的数据基础。

根据对交通信息数据质量问题的分析,交通信息有质量问题的原始数据可分为两种:异常数据和缺失数据。其中,异常数据又包括错误数据及重复数据。针对以上有质量问题的原始数据处理需求,交通信息采集数据预处理流程总体上可分为异常数据预处理、缺失数据预处理、对数据进行存储利用,如图 4-1 所示。

(1) 异常数据预处理。异常数据预处理是指在大量的原始基础数据中,通过一些数据分析方法来发现数据中存在的会影响数据统计分析结果的异常值。经过异常数据筛选之后，把时间序列数据中的异常值剔除，这时就需要对数据进行恢复，以提供完整、准确、有效的数据用于下一步操作。

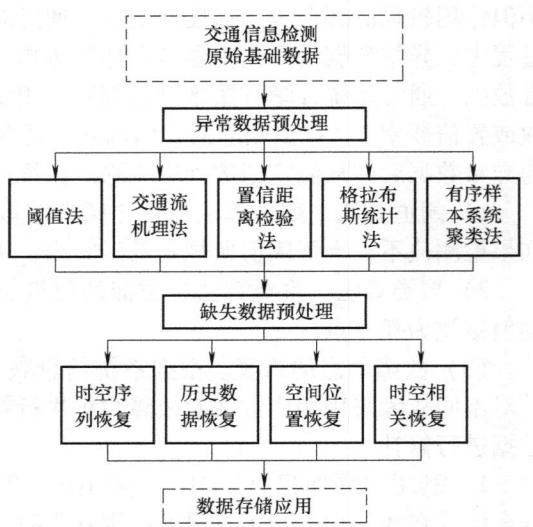

图4-1 交通信息采集数据预处理流程

1）阈值法。阈值法是指交通流参数流量、速度和时间占有率不能超过一定的阈值，如流量不能超过单车道的通行能力，速度一般也有一个最大速度的限制，而时间占有率不能超过1。要想使这一处理结果能够保证交通流数据在合理的范围之内，关键是确定适合采集数据地点的临界阈值。

2）交通流机理法。交通流机理法是指通过交通流参数之间的关系对两个甚至多个参数的一致性同时进行考察，其中包括基于交通流规则的算法和基于交通流区域的算法。基于交通流规则的算法是指根据交通流机理确定几个规则，如果检测数据满足这些规则中的一个或几个，那么这些数据就是错误的。例如，平均占有率为零而流量不为零，或者流量为零而平均占有率不为零，符合这两个规则的数据显然是错误的。这只是最基本的规则，根据交通流理论还可以建立某些参数之间的关系模型，如流量和占有率、流量和速度、行程时间和拥挤程度等。若采用平均车长判断法，根据交通机理公式由流量、速度、占有率得出的平均车长为 5～12m，则计算结果超出此范围的数据为错误数据。

3）置信距离检验法。对于来自同一断面的由多传感器检测的同一参数，可以用置信距离检验法，也叫决策距离比较法。该算法是将多个传感器的决策值，按照一致性融合的思想，先求"决策距离"，寻找最大传感器连接组，再求最优融合解，得出最终结果。

4）格拉布斯统计法。传统的统计方法在传感器较多时剔除异值具有比较好的效果，而格拉布斯统计法可用于传感器较少的情况。格拉布斯统计法是建立在统计理论基础上较为合理的判断方法。在做统计学处理时，置信概率不宜选得过小，否则正常值被误判的概率就会减小，而异常值被误判为正常值的可能性就会增大。在一组测量数据中，异常值应当是很少的几个，如果坏值较多，则说明系统工作不正常，不具备精密测量条件，测量数据不可信，应改善测量条件，获得新的测量数据。

5）有序样本系统聚类法。首先根据所观察到的多变量有序样本，计算两两相邻样本之间的距离，得到初始距离矩阵，见式（4-1）

$$D = \begin{pmatrix} d_{11} & \cdots & d_{1n} \\ \vdots & & \vdots \\ d_{(n-1)1} & \cdots & d_{(n-1)n} \end{pmatrix} \quad (4-1)$$

式（4-1）中，$d_{(n-1)n}$表示第（$n-1$）个样本与第n个样本之间的距离。将距离最近的两个相邻样本聚为一类，再计算合并的新类到其相邻的类（或样本）的距离，得到第一次并类后的距离矩阵，从中找出距离最近的两类合并成一个新类，然后计算新类到相邻两类的距离，得到第二次并类后的距离矩阵，再从中找出距离最近的两类合并。以此聚类下去，直到所有的样本聚为一类为止，这时画出聚类谱系图，依照谱系图或者事先确定的分类数，对有序样本进行分类。

(2) 缺失数据预处理。经过数据筛选,时间序列数据中的异常值被剔除之后就需要对数据进行恢复。数据缺失在很多研究领域中已成为很重要的问题,不完备数据同时也是一个很复杂的问题。数据缺失的情况多种多样,没有一种处理方法可以覆盖所有甚至大部分的情况,更加棘手的是数据库中缺失数据越多,就越需要忙于应付。在这种情况下,虽然可以将这些不完备的数据填充,但填充结果的正确性很让人怀疑,因为有效数据所占的比例实在太小。以下介绍几种常用的数据恢复方法。

1) 基于时间序列的数据恢复。交通流数据从本质上来说属于时间序列数据。因此,基于时间序列的各种数据预测方法都应该适合于数据恢复。例如,采用相邻时段数据的平均值进行修复,其计算公式为

$$\overline{y(t)} = [y(t-1) + y(t+1)]/2 \tag{4-2}$$

或

$$\overline{y(t)} = [y(t-n) + y(t-n-1) + \cdots + y(t-1)]/n \tag{4-3}$$

式中 n——计算平均值所取的数据个数。

式(4-2)使用的是 $(t-1)$ 时段和 $(t+1)$ 时段的数据,但当进行在线处理时无法得到 $(t+1)$ 时段的数据,所以式(4-2)只适用于数据模型的离线处理。式(4-3)既可以用于离线处理,也可以用于在线处理。可以将式(4-3)和式(4-2)联合使用,当 $t<n$ 时使用式(4-2)对数据进行处理,当 $t>n$ 时使用式(4-3)对数据进行处理。这种方法不需要从历史数据库中提取历史趋势数据,所以计算比较快速、简便,修复处理结果也比较令人满意。

2) 基于历史数据的数据恢复。时间相关性是指交通流在时间上存在相似性。居民出行分布的规律性,决定了不同时但在同一时间段内交通流的稳定性。因此,利用这一特点,可采用相同时间段的历史数据对异常缺失数据进行恢复。具体方法如下:

① 采用历史趋势数据 $y^{(k-1)}(t)$ 进行修复。当某一路段的某一时段采集的数据与相同路段同一时段的历史数据存在较大偏差时,可用历史趋势数据对该段数据进行修复。这种方法适用于数据的离线或在线处理。

② 采用历史趋势数据与实测数据的加权估计值 $y^{(k)}(t)$ 进行修复,$y^{(k)}(t)$ 的计算公式如下:

$$y^{(k)}(t) = \alpha y(t) + (1-\alpha)y^{(k-1)}(t) \tag{4-4}$$

式中 $y^{(k-1)}(t)$——第 $(k-1)$ 天 t 时段的历史趋势值;
      α——加权系数。

一般 $0 \leqslant \alpha \leqslant 1$,反映不同时期当前实测数据在历史趋势数据中的作用。显然,实测数据越大,对修复后数据的影响越大,反之亦然。这种方法适用于数据的离线或在线处理。当前几组数据中有故障出现时,可采用该方法进行处理。

3) 基于空间位置的数据恢复。空间相关性是指交通流数据在空间上存在相似特性。比如,城市快速路或高速公路的不同车道之间、上下游之间存在一定的相关关系。该方法利用不同车道之间历史上的参数比例关系,通过其他车道已知的交通数据来推算未知车道的交通参数。该方法能够避免用历史数据进行预测时不能反映实际交通状态的弱点,提高了预测数据的实时变化特性。

4) 基于时空相关性的数据恢复。在数理统计中,把变量之间具有密切关联而又不能用函数关系精确表达的关系称为变量之间的相关关系。一般采用回归分析来研究这种相关关系。交通流在时间和空间上都存在着明显的相关特性,这种特性主要表现在交通流参数之间存在数学上的相关关系。利用这种关系,就可以用已知的检测数据来估计未知的或者缺失检测器地点的数据。

4.1.2 检测数据质量分析

数据检测设备的检测手段、传输过程、检测精度等方面存在的不足，使得存储于数据库的原始检测数据中有一些无效数据或错误数据。一定要认识和分辨原始数据的固有特性，并在此基础上剔除无用数据，这是依据检测到的有用交通信息进行交通状态检测的必要过程。

原始数据的质量是指检测器检测后存储于数据库中的原始数据的准确度和有效性。影响原始数据质量的原因包括检测传输存储设备的完好性、内置算法的科学有用性、采集环境的影响和数据对研究目的的有用性等。由于以上原因的影响，部分原始数据出现失真、错误、失效等现象。只有对这些无用数据进行辨认分类，并进行筛选或剔除，才能进行进一步的处理和利用。对应于不同的影响因素，无效或失真数据可分为以下几类：系统识别错误数据、不合理数据、缺失数据。同时，由于系统精度的影响，部分原始数据只有进行修正才可使用。

1. 无效或失真数据的判定原则和方法　在进行交通状态判定及预测前，要对存储于检测系统数据库内的原始数据进行无效和失真判定。依据不同的判定原则，判定方法可以分为系统内部判定，依据合理值域范围判定，依据数据参数悖论判定，重复、冗余或缺失数据判定等。

（1）系统内部判定。系统内部判定是指在进行数据存储时，根据系统内部的判定规则对错误数据进行标记，可以在读取数据库时直接识别这些数据，从而将其弃用或删除。

（2）依据合理值域范围判定。并非所有的错误、无效或失真数据都能够在存储时被自动判定，在进行数据预处理前，对于一些量化的数据需要判定其值是否处于一个合理的范围，在此范围之外判定为不可用的数据。例如，城市道路通过浮动车进行交通状态采集时，在传输数据时受到建筑物遮挡、传输精度的影响等，得到的数据会出现偏差。错误数据主要包括两类：异常速度数据、方向错误数据。浮动车无效数据判定见表4-2。

表4-2　浮动车无效数据判定

序号	错误数据类型	错误原因	有效数据筛选标准
1	异常速度数据	GPS信号被部分屏蔽等	速度<80km/h
2	方向错误数据	速度较低，车辆方向趋势不明显	0°<运动方向<360°

（3）依据数据参数逻辑悖论判定。准确度检验可以检验出检测到的数据中的故障值，但是每次只能检验一个交通参数，没有考虑数据之间的内在联系，无法保证数据的可靠性。数据的可靠性还要通过对检测到的流量、速度、占有率之间的内在关系进行检验，找出不符合实际的错误数据。以线圈检测数据为例，一种检测方法是考虑流量、占有率、速度的函数关系，根据交通流理论计算得到平均有效车辆长度（该长度等于被检测车辆的长度与探测器长度之和）为

$$L = \frac{1000Ov}{Q} \tag{4-5}$$

式中　L——平均车辆有效长度（m）；

　　　O——时间占有率；

　　　v——平均速度（区间平均速度，可用地点平均速度近似值）（km/h）；

　　　Q——小时交通量。

按式（4-5），可根据检测数据计算出L值，此值的合理范围在3~30m之间，超出该范围，相应的检测数据被视为无效值。

（4）重复、冗余或缺失数据判定。检测器在某段时间可能出现停止工作、重复计数、数据库设计缺陷等，造成数据缺失、重复。

重复计数的特点是关键属性值相同，如GPS原始数据表中会出现同一车辆（ID号相同）

在同一时间处于相同地点(经纬度相同)的情况,这类重复数据需要剔除。出现这类问题的原因通常是通信过程中造成的数据重写。

缺失数据则主要是由系统调试或中心系统故障、通信线路故障、采集设备故障等因素造成的,其特点是部分时段无数据或报错。

2. 样本量　越来越多的城市建立了基于浮动车采集技术的交通信息服务。该技术通过安装有 GPS 终端设备的车辆来采集车辆的定位信息,通过轨迹处理获取车辆行程时间,进而得到道路的交通状态信息。从理论上讲,当道路网络中所有的车辆都为浮动车时,只有采集所有路段上所有车辆的行程车速和行程时间,才能够完全真实地反映道路交通的运行状态。但是,由于设备成本、信息共享、驾驶人隐私等问题的存在,不可能让所有的车辆都成为浮动车。同时,当 GPS 浮动车的比例达到一定程度后继续增加浮动车的数量,并不会明显提高采集数据的精度。所以,采用合适的浮动车数量,不仅可以保证采集数据的精度,而且能最大限度地降低浮动车采集数据的成本。

(1) 单路段的样本量。实际交通检测数据表明,车辆区间平均速度近似服从正态分布 $N(v,\sigma^2)$。根据数理统计中的抽样定理,n 辆浮动车的区间平均速度的估计值 $\hat{v}_n$ 服从正态分布,且有

$$U = \frac{\hat{v}_n - v}{\sigma/\sqrt{n}} \sim N(0,1) \tag{4-6}$$

假设浮动车区间平均速度的估计值 $\hat{v}_n$ 与实际区间平均速度值 v 的误差小于给定的允许误差 ε 的概率不低于 $1-\alpha$,即

$$\frac{\varepsilon\sqrt{n}}{\sigma} \geq Z_{\alpha/2} \Rightarrow n \geq \left(\frac{\sigma}{\varepsilon}Z_{\alpha/2}\right)^2 \tag{4-7}$$

假设 $Z_{\alpha/2}$ 为标准正态分布值,满足 $P(U > Z_{\alpha/2}) = \alpha/2$,则有

$$P = (|\hat{v}_n - v| < \varepsilon) \geq 1-\alpha \Rightarrow P\left(|U| < \frac{\varepsilon\sqrt{n}}{\sigma}\right) \geq 1-\alpha \tag{4-8}$$

(2) 网络覆盖率。在有限浮动车数量条件下,通过对交通网络进行仿真研究,结果表明在 10min 采样间隔内为使 80% 的路段上保持至少 3 辆浮动车,则至少需要将所有车辆的 5% 装配成浮动车。通过数学模型分析,如果以浮动车为工具向出行者提供速度、旅行时间、交通事故信息的数学模型,那么浮动车的覆盖率应大于 3%,在一般道路上浮动车的覆盖率应大于 5%。

4.2　道路交通状态判别与预测技术

4.2.1　地图匹配

在智能交通系统中,采集交通信息的目的是掌握道路交通状态,为交通管理提供优化决策。处理采集到的交通数据是交通状态估计的重要步骤。对于基于浮动车的交通信息采集来说,处理交通数据的第一步是地图匹配。地图匹配是一种基于软件技术的定位修正方法,其基本思想是将定位装置获得的车辆定位轨迹与电子地图数据库中的道路信息联系起来,并由此确定车辆相对于地图的位置。地图匹配技术的应用基于两个前提:一是车辆总是行驶在道路上;二是电子地图的道路数据精度应高于定位装置的位置估计精度。当上述两个条件满足时,将定位轨迹同电子地图中的道路信息相比较,通过适当的地图匹配算法就能确定出车辆最可能的行驶路段及车辆在此路段中最可能的位置。这样,一方面提供了车辆在电子地图上显示的手段;

另一方面可以消除定位误差在车辆前进路线上的径向和横向分量,从而达到提高定位精度的目的。地图匹配工作流程如图 4-2 所示。

1. 坐标变换

(1) 坐标变换的概念。基于 GPS 采集信息获得的是 WGS-84 坐标系的大地经度和纬度,而在大多数实际地图应用中采用的是国家坐标系或城市地方坐标系。由于坐标系统选取的不同,因此有

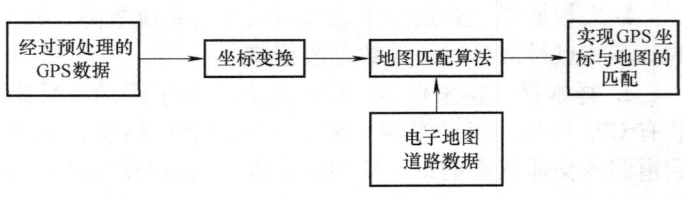

图 4-2 地图匹配工作流程

必要进行坐标转换。WGS-84 坐标系即 1984 年世界大地坐标系,它是一个地心地固坐标系统,也是目前 GPS 所采用的坐标系统。GPS 广播星历和精密星历一直在这个坐标系内进行计算,其长半径 a 为 6387137.0m,扁率为 1/298.257。我国建立的国家大地坐标系有北京 54 坐标系和西安 80 坐标系。北京 54 坐标系是我国现有地图普遍采用的坐标系,该坐标系采用克拉索夫斯基椭球参数,其长半径 a 为 6387245.0m,扁率为 1/298.3。西安 80 坐标系是我国采用国际大地测量与地球物理联合会第十六届大会推荐的数据(简称 ITUGG-75 的地球椭球体)建立的坐标系,其长半径 a 为 6378140.0m,扁率为 1/298.257。

将大地坐标系椭球面的经纬度转换为平面坐标系需要进行地图投影。常用的地图投影方法是高斯-克吕格投影,这是一种横轴椭圆柱面等角投影。

(2) 坐标变换算法

1) 高斯投影。选择不同的椭球(克拉索夫斯基椭球、1975 国际椭球或 WGS-84 椭球)的经纬度(纬度 B,经度 L)坐标经过高斯投影投影到平面坐标 (X, Y) 上。高斯投影的计算公式为

$$\begin{cases} x = 6367499.1459 \dfrac{B''}{\rho''} \{a_0 - [0.5 + (a_4 + a_6 l^2) l^2] l^2 N\} \sin B \cos B \\ y = [1 + (a_3 + a_5 l^2) l^2] l N \cos B \end{cases} \quad (4\text{-}9)$$

式(4-9)中各量的计算公式为

$$l = \frac{(L - L_0)''}{\rho''}$$

$$N = 6399593.6258 - [21565.0202 - (109.0030 - 0.6122\cos^2 B)\cos^2 B]\cos^2 B$$

$$a_0 = 32144.4799 - [135.3669 - (0.7095 - 0.0041\cos^2 B)\cos^2 B]\cos^2 B$$

$$a_4 = (0.25 + 0.00253\cos^2 B)\cos^2 B - 0.04166$$

$$a_6 = (0.167\cos^2 B - 0.084)\cos^2 B$$

$$a_3 = (0.3333333 + 0.001123\cos^2 B)\cos^2 B - 0.1666667$$

$$a_5 = 0.0083[0.1667 - (0.1967 + 0.004\cos^2 B)\cos^2 B]\cos^2 B$$

2) 平面坐标转换。一般情况下,高斯投影的平面坐标必须经过坐标平移和旋转后才能转换为地方坐标。假设某一点在高斯投影的坐标为 (X_G, Y_G),需要转换到坐标系 (X_{DT}, Y_{DT}),则

$$\begin{pmatrix} X_{DT} \\ Y_{DT} \end{pmatrix} = \beta \begin{pmatrix} \sin\alpha & \sin\alpha \\ \cos\alpha & \cos\alpha \end{pmatrix} \begin{pmatrix} X_G \\ Y_G \end{pmatrix} + \begin{pmatrix} S_1 \\ S_2 \end{pmatrix} \quad (4\text{-}10)$$

式(4-10)中,α 为两坐标系坐标轴偏离角,β 为缩放因子,原点偏移矢量 $S = (S_1, S_2)^T$。在实际使用中,可分别测定一些点在这两个平面坐标系中的精确坐标,通过计算求得参数 α、β、S_1、S_2,然后将其代入上述矩阵方程,即可得到任一点从 (X_G, Y_G) 到 $(X_{DT},$

Y_{DT})的坐标。

3）平面坐标转换成像素点坐标。电子地图与纸制地图一样，在制作过程中有比例尺，平面坐标（X_{DT}, Y_{DT}）必须遵从这一比例尺。同时，电子地图在计算机中显示时是以像素点为单位的，因此，还应把平面坐标转换成像素点坐标（X_0, Y_0）。如果电子地图比例尺为$1:K$，计算机显示器的分辨率为$A \times B$像素点，并且计算机显示器中窗口要显示区域的长、宽分别为M、N，则对于平面坐标有

$$\begin{cases} X_0 = \dfrac{A}{M \times 10^3} \dfrac{X_{DT}}{K} \\ Y_0 = \dfrac{B}{N \times 10^3} \dfrac{Y_{DT}}{K} \end{cases} \tag{4-11}$$

由于X_0、Y_0只能取整数，所以X_{DT}、Y_{DT}的小数部分对X_0、Y_0无影响，在实际系统中，X_{DT}、Y_{DT}一般只需要取到米级精度就可以了。

2. 地图匹配数学描述 地图匹配就是根据GPS信号中的数据和地图道路网信息，利用几何方法、概率统计方法、模式识别或者人工神经网络等技术将车辆位置匹配到地图道路上的相应位置。地图匹配的目标是将轨迹匹配到道路上。在此通过具体的数学模型来给地图匹配问题以详细的数学描述，如图4-3所示。

图4-3中符号的定义及其物理意义说明如下：

（1）$g(k)$是车辆轨迹点，内容为k时刻车辆的定位数据（经纬度或平面坐标），对应于矢量地图上相应的经纬度位置点。由于GPS误差和矢量地图误差的存在，当车辆在道路弧段S_i上行驶时，$g(k)$通常并不位于弧段S_i上。

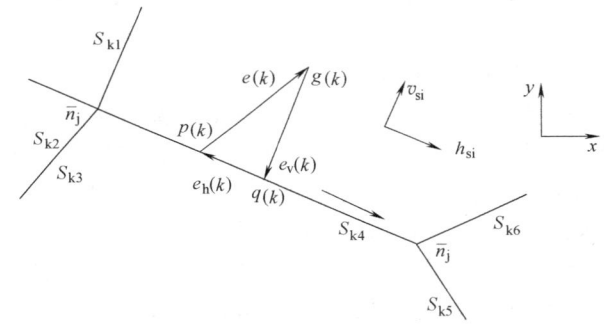

图4-3 地图匹配的数学描述

（2）$p(k)$为$g(k)$的地图道路匹配点，表示地图匹配算法对$g(k)$进行偏差修正后获得的车辆在k时刻在矢量地图道路上的对应点，简称$g(k)$的匹配点。匹配点所在矢量地图弧段上的位置应该尽可能地反映出实际车辆在该段道路上的相应位置。

（3）$e(k)$为$g(k)$的地图匹配修正量，表示$g(k)$与其匹配点$p(k)$间的误差修正。需要指明的是，匹配点$p(k)$在弧段S_i时，使用符号$e(k)[S_i]$表示$g(k)$对于弧段S_i上的匹配点所使用的匹配修正量。

上述三个量之间的关系为

$$p(k) = g(k) + e(k) \tag{4-12}$$

地图匹配修正量$e(k)$源自GPS定位误差和交通矢量地图精度误差的综合误差效应。

（4）$e(k)$的正交分解。将$e(k)$正交分解为弧段横向修正量$e_v(k)$与弧段纵向修正量$e_h(k)$，则有

$$e(k) = e_v(k)v + e_h(k)h \tag{4-13}$$

$e(k)[S_i]$纵向单位矢径的正向与车辆在弧段S_i上的前进方向一致，横向单位矢径与之垂直，两者构成的右旋直角坐标如图4-3所示。需要注意的是，$e_v(k)$与$e_h(k)$均为标量。

（5）弧段横向修正量表示$g(k)$的道路弧段横向偏差，$e_v(k)$的幅值$|e_v(k)|$表示$g(k)$到达弧段的最短距离。图4-3中，$q(k) = q(g_k, S_i)$，称为$g(k)$的弧段S_i最近点，也就是

$g(k)$ 对弧段 S_i 作垂线与弧段 S_i 的交点。$e_v(k)[S_i]$ 的正负取决于与横向单位矢径的方向是否一致。正值表示 $g(k)$ 偏差在按前进方向测算的道路弧段 S_i 的右侧;反之,当车辆 $g(k)$ 位于道路弧段的左侧时,为负值。$q(k)$ 由 $g(k)$ 与相应弧段 S_i 共同确定,所以 $e_v(k)[S_i]$ 是一个已知标量。

地图匹配过程实际上就是利用车辆行驶的 GPS 轨迹 $g(k)$,基于矢量地图的拓扑结构和其他可获得的车辆运动信息来确定车辆正在运行的道路弧段 S_i,以及在上面的准确对应方位 $p(k)$。

3. 地图匹配算法　目前,地图匹配算法主要针对两类问题,即实时数据地图匹配和历史数据地图匹配。实时数据地图匹配一般用于实时导航系统,这类数据一般采样频率较高,通常为 1 次/s;历史数据地图匹配可用于交通状态判别,这类数据一般采样频率比较低,时间间隔为 10~300s。处理这两类地图匹配的算法分别为增量匹配算法和全局匹配算法。

增量匹配算法代表了一大类经典的地图匹配算法,包括基于地图几何特性的算法和基于地图拓扑结构的算法。基于地图几何特征的算法包括以点到点匹配、点到线匹配和线到线匹配三种类型为基础的算法。这些算法利用了数字地图的路段形状、坐标和距离等几何特性,没有考虑路段之间的连接关系。基于地图拓扑结构的算法则考虑了地图元素点、线和几何图形之间的关系。

(1) 基于地图几何特征的地图匹配。点到点匹配是最常用的基于地图几何特征的地图匹配,此方法把定位匹配到最近的路段或者顶点。点到点匹配算法容易实现且运行速度快,但对数字地图数据的生成方式非常敏感。

点到线匹配是另一种几何特性的匹配方法。此方法把定位点匹配到距离该点最近的路段。每条曲线都由一些线性的线段构成,计算定位点与该点一定距离内每个线段之间的距离,与定位点距离最小的路段被认为是该点应该匹配到的路段。虽然这种方法可以获得比点到点匹配更好的效果,但是在实际应用中效果不是很理想。例如,在平交口附近,该算法会使得 GPS 点匹配到与平交口相连的其他路径上;在路网比较密集的区域,该算法使得 GPS 点匹配到与之距离更近的路段上,而非正确行驶的路段上。

上述的点到点、点到线的匹配方法,均采用投影的方法计算当前获取的数据与电子地图道路数据库中各道路路段之间的投影距离,然后将投影距离与预先设定的匹配阈值进行比较,得到一条投影距离最短的路段,该道路即为 GPS 点的匹配路段,GPS 点在该道路上的投影点为车辆当前的位置点。

线到线匹配是指把定位点形成的轨迹与路网进行比较,首先选择连续多个轨迹点拟合为曲线,然后将拟合曲线与道路曲线进行比较匹配,根据定位点形成轨迹线,确定轨迹线到相应道路之间的距离,最后选择离轨迹点距离最短的道路作为车辆实际匹配到的路段。如图 4-4 所示,轨迹点 4、5 靠近路段 1,如果采用最短距离方法匹配,会错误地匹配到路段 1,采用线到线匹配则能正确地匹配到路段 2。

(2) 基于地图拓扑结构特性的地图匹配。地图拓扑结构特性是指地图元素之间的关系可以定义为相邻性(如几何图形之间)、连接性(如线段之间)、包含性(如点在几何图形中)。因此,利用地图相邻性、连接性和包含性的地图匹配算法就称为基于拓扑结构特性的地图匹配方法。

全局地图匹配方法把车辆定位点轨迹与路网比较,力图找到一条与轨迹最相近的路线(见图 4-5)作为车辆实际经过的路线。此方法把定位点之间的关系(轨迹信息)利用起来,结合路网的几何拓扑特性,找到完整的可以通行的路线。全局匹配方法的前提是已经采集到了一系列定位点数据,因此它是一种基于历史数据的地图匹配。

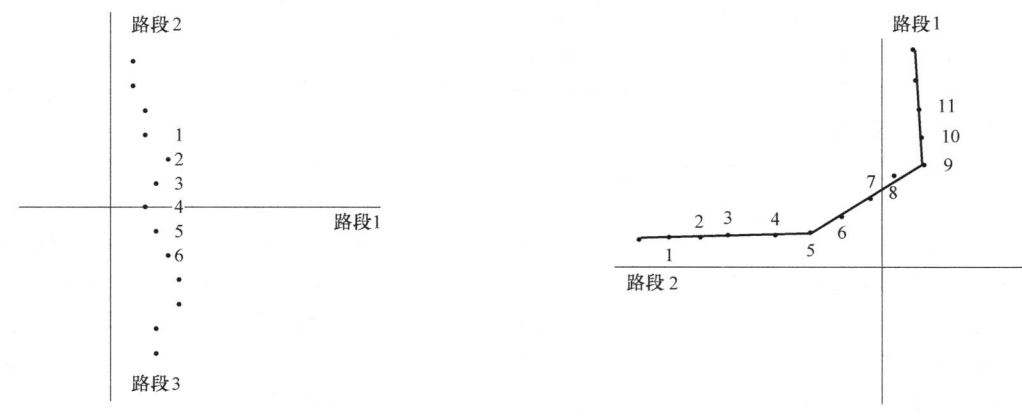

图 4-4 线到线匹配图　　　　　图 4-5 基于地图拓扑结构特性匹配图

4.2.2 交通状态自动判别

城市交通状态判别模型一直是国内外学者的研究热点。国外具有代表性的道路交通状态判别研究工作有 McMaster 算法，它使用大量的拥挤和非拥挤交通状态下的流量和占有率历史数据，开发一个流量和占有率分布关系模板，通过将观测数据之间的关系与模板进行两次比较，判断是否发生了交通拥挤以及发生的是偶发性拥挤还是常发性拥挤。近年来，我国的许多学者也进行了相关研究工作，取得了一些比较有代表性的理论研究成果。纵观这些研究工作，其基本思路是针对检测点的交通数据，分析流量、占有率与速度等参数之间的关系，区分不同交通状态所对应的交通流参数特征。理论研究的重点在于如何根据海量的交通数据构筑更精确的交通流参数模型，根据智能算法进行不同状态的类别划分，以及更精确地标定参数阈值等。这些理论研究成果对交通工程专业人员分析和评价快速路交通状态有一定的参考价值，但是对面向社会公众发布实时交通状态的业务需求而言，还存在着诸如快速路空间对象定义不够清晰、交通状态指标不易为社会公众所理解等问题，制约了理论研究成果向实际应用的转化。

面向实践应用的交通状态自动判别解决方案研究，首先应该对道路空间对象和交通状态判别指标做清晰的定义，然后研究相应的技术方案与核心算法，并在工程实际应用中进行效果评价。下面以城市快速路为主要对象，以感应线圈为采集设备，介绍交通状态判别技术及算法。

1. 交通状态标准研究

（1）交通状态定义及描述指标。交通状态是驾驶人的一个主观认识。国外关于交通拥挤状态的量化定义有三种主要形式：

① 日本道路公团对城市高速公路的道路拥挤定义为："以时速 40km/h 以下的速度行驶或反复停止、起动的车辆连续 1km 以上并持续 15min 以上的交通状态。"

② 美国芝加哥运输部对道路交通拥挤的定义为："30% 或更大的车道占有率对应的交通状态。"

③ 美国德克萨斯运输部关于交通拥挤的量化定义为："当出行时间超过在小交通流量或者自由流量的出行环境下正常发生的出行时间，产生较大的延误时的交通状态，当这个延误超过大众能够普遍接受的界限时，称为不可接受的交通拥挤。

《道路交通信息服务　交通状况描述》（GB/T 29107—2012）规定了城市道路平交口、基本路段、道路网等不同设施层面道路交通运行状况描述的方法和指标，涉及的交通状况描述信息主要有交通流特征信息和停车信息。

交通流特征信息通过定性的指标确定道路交通运行状况。交通运行状况主要分为三个级别：畅通，对应很高的行驶速度和很低的流量，道路利用率低，车辆运行不受前后车干扰；拥堵，对应行驶速度较低，但流量仍较高，车辆跟驰行驶，超车困难；严重拥堵，对应行驶速度很低，流量也很低，车辆走走停停，交通接近停滞。该标准提出了平交口、路段、快速路和区域的交通状态描述指标。

1）平交口交通状态。平交口的交通状态可以用饱和度、平均延误、平均排队长度、平均等候信号灯个数等参数指标描述。

① 平交口饱和度。平交口饱和度为平交口交通流量与平交口通行能力的比值。根据平交口交通繁忙程度和车流状态，将平交口饱和度划分为三个等级：畅通、拥堵、严重拥堵。

② 平交口平均延误。平交口平均延误是指平交口各进口道机动车辆在通过平交口的过程中所造成的平均时间损失，单位为 s/辆。该指标反映了经过平交口时驾驶人的不舒适程度、受阻塞程度以及油耗与行使时间损失，常用于描述平交口的运行效率与服务水平。计算该指标需要的数据为平交口各进口道每辆车的延误时间和各进口道的交通流量，计算方法为

$$平交口平均延误 = \frac{\sum_{i=1}^{n}\sum_{j=1}^{m}第\,i\,进口道第\,j\,辆车延误时间}{\sum_{i=1}^{n}第\,i\,个进口道交通流量} \quad (4\text{-}14)$$

式中　n——平交口的进口道数；

　　　m——第 i 进口道的交通流量。

③ 平交口平均排队长度。平交口平均排队长度是指在通过平交口前，车辆在各个进口道的等候长度的平均值，单位为 m。该指标反映了平交口各进口道的拥挤程度，是描述平交口运行状况的重要指标。其计算方法为

$$平交口平均排队长度 = \frac{\sum_{i=1}^{n}第\,i\,进口道车辆排队等候长度}{n} \quad (4\text{-}15)$$

式中　n——平交口的进口道数。

④ 平交口平均等候信号灯个数。这个参数指标是在通过平交口前车辆排队等候信号周期的个数，单位为信号灯数，是描述车辆在平交口时间延误的重要指标。《道路交通阻塞度及评价方法》（GA 115—1995）规定，3 次绿灯显示未通过平交口为阻塞，5 次绿灯显示未通过平交口为严重阻塞。

2）路段及快速路交通状态。路段的交通状态可由路段的平均行程速度来描述。该指标是行驶在某一特定长度路段内全部车辆的车速平均值，单位为 km/h。其计算公式为

$$\bar{v} = \frac{nL}{\sum_{i=1}^{n}t_i} \quad (4\text{-}16)$$

式中　n——指定路段在一定周期内观测的车辆数；

　　　L——指定路段的长度；

　　　t_i——某车辆从指定路段起点到终点的行程时间；

　　　$\bar{v}$——路段平均行程速度。

3）路网交通状态

① 快速路路网平均行程车速。快速路系统中，各路段流量不同，且每车行驶里程不同，因此，快速路路网平均行程车速为路段流量，即行驶在快速路系统中所有车辆的总行驶里程除以路网中所有车辆的总行驶时间（含停车时间）所得的商。

② 拥堵路段比例。一定范围的道路设施组成的交通走廊中，拥堵的路段长度总和与该交通走廊内路段总长度之比，称为拥堵路段比例。

以上指标中，平交口饱和度、路段平均行程速度、快速路路网平均行程速度相对来说容易通过直接检测或间接检测的方式获得，故《道路交通信息服务 交通状况描述》（GB/T 29107—2012）建议采用饱和度作为平交口的分级指标，采用平均速度作为城市道路和快速路的分级指标。

（2）交通状态判别标准。在一些大型城市，根据工程实践，将交通状态定义为三个级别，即畅通、拥挤与阻塞，并与平均速度建立一定的映射关系。例如，上海市快速路中"畅通"状态的定义为："在路段内或单元段内，车辆平均密度小，在行程中能够自由操控，平均行程速度大于40km/h。""拥挤"状态定义为："在路段内或单元段内，车辆平均密度较高，在行程中被动的加减速频繁，平均行程速度在20~40km/h范围内。""阻塞"状态定义为："在路段内或单元段内，车辆平均密度较高，在行程中有较长时间的停车等候，平均行程速度低于20km/h。"道路交通状态判断依据见表4-3。

表4-3 道路交通状态判断依据

道路等级	阻塞状态	拥挤状态	畅通状态
城市快速路	<20km/h	20km/h≤v<40km/h	≥40km/h
城市主干路	<10km/h	10km/h≤v<20km/h	≥20km/h
城市次干路	<10km/h	10km/h≤v<15km/h	≥15km/h

2. 道路分段方法 根据检测器的布设位置可以将快速路进行分段。如图4-6所示，把快速路主线道路按照物理对象分为路段与单元段。路段定义为快速路主线上相邻匝道之间的单向道路路段，单元段定义为快速路主线上相邻检测截面之间的单向路段。如果相邻检测截面间存在进出口匝道，考虑到进出口匝道对上下游交通状态的影响，应将该单元段拆分为两部分，称为子单元段。

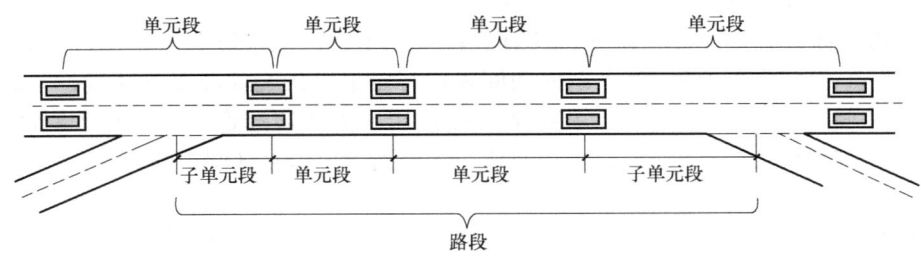

图4-6 快速路主线道路分段方法

由于不同用户接收交通信息精细程度的需求不同，因此交通管理人员可能需要每个单元段的交通状态信息，而社会公众更容易理解路段交通状态信息。在交通状态信息处理的基础上，应根据信息服务业务的需求特点，按照发布段来提供交通状态信息。

发布段的定义为交通状态信息发布的基本单元所代表的道路区间。因此，发布段是与信息发布业务需求有关的逻辑对象。发布段反映信息的精细程度，根据业务需求可以定义为单元段（子单元段），也可以是若干单元段（子单元段）的有意义组合。

发布段与路段之间的关系可以归纳为以下三类（见图4-7）：

（1）发布段＝路段。通常情况下，快速路路段各部分道路交通状态比较一致，可以按整体路段发布交通状态信息。

（2）发布段＞路段。在某些路段长度非常短或者没有布置交通信息检测设备等特殊情况下，可以考虑将若干交通状态相似的路段组合成一个发布段。

（3）发布段＜路段。由于道路条件及交通流条件的影响，某些较长路段会出现不同部分交通状态长时间保持不一致的情况，可以考虑将该路段按不同交通状态特性划分成若干发布段。在将一个路段划分成若干发布段的情况下，应考虑发布段的命名易于社会公众理解。

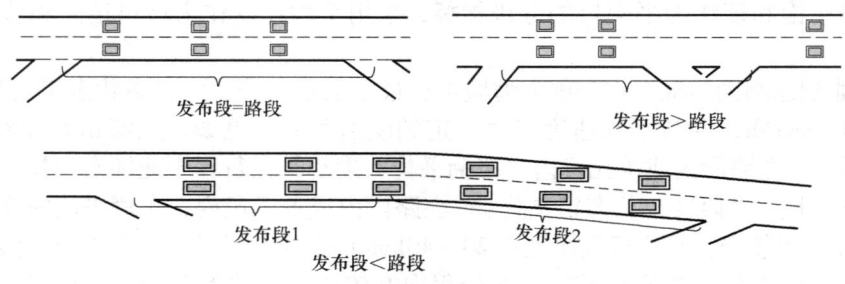

图 4-7 交通状态发布段与路段的关系

3. 浮动车方式平均行程速度的计算 在快速路交通状态标准研究中，通过各种指标的分析比较，确定平均行程车速作为评价快速路交通状态的核心指标。平均行程车速是指某道路区间的长度与通过该发布段所有车辆的平均行程时间之比。它可以很好地体现车辆在特定道路区间、特定时间段的运行状态。根据平均行程车速的概念，其计算公式为

$$\overline{v_S} = \frac{S}{\overline{t}} = \frac{S}{\frac{1}{n}\sum_{i=1}^{n}\frac{S}{v_i}} = \frac{1}{\frac{1}{n}\sum_{i=1}^{n}\frac{1}{v_i}} \tag{4-17}$$

式中　S——特定道路区间长度；

　　　$\overline{t}$——通过该道路区间所有车辆的平均行程时间；

　　　v_i——第 i 辆车的行程车速；

　　　n——该道路区间该时间段通过的车辆数。

4. 固定检测器方式平均行程速度的计算 在采用固定地点检测方式的情况下，由于快速路上的固定地点检测器输出的是在一定时间间隔内特定地点的交通流平均速度，与式（4-17）中的概念并不一致，因此式（4-17）并不能直接使用。需要通过道路区间行程时间估计算法对各个固定检测断面的地点平均车速进行处理，先得到特定道路区间行程车速的估计值，进而判断该道路区间的交通状态。

行程车速估计算法的思路是：模拟虚拟车辆从起点驶到终点离开道路区间的行驶过程，建立快速路交通流模型，标定在道路区间不同位置的瞬时行驶速度与检测器布设地点检测参数之间的函数，再根据实时检测参数更新虚拟车辆在行驶过程中的位置，从而获得虚拟车辆在道路区间全程的行程时间和行程车速。

根据业务需求，行程车速计算的道路区间，可以是单元段对象，也可以是发布段对象。在发布段较短的情况下，可以直接估计发布段的行程车速。在发布段较长的情况下，应用行程车速估计算法会产生比较大的计算时延，为了提高交通状态信息更新的实时性，可以分别计算各（子）单元段的行程车速，并按一定的权重规则计算得到发布段行程车速。

4.2.3　交通事件自动检测

交通事件是指突发的且使某段道路通行能力下降的事件，如交通事故、故障停车、货物洒落、车辆逆行、交通阻塞等。交通事件的定义有很多，如美国《道路通行能力手册》将交通事件的特性描述为：降低了道路的服务水平，降低了道路的通行能力，给驾驶人带来危险，特

别是交通事件的直接涉入者。

交通事件会降低车辆的平均行驶车速，从而降低道路的通行能力。一些驾驶人为了避开事发车辆或让行于救援车辆，也会造成道路通行能力下降。交通事件过程中的车道封闭或车道阻塞，也会造成道路通行能力的下降。研究表明，在一条三车道的公路上，如果有一条车道受阻，通行能力将减少50%。另外，交通事件除了降低道路通行能力外，还可能带来人员伤亡、财产损失等。交通事件检测（AID）分为人工检测和自动检测两种，在此仅介绍交通事件自动检测。

1. 检测类别　交通事件自动检测可分为直接检测和间接检测法两类。

（1）直接检测。常用的直接检测法是基于视频图像的检测方法。该方法把专用摄像机采集的视频图像作为输入，对视频图像进行逐帧处理，包括运动目标的检测与跟踪、提取运动信息，最后对车辆的运行状态和特征进行分析，得出结论。目标检测、目标跟踪的关键是行为识别与理解，即找出交通事件的运动模式特征，然后进行分析和识别。关键问题是如何从学习样本中获取参考行为序列，并且学习和匹配的行为序列能够处理相似的运动模式类别中空间和时间尺度上轻微的特征变化。

（2）间接检测。间接检测是指通过交通检测器得到的交通流参数的非正常变化来间接地判断是否有事件发生，并估计事件对交通流的影响。交通参数包括交通流量、占有率、排队长度、车型、平均车速等。检测用到的交通参数主要有交通流量、平均车速和占有率。间接检测的核心思想是根据交通事件对交通参数的影响来检测交通事件的存在。

2. 自动检测算法　现有的自动检测算法可以分为五种：状态识别、突变理论、数学统计、人工智能和图像识别。其中，突变理论、数学统计适用于交通参数稳定的情况；人工智能则处于研究阶段，在工程上还不太实用；图像识别则易受天气情况影响；状态识别算法的应用最为广泛和成熟，并且比较适合快速路系统数据采集的现状。

基于常规固定型交通检测器所采集的数据进行交通状态判别的算法主要有加州算法、McMaster算法、标准差算法等。

（1）加州算法。目前的状态识别算法主要为加州算法及其升级版本。加州算法主要是通过比较临近检测站（主要是比较环形线圈检测出的占有率）对可能的突发事件进行判别。加州算法是双截面算法，基于事故发生时其上游断面占有率增加、下游断面占有率减少这一事实，对上游断面和下游断面的占有率进行三次连续检测来发现事故。它使用的参数包括上下游占有率差值、上下游占有率差值与上游占有率的比值、上下游占有率差值与下游占有率的比值。加州算法要求的交通参数采集间隔为1min，计算步骤如下：

1）计算上下游检测器之间占有率的绝对差，与阈值 T_1 比较，如果超过 T_1，就继续第二步。

2）计算上下游占有率差值与上游占有率之比，与阈值 T_2 比较，如果超过 T_2，就继续第三步。

3）计算上下游占有率量差值与下游占有率之比，与阈值 T_3 进行比较，如果超过 T_3，就预示着可能有事件发生，并重复第二步。如果再一次超过阈值 T_3，就表明有事件发生。

加州算法的缺陷是：对每个地点的阈值标定很困难，特别是在大的网络中，每个独立的阈值必须根据道路条件（如匝道、交织区、山地等）的不同而分别标定；三个预定的事件判断步骤确实不能有效地捕捉到所有可能的交通模式；三个步骤需要标定的阈值 T_1、T_2、T_3 尤其依赖于地点及历史数据的质量，在入口匝道、交织段及上坡等路段，加州算法无法表征其特定的交通模式，导致误警率上升，而在各地点取常数同样也增大了误警率。

加州算法升级版以加州7和加州8算法的效果为最好。加州7算法将占有率差值与上游前一时刻的占有率进行比较,以实现过滤常发性压缩波。加州 8 算法引入反复测试来检测压缩波下的交通事故,该算法的检测率较高、误检率较低,但缺点是检测时间太长,需要 5min。

（2）McMaster 算法。经典的 McMaster 算法主要基于突变理论,将获得的交通流量和占有率数据表示在二维空间上,并将流量-占有率二维图形划分为四个区域,每个区域代表一种交通状态,如图 4-8 所示。

图 4-8 中,区域 1、2、3、4 分别代表正常状态阶段、偶发性交通拥挤阶段、阻塞阶段、常发性交通拥挤阶段。该算法的优点是不仅可以检测出交通状态,而且可以对拥挤状态进行分类。但是,该算法的判断阈值包括占有率阈值、拥挤速度阈值、非拥挤流量阈值、拥挤流量阈值、非拥挤速度阈值,判别率受外界因素影响大,需单独调试每一个检测点的判断阈值,实用性受到了一定的限制。

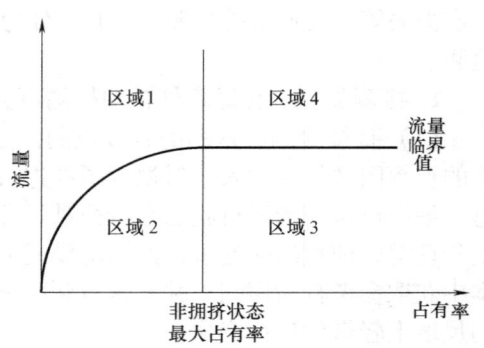

图 4-8 McMaster 算法状态分类

（3）标准差算法。标准差算法运用统计技术和交通参数数据来判别交通状态,代表性的算法是标准偏差算法（SND 算法）、贝叶斯算法。

标准偏差算法是由美国德克萨斯州交通协会开发的,它利用当前交通参数值减去前几个采样周期的交通参数的平均值,然后除以标准偏差。如果计算结果超过阈值,则认为交通拥挤发生。标准偏差算法是一种单截面判别算法,具有比较高的判别率,但也具有较高的误判率。

贝叶斯算法与加州算法相似,也使用两个检测器之间占有率的差值,属于双截面算法,不同之处在于它计算的是由事件或常发性拥挤引起的相对占有率之差的条件概率。完成该算法需要三个历史数据库,即事件发生条件下的流量和占有率,无事件发生条件下的流量和占有率,以及发生事件的类型、位置和影响。分析所有的历史数据,然后建立判定所给的占有率差值是事件还是非事件的统计范围。此算法检测发生事件的概率阈值,当超过这个阈值时,触发报警。该算法的优点是在确定阈值时考虑了历史信息,但该过程为离线过程,并不随时间变化,用其直接输出作为控制变量,可实现拟实时运行。另外,在选择阈值时考虑了事故发生的条件概率,因而比标准偏差模型更有效,但缺点是平均检测时间太长。

经典的交通状态判别算法比较见表 4-4。

表 4-4 经典的交通状态判别算法比较

算法	算法采用的交通参数				特　征
	交通量	速度	密度	占有率	
加州算法		*		*	已经应用,效果良好,不足之处是不能鉴别拥挤的性质,且误报率较高
McMaster 算法				*	能判别拥挤发生的原因,但要准确地确定三条临界曲线比较困难,可能会出现比较大的误报
标准差算法	**			**	算法使用比较简单,但看不出交通量的变化趋势,误差很大

注：* 代表所采用的参数, ** 表示任选一个参数。

4.2.4 行程时间预测

在智能交通系统的研究过程中,无论是动态路径诱导系统的实施,还是共用信息平台的建设,行程时间预测都是一个关键的环节。预测的行程时间要满足实时性和准确性两方面要求。

1. 行程时间的定义　行程时间包含单车行程时间和平均行程时间两种。它们的计算方法分别如下：

（1）单车行程时间。图 4-9 所示为单个车辆经过 x_0 到 x_1 的路线轨迹。个别行程时间是指驾驶人通过某条路线（如从 x_0 到 x_1）所需要的时间。获得个别行程时间最直接的方法是用距离和速度来表达。区间 $[x_0, x_1]$ 的行程时间可以用式（4-18）计算。

$$t_i(x_1) = t_i(x_0) + \int_{x_0}^{x_1} \frac{\mathrm{d}x}{v(x)} \tag{4-18}$$

式中　x_0——t_0 时刻车辆 i 所在的位置。

（2）平均行程时间。在可变信息标志上显示的信息，或者通过广播、互联网发送的信息，都应是一种面向所有出行者的关于路线 R 的行程时间信息。集体平均时间是指在一定时期 P 内路线 R 上车辆的平均行驶时间，即：

$$\overline{T_R(P)} = \frac{1}{N_P}\sum_{i=1}^{N_P} T_{i,R}(t), t \in P \tag{4-19}$$

按式（4-19）计算的前提是个别行程时间可以获取，或者可以通过具有代表性的数据来计算得到。如果仅有线圈检测器的数据，则还需要采用其他方法综合计算平均时间。

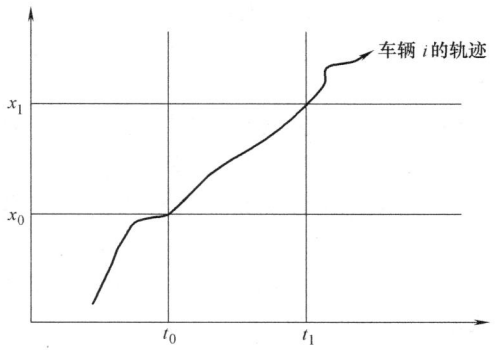

图 4-9　单车的行车轨迹

在城市交通系统中，各种交通信息采集手段得到的交通信息大部分是间接信息，如交通流量、占有率、拥堵、排队等，它们不能被出行者直接使用，而且这些间接信息不一定都是最优的。因此，这些间接信息需要通过某种处理转变为出行者可以直接利用的信息。如果直接告诉出行者经过哪条道路需要多长时间，就很容易为出行者所接受，也便于他们做出路径选择。

智能交通信息平台的功能之一就是根据检测器采集的基本交通参数，通过数据挖掘、数据融合等方法，采用行程时间预测技术提供整个路网任意路段的预测行程时间。利用共用信息平台将量化的行程时间通过各种发布方式（可变信息标志、车载诱导装置、互联网等）向出行者、交通管理人员提供，以便出行路线的选择或交通管理策略的制定。

由于城市道路、快速路、高速公路有各自不同的特点，因此进行行程时间预测时所考虑的影响因素就会不同。在对城市道路进行路段行程时间预测时，主要考虑平交口的延误时间对快速环路、路段行程时间，以及驾驶人出行特性、平均速度、拥挤程度等的函数。由于平均速度和拥挤程度与交通需求及路段通行能力（也就是"供应"）相关，因此行程时间是一个时空概念，可以从时间和空间意义上去解释影响行程时间的上述相关因素。影响行程时间的因素分析如图 4-10 所示。

图 4-10 中的因素是否可以用于行程时间预测，主要依赖于它们能否被精确地检测到。行程时间预测的关键因素之一是速度的表达能够体现供给与需求之间的基本矛盾。从理论角度看，预测特定路段的行程时间经常用到区间平均

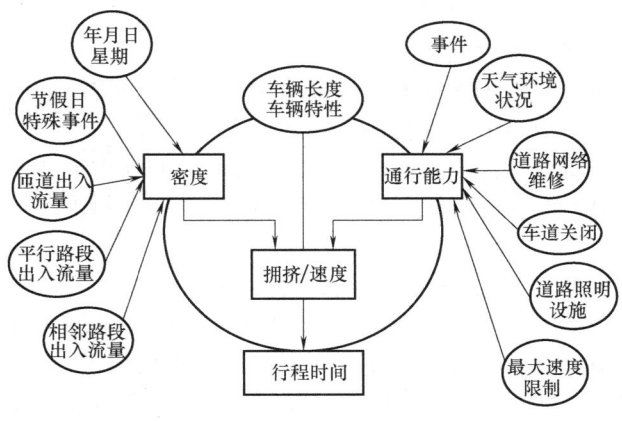

图 4-10　影响行程时间的因素分析

速度，它可以取速度的调和中项值。然而，很多道路的检测器只能够检测速度的算术平均值，也就是常说的时间平均速度，它是大于区间平均速度的，因此，如果直接利用它来预测行程时间，得到的值就会偏小。为了解决这一矛盾，可以采用式（4-20）进行计算。

$$\bar{u}_s = \bar{u}_t - \frac{\sigma_t^2}{\bar{u}_t} \tag{4-20}$$

式中 $\bar{u}_s$——区间平均速度；

$\bar{u}_t$——时间平均速度；

σ_t——时间平均速度的均方差。

预测行程时间时可以采用实际行程时间和各种历史交通数据，它们主要通过以下渠道获得：

1）线圈检测器数据（速度、交通流量、占有率）。

2）交通信号控制的数据（相位、周期长度、绿灯时间、速度、密度、占有率）。

3）其他路边检测系统（如雷达检测器、微波检测器、视频检测器）的数据（速度、交通流量、占有率）。

4）自动车辆识别和视频检测系统数据（行程时间、速度），浮动车、车载装置和移动电话数据（行程时间）。

5）探测车、设备车辆在道路上行驶，特定时间间隔内发送给监控系统的数据（行程时间、路线）。

6）车队管理系统数据。

7）天气状况数据。

8）时间信息（季节、星期、年月日时刻、特殊节假日）。

9）基础设施相关信息（车道修缮、匝道关闭）。

10）事件检测系统数据。

2. 路段动态行程时间预测 目前，路段动态行程时间预测方法分为三种，如图4-11所示。

第一种方法，以动态交通分配理论为基础，预测路段动态交通量，然后借助阻抗函数估计路段行程时间。这种方法很好地表示了出行机理的选择特点，不受检测设备的限制，能够预测全路网所有路段的动态行程时间。但是，由路段流量通过路网OD反推获得动态OD，再利用动态OD进行分配，不仅计算步骤长，计算效率低下，而且动态OD的预测目前还缺少成熟的研究成果。

第二种方法，直面路段交通

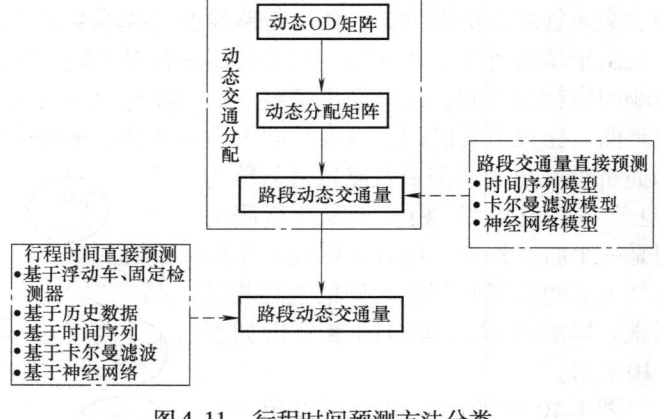

图4-11 行程时间预测方法分类

量，避免了动态OD估计和动态分配矩阵带来的双重误差，主要有时间序列模型、卡尔曼滤波模型及神经网络模型等，它们主要根据路段的流量信息分析、回归标定参数，然后进行预测等。但事实上，路段流量是交通个体路径选择结果的宏观表现，用集计模型的结果进行预测，在计算精度及对结果机理的解析上就略显粗糙，同时这些模型都没有很好地考虑路段之间的关联。

第三种方法，避开路段交通量、路阻函数，直接预测路段动态行程时间，主要有基于浮动车和固定检测器的方法、基于历史数据的方法、基于时间序列的方法、基于卡尔曼滤波的方法以及基于神经网络的方法。这些模型大多应用于高速公路和快速路。由于没有考虑路段之间的关联，因此对于随机性与复杂性突出的城市道路网，其预测结果的精度难以保证。

3. 道路路段行程时间预测方法 目前，我国的许多城市都已在城市主要道路上设置了检测器，用于检测交通流量、占有率等数据，一般地，这些检测器数据采集的时间间隔为 5~15min。它是通过分析平交口信号配时方案对行程时间的影响，结合现有检测器所能提供的数据，对行程时间进行预测的。

城市道路路段行程时间分成两部分：车辆在路段上的运行时间和在平交口的运行时间，其中在平交口的运行时间包括通过平交口的行驶时间和平交口的延误时间。利用可以检测到的流量、占有率和速度数据，预测流量和占有率，然后结合其他的动态和静态数据，分别计算这两部分的运行时间。可以采用模拟交通流量的方法对交通流量和速度进行预测，用实时交通状况模拟方法来预测车辆在平交口的运行时间。

（1）路段行程时间的计算。把行程时间分成两部分，即车辆在路段上的运行时间和在平交口的运行时间，利用预测的流量和速度，结合其他的动态和静态数据，分别计算这两部分的运行时间。根据检测器的检测数据可以获得地点速度 (v_t)，再将其转换成区间速度，具体见式（4-21）。

$$v_s = v_t + \frac{\sigma_t}{v_t} \tag{4-21}$$

式中　v_s——区间速度（m/s）；
　　　v_t——地点速度（m/s）；
　　　σ_t——地点速度的观测方差。

这时所需的路段行程时间为

$$T = \frac{L}{v_s} \tag{4-22}$$

式中　L——路段距离（m）。

（2）平交口延误时间的计算。交通现象具有服务性和拥挤性特征，所以利用随机服务系统理论的方法来研究解决城市交通流诱导过程中的实际问题是合理的。

一般情况下，车辆在一条路段的行驶过程中，与停车等待时间相比，由车辆间的相互影响引起的延误可以忽略不计，因此只考虑交通流量及红绿灯控制对其产生的影响，通过某一路段总的行程时间将包括车辆在该路段上的平均行驶时间，在下游平交口处的排队等待时间，以及通过该平交口的时间。具体算法如下：

1）模型假设条件

① 路段上行驶的车辆是顾客，所通过的平交口是服务台，在相互独立的一定时间内，进入路段的车辆数服从参数为 λ 的泊松分布，进入过程是平稳的。

② 排队规则：单方向的，先到平交口的车辆先离去。

③ 服务机构：单方向，单个平交口，各车辆通过平交口的时间是相互独立的，且服从参数为 μ 的负指数分布。

④ 车辆进入路段的时间间隔与离开平交口的时间间隔是相互独立的。

路网中有 n 条路段，将一天诱导间隔 t_0（单位为 s）分为若干时段，第 i 个时段记为 i，即 i 表示区间 $[(i-1)t_0, it_0]$，$(i = 1, 2, \cdots, 24 \times 3600/t_0)$。

2）模型建立。这里，将第 j 个路段记为 j（$0 \leq j \leq 1$），t 时刻车辆在路段 j 上的行驶时间记为 $T_j^{(r)}(t)$，在 j 的下游平交口处的排队等待时间记为 $T_j^{(q)}(t)$，通过路段 j 下游平交口的时间记为 $T_j^{(c)}(t)$，路段 j 的通行能力记为 N_j，那么在时刻 t 路段 j 上所有车辆的平均行程时间为

$$T_j^{(r)}(t) = T_{ij}^{(r)} = (L_j - T_{ij}^{(q)})/v_i \tag{4-23}$$

式中 　L_j——j 路段的总长度；
　　　$L_{ij}^{(q)}$——i 时段 j 路段下游平交口处的平均排队长度；
　　　v_i——路网中第 i 时段的所有车辆的平均行驶速度；
　　　$T_{ij}^{(r)}$——i 时段内 j 路段上的平均行驶时间。

3）排队时间的计算。对于多服务台，在单路排队多通道服务的情况下，只排成一个队等待数条通道服务，排队中同一车辆可以到任意一个有空通道处接受服务；在多路排队多通道服务的情况下，每个通道各排一个队，每个通道只为其相对应的一队服务，车辆不能随意地换队。此种情况相当于 n 个 M/M/1 系统组成的排队模型。

针对有信号平交口的路段，实际比较适合上述第二种情况，所以，模型建立在 M/M/1 的基础之上。针对到达率为 λ、服务率为 μ 的排队系统，计算方法如下：

排队中的平均等待时间为

$$T_w = \sum_{j=0}^{\infty} j\pi_j = \frac{\lambda}{\mu - \lambda} \tag{4-24}$$

排队系统中的平均消耗时间为

$$T_k = \sum_{j=0}^{\infty} \frac{(j+1)}{\mu} \pi_i = \frac{1}{\mu - \lambda} \tag{4-25}$$

但是，实际有信号平交口的情形与理想的 M/M/1 模型有区别：由于信号灯的存在，因此车辆在红灯期间到达需要停车等待，而理想模型中的车辆先到先服务；受信号影响的车流在到达平交口时呈现车团到达的情形，而理想模型中的车辆到达服从泊松分布。同样，绿灯开始初期车辆的离散也呈现车团情形，而理想模型中车辆的服务时间服从负指数分布。

为了创造理想模型所需的条件，对车辆的到达率和平交口的服务率做了处理。假设预测时间段内车辆的到达率是稳定值，即将参加排队的车辆在一个周期内平均化，并且假设预测时间段内平交口的服务率是稳定值，那么周期内参加排队的车辆数，可用式（4-26）近似计算。

$$n = \frac{ak_j v_m}{v_m k_j - v_f k_0} \tag{4-26}$$

式中 　a——绿灯开始时的排队车辆数；
　　　v_f——自由流车速；
　　　k_j——排队车队的密度；
　　　v_m——上游进口道车流量达到最大的平均速度；
　　　k_0——排队车队的上游后继车流密度。

在实际工程中，由于信号平交口的服务率很难确定，其值的大小与信号周期、绿信比、排队车辆数都有关，因此，需要结合实际的调查数据，通过拟合建立各影响因素与服务率之间的关系。

（3）预测算法。国内外的交通工程专家针对路段交通流行程时间的预测建立了多种预测算法，如交通流综合模型法、时间序列分析法、回归分析法、卡尔曼滤波法、神经网络法等。下面对一些常用的行程时间预测算法进行简单介绍。

1）指数平滑法。指数平滑法属于时间序列分析法的一种，是由简单的移动平均方法发展

而来的一种信息处理方法。这种方法假设时间序列具有某种特征模式，而观测数据既体现着这种特征模式，又反映着随机因素的影响。指数平滑法的目标是通过"修匀"历史数据来区分基本数据模式和随机变动模式。这相当于在历史数据中消除极大值或极小值，获得该时间序列的"平滑值"，并将它作为未来时期的预测值。与移动平均法相比，指数平滑法的优点是不需要保留较多的历史数据，只要有最近一期的观测值和上一期的平滑值就可对下一期进行预测。

当行程时间检测数据的时间序列处于平稳状态时，指数平滑法能够有效地去除序列中极大值和极小值的干扰，预测结果较为理想。而当行程时间处于大幅波动状态时，指数平滑法预测值只能取自历史行程时间最大实测值与最小实测值的范围之内，不可能高于或低于实测值，因此，将无法及时反应行程时间的波动趋势。

2）回归分析法。研究一个或一组变量对另一个变量变动的影响程度的方法称为回归分析法。回归分析法是一种理论完备、应用广泛的常用数据分析方法。将回归分析法应用于行程时间预测时，可从时间、流量、地点速度、占有率、行程时间等参数中选取其中的一个或几个作为自变量，通过回归分析获得行程时间预测值的回归模型。该方法直观易懂，在交通变化规律性较强时预测精度也适用。然而，其属于静态预测，对路况实时变化情况的检测缺乏灵敏度，在自变量取某些特定值的情况下预测值也不可避免地与实际值相差较大。

3）卡尔曼滤波法。卡尔曼滤波法将状态方程和观测方程组成线性随机系统的状态空间模型来描述滤波器，并利用状态方程的递推性，按线性无偏最小均方差估计准则，采用一套递推算法对该滤波器的状态变量进行最佳估计，从而求得滤掉噪声的有用信号的最佳估计。根据卡尔曼滤波理论可以建立行程时间预测模型。该模型假设所需预测的某一时段路段行程时间与该时刻之前的三个时段路段两端各入口和出口的交通流量有关，并将环形感应线圈实时统计的交通流量数据作为预测的基础。

若将输入数据从交通流量改为行程时间检测数据，则该预测算法同样适用，并且精度将有所提高。卡尔曼滤波法被认为是具有最佳预测精度的方法，但这种方法的缺点是：权值在每次计算时都要做调整，因此计算量大；该方法是一个递推过程，需要在系统运行一段时间后才能输出预测值。

4.3 模式识别技术

4.3.1 车牌自动识别技术

车牌自动识别技术自1988年提出以来，受到了人们的广泛关注，它可以广泛应用于公路和桥梁收费站、公路流量观测站、城市监控系统，以及港口、机场、停车场等需进行车牌认证的实际交通系统中，以提高交通系统中车辆监控和管理的自动化程度。由于其在智能化交通控制管理中的作用越来越重要，因此吸引了各国的科研工作者对其进行广泛的研究，目前已有众多的算法，有些已应用于平交口管理、车库管理、平交收费、高速公路等场合。由于需适应各种复杂背景，加之要识别的车辆种类繁多，颜色变化多端，以及检测时要适应不同天气变化导致的不同光照条件，因此，目前的系统都或多或少地存在一些问题。随着计算机性能的提高和计算机视觉理论及技术的发展，这种技术必将日趋成熟。

采用计算机视觉技术识别车牌的流程通常包括车辆图像采集、车牌定位、字符分割、字符识别、输出识别结果，如图4-12所示。图4-12中的图像采集部分由CCD彩色摄像机和图像采集卡组成。为了提高系统对天气、环境、光线等的自适应性，摄像机一般采用自动对焦、自动光圈的一体化机。车辆检测通常采用车辆传感器进行，如地感线圈、红外线等。主要工作流程是：当车辆通过关卡，经过车体位置传感器的敏感区域时，传感器发送一个信号给图像采集部分，图像采集部分首先控制图像采集卡采集一幅汽车图像送至图像预处理模块，然后再由图像预处理模块对输入的图像进行处理，送入计算机，计算机内的软件模块从输入图像中找到牌照的位置，对牌照做字符切分，接下来车牌识别部分对提取的车牌图像进行必要的预处理，分割出单个字符，提取字符的特征并识别出字符，最后对识别出的车牌字符进行语法检查，以确认车牌的合法性。应用系统调用这个结果组建数据库后，就可以根据具体需要编制各种不同类型的管理程序，从而达到管理的目的。

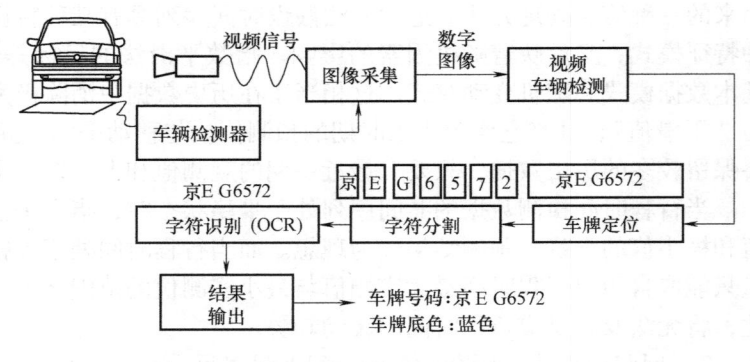

图 4-12　车牌识别过程示意图

1. 图像采集与预处理　对动态采集到的图像进行滤波、边界增强等处理，以克服图像干扰，改善识别效果。为了准确识别车牌中的字符，在识别前一般要对提取的车牌图像进行一些预处理，主要包括归一化、二值化等。

（1）归一化。归一化的目的是把提取的车牌图像中的字符调整到与标准模板中的字符特征一致，以便进行识别。它通常分为倾斜度校正和大小归一化。其中，倾斜度校正的关键是求得车牌的倾斜角度。由于车牌一般均有边框，因此求解车牌边界直线的斜率即可得到车牌的倾斜角度。常用的方法是 Hough 变换，即在一定的倾角 $(-A, A)$ 范围内，设定一组直线方程 $y = px + q$，其中，p 为斜率，q 为截距。将车牌图像中的每个像素点经 Hough 变换到参数空间，根据参数空间累加数组值，求出图像中所有的直线，对这些直线的长度、连续性进行分析，即可求得车牌上下边界的直线方程，从而可确定车牌的倾斜度并进行校正。

大小归一化常用的方法有两种：①将字符的外边框按比例线性放大或缩小到标准字符尺寸，在车牌字符中字符的宽度是不确定的，如字符"1"和"0"，但字符的高度均相同，因此可根据字符的高度来进行大小归一化；②根据水平和垂直两个方向字符像素的分布进行大小归一化，其基本方法是先计算字符的质心 G_I 和 G_J，见式（4-27）。

$$\begin{cases} G_I = \sum_{i=A}^{B}\sum_{j=L}^{R} ic(i,j) \Big/ \sum_{i=A}^{B}\sum_{j=L}^{R} c(i,j) \\ G_J = \sum_{i=A}^{B}\sum_{j=L}^{R} jc(i,j) \Big/ \sum_{i=A}^{B}\sum_{j=L}^{R} c(i,j) \end{cases} \quad (4\text{-}27)$$

其中，$c(i, j) = 1$ 表示该像素点为字符，$c(i, j) = 0$ 表示该像素点为背景，A、B、L、R 分别表示字符的上、下、左、右边界。

接下来计算水平和垂直方向的散度 σ_I^2 和 σ_J^2：

$$\begin{cases} \sigma_I^2 = \sum_{i=A}^{B}\sum_{j=L}^{R} c(i,j)(i - G_I)^2 \Big/ \sum_{i=A}^{B}\sum_{j=L}^{R} c(i,j) \\ \sigma_J^2 = \sum_{j=L}^{R}\sum_{i=A}^{B} c(i,j)(j - G_J)^2 \Big/ \sum_{i=A}^{B}\sum_{j=L}^{R} c(i,j) \end{cases} \quad (4\text{-}28)$$

最后，按比例将字符线性放大或缩小到标准散度。

（2）二值化。二值化的关键是求得合适的阈值，以便将背景与字符分开。求解阈值的方法很多，如直方图变换法、最大类间方差法、共生矩阵法等，其中迭代法是一种常用的求解最佳阈值的方法。首先计算图像灰度直方图，选取图像灰度范围的中值作为初始阈值 T_0（设共有 l 级灰度），然后按式（4-29）进行迭代。

$$T_{i+1} = \frac{1}{2}\left(\frac{\sum_{l=0}^{T_i} h_l l}{\sum_{l=0}^{T_i} h_l} + \frac{\sum_{l=T_i+1}^{L-I} h_l l}{\sum_{l=T_i+1}^{L-I} h_l}\right) \qquad (4-29)$$

式（4-29）中，h_l 是灰度为 l 的像的个数，迭代进行到 $T_{i+1} = T_i$ 时结束，取结束时的最终分割阈值 T_0。

车牌的种类主要有黑牌、蓝牌、黄牌和白牌，在灰度图像上表现为黑底白字与白底黑字两类，为了便于后续工作的处理，在二值化时一般将其统一。先对黄牌和白牌进行颜色取反，分别转换为蓝牌和黑牌，然后进行灰度化。灰度化时采用加权系数法，同时滤除蓝色，以获得统一的车牌图像，即黑底白字。

对已灰度化的车牌图像 $f(x,y)$，通过阈值比较就可获得二值化图像 $g(x,y)$，定义为

$$g(x,y) = \begin{cases} 1 & f(x,y) > T \\ 2 & f(x,y) \leq T \end{cases} \qquad (4-30)$$

式中　T——阈值。

车牌图像的二值化是处理与识别图像很重要的一个步骤，效果的好坏直接影响后续工作。车牌图像可以看成由前景字符和背景组成，在光照比较均匀的情况下，二值化就相当于找到一个合适的阈值把字符和背景分开。车牌图像二值化的关键之一就是阈值的选择。全局阈值法和局部阈值法各有优缺点。二值化时的另一个关键是：由于车牌类型的多样化，在二值化时必须将其统一，以利于后续处理。

2. 车牌定位　所谓车牌定位，就是在抓拍的车辆图像中找到车牌号码的位置。在自然环境下，车辆图像背景复杂，车辆的外部无规则地分布着各种部件，而且光照不均匀。如何在车辆图像中准确地确定车牌区域是整个识别过程的关键。首先对采集到的车辆图像进行大范围相关性搜索，找到符合汽车车牌特征的若干区域作为候选区，然后对这些候选区做进一步的分析、评判，最后选定一个最佳的区域作为车牌区域，并将其从图像中分离出来。

该技术从汽车图像中提取车牌区域，即车牌坐标，以供下一步识别车牌字符使用。提取过程中要用到大量的数字图像处理算法，包括图像的彩色图到灰度图的变换、灰度拉伸、灰度均衡、卷积算子、纹理特征提取、去噪、滤波等。摄像机抓拍到的汽车图像均为 24 位真彩色图，而大多数的图像处理技术都是针对 256 级灰度图的，所以，有必要将彩色图转换为灰度图。灰度图中的灰度和彩色图中的 RGB 颜色的对应转换关系为：灰度值 $= 0.30R + 0.59G + 0.11B$。根据车牌的类型和特点，有多种车牌分割方法，如字符竖向纹理统计、彩色分类、神经网络、矢量量化和模板匹配等方法。

字符竖向纹理统计方法能够对各类车牌图像实现很好的分割效果。将汽车图像文件以".raw"格式存入计算机后，计算机将车牌部分从整幅图像中提取出来，实现车牌的定位。

3. 车牌字符分割　从拍摄的车辆图像中准确可靠地分割出车牌图像是车牌自动识别系统的关键技术之一。

所谓字符分割，就是在完成车牌区域定位后，先将车牌区域分割成单个字符区域，然后为

字符识别做准备。

字符分割一般采用垂直投影法。由于字符在垂直方向上的投影必然在字符间或字符内的间隙处取得局部最小值的附近，并且这个位置应满足车牌的字符书写格式、尺寸限制和一些其他条件。利用垂直投影法对复杂环境下的车辆图像中的字符进行分割有较好的效果。

目前，针对车牌的分割提出了多种算法，如根据车牌区域中灰度或颜色变化频率较高的特点来确定车牌区域、利用 BP 神经网络定位车辆、基于垂直字符边界特征的车牌定位等。在这些算法中，利用车牌区域中灰度变化频率较高这一特征进行车牌分割是一种简单、可靠、能满足实时性要求的算法，因此得到广泛应用。其基本方法是：在摄取的车辆图像中以一定的间隔 d（像素数）进行扫描，d 应小于实际图像中车牌的字符高度，以保证在车牌区中至少有一个扫描行穿过字符。对每一扫进行描行，计算每一像素与其相邻像素的灰度差，如果差值大于给定的阈值，就把这一像素标为灰度变化点。根据每一扫描行上灰度变化点之间的距离、数量，可确定几个候选车牌区，然后根据车牌的结构特点，如长宽比例、颜色特征等，对候选车牌区做进一步验证，以确定真正的车牌区域。

垂直投影积分法是常用的车牌字符分割方法。其方法是将一列中所有像素点数进行累加，即

$$v(x) = \sum_{y=0}^{m} g(x,y) \tag{4-31}$$

式中　$v(x)$——表示垂直投影积分；

　　(x, y)——像素点所处的位置；

　　$g(x, y)$——该像素点的值；

　　m——一列中所有的像素点数。

投影图中的谷点即为字符的分界点。对字符粘连的情况，则可根据标准字符宽度进行调整。

4. 车牌识别　　车牌字符识别与光学字符识别相似，虽然字符集小，但是字符模糊，受环境的影响大，所以车牌字符识别具有相当大的难度。目前，常用的车牌字符识别方法有基于神经网络的方法和基于模板匹配的方法。前者具有较强的容错能力，但识别速度慢，很难满足实时性要求；后者具有较快的识别速度，尤其对二值图像识别速度更快，可以满足实时性要求，当车牌图像较清晰，并且前面的预处理工作做得比较好时，可以获得较高的识别率，因此，得到广泛应用。

标准车牌的格式是：$x_1 x_2\ x_3 x_4 x_5 x_6 x_7$。其中，$x_1$ 是各省、直辖市的简称；x_2 是英文字母；$x_3 x_4 x_5 x_6 x_7$ 是英文字母或阿拉伯数字。根据这些特征，匹配时分别取汉字、字母和数字模板进行匹配，最后对结果进行语法分析，确认结果的合法性，排除误识结果。

对于分割出的字符，可以用很多方法来进行识别，如直接利用灰度图像的模板匹配方法、统计模式法、句法结构法、逻辑特征法、模糊模式法和神经网络法。神经网络方法利用神经网络结构对字符进行识别。人工神经网络模式识别法是近些年提出的新方法，为字符识别研究提供了一种新手段。它具有一些传统技术所没有的优点：良好的容错能力、分类能力、并行处理能力和自学习能力。

综上所述，车牌自动识别是一种基于图像处理和识别的技术。它从车牌的各种特征中分析或查找出车辆的类型信息。采用车牌自动识别技术可识别出车牌的大小、形状、颜色和字符等特征。如果在最初设计时，车牌这些特征的不同值就对应了不同的车辆类型，那么由此就可以对车辆进行分类。对车牌进行进一步识别，将读出车牌上的具体号码，根据这个号码就可以在相关的资料（如车辆车牌的登记记录）中搜索到车辆类型的信息。

利用电子车牌进行车牌及车型识别是另一种先进的识别技术。此方法打破了利用采集到的感应信号、图像等对车型进行分析、处理的常规模式,而是利用电子数据交换(EDI)技术,应用电子车牌来识别车型。EDI 技术结合了通信技术、计算机技术。该方法的前提是给每辆车安装一个电子车牌,该电子车牌中存储了车辆的所有信息。

4.3.2 车辆自动识别技术

要实现车辆自动识别,需要做的第一步是探测、摄取车辆的某些特征信息。车辆的特征包括车辆的外型(长、宽、高等)、车辆的轴距、车辆轴重及总重、车辆号牌、发动机排气量、车辆可以承载的人员数或载重量等。在这些特征中,只有部分可以用于车辆自动识别和分类,因为有的特征可以用仪器在不停车的情况下探测、摄取,有的则不然,如排气量、司乘人员数等。我国常用车型采用的车辆分类标准见表 4-5。

表 4-5 我国常用车型采用的车辆分类标准

车型	参数			
	车高 H/mm	轴数 N	轴距 L/cm	前轮距 l/cm
小车型	≤210	—	—	—
	>210	2	≤310	—
中车型	>210	2	$300 < L ≤ 500$	<101.6
大车型	>210	2	$300 < L ≤ 500$	≥101.6
	>210	2	>500	—
	>210	3	—	—
多轴车	>210	≥4	—	—

常用的车辆自动识别方法有以下几种:

1. 轮廓扫描 轮廓扫描的目的在于获取车辆的外形信息,从而对车辆进行分类。扫描一般使用无线电波或者红外线,更先进的则使用激光。

无线电波扫描的基本方法是:将扫描波束的发射、接收天线安置在车道上方或侧面,它向车道上发射扫描波束,波束传播的区域一般是一个薄平面,此平面与车辆的行驶方向垂直,这样当车辆行驶过天线照射区域时,它将被波束平面切割,其中车辆与天线大致平行的一个面将反向扫描波束,使反向波在一定空间和时间内发生变化(与没有车辆经过时相比),在知道车辆经过时的速度(可以预先规定或另外测量)的前提下,根据反射波的这种变化可以算得车辆反射波束的那一面的二维情况(长、宽),如果再预先设定一定的固定参照物(对装在车道上方的天线来说,一般是路面),那么根据反射波的变化程度就可以算得车辆第三维的情况(高)。目前,这种车辆自动识别技术比较成熟,可靠性较高,易于投入使用。

红外检测技术利用红外传感器获得机动车的车型图像,以车头部分作为车辆外型识别的主要依据,并辅以其他部位的长度、高度以及车辆轴距和前轮距的识别。红外检测系统的计算机内建立了相应类别的数据库,将各类标准车型绘制成图形并辅以一项或几项特征参数分类储存,作为比较对象。系统利用布置在车道两侧的非均匀红外传感器阵列,根据汽车运行的特点,从车头到车尾不断地把汽车尺寸取出来。在整个车身经过传感器阵列后,单片机得到一幅汽车侧面几何轮廓特征,经模数转换后送入计算机处理,识别出车辆的车型。该系统识别率高,但存在安装不方便且容易损坏的缺点。

2. 车轴检测及其计数 我国常用车型中,小型车的载重量<2.5t,载客数<19 人,轴数=2;中型车,2.5t≤载重量<7t,20 人≤载客数<49 人,轴数=2;大型车,载重量≥7t,载客数≥50 人,轴数=2;多轴车,轴数>3。

根据计算机车辆参数数据库对车辆分类参数优选的结果,可以认为车辆的前轮距和轴距具有良好的分类特性。各车型的轴距和轮距如图 4-13 所示。可以发现，各车型在图 4-13 上的分布具有比较好的规律性，但要真正实现分类，还必须附加车高和轴数两项参数。利用这四项参数对车辆进行分类，在理想状况下可达 98% 左右的分类精度。按车辆的轴距、前轮距进行分类的分类参数为

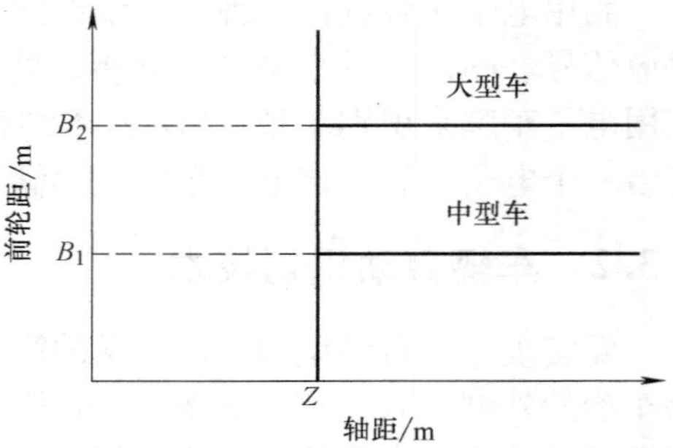

（1）小型车：轴距 < Z，或者前轮距 < B_2，轴数为 2。

（2）中型车：轴距 > Z；且 B_1 < 前轮距 < B_2，轴数为 2。

（3）大型车：轴距 > Z；且前轮距 > B_2。

（4）多轴车：轴数 > 2。

图 4-13 各车型的轴距和前轮距

根据以上分析，只要检测出一辆车的轴距、前轮距和轴数，即可判断、识别车辆。因为一辆车的上述参数受外界因素的影响小，一旦出厂即为相对固定的数值。

车轴检测识别车型的工作原理为：沿道路行车方向的一定距离安装两条轴检测传感器（气动或压电式轴检测传感器），当车辆通过检测断面时，各轴将依次通过两条传感器，利用车辆的第一轴从 C_1 到 C_2 的时间 t 及 C_1、C_2 之间的距离 s，计算出车辆的行驶速度 v ($v = s/t$)，利用第一个轴检测器测量车辆经过时相邻两个轴之间的时间 t_1、t_2、t_3、…、t_n (t_1 表示车辆 1、2 轴之间的时间，t_2 表示车辆 2、3 之间的时间，依次类推)，通过公式 $s_n = vt_n$ 即可得到车辆相邻两轴之间的轴距。

车轴计数是对车辆的轴数进行检测，将检测结果作为车辆分类的一种标准。对于车轴的数量，既可以通过传感方式，也可以通过非接触的探测方法进行检测。传感方式一般是在车道上埋设相应的传感器，当车辆行驶经过时，车轮碾压传感器使传感器所受的压力发生变化，根据压力变化的次数，可以判断出车辆的轴数。非接触的探测方法通常使用发射波束检测反射的形式，这与轮廓扫描有些类似，但更简单，具体做法是：从车道边以特定的角度向车道上车轮必须经过的区域发射探测波束（无线电波、红外线或者激光束），当车辆经过时，车轮将使发射波束的反射波发生变化，一般是反射方向改变，改变后的反射波可以用专门的探测装置从特定的位置接收，探测装置每接收到一次反射波就说明车辆有一组车轮，由此可以进行车辆轴数的计数。如果预知车辆的时速，那么还可以根据两轴之间的检测时间间隔计算出轴间的大致距离（轴距）。由于轴数在车辆分类的标准中一般不是主要因素，所以车轴计数的识别技术一般不单独使用，而是与其他系统配合使用。

3. 视频车型识别　视频车型识别系统的工作原理如图 4-14 所示。视频监视系统实时监视路面状况，并在视频窗口中开一个小区域，对这个小区域进行实时检测，当该区域数据发生改变时，就可判断汽车的到来。或者通过触发埋设在固定位置的传感器，控制摄像头和图像采集卡对运动车辆的侧面进行图像帧摄取，包括背景图像和运动车辆图像，然后对获取的车辆图像进行图像恢复、图像分割、二值化、边缘提取等一系列的预处理，

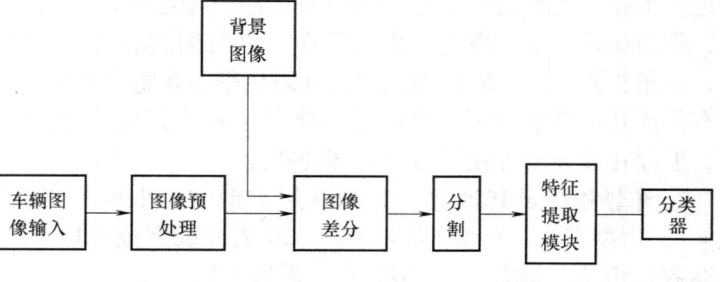

图 4-14　视频车型识别系统的工作原理

以滤去干扰和噪声,从而得到车型轮廓,再从处理后的图像中得到有效的特征参数,输入分类器进行识别。

(1)图像处理。在景物成像的过程中,由于受多种因素的影响,图像质量会有所下降(即图像的退化),因此需要对图像进行恢复。由于汽车与摄像机之间的相对运动往往会使图像模糊,可采用快速算法进行去模糊处理。图像分割的任务是把目标图像从背景图中标识出来,便于图像识别。采用边缘检测的方法从图像背景中分离出来,要通过边缘增强和相减运算来完成。经过二值化后的车辆轮廓图像块不连续,存在孤立点,为了便于提取车辆的特征信息,对车辆图像上部进行简单的直线拟合操作,使图形轮廓更加逼近真实情况。对二值化后的车辆图像做进一步的填充处理,这样就可以根据图像的信息进行车辆边缘的提取了。

为得到连续的车辆边缘轮廓图像,对二值化后的图像采用轮廓跟踪的方法进行处理,以此提取的车辆轮廓图如图4-15所示。

(2)车型识别。为了进行车辆分类,首先收集各种车辆的参数,然后输入计算机中的车辆车型数据库,利用计算机的检索功能对分类参数进行优选。根据我国常用车型采用的车辆分类标准,按大型车、中型车、小型车和多轴车进行分类存储。

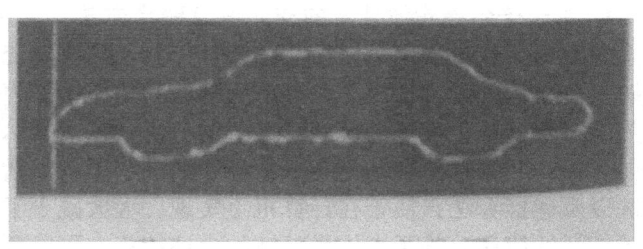

图4-15 车辆轮廓提取图

基于图像的车型识别步骤如下:

1)利用一个传感器和图像采集卡对车辆的侧面图像和正面图像进行抓取,得到车辆的外形图像信号。

2)对车辆图像进行图像恢复、分割、二值化等处理,消除干扰噪声,获取图像边缘信号。

3)提取车辆轮廓图形和车辆参数,主要有车宽、车长、车高等参数,估算轴距、轮距和轴数。

4)查询车型数据库,判别车型。

4.4 融合处理技术

通常通过传感器采集交通信息,但不同的传感器采集到的交通信息不一定完全一样。一般情况下,一种传感器只能采集到某一部分的信息。多种传感器获得的交通信息的融合是本节的主要内容。

4.4.1 交通信息融合处理方法

数据融合又称为信息融合,是指多传感器的数据在一定准则下加以自动分析、综合,为完成所需的决策和评估而进行的信息处理过程。信息融合处理技术的最大优势在于它能合理协调多源数据,并充分综合有用信息,从而提高在多变环境中正确决策的能力。它为交通信息加工和处理提供了一种很好的方法。根据数据抽象的三个层次,信息融合可分三级:

第一级:称为像素级或获取级,是指直接在采集到的原始数据层上进行融合,在各种传感器的原始数据未经处理之前就进行数据的综合和分析。

第二级:称为特征级,是指先对来自传感器的原始信息进行特征提取,然后对特征信息进行综合分析和处理。

第三级：称为决策级，是直接针对具体决策目标的最终结果。

在交通信息的处理过程中，信息融合处理技术的三个层次均有不同的应用。而信息融合本身作为一种数据处理技术，涉及许多学科和技术的应用。下面简要介绍几种信息融合处理技术的相关理论和方法。

交通信息融合的根本作用就是将各种传感器和历史数据库等多数据来源作为输入，利用融合处理技术理论和方法，得到适合各个智能交通服务领域使用的交通信息。

根据应用目的的不同，交通信息融合的方法有：直接对数据源操作（如加权平均、神经元网络等）；利用对象的统计特性和概率模型进行操作（如卡尔曼滤波、贝叶斯估计、多贝叶斯估计、统计决策理论等）；基于规则推理的方法（如模糊推理、证据推理、产生式规则等）。下面对几种常用的信息融合方法做简单介绍。

1. 基于卡尔曼滤波技术的交通信息融合方法　卡尔曼滤波用于实时融合动态的低层次冗余多源数据，该方法用测量模型的统计特性递推决定统计意义下的最优融合数据估计。如果该系统具有线性的动力学模型，且系统噪声和传感器噪声是高斯白噪声分布模型，那么卡尔曼滤波为融合数据提供唯一的统计意义下的最优估计。卡尔曼滤波的递推特性使得系统数据处理不需要大量的数据存储和计算。卡尔曼滤波采用了较灵活及适应性较广的状态空间模型的系统分析法以及递推算法，便于在计算机上实现，大大减少了所用计算机存储量和计算时间，因而得到了广泛的应用。基于卡尔曼滤波的上述特点，可以利用其建立模型进行多传感器交通信息的融合，包括基于空间相关性的交通流量滤波融合模型、联合滤波交通流量融合模型、集中滤波交通流量融合模型。

基于空间相关性的交通流量滤波融合模型是对不同检测断面检测数据的融合。由城市路网交通状态的固有规律可知，城市路网是一个有机整体，节点间由路段连接，尽管大部分相邻节点的交通流量不完全相同，有时由于转弯分流车辆过多，使得相邻节点的交通流量甚至相差很多，但是却紧密相关。同样，城市居民出行规律的相似性和出行方式的类同性，使得多数城市路网节点的交通流量变化具有类似特点，即节点间存在相关关系。流量的空间相关在这里是指某路段的交通流量受其自身及相邻路段前几个时段流量的影响。考虑到相关路段对某一检测路段检测数据的影响，利用相关路段的检测数据作为干扰因素，本路段检测数据作为主要输入，基于卡尔曼理论建立了融合模型。经模拟数据验证，不论在预测精度方面还是在计算速度方面，该模型都能够满足交通实时决策的需要。

联合滤波交通流量融合模型和集中滤波交通流量融合模型是对同一检测断面多个同步检测设备检测数据的融合，其模型的输入向量均为多个检测设备检测到的交通状态参数。集中滤波交通流量融合模型简单，适用于对少量输入的结合，如果输入太多，会使计算的维数成倍增加，进而使计算变得复杂。集中滤波交通流量融合模型和联合滤波交通流量融合模型均适用于正常交通状况下动态交通参数的融合。这两个模型经模拟数据验证，不论在预测精度方面还是在计算速度方面，都能够满足交通实时决策的需要。

2. 基于贝叶斯估计的交通信息融合方法　贝叶斯估计用于多传感器信息融合时，是将多传感器提供的各种不确定性信息表示为概率，并利用概率论中的贝叶斯条件概率公式对其进行处理。

贝叶斯方法要求系统可能的决策相互独立，这样就可以将这些决策看作一个样本空间的划分，使用贝叶斯条件概率公式解决系统的决策问题。

设系统可能的决策为 A_1，A_2，…，A_m，传感器对系统进行观测时得到观测结果 B，如果能够利用传感器的特性得到各先验概率 $P(A_i)$ 和条件概率 $P(B/A_i)$，则利用贝叶斯条件概率公式(4-32),根据传感器的观测将先验概率 $P(A_i)$ 更新为后验概率 $P(A_i/B)$。

当两个传感器对系统进行观测时,除了上面介绍的传感器观测结果 B 外,另一个传感器对系统进行观测的结果为 C。它关于单个决策的条件概率为 $P(B/A_i)$ ($i=1,2,\cdots,m$),则条件概率公式可表示为

$$P(A_i/BC) = \frac{P(BC/A_i)P(A_i)}{\sum_{j=1}^{m} P(BC/A_j)P(A_j)} \tag{4-32}$$

为了简化计算,提出进一步的独立性假设,假设 A、B、C 之间是相互独立的,则式(4-32)可改写为

$$P(A_i/BC) = \frac{P(B/A_i)P(C/A_i)P(A_i)}{\sum_{j=1}^{m} P(B/A_j)P(C/A_j)P(A_j)} \tag{4-33}$$

这一结果还可以推广到多个传感器的情况。当有 n 个传感器,观测结果分别为 B_1,B_2,$\cdots$,B_n 时,假设它们之间相互独立且与被观测对象条件独立,则可以得到系统有 n 个传感器的各决策总的后验概率为

$$P(A_i/B_1B_2\cdots B_n) = \frac{\prod_{k=1}^{n} P(B_k/A_i)P(A_i)}{\sum_{j=1}^{m}\prod_{k=1}^{n} P(B_k/A_j)P(C/A_j)P(A_j)} \tag{4-34}$$

式(4-34)中,$i=1,2,\cdots n$。最后,系统的决策可由某些规则给出,如取具有最大后验概率的那条决策作为系统的最终决策。

3. 基于人工神经网络的交通信息融合方法

(1) 信息融合与神经网络。

1) 信息融合的特性

① 在一个有众多判决的集合中,每一个元素均为一个判决。

② 每个判决都是一个动态过程,并有多种结果可取。

③ 判决集合中的所有判决同时(同步或异步)进行。

④ 每个判决决策的依据是众多弱约束,判决结果由众多弱约束中的优势约束决定。

⑤ 判决之间存在相互制约关系:在相互制约的判决之间,每个判决的结果是其他判决的决策依据之一。

⑥ 相互支持的判决为同类,相互冲突的判决为异类。

⑦ 判决的结果决定判决的分类,判决的分类结果也制约每个判决的结论。

2) 神经网络和信息融合的相似性。信息融合的特性和构造与神经网络有很多相似之处。其原因是信息融合基于智能化的思想,它的一个很重要的原型就是人类的大脑。神经网络和信息融合的相似性决定了利用神经网络可以解决相当一部分信息融合问题。它们在以下几个方面存在相似性:

① 融合模型中信息处理单元和神经网络的对应结构相似。所谓信息处理单元是指信息融合模型的基本单位。信息处理单元为具有多种输入和多种输出的变换算子。以输出相似性为分类依据,多个信息处理单元可以划分为一类。从几何意义上说,信息处理单元完成多个不同空间到同一空间的变换。一般来说,这一变换是非线性的。我们称这些信息处理单元构成一个信息处理单元组。多个信息处理单元组的输出也可以作为彼此的输入。故一个信息处理单元对应神经网络中的一个神经元。具体结构与具体问题有关,这个结构主要用来完成信息处理单元所

要做的工作，如信息存储、特征提取、滤波压缩等。信息处理单元作为信息融合模型的基本单位而具有复杂的结构，要求信息处理单元具有相当的功能，所以信息处理单元也必须具有强大的局域信息处理能力。

②信息融合模型的全并行结构和神经网络的跨层连接相似。由于决策信息处理单元组的输出作为原始数据层，信息融合单元组输入对应信息融合模型的层间反馈，因此全并行结构可以得到简化。对于一些重要决策，高层融合应该增加输入的信息量。跨层连接使得信息处理单元的输入变得复杂。

③信息融合模型层内环路与前向神经网络中的反馈网络相似。以 Hopfield 网络为例，这种网络的特点是连接权值矩阵是对称的。不论是哪个层次的信息融合，同层次各个信息处理单元组或同一信息处理单元组的各个信息处理单元之间都或多或少地存在联系。

④信息融合模型的层间环路与神经网络中高层对低层的反馈相似。如果说全并行结构为了低层融合而增加高层融合的输入信息量，那么层间反馈则是为了增强高层融合而对低层融合的指导，这就使神经网络技术向神经计算与符号推理的集成方面发展。注意因子的引入可以描述高层融合指导低层融合对哪些信息敏感，对哪些信息要加以抑制。从实际问题出发，采用信息融合技术的一个很重要的原因是为了提高系统的可靠性，保证在系统局部遭受损失的情况下，不致引起整个系统失效。然而，如何切断失效局部（即某个传感器信息错误）的影响，则要归结于层间反馈的作用。

由于诸多信息融合与神经网络模型构造的相似特征，因此神经网络可以作为交通信息融合的主要方法之一。

(2) 异类传感器的交通参数融合。目前，交通传感器的种类越来越多，如感应线圈、超声波检测器、视频检测器、红外线检测器等，但是各种传感器对不同交通参数的检测性能各不相同。通常传感器都存在交叉灵敏度，表现在传感器的输出值不只决定于一个参量，当其他参量变化时，输出值也要发生变化。交通检测器也不例外，如感应线圈检测车辆存在时，由于磁场变化，其检测结果也发生改变，因此感应线圈就存在对磁场强度的交叉灵敏度；视频检测器存在对环境湿度的交叉敏感度。各种交通传感器的交叉灵敏度使其性能不稳定，测量精度低。多传感器信息融合处理技术通过对多个参数的检测并采用一定的信息处理方法达到提高每个参数测量精度的目的。在只要求测量一个目标参量的场合，为达到提高被测目标参量测量精度的目的，其他参量都是干扰量，其影响应被消除。既然检测了多个参量，那么每一个参量的测量精度都会获得提高。利用神经网络进行异类传感器的信息融合，可以提高交通参数的检测效果。目前，较常用且各方面性能比较稳定的是按误差逆传播算法训练的多层反馈神经网络，即 BP 神经网络。对它进行训练后，运用 20 组数据的输入可得仿真数据输出，其中传感器 1 平均相对误差为 5.66%，传感器 2 平均相对误差为 13.60%，仿真数据输出平均相对误差为 0.67%。需要说明的是，该组对比数据并不一定和相应传感器的性能完全吻合。例如，RT-MS 传感器的特点是对流量等交通参数采集比较准确，但检测数据与实际数据仍然有一定差距。尽管如此，几组数据对比可以证明，基于神经网络的信息融合方法可以较大幅度地改善异类传感器的检测性能。

(3) 不完备交通参数信息的融合。在基本交通参数中，不完备信息主要有两种情况：①交通检测设备故障或者其他原因，致使交通参数时间序列中出现数据缺失，由于可能出现连续缺失情况，而且在多数交通应用中这种单一参数（如流量）的数据实时性要求很高，因此神经网络和其他方法比较，不适合解决该类问题；②由于与①类似的原因，位置相邻或者相关位置的传感器数据缺失，这个时候通过相邻位置传感器的信息进行融合，可以实现不完备信息的补全，这种方法经过改造后也可以用于无检测器位置的交通参数采集。

4. 基于综合统计分析的交通信息融合方法 统计分析方法是对交通信息进行融合的经典方法，这里主要采用智能加权平均、指数平滑法，利用平均值的递推估计算法对交通信息进行融合。

（1）加权平均法。加权平均法是一种简单、直观的融合多传感器底层数据的方法。它利用由一组传感器提供的冗余信息进行加权平均计算，并将加权平均值作为信息融合值。

自适应加权平均的信息融合算法是在总均方误差最小的条件下，根据各个传感器所得的检测值，以自适应的方式寻找其对应的权值，使融合后的值达到最优。多传感器信息融合值应为

$$\hat{X} = \sum_{i=1}^{n} W_i X_i \quad \sum_{i=1}^{n} W_i = 1 \tag{4-35}$$

总均方误差为

$$\sigma^2 = \sum_{i=1}^{n} W_i^2 \sigma_i^2 \tag{4-36}$$

式（4-36）中，σ^2 是各加权因子的多元二次函数。根据多元函数求极值定理，可求出当加权因子为 W_i 时，σ^2 取最小值。

下面利用加权平均法将传感器采集到的信息进行综合分析、计算和推理，得出道路的流量（Q）、占有率（O）、车流速度（v）以及排队长度（L）。

假设进行融合的路段共有 n 条车道，放置检测器的截面将路段分成 m 个区域，时段长度为 s，第 i 条车道第 j 区第 k 时段的车流量、占有率、车流速度和排队长度测量值分别为 $Q_{ij}^{(k)}$，$O_{ij}^{(k)}$，$v_{ij}^{(k)}$，$L_{ij}^{(k)}$。其中，$i = 1, 2, \cdots, n$；$j = 1, 2, \cdots, m$；$k = 1, 2, \cdots, s$。则该路段的数据融合计算公式为

$$\overline{Q_i^{(k)}} = \sum_{j=1}^{m} W_{ij} Q_{ij}^{(k)}, \sum W_{ij} = 1 \tag{4-37}$$

$$\overline{O_i^{(k)}} = \sum_{j=1}^{m} W_{ij} O_{ij}^{(k)}, \sum W_{ij} = 1 \tag{4-38}$$

$$\overline{v_i^{(k)}} = \sum_{j=1}^{m} W_{ij} v_{ij}^{(k)}, \sum W_{ij} = 1 \tag{4-39}$$

$$\overline{L_i^{(k)}} = \sum_{j=1}^{m} W_{ij} L_{ij}^{(k)}, \sum W_{ij} = 1 \tag{4-40}$$

$$\overline{Q^{(k)}} = \sum_{j=1}^{m} \overline{Q_i^{(k)}}, \overline{O^{(k)}} = \frac{1}{n} \sum_{i=1}^{n} O_i^{(k)} \tag{4-41}$$

$$\overline{v^{(k)}} = \frac{\sum_{j=1}^{m} \overline{Q_i^{(k)}} \, \overline{v_i^{(k)}}}{\overline{Q^{(k)}}}, \overline{L^{(k)}} = \frac{1}{n} \sum_{i=1}^{n} \overline{L_i^{(k)}} \tag{4-42}$$

式中 $\overline{Q_i^{(k)}}$、$\overline{O_i^{(k)}}$、$\overline{v_i^{(k)}}$ 和 $\overline{L_i^{(k)}}$——第 i 条车道在第 k 时段中的平均车流量、平均占有率、平均车流速度和平均排队长度；

$\overline{Q^{(k)}}$、$\overline{O^{(k)}}$、$\overline{v^{(k)}}$、$\overline{L^{(k)}}$——该路段在第 k 时段中的平均车流量、平均占有率、平均车流速度和平均排队长度。

（2）指数平滑法。指数平滑法是进行短期预测相对简单且直接的方法，可以剔除数据中偶然出现的因素。简单的全期平均法对时间数列的过去数据一个不漏地全部加以同等利用。移动平均法的预测值实质上是以前观测值的加权和，且对不同时期的数据给予相同的加权，这往往不符合实际情况。而指数平滑法则兼容了全期平均和移动平均所长，不舍弃过去的数据，但

是仅给予逐渐减弱的影响程度,即随着数据的远离,赋予逐渐收敛为零的权数。其主要优点为:在平滑过程中考虑所有过去的数据;近期数据比早期数据权重大;仅需要最近的数据来修正预测值;平滑常数允许修改变化率,这样的模型能按照数据内含模式的变化而变化;反馈出预测的错误,纠正以前的平滑值。

(3)算术平均值的递推估计融合法。对于具有正态分布特性的交通参数采集数据,如果采集的数据有限,那么算术平均值就不是测量结果的最优融合值。在这种情况下,利用数次采集数据的算术平均值作为初值的估计,进行递推估计融合,能够满足递推估计要求初值比较可靠的需要,可以明显地改善有限次数据采集融合的准确性,融合结果比算术平均值法更可靠。同时,该方法具有计算量小,容易实现计算机编程计算等优点。

4.4.2 多源信息融合技术应用

1. 基于多源信息融合的交通状态判别   在大型城市,由于应用的多样化,同城市使用多种交通信息采集方式,如感应线圈检测、微波测速、地磁检测、浮动车运营 GPS 检测、电子警察检测、电子标签检测、视频监控等在不同地段和道路网同时使用。由于以上交通信息采集方式多样,其形成的信息数据格式和设备数据接口标准不完全相同。在综合交通管理系统中,需对已建成的多源交通信息数据进行融合,实现对目标路段交通状态参数的实时获取,采用多源数据融合算法和基于知识库的道路交通状态判别算法,完成对道路交通状态的科学判断,并利用布置于路侧的可变信息标志进行实时的发布,通过对道路上交通出行者的诱导,促进交通流在路网中的均衡分布。

(1)信息融合处理流程。多源交通信息融合处理流程如图 4-16 所示。图 4-16 中,二级信息融合模型是根据系统在实际的实施中,自动融合不能够满足有效反映部分路段的交通状态,即某些特殊路段的交通状态不能通过检测器获取的数据进行有效反映,需要人工辅助来弥补其不足而设计的。

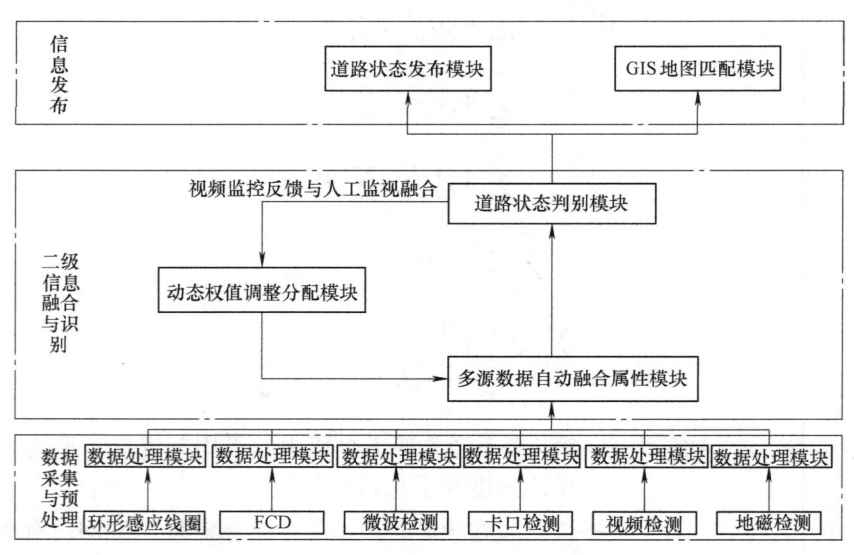

图 4-16   多源交通信息融合处理流程

第一级,多源数据的自动融合。自动融合模型通过系统中的算法和数据处理程序,完成对断面线圈数据(流量、速度、车道占有率)、微波数据(流量、速度、车道占有率)、射频识别数据(行程速度、行程时间)、地磁数据(流量、速度、占有率等)、卡口数据(流量、占有率等)、浮动车数据(流量、速度、占有率等)等的初步分析和道路状态的信息融合判定,并由诱导系统的可变信息标志发布程序完成道路交通状态的发布。

第二级,自动融合和人工管控互补性融合。自动融合在某些特定路段有一定的局限性,不能够很好地反映路段由于地理位置、道路坡度等造成的交通特点,需要人工管控来辅助,实现道路监控和人工监视结合的判定模式。这种情况的路段比较少,不会增加太多的人力资源。

(2) 基于知识库的道路状态判别修正机制。系统建立了基于历史知识库的道路状态判别修正机制,即实时判别结果与历史数据比对修正的机制。系统在正常运行一段时间后,积累了大量的历史道路状态判别数据,发布结果会更精确,从而满足城市交通的需求。

(3) 动态权值调整机制。多源数据融合通过权值分配机制实现对道路路段交通状态的实时判别。将多源数据输入道路状态判别模型,依据上一时段的道路状态数据进行权值的动态分配,并进行数据融合处理和道路交通状态的判别。通过人工反馈和与历史数据库的比对,将道路状态异常数据回馈到道路状态判别模型,进行权值的动态分配,从而保证道路状态发布的准确性。

(4) 数据融合算法模型。该模型利用每个发布路段上每 5min 累积的车辆点速度,经过数据预处理后,计算平均车速,通过设计规则来反映路段的交通状况。对于样本不足的路段,利用历史数据或邻近时间段交通状况的统计规律弥补样本覆盖的不足。

基于多元信息融合的交通状态判别体现在以下方面:

1) 交通状态参数估计。对表征交通状态的参数(如平均行程车速等)进行估计,此时输入数据包括:

① 路段检测器数据(流量、点速度、占有率等)。
② 浮动车数据(浮动车的经纬度、方向角、速度等)。
③ 电子标签射频识别数据(OD 数据)。
④ 微波数据(流量、速度、占有率等)。
⑤ 地磁数据(流量、速度、占有率等)。
⑥ 卡口数据(流量、占有率等)。
⑦ 上一时段交通参数(样本量不足时)。
⑧ 历史数据(样本量不足时)。

输出则包括路段平均行程速度、路段 2min 流量统计、路段占有率统计等。

2) 交通状态判别。根据交通状态参数估计值以及道路交通状态分类分级的标准,可对道路交通状态做出判别。此时,输入数据包括融合交通参数(平均行程速度)、流量数据、占有率数据,输出则为可变信息标志发布的各路段道路交通状态值。

3) 多源数据融合算法模型。针对多源道路检测数据的融合处理,在此以两种以上的检测器的速度信息融合处理方式为例。

$$v(t) = \sum_{i=1}^{n} w_i(t) v_i(t) \tag{4-43}$$

式中 $v(t)$——t 时段内融合后的速度数据,t 取 2min 作为统计时段;

$w_i(t)$——采用第 i 种数据采集方式的权重值;

$v_i(t)$——采用第 i 种数据采集方式获得的行程速度数据。

同时,可引入动态误差反比例方法来反馈控制信号,实现多源数据权值的动态调整和分配功能。

$$w'_i(t) = \left| \frac{v_i(t)}{v_i(t) - v_i(t-1)} \right| \tag{4-44}$$

对上述进行归一化处理后,得

$$w_i(t) = \frac{w'_i(t)}{\sum_{i=1}^{n} w'_i(t)} \tag{4-45}$$

2. 基于信息融合处理技术的智能驾驶系统 随着传感器技术、信息处理技术、测量技术与计算机技术的发展，智能驾驶系统也得到了飞速的发展。消费者越来越注重驾驶的安全性与舒适性，这就要求传感器能识别在同一车道上前后方行驶的汽车，并能在有障碍时提醒驾驶人或者自动改变汽车运行状态，以避免事故的发生。国际上各大汽车公司也都致力于这方面的研究，并开发了一系列安全驾驶系统，如碰撞报警（CW）系统和智能巡游（ICC）系统、车道偏离警告（LDW）系统等。自动车辆系统（AVS）异类传感器包括视频传感器、激光扫描仪和雷达传感器等，信息融合的目的在于把目标输入到路径规划系统中去。简单地说，所谓的智能汽车就是在网络环境下利用信息技术和智能控制技术，具有自动识别行驶道路、自动驾驶、自动调速等先进功能的汽车。

（1）ICC/CW 和 LDW 系统中存在的问题。ICC/CW 系统中经常使用单一波束传感器。这类传感器利用非常狭窄的波束宽度测定前方的车辆，而对于弯曲道路，前方车辆很容易驶出传感器的测量范围，这将引起智能巡游系统误加速。如果前方车辆减速或在拐弯处另一车辆驶入本车道，CW 系统将不能在安全停车范围内给出响应而容易产生碰撞。类似地，当弯曲度延伸时，雷达系统易把邻近道路的车辆或路边的防护栏误认为是障碍而给出报警。当道路不平坦时，如雷达传感器前方的道路是上坡、小丘或土堆，也可能被误认为是障碍，这些都降低了系统的稳定性。LDW 系统中同样存在公共驾驶区场景识别问题。LDW 系统依赖于一侧的摄像机（经常仅能检测道路上相邻车辆的位置），很难区分弯曲的道路和做到多样的个人驾驶模式。LDW 系统利用一个前向摄像机探测车辆前方道路的地理状况，这对于远距离测量来说存在着精确性的问题，现常用死区识别和驾驶信息修订法进行处理，但并不能给出任何先验知识去识别故障。

基于视觉系统的传感器可以提供大量的场景信息，还可以测定距离、范围等信息，在对两方面的信息融合处理后能够给出更可靠的识别信息。

（2）多传感器信息融合的智能驾驶。在多传感器系统中，各传感器所提供的空间、时间信息不同，表达方式不同，可信度、不确定程度不同，侧重点和用途也不同，这对信息的处理和管理提出了新的要求。图 4-17 所示为多传感器信息融合系统的结构。

该系统由 n 个传感器组成，提供对象及环境信息。传感器 1 和 2 的输出信息在融合节点 1

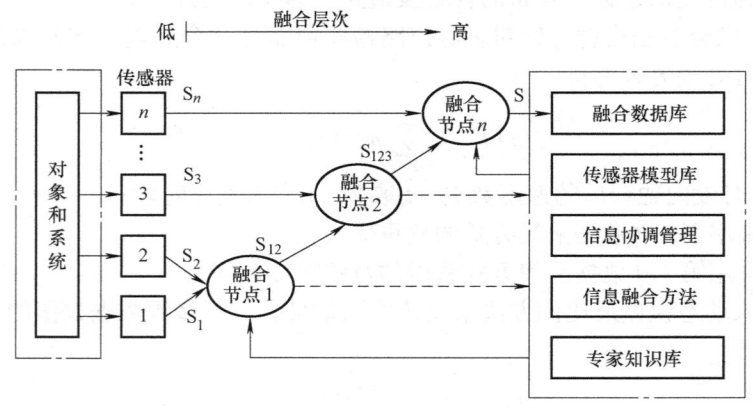

图 4-17 多传感器信息融合系统的结构

融合成新的信息 S_{12}，再与传感器 3 的信息在融合节点 2 融合成信息 S_{123}。以此类推，从 n 个传感器系统中获得的信息可以最终被融合成结果信息 S，送入融合数据库中。融合数据库存放了信息融合的结果，它也是智能检测控制系统数据库的一部分。对上述融合过程有以下几点说明：

1) 融合节点的输入/输出信息一般都是向量形式，一个融合节点可以融合多个（图中只画出 2 个）输入信息。

2) 可以只有一个融合节点（$n=1$），这时 n 个传感器信息都是该节点的输入信息。

3) 中间各节点的融合结果可作为输出直接送入融合信息库中，如图 4-17 中虚线箭头所示。图 4-17 中所示的多传感器信息融合系统有以下几个模块：

① 专家知识库。一般来说，信息的融合，除了应具有适当的融合算法外，还应当有必要的领域知识进行有监督（教师指导）的融合。特别是在实际的工业检测控制系统中更是如此，这些领域知识就构成了专家知识库。

② 传感器模型库。该模型库存放了所用的传感器模型，它们定量地描述了传感器的特性以及各种外界条件对传感器特征的影响。

③ 信息协调管理。一般情况下多传感器往往从不同的坐标系对环境中的同一特征进行描述，它们所表示的时间、空间和表达方式可能各不相同，必须将它们统一到一个共同的时空参考体系中。该模块完成了时间因素、空间因素和工作因素的全面协调管理，并对传感器进行选择，投入最合适和最可靠的传感器组以适应不同的条件。

④ 信息融合方法。对不同的任务和不同的对象采用不同的方法或者综合使用几种方法。

(3) 车载信息技术是无线电技术与微处理器技术的汇聚，即利用计算机和卫星通信等信息技术来实现智能车辆辅助驾驶、互联网登录、实时交通信息查询等功能。通过应用电子信息技术，使车辆实现高智能化，极大地改善车辆人机系统的安全性，避免事故的发生和减少伤害程度。以系统工程的观点来看待智能驾驶信息系统，可以将其划分为环境识别子系统、状态判断子系统、车辆控制子系统等。这些子系统之间的框架结构如图 4-18 所示。多传感器信息融合技术充分利用多个传感器资源，通过对这些传感器及其观测信息的合理支配和使用，把多个传感器在时间和空间上的冗余或互补信息依据某种准则进行组合，以获取被观测对象的一致性解释或描述。图 4-19 所示为基于信息融合的智能驾驶系统模型。其中包括三层意思：

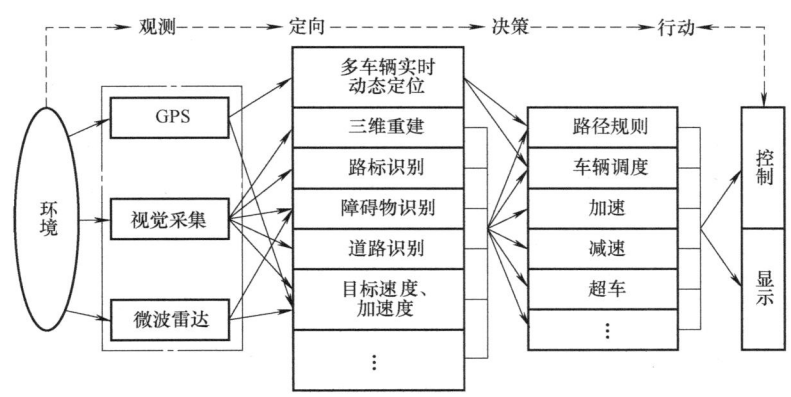

图 4-18 智能驾驶子系统之间的框架结构

1) 数据层融合：直接对数据源操作，主要通过图像处理和识别以及多传感器集成等技术，得到环境中汽车、人和其他障碍物的位置（得到速度、加速度则更好），预测下一步（或下几步）其位置的变化，从而为决策的形成奠定基础。

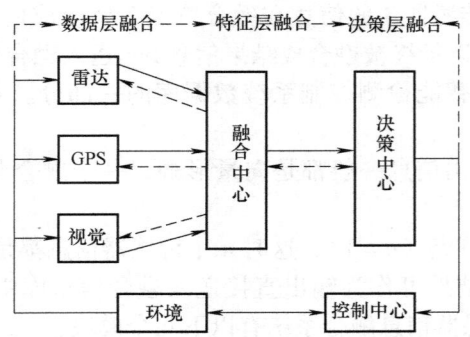

图 4-19　基于信息融合的智能驾驶系统模型

2）特征层融合：利用对象的统计特性和概率模型进行操作，主要将环境中的形势与已有的知识进行关联，识别现在环境中形势的特征。

3）决策层融合：主要根据各种特征的关联概率，以及该策略的成功概率、风险程度、能量消耗等综合因素，采用基于规则推理的方法，最后形成一个决策。

复习思考题

1. 简述智能交通系统数据信息的典型处理方法。
2. 简述车牌识别技术在智能交通系统中的应用。

第 5 章 交通信息发布

5.1 路边固定信息发布技术

路边交通信息的发布主要有可变信息标志、路边数字广播、路侧短距离车路信息交互。这里以应用最广的可变信息标志为例介绍路边固定信息发布设施的布设及信息组织发布策略。

5.1.1 可变信息标志布设技术

可变信息标志的位置设置应充分考虑到外界环境、道路条件、交通状况和人文习惯等,如是否有建筑物、天桥、电车天线和现有标志牌等妨碍视线,设置位置是否有充分的直线阅读距离,是否在瓶颈地段、事故多发地段,道路类型是否属于快速路,发布信息是否充分可信等。应根据不同的原则,设置合理的可变信息标志类型,以便更加简单,方便驾驶人阅读。目前使用的可变信息标志类型大致分为以下几种:龙门架型、侧柱型(也称为 F 型)和支柱型(也称为 T 型)等。

1. 布设原理 可变信息标志的影响过程分为"感知""决策"和"行动"三个阶段。感知阶段从驾驶人能够看清楚可变信息标志上的信息开始到辨认感知信息并最终基本理解信息为止。决策阶段从驾驶人基本理解信息开始到最终做出决策(如改变原行驶路线、驶离某个出口匝道等)并开始采取行动为止。行动阶段是指决策后采取相应行动(如减速、变道等)的过程。可变信息标志布设的基本原理就是充分考虑动态行车条件下驾驶人的行动特性(如感知和决策的时间、行动过程等),确定合理的前置距离和标志尺寸,保证驾驶人有充分的时间感知信息、进行决策和采取行动。驾驶人对可变信息标志的认知模型如图 5-1 所示。

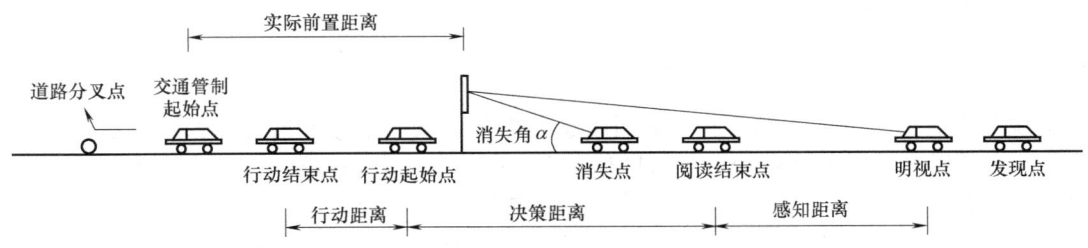

图 5-1 驾驶人对可变信息标志的认知模型

注:图中的交通管制起始点指快速道路出口匝道上游交通划线带(或地面道路平交口停止线上游白实线)的起点。

根据三阶段模型,并综合分析各种影响标志设立位置的因素,可得可变信息标志布设的前置距离为

$$D_{\text{sight}} = vT_{\text{reading}} + \Delta H, S/\tan\alpha$$

$$D_{\text{readable}} \geq D_{\text{sight}}$$

$$D_{\text{vms,safe}} = vT_{\text{reading}} - vT_{\text{deciding}} + D_{\text{action}} - D_{\text{readable}}$$

$$D_{\text{vms,real}} \geq D_{\text{vms,safe}}$$

式中　D_{sight}——可变信息标志明视距离的最低要求（简称最小明视距离）；
　　　v——行车速度；
　　　$T_{reading}$——感知时间；
　　　$T_{deciding}$——决策时间；
　　　ΔH, S——可变信息标志净高，路侧式为 S，悬挂式为 H；
　　　α——驾驶人能见角（消失角），根据已有研究，路侧式可变信息标志取 15°，悬挂式可变信息标志取 7°；
　　　$D_{readable}$——可变信息标志的实际明视距离；
　　　D_{action}——驾驶人安全完成行动所需的距离（简称安全行动距离）；
　　　$D_{vms,safe}$——可变信息标志的安全前置距离；
　　　$D_{vms,real}$——可变信息标志的实际前置距离。

2. 布设原则　地面道路可变信息标志的布设应遵循以下基本要求：

（1）结合匝道控制。在对匝道入口周边地面道路交通流进行诱导时，要充分结合匝道控制；在实时匝道控制的入口匝道周边地面道路，结合具体的道路形态特征以及地面道路的交通状况进行合理布设。

（2）结合道路形态特点。对于快速路入口匝道周边地面道路可变信息标志的布设，应结合不同的快速路形式、匝道布设特征、交通流汇入特点确定可变信息标志的布设位置和数量；可变信息标志在入口匝道周边地面道路网内的分布，应尽量满足不同来向的车辆在获取匝道关闭信息后有迂回路径这一条件。

（3）适应实际道路环境。可变信息标志的布设应根据道路的平面线形、纵向坡度等实际环境，尽量布设在视野开阔的直线上，确保可变信息标志具有良好的可视性；应充分考虑与已有静态交通标志的衔接与配合，避免互相遮挡；应考虑保障可变信息标志正常运行的道路沿线通信与电源供应等因素。

（4）符合交通行为安全原理。根据交通工程学原理及交通行为的安全与规范，可变信息标志的布设应充分考虑所设位置的车道分布、驾驶人的视野、路段车速限制，以及驾驶人获取交通信息后采取减速、变道等驾驶行为的安全因素等；可变信息标志的布设应保持一定的前置距离和侧向距离，确保驾驶行为的安全。

5.1.2　可变信息标志的信息组织策略

1. 发布内容　根据内容的不同，交通信息可以分为动态信息和静态信息；根据发布方式的不同，交通信息可以分为自动发布信息和人工发布信息。静态信息一般是指宣传标语、法规通知等，实现起来相对简单。这里主要讨论交通动态信息的发布。

（1）发布行程速度和旅行时间。行程速度和旅行时间可以自动发布，但是需在发布区间连续设置流量检测器。对于断续流，交通信号控制系统会影响信息发布的准确性，故这一类信息多发布在连续流或快速路区间。

可变信息标志一般用红、黄、绿三色表示道路交通运行状况，红色代表堵塞，黄色代表拥堵，绿色代表畅通。交通拥堵程度的定义一直是一个复杂的问题，可用不同的交通参数来定义，如车速、占有率、饱和度等。高速路、快速路和城市道路由于道路等级、服务功能不同，应分别采用不同的辨别方法，如高速路可采用车速来辨别，车速大于 40km/h 为畅通，车速在 40～20km/h 之间为拥挤，车速小于 20km/h 为堵塞。状态临界值可以在实际应用中逐步调整。图 5-2 所示为图形化交通状态发布图例，图 5-3 所示为图形 + 文字可变信息标志发布图例。

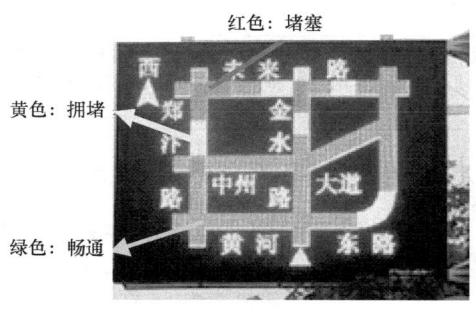 

图 5-2 图形化交通状态发布图例　　图 5-3 图形+文字可变信息标志发布图例

（2）发布交通事件及其相应的交通管控信息等。事件信息一般以文字信息的形式发布，主要是与交通相关的突发事件信息，如道路交通事故信息，影响交通通行的灾害天气、火灾等应急交通管制信息，以及大交通流量下的匝道、车道管控信息。交通事故信息一般需要进行人工确认，通过在道路上设置的交通道路监控点观察判断是否需要发布，所以这一类信息通常为人工预发布信息。

（3）发布计划交通管制信息。计划交通管制信息是指大型活动、大型施工、路桥养护等影响交通正常运行的交通管制信息。

2. 展示方式　可变信息标志在路侧为驾驶人提供诱导信息，因此其信息发布应遵循科学的基本工作准则，如：信息发布及时、全面、有效；信息内容表达清晰，确保准确、无误；语言文字精练，图形简洁；易读性强，用语用词无错别字；排版美观大方，便于司乘人员辨认；注意信息的时效性，发布内容要随情况变化及时更改。

（1）文字信息展示方式。对于文字类交通状况信息、交通事件信息、公告信息、宣传信息，国家相关标准从信息结构、描述语句、信息内容、字体及颜色等几个方面做出了详细的规定。

1）文字类交通状况信息。文字类交通状况信息由"路段描述"和"状况描述"两个部分组成。交通状况描述的内容包括畅通、行驶缓慢、拥堵、排队长度、旅行时间、预计通行（过）时间等信息。

2）文字类交通事件信息。文字类交通事件信息由"时间描述"、"位置描述"和"事件描述"三部分构成。交通事件信息描述的内容可包括交通事故、绕行方案、临时管制、影响交通的突发事件等信息。

3）文字类公告信息。文字类公告信息由"时间描述""位置描述"和"信息描述"组成。交通公告信息描述的内容包括路面状况、险情、提示、警告、天气及环境等信息，内容要求语言简练、易懂。

4）文字类宣传信息。文字类宣传信息前后无修饰词，直接做宣传描述，内容不能出现企业名称、品牌名称等，不可涉嫌广告类词汇及个体宣传。

对信息发布的字体及颜色也有规定，如所有信息内容均使用黑体字；字体大小应满足在视认距离为 150m 的条件下，字高不小于 35cm；在视认距离为 250m 的条件下，字高不小于 50cm；每帧信息停留时间需要大于基本的认读时间。

可变信息标志的文字信息展示方式比较见表 5-1。

表 5-1　可变信息标志的文字信息展示方式比较

信息类型	信息结构	信息内容	颜色
文字类交通状况信息	"路段描述"+ "状况描述"	畅通、行驶缓慢、拥堵、排队长度、旅行时间、预计通行(过)时间等	畅通——绿色;缓慢——黄色 拥堵——红色;其他——绿色 数字信息——黄色/红色
交通事件信息	"时间描述"+ "位置描述"+ "事件描述"	交通事故、绕行方案、临时管制、影响交通的突发事件等	交通事故——红色 临时管制实施——红色 解除——绿色 绕行信息,特殊车辆通行——黄色
公告信息	"时间描述"+ "位置描述"+ "信息描述"	路面状况、险情、提示、警告、天气及环境等	路面状况、提示——黄色 险情、警告——红色 天气及环境类——绿色/黄色
宣传信息	宣传描述,前后无修饰	不可涉及广告类词汇及个体宣传类内容	单一颜色

（2）图形信息展示方式。国家相关标准对可变信息标志的图形结构、图形内容、字体及特效三个方面进行了规范，以期用直观、清晰的方式传达交通信息。

1）图形结构。图形所表述的信息点应在图形的中心区域，图形上方应为行驶的前方；可变信息标志所处区域应在图形上有所标注；图形信息中应标注方向；图形信息中的名称注释类文字应放在不影响图形表述的位置，若空间充足，则优先放在描述对象的右下方；图像信息与文字信息同时出现时，文字信息应在可变信息标志下方横向显示。

2）图形内容。图形所描述路段应标注起始点与终止点的名称，用于描述路段的线条宽度不小于70mm。

3）字体及特效。字体与文字信息的要求一致，可变信息标志的图形不宜使用闪烁、滚动等特效进行展示。

3. 优先等级　对于高速公路、城市快速路或城市主干道上的可变信息标志，当有多个信息需要发布时，应遵循一定的优先级：

（1）优先等级最高的为引起道路阻断的相关交通信息，如路段拥堵的道路交通状况信息、严重交通事件、交通封路管制、封路施工等。

（2）优先等级次高的为对交通出行会产生严重影响的相关信息，如随机性较大的道路状况、较大交通事故、封车道施工维护等。

（3）优先等级较低的为公告宣传信息，包括天气预警信息、其他公告信息、宣传信息等。

5.1.3　可变信息标志的信息传输方法

可变信息标志一般采用以下两种信息传输方法。

1. 普通电话线通信控制　显示屏普通电话线通信控制系统的典型结构如图5-4所示。

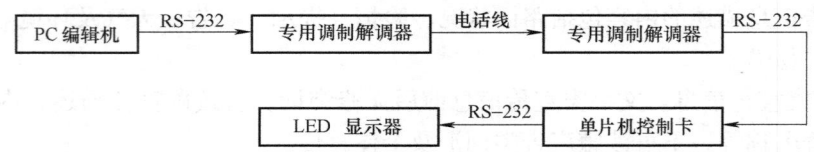

图 5-4　显示屏普通电话线通信控制系统的典型结构

显示屏控制系统由 PC 编辑机、专用调制解调器、单片机控制卡、LED 显示屏和各种通信线缆构成。PC 编辑机的功能是通过上位机专用软件组织、编辑和发送图文数据。专用调制解调器采用发、收方式，用普通电话线连接，可双工或半双工通信，免申请电话号码。单片机控制卡用于接收图文数据，控制 LED 显示屏特技显示等。LED 显示屏由 LED 点阵模组、驱动检测电路及开关电源等组成。RS-232 的通信方式均采用 4 芯网线连接。

单片机控制卡与 LED 显示屏的连接通常有串行、并行两种模式：串行模式，单片机控制卡只有一条信号线传输数据，适合像素较少的屏体控制；并行模式，单片机控制卡有 8bit 同时并行传输数据，适合像素较多的屏体控制。

2. 光纤网络通信控制 显示屏光纤网络通信控制的典型结构如图 5-5 所示。图 5-5 所示的显示屏控制系统由主控 PC 编辑机、10/100Mbit/s 光纤收发器、光纤以太网（局域网）、以太网卡、工控机、光纤调制解调器、单片机控制卡、LED 显示屏、单模（或多模）光纤及配套控制软件等组成。

（1）以太网卡：传输速率为 10/100Mbit/s，接口类型为 RJ-45，接口总线为 PCI 或 USB，全双工。

（2）10/100Mbit/s 光纤收发器：采用国际标准 IEEE802.3U 100Base-TX/FX；接头界面有 1 个屏蔽双绞线段（RJ-45），1 个 ST 或 SC 光纤端口；双绞线端口的最长传输距离为 100m（5 类线）；光纤端口多模光纤的最长传输距离为 2km，单模光纤的最长传输距离为 40~60km；通过 LED 指示灯可查知电源状态、联机状况、传输状态、全双工状态及链路警报状态。

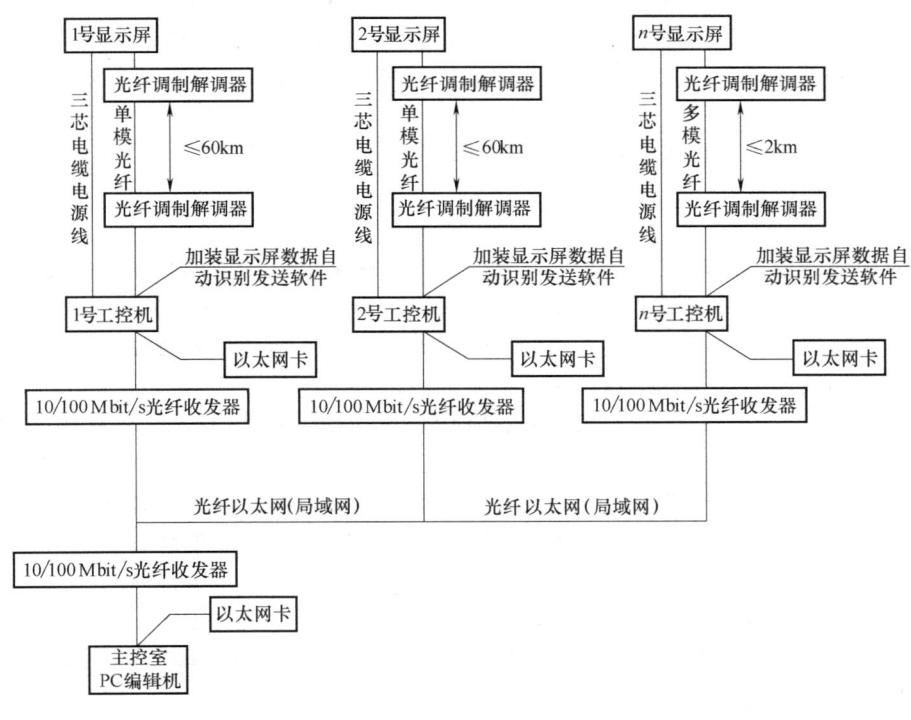

图 5-5 显示屏光纤网络通信控制的典型结构

（3）光纤调制解调器：接头界面是 1 个 DB25 或 DB9 端口（RS-232），1 个 ST 或 SC 光纤端口；异步通信格式为 EIARS-232C，ITU，V.24，V.28；传输速率为 115.2kbit/s。

（4）光纤以太网（区域网）：以具有网管功能的 8~24 个全光纤端口的快速以太网光纤交换机为核心组建。

在主控室，PC 编辑机将 1 号、2 号、…、n 号显示屏待播放的内容进行编辑、储存，并由控制软件通过以太网卡经光纤以太网（局域网）向工控机发送显示屏数据。1 号、2 号、…、

n 号工控器通过加装的显示屏数据自动识别发送软件,并将接收到的显示屏数据通过光纤调制解调器及单片机控制卡向显示屏发送。

5.2 个性化信息发布技术

除了路边固定信息发布方式外,交通广播也是一种应用十分广泛的发布方式。这种发布方式的受众覆盖面非常广,发布的信息可能与用户没有直接关系,因为用户的出行途径及目的地可能都不在其范围内,没有针对性。个性化的信息发布方式的目的是针对用户的特征、所在位置、交通出行等特点,采用用户喜欢的方式发布其出行过程中感兴趣的交通信息。

5.2.1 广播数据业务发布技术

调频(FM)副载波、数字音频广播(DAB)、移动多媒体广播(CMMB)均具有数据发布的功能,针对交通信息的特征,对信息进行分类编码和对道路分段进行编码,只要车上装有上述终端,就能在收听广播、观看电视的同时接收动态交通信息。

数字音频广播源于德国,在英国及瑞典等国家已投入商业运行,我国的一些发达地区主要干线高速公路实现了数字音频广播覆盖。我国 150 多个城市已经建设了移动多媒体广播试用网络,并开通了移动多媒体广播电视信号。调频副载波(FM)动态交通信息服务主要有交通信息屏道(TMC)和中国实时交通信息(RTIC)两种格式。这些方式都能提供实时、整合、个性化的信息,可以"无声地"将事实和相关的信息传递给用户,而不需要打断用户正在收听的电台节目,这与传统的口头播报交通出行方式形成了鲜明的对比。

5.2.2 车载导航技术

目前应用最为成熟的车载终端为车载导航系统,它主要依据车辆实际的行驶位置,然后通过预先描绘好的电子地图数据实行地图匹配,得出车辆在路网结构中的位置,动态显示车辆在路网中的行驶状况,并给出车辆到达目的地的行驶路径以及到达相应路段后的路径诱导,将这些信息反馈给驾驶人。

目前,技术比较成熟的车载导航系统的核心技术是 GPS + GIS 技术,系统主要由 GPS 接收机、微处理机、显示器、车载导航软件和 GPS 地理信息系统组成。其中,GPS 信号接收机主要用于接收卫星信号并用来确定车辆的位置,车辆导航软件用于整个系统的管理和数据处理,地理信息系统中存放有地图数据库和相关导航信息,显示器则用于车辆运行状况的实时显示和人机交互。

车载导航系统的基本组成模块如图 5-6 所示。这些模块可以分为三个层次。基础处理层完成最基本的定位、地图匹配等功能,这是车载导航系统其他功能的基础。其中,数字地图数据库可以为其他模块提供基本的地图数据信息。媒介层包括了人机接口,用户可以通过这个接口来和计算机进行交互。许多车载导航系统使用无线通信模块,这样就可以接收来自控制中心的实时交通信息,进一步加强车载导航系统的精度与可靠性。应用层可以用路径诱导和路径规划两个模块来概括描述,完成路径搜索、最短路径选择、行驶指令生成、路径跟踪等功能。

1. 车载导航系统的主要功能

(1)通过车载 GPS 接收机接收卫星信号,并进行地图匹配后在电子地图上显示出车辆的实际位置。

(2)航线设计。根据驾驶人要奔赴的目标和设定的起、终点,导航软件以"最短路"原则设计航线,自动建立路线库。

(3) 按设计航线进行导航。车载显示器将在电子地图上显示设计的路线，同时显示车辆运行的路径和方向，并告诉驾驶人到达下一个目的地的剩余距离和驾驶路线。

(4) 查询功能。系统提供包括社会公用信息等在内的信息供用户查询，查询结果以图像及语音的形式显示，并通过显示器在电子地图中给出。

2. 车载导航系统的分类 车载导航系统可以分为自主式车载导航系统和中心式车载导航系统。自主式车载导航系统的导航功能都是由车载系统完成的。中心式车辆导航系统增加了通信模块，使得控制中心和移动用户之间可以进行信息交互。

（1）自主式车载导航系统。智能交通系统很重要的一大功能是集成信息服务功能，它所涉及的领域有信息处理及数据库技术，包括路线引导服务、旅行者信息服务、出行信息服务、驾驶人信息服务等主要功能。自主式车载导航系统完整地提供这些服务。从层次化的观点出发，车载导航仪可认为由三个层次组成：物理层、处理层和智能层。物理层提供当前车

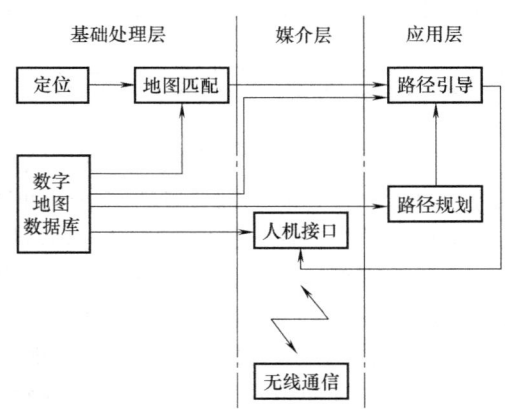

图 5-6　车载导航系统的基本组成模块

辆的相关信息，包括定位、定向、定时信息，以及与当前位置相关的地理信息。处理层则在提取信息的基础之上，进行一系列的数据处理，实现地图匹配。智能层则集中体现车辆自主导航的功能，包括专家系统、辅助决策系统，用以实现不同条件下的路径搜索，还能够将每一次经过的路径记录下来，供将来或他人参考。较为复杂的自主式车载导航系统框图如图 5-7 所示。

自主式车载导航系统基于静态的路径规划，利用每条路的静态旅行代价计算最小代价路径并引导车辆沿着该路径行驶。该静态代价是从预先存储的地图数据库中导出的值，或者是统计值，对于特定路段在某时间段内，该统计值已预先确定。事实上，实际的代价取决于特定时间的交通条件的动态值。

（2）中心式车载导航系统。中心式车载导航系统的结构如图 5-8 所示。

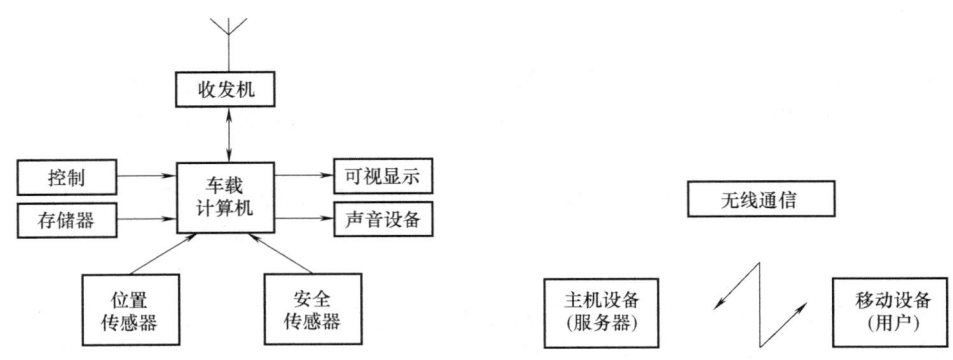

图 5-7　较为复杂的自主式车载导航系统框图　　图 5-8　中心式车载导航系统的结构

从系统结构来看，实现中心式车载导航系统需要三个高层次功能模块。中心主机由一个或多个设备组成，这些设备具有确定车辆位置或向车辆提供引导、资讯信息的功能。移动设备也可具有各种层次的定位和复杂导航功能。在复杂结构中，移动设备可利用一种或多种定位功

能，各种信息综合起来，通过通信网络发送给中心主机，然后由中心主机向移动设备发送交通信息或动态路线引导信息。相对于自主式车载导航系统，中心式车载导航系统可以利用实时的交通信息进行动态的路径规划。

中心式车载导航系统支持的应用有很多，包括：应急车辆调度和跟踪，如警用车、消防车、救护车；公共交通；专用车辆服务，如紧急路边援助、行程信息、防盗等。

5.3 动态交通图形化发布技术

随着交通诱导技术逐渐成熟，常规的路边固定式信息发布方式已不能满足出行者对交通信息服务的要求。在智能手机与移动网络全面普及的时代，衍生了动态交通图形化发布技术，即虚拟情报板这种个性化信息发布技术。虚拟情报板以类似可变信息标志的变形图形式，在图形相应地点通过智能移动终端（包括手机、平板电脑、车载终端）软件在智能移动终端屏幕上显示，向用户提供动态交通信息，以便驾驶人动态调整出行线路，节约出行时间。动态图形化发布不仅能够涵盖图形化路况信息，而且能及时反馈交通事故、道路施工、匝道关闭等实时信息，还可加入语音播报功能，并可依个性化需求灵活设置屏显时长、推送范围等，如图5-9所示。

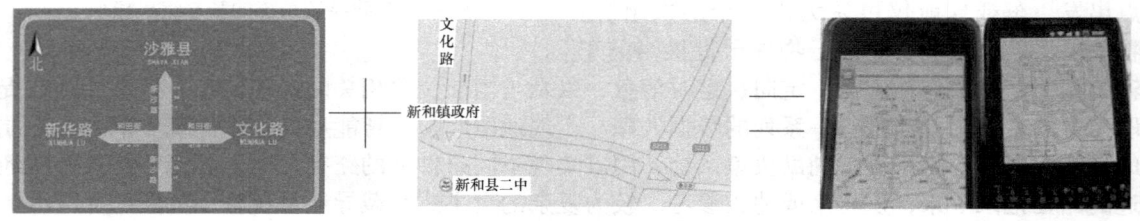

图 5-9 可变信息标志移动化

5.3.1 虚拟情报板简介

1. 虚拟情报板的特点 目前较为常见的交通信息发布技术有发展较为成熟的路边固定式可变信息标志，以及新兴的电子地图、交通导航等智能手机软件。虚拟情报板则可以看作是这两类信息发布技术优点的集合体。

与路边可变信息标志相比，虚拟情报板没有庞大的建设成本，图形形式与发布位置皆可灵活调整，覆盖范围可以遍及高速公路、快速路、地面道路，不受地形与区域限制，因此信息发布灵活、及时、全面。

与一般电子地图提供的道路实时路况相比，虚拟情报板优化的变形图更为简洁，突出了重要的交通节点，如快速路上下匝道、越江桥隧等，且可表达出通往某一远端目的地的多条路径。

2. 位置触发推送原理 虚拟情报板与路边可变信息标志一样，通过变形图提供道路预设位置点前方一定区域范围内的实时路况信息，因此每一块变形图都应在相应的预设位置点及时推送至智能移动终端。虚拟情报板图形位置触发推送原理如图5-10所示。在车辆行驶过程中，使用虚拟情报板技术软件的智能移动终端自动使用GPS定位，当定位点进入虚拟情报板预设位置点一定范围内时，就会触发软件，软件判断行车方向、发送数据请求，将与该车位置点及行车方向匹配的情报板图形进行渲染，推送至智能移动终端屏幕，驾驶人即可根据路网图形所示实时路况决定行车路线。除了常规预设的情报板图形，一些临时突发的交通事故、道路施工等信息推送也是同样的原理。

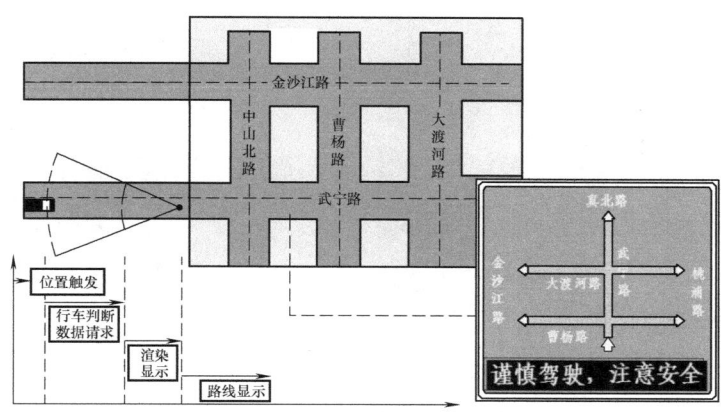

图 5-10　虚拟情报板图形位置触发推送原理

3. 智能移动终端信息接入技术　虚拟情报板的智能移动终端推送需要网络的支持,通过智能移动终端与后台服务器间的信息通信才可实现实时信息的交互,包括定位点的上报、相应情报板数据信息的发送等。实时路况数据信息接入智能移动终端是虚拟情报板实现功能的重要技术,一般的信息接入形式有两种:数据接入和图形接入。

道路交通信息采集、处理后,以发布段为单位表现道路的交通状态。虚拟情报板变形路网图中划分了许多区段,与这些道路发布段一一对应,每一个发布段具有唯一编号。在后台服务器接到数据请求、确定匹配情报板图形后,会调取其中与发布段对应的实时交通状态数据。数据接入形式为:后台服务器将调取的数据发送回智能移动终端,与智能移动终端软件内已集成的相应图形进行渲染合成,随后推送至智能移动终端屏幕。图形接入形式为:后台服务器将调取的数据与相应图形渲染合成后,将整幅图片发送至智能移动终端,进而推送至智能移动终端屏幕。两种形式各有利弊:前者数据传输量小,但智能移动终端软件集成大量图片,占据较大空间;后者软件内容精简,但实时传输图片耗费数据流量较大,适宜在网络条件较好的情况下使用。

在此参照上海市交通信息中心的动态交通信息图形化发布规范,对该技术中的图形分类、图形版面要素、图形分段、数据组织、图形显示分别做简单介绍。

5.3.2　虚拟情报板技术

1. 图形分类　根据覆盖的范围可将图形分为全域路况概览图、广域诱导图、局域诱导图。全域路况概览图的功能是为出行者提供全域路网的道路及交通设施运行信息,为出行者宏观掌握整体路网道路交通状况,规划出行路径提供信息支撑,如图 5-11 所示。它包括高速公路路况概览图、快速路路况概览图。

广域诱导图的功能是为出行者提供通向前方大范围或较大范围内主要目标节点的多条路径的道路及交通设施运行信息,为其掌握前方多条路径的道路交通状况,选择合适的通行路径提供信息支撑。

局域诱导图的功能是为出行者提供通向前方局部区域内主要目标节点的一个或多个路径的道路及交通设施运行信息,为其掌握前方道路交通状况,选择合适的通行路径提供信息支撑,如图 5-12 所示。

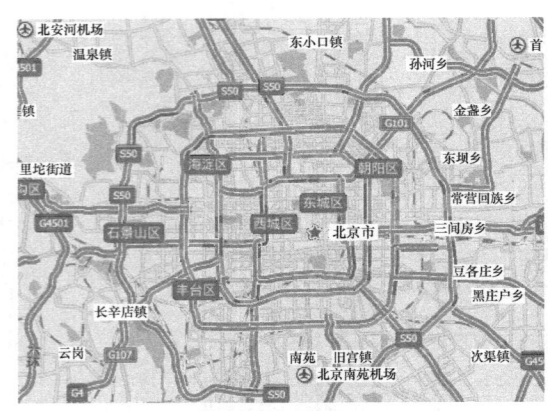

图 5-11 全域路况概览图实例

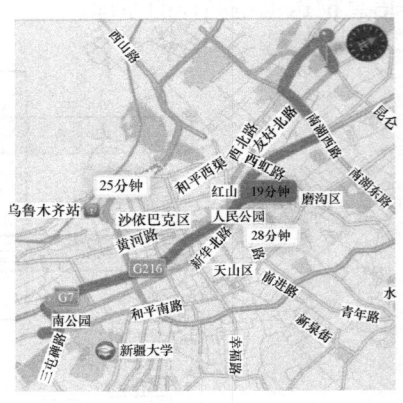

图 5-12 局部诱导示意图

2. 图形版面要素 虚拟情报板图形版面要素见表 5-2。

表 5-2 虚拟情报板图形版面要素

序号	名称	组成内容
1	背景要素	水系、陆地、行政边界等背景要素
2	道路、设施、地标轮廓要素	道路主线、出入口匝道、立交、桥梁、隧道等道路设施及著名地标等的轮廓要素
3	标志要素	道路禁止左转、禁止直行、禁止右转等交通组织标志要素,交通事故、通行控制信息等事件标志要素,收费站、火车站、飞机场、汽车站、港口、停车站(库)等地点识别标志要素
4	注记要素	道路名称、桥梁名称、隧道名称、水系名称、道路指向名称等名称注记,车辆所在图形位置、道路走向等位置走向注记,更新时间等时间注记,方位指向等方位注记要素
5	其他要素	版面中需要的其他要素

3. 图形分段及数据组织

(1) 图形分段。一般情况下,图形分段应与道路实际发布段分段相一致,当图形受版面信息表达的限制,无法划分成与发布段数量相等的分段时,则需进行发布段的合并,使多段发布段与图形中的一个分段相对应。制作图形分段时,应考虑将重要发布段(如桥梁、隧道、立交、常发性拥堵路段)单独分为图形中的一段,其余发布段则视其长短和版面情况进行合并。

(2) 图形数据组织。图形数据组织应基于图形分段与发布段对照表进行,当图形分段中有发布段合并时,应进行图形分段状态判断。

4. 图形显示

(1) 图形显示的时效性要求。为保障图形显示内容的准确性,避免因信息陈旧对出行者产生信息误导,需对客户端图形显示的时效性进行规范。客户端应对请求数据的时间有效性进行判断,当收到数据的时间戳与终端系统时间相差较多时,不应进行显示。

图形在终端上的显示时长应根据图形信息量进行控制。信息量大的图形,显示时间应适当延长,一般不少于 2min;图形信息量小的图形,显示时间一般不少于 30s。

(2) 动态交通信息的显示

1) 路段实时状态信息

① 路段畅通时的状态采用绿色表示,RGB 色值宜采用 (0,255,0)。

② 路段拥堵时的状态采用黄色表示，RGB 色值宜采用（255，255，0）。

③ 路段阻塞时的状态采用红色表示，RGB 色值宜采用（255，0，0）。

④ 路段状态未知时采用灰色表示，RGB 色值宜采用（128，128，128）。

2）道路交通事件信息

① 交通事故。当交通事故发生时，在图形中该路段正中间位置设置交通事故图标，路段状态渲染色值采用路段当前状态对应色值。

② 通行控制。当管理部门对路段实行通行控制时，在通行控制路段的起点使用通行控制图标表示，实行通行控制的路段渲染色值采用玫红色表示［RGB 色值宜采用（255，0，255）］。

3）道路交通动态信息显示优先级。道路交通动态信息显示优先级顺序为通行控制信息→交通事故信息→路段实时状态信息。当道路上发生通行控制时，优先发布通行控制信息；当道路上未发生通行控制而发生交通事故时，优先发布交通事故信息。

复习思考题

1. 常用的交通信息发布技术有哪些？
2. 分析现实生活中接触到的各种终端显示技术。

第6章 交通信息平台技术基础

6.1 交通地理信息系统技术

6.1.1 交通地理信息系统概述

地理信息系统（Geographical Information System，GIS）有时又称为地学信息系统或资源与环境信息系统。它是一种特定的十分重要的空间信息系统。它是在计算机硬、软件系统支持下，对整个或部分地球表层（包括大气层）空间中的有关地理分布数据进行采集、储存、管理、运算、分析、显示和描述的技术系统。地理信息系统处理、管理的对象是多种地理空间实体数据及其关系，包括空间定位数据、图形数据、遥感图像数据、属性数据等，用于分析和处理在一定地理区域内分布的各种现象和过程，解决复杂的规划、决策和管理问题。

1. 地理信息系统的特征

（1）具有采集、管理、分析和输出多种地理信息的能力，具有空间性和动态性。

（2）由计算机系统支持进行空间地理信息数据管理，并由计算机程序模拟常规的或专门的地理分析方法，作用于空间数据，产生有用信息，完成人类难以完成的任务。

（3）计算机系统的支持是地理信息系统的重要特征，因而使得地理信息系统能够快捷、精确、综合地对复杂的地理信息进行空间定位和过程动态分析。

（4）虽然信息技术对地理信息系统的发展起着重要的作用，但是实践证明，人的因素在地理信息系统的发展过程中越来越具有重要的影响作用，地理信息系统的许多应用问题已经超出技术领域的范畴。

2. 地理信息系统的分类和组成 地理信息系统是有关空间数据管理和空间信息分析的计算机系统。依照应用领域，地理信息系统可分为土地信息系统、资源管理信息系统、地学信息系统等；根据使用的数据模型，地理信息系统可分为矢量信息系统、栅格信息系统和栅格矢量混合型信息系统；根据服务对象，地理信息系统可分为专题信息系统和区域信息系统。

从计算机科学的角度来看，地理信息系统由四个主要部分组成——计算机硬件系统、计算机软件系统、地理空间数据和系统管理操作人员。其核心部分是计算机软、硬件系统，地理空间数据反映了地理信息系统的地理内容，而系统管理操作人员则决定了系统的工作方式和信息表示方式。

3. 地理信息系统的功能

（1）数据采集、检测与编辑。

（2）数据处理。初步的数据处理主要包括格式化、转换、概括。数据格式化是指不同数据结构的数据间的变换。数据转换包括数据格式转化、数据比例尺变化等。

（3）数据存储与管理。这是建立地理信息系统的关键步骤，涉及空间数据和属性数据的组织。栅格模型、矢量模型或栅格矢量混合模型是常用的数据组织方法。空间数据结构的选择在一定程度上决定了系统所能执行的数据与分析的功能。在地理数据组织与管理中，最为关键的是如何将空间数据与属性数据融合为一体。目前，大多数系统将二者分开存储，通过公共项来连接。这种组织方式的缺点是数据的定义与数据操作相分离，无法有效记录地物在时间域上的变化属性。

（4）空间查询与分析。空间查询是地理信息系统以及许多其他自动化地理数据处理系统应具备的最基本的分析功能，而空间分析是地理信息系统的核心功能，也是地理信息系统与其他计算机系统的根本区别。模型分析在地理信息系统支持下，分析和解决现实世界中与空间相关的问题。地理信息系统的空间分析分为三个层次：第一层是空间检索，包括从空间位置检索空间物体及其属性和从属性条件集检索空间物体；第二层是空间拓扑叠加分析，空间拓扑叠加实现了输入要素属性的合并以及要素属性在空间上的连接；第三层是空间模型分析，在空间模型分析方面，目前多数研究工作主要是将地理信息系统与模型分析相结合。

近年来，地理信息系统飞速发展，成为越来越多的应用领域的基础支撑平台。在铁路、公路、水运和航空等交通系统方面，地理信息系统的应用已经非常广泛。根据交通类别和业务范围，其应用可划分为铁路管理、港口和水运管理、航空和飞行器管理、公共交通管理以及公路管理等。其中，最发达、使用最频繁的公路交通，在公路设计、建设和维护方面尤为依赖地理信息系统作为辅助决策的依据。

正是在这种背景下，交通地理信息系统（Geographic Information System for Transportation，GIS-T）应运而生。交通地理信息系统是地理信息系统理论和技术的重要分支，是道路交通信息系统信息化的核心基础，是收集、存储、管理、综合分析和处理空间信息和交通信息的计算机软、硬件系统，是交通地理信息系统在交通领域的延伸，是地理信息系统与多种交通信息分析和处理技术的集成。其基本功能包括编辑、制图、显示及测量图层等，主要用于对空间和属性数据的输入、存储、编辑，以及制图和空间分析等。交通地理信息系统通过地理信息系统与多种交通信息分析和处理技术的集成，可以为交通规划、交通控制、交通基础设施管理、物流管理、货物运输管理提供操作平台。

6.1.2 交通地理信息系统的结构

交通地理信息系统的结构与功能框图如图 6-1 所示。从图 6-1 可以看出，交通地理信息系统主要包括三个子系统，它们是数据库子系统、数据采集和质量控制子系统以及系统功能表征子系统。

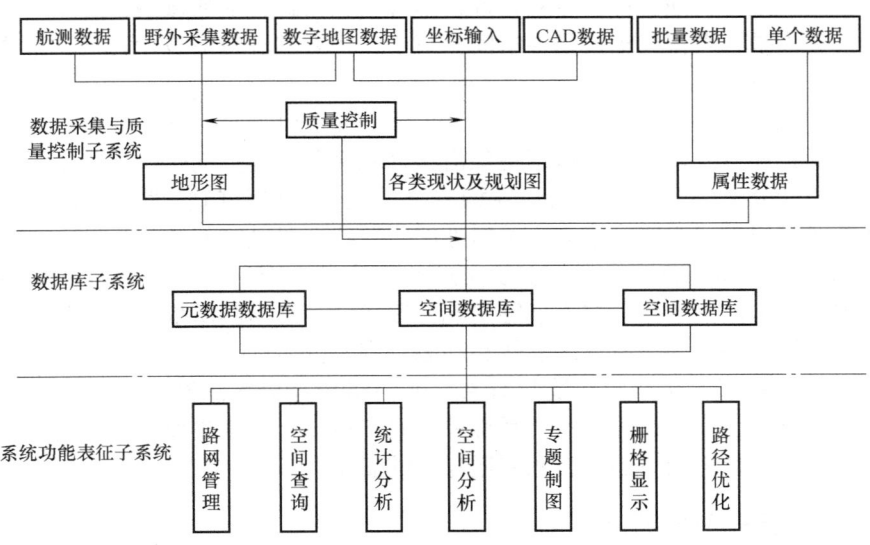

图 6-1 交通地理信息系统的结构与功能框图

6.1.3 交通地理信息系统的数据分类

交通地理信息系统数据可以分为三层,即道路网络层、附属信息层和交通信息层,如图6-2所示。

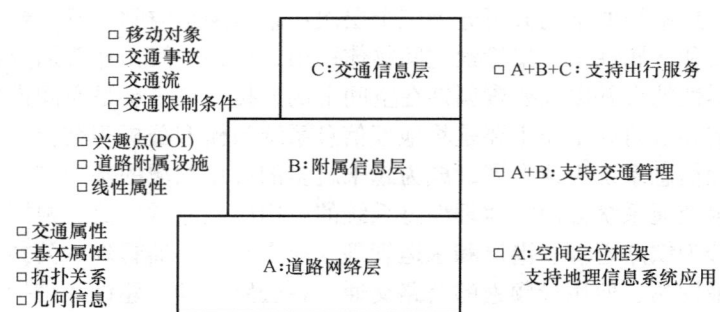

图 6-2 交通地理信息系统数据的不同类型及主要用途

1. 道路网信息 道路网在交通应用中起着双重作用:一是为各种网络分析功能提供数据支持;二是为道路附属信息及交通信息提供空间定位框架。其具体的数据内容包括道路几何信息、道路之间的拓扑连通关系、道路基本属性(名称、长度、宽度、地址信息等)、道路交通属性(功能等级、通行方向、平均速度)等。

2. 道路附属信息 道路附属信息主要包括道路附属设施(交通标志标线、照明灯、护栏、桥梁、收费站等)、兴趣点(酒店、商场、医院、学校等)和道路线形属性。

3. 交通信息 交通信息包括交通限制条件和动态交通信息。一般意义下的交通限制包括道路本身的行车方向限制、车速限制和平交口通行限制(如转向限制)等。动态交通信息包括交通流信息(如流量、速度等)、交通事件信息(如道路施工、临时管制、交通事故、天气变化等)和移动对象信息(如车辆、行人)。

6.1.4 交通地理信息系统的特点

由于交通信息的线性、动态性以及复杂性,地理信息系统在交通领域的应用与其在其他领域的应用相比,无论是在数据组织还是在空间分析上,都有其独特的技术特征。这主要体现在以下三个方面:

1. 线性参照系统 线性参照系统(Linear Referencing System,LRS)是在一维空间中地理现象的位置度量形式和方法。它通过地理现象沿路径到该路径起点的距离进行定位。交通网络是在地理空间呈线性分布并形成网络的线性构造物,交通运输部门管理着大量的线性交通网络,采用线性参照系统描述交通网络与相关属性的位置特征是其必然选择。

2. 动态分段技术 动态分段技术是实现交通地理信息系统中管理和分析以线性参照系为特征的数据的主要技术。动态分段技术能够实现分段属性信息与其所描述的线状特征空间位置的联系,从而解决线状特征多重属性的表达和动态查询与分析。

3. 几何网络拓扑关系 用来建立线状对象几何网络拓扑概念的基本要素包括节点、连通性、路径、区段、里程、非连续性、路径系统等。只有在以上要素支撑下建立的几何空间网络拓扑关系,才能够胜任交通网络的分析和交通建模的需要。

6.1.5 交通地理信息系统的功能

交通地理信息系统是在地理信息系统的基础上兼顾交通特征和需求发展起来的,除具备常规地理信息系统的基本功能外，在交通信息的数据管理、分析和建模方面也有所加强和创新。具体地讲，交通地理信息系统应该具备以下基本功能：

1. 基础地理信息系统平台功能　基础地理信息系统平台功能包括数据获取方式、数据编辑处理、数据显示、数据检索、缓冲区分析等。

2. 交通数据建模与分析　交通数据建模与分析是指专门用于交通网络数据的建模和基本分析工具，主要包括：线性参照与动态分段，矩阵管理、显示与编辑，交通运输网络特征数据管理，路径与路径系统分析。

3. 交通应用模型　交通应用模型包括最短路径分析模型、车辆路线安排模型、路径系统模型、网络流量模型、位置-分配模型等，直接服务于交通规划和管理操作，是交通地理信息系统的特色表现。

4. 强大的可视化功能　对道路交通事故进行分析与处理，需要一个友好的可视化界面，以增加研究分析、领导决策的直观性，而交通地理信息系统将空间数据和数据库直接挂接，改变了传统的信息管理方法，地图由传统的静态记录变为信息丰富多样的动态电子地图，可实现对数据以及数据分析的可视化显示，从而使交通安全管理部门能对道路交通事故的分析进行相对直观的操作，为决策的制定提供科学、快捷、直观的支持。

6.1.6　交通地理信息系统的主要应用方向

1. 路网信息　将路网的实体数据和属性数据以分路段的方式与地理坐标联系起来，每一路段不仅有空间位置，而且有属性数据的信息，如道路（航道）名称、道路（航道）等级、道路（航道）宽度、道路（航道）长度、车道数、隔离带类型、出入口控制类型、路面材料等。

2. 设施管理　将地理、运输、土壤、湿地、航道深度等信息集成为一体，可以进行交通基础设施质量的管理和维修管理，以及对桥梁和信号控制装置的维护进行管理。

3. 事故定位及分析　将计算机辅助绘图软件、交通事故数据文件与交通地理信息系统集成为一个整体，开发出事故定位系统。利用计算机辅助绘图软件将交通地理信息系统中的地图信息与一定的坐标对应，并隐去不必要的图像，将经过一定修正的交通事故文件与交通地理信息系统中的平交口或路段进行重叠，从而更加形象直观地报告事故地点、性质和起因，并对全区域各事故点的发生频率进行比较，找出事故多发地段，分析可能引起事故的道路条件的缺陷，结合现有道路条件，进行事故发生情况的预测。有些研究还利用交通地理信息系统再现事故，为事故鉴定提供有效的手段。

4. 运输规划　运输规划需要大量的信息，而交通地理信息系统则是提供所需信息的最好手段。同时，交通地理信息系统能够提供多种直观形象的规划方案供选择比较。与传统方法相比，其过程既快速又直观，可大大地缩短规划设计周期，从而降低成本，保证设计质量。

5. 运输网络分析　交通地理信息系统能够进行运输网络的叠加并获得基于网络路段的线性参数信息（动态分段）。动态分段使路径上任意两点间直线距离的计算成为可能。交通地理信息系统可计算运输网络中任意两点间的直线距离和路程。若考虑路段的属性参数，如通行能力、交通流量和信号控制参数等，交通地理信息系统还能计算路阻系数和各路段的运行时间。有些交通地理信息系统软件正在试图装入诸如最短路算法的各种网络分析模型，以期应用于应急状态下的路径计划、各种道路设施的规划和应急反应时间的确定等。

6. 运输需求分析　交通地理信息系统可以将运输需求模型融入其中，进行运输需求的预测和分析。在将运输需求模型与交通地理信息系统结合时，交通地理信息系统必须经过几项改进：一是必须将平面图形描述功能扩展到能描述空间图像，如运输网络的拓扑结构必须能够支持没有节点的交叉路段(如天桥和地下通道);二是为适应运输需求模型和其他网络分析模型对运输网络做各种不同水平抽象的需要,交通地理信息系统必须具有从一个几何图像抽象出多个拓扑结构的能力,如从一个详细的运输网络中抽取一部分公路网络,并抽象为一个单独的简洁明了的公路网络,以满足运输需求分析的需要。

7. 车辆行驶引导系统 将交通地理信息系统中有关道路地图、停车设施、道路属性,以及购物、游览的信息直观地呈现在驾驶人的面前,并提示车辆当前的位置,帮助驾驶人搜索到达目的地的最佳路径。随着智能交通系统的发展,智能交通系统可为驾驶人提供实时的交通信息。交通地理信息系统可利用这些实时信息直观地为驾驶人提供汽车行驶的最佳路线。

交通地理信息系统不仅可以提供直观的可视化效果,将各种信息以其地理位置为基础进行显示、查询和统计,更重要的是它还能够为决策者提供辅助决策手段和依据。

交通地理信息系统在交通领域中的应用如图6-3所示。

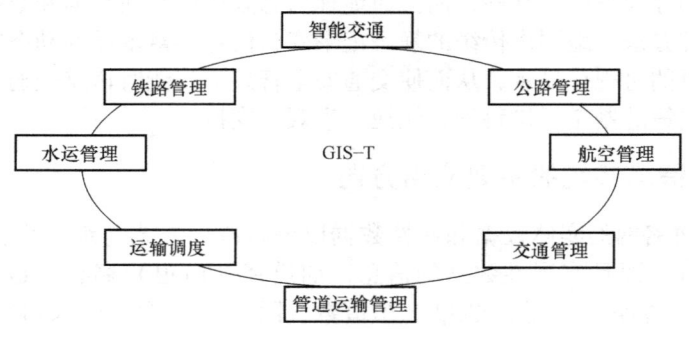

图6-3 交通地理信息系统在交通领域中的应用

交通地理信息系统软件在智能交通应用中起到了至关重要的作用。它能够通过图形的形式查询道路的通行状况,迅速定位事故点,调度抢修车辆,以及提供交通疏散方案等。

6.2 车辆空间定位技术

6.2.1 全球定位系统及定位原理

1. 全球定位系统 全球定位系统(Global Positioning System,GPS)由美国于20世纪70年代开始研制,耗资近200亿美元,于1994年建成。GPS利用导航卫星进行测时和测距,其最初的作用是为美国军方在全球的舰船、飞机导航并指挥陆军作战。该系统具有在海、陆、空进行全方位实时三维导航与定位的能力,它是继阿波罗登月计划、航天飞机后美国的第三大航天工程。如今,全球定位系统已经成为当今世界上应用非常广泛的全球精密导航、指挥和调度系统。

(1) GPS的定义。在GPS出现之前,远程导航与定位主要使用无线导航系统和卫星定位系统。其中,无线导航系统应用较为广泛。该系统主要有三种:一是罗兰—C,工作在1000kHz,由三个地面导航台组成,导航工作区域为2000km,一般精度为200~300m;二是Omega(奥米伽),工作在十几千赫,由8个地面导航台组成,可覆盖全球,精度几英里(mile,1mile=1609.344m);三是多普勒系统,利用多普勒频移原理,通过测量其频移得到运动物参数(地速和偏流角),推算出飞行器位置,属于自备式航位推算系统,误差随航程增加而累加。但无线导航系统存在着一定的缺点,如覆盖的工作区域小、电波传播受大气影响、定位精度不高等。卫星定位系统指的是美国的子午仪系统。该系统于 1958 年研制，1964 年正式投入使用。由于该系统卫星数量较小（5～6 颗），运行高度较低（平均 1000km），从地面站观测到卫星的时间间隔较长（平均 1.5h），因而它无法提供连续的实时三维导航，而且精度较低。

通过以上分析，GPS 可定义为：利用空间卫星星座（通信卫星）、地面控制部分及信号接收机对地面目标的状况进行精确测定并提供全方位导航和定位的系统。

(2) GPS 的功能。GPS 可提供两种服务：一种为精密定位服务（PPS），利用精码（军码）定位，提供给军方和得到特许的用户使用，定位精度可达 10m；另一种为标准定位服务（SPS），利用粗码（民码）定位，提供给民间及商业用户使用。目前，GPS 民码单点定位精度可以达到 25m，测速精度为 0.1m/s，授时精度为 200ns。

作为军民两用的系统，其应用范围极广。在军事上，GPS 已成为自动化指挥系统、先进武器系统的一项基本保障技术，应用于各兵种。在民用上，其应用领域包括陆地运输、海洋运输、民用航空、通信、测绘、建筑、采矿、农业、电力系统、医疗、科研、家电、娱乐等。

具体来说，GPS 的功能主要有以下几个方面：

1) 自动导航。GPS 的主要功能就是自动导航，可用于武器导航、车辆导航、船舶导航、飞机导航、星际导航、个人导航。GPS 利用接收终端向用户提供位置、时间信息，也可结合电子地图进行移动平台航迹显示、行驶线路规划和行驶时间估算。对军事而言，可提高部队的机动作战和快速反应能力；在民用上可以提高民用运输工具的运载效率，节约社会成本。

2) 指挥监控。GPS 的导航定位与数字短报文通信基本功能可以有机结合，利用系统特殊的定位体制，将移动目标的位置信息和其他相关信息传送至指挥所，完成移动目标的动态可视化显示和指挥指令的发送，实现移动目标的指挥监控。

3) 跟踪车辆、船舶。为了随时掌握车辆和船舶的动态，需要根据地面计算机终端实时显示车辆、船舶的实际位置，了解货运情况，实施有效的监控和快速运转。

4) 信息传递和查询。GPS 可用于管理中心向车辆、船舶提供相关的气象、交通、指挥等信息，也可将行进中的车辆、船舶的动态信息传递给管理中心，实现信息的双向交流。

5) 及时报警。通过使用 GPS，可以及时掌握运输装备的异常情况，接收求救信息和报警信息，并迅速传递到地面管理中心，从而实施紧急救援。

6) 其他。GPS 还广泛应用于天文台、通信系统基站、电视台的精准定时，道路、桥梁、隧道施工中的测量、野外勘探，以及城区规划中的勘探测绘等。

(3) GPS 的特点。GPS 的特点有高精度、全天候、高效率、多功能、操作简便、应用广泛等。

1) 定位精度高。应用实践已经证明，GPS 相对定位精度在 50km 以内可达 10^{-6}，100～500km 可达 10^{-7}，1000km 可达 10^{-9}。在 300～1500m 工作精密定位中，1h 以上观测的其平面位置误差小于 1mm，与 ME-5000 电磁波测距仪测定的边长比较，其边长校差最大为 0.5mm，校差中误差为 0.3mm。

2) 定位快速、高效。随着 GPS 软件的不断更新，实时定位所需时间越来越短。目前，20km 以内的相对静态定位仅需 15～20min；快速静态相对定位测量时，当每个流动站与基准站的距离在 15km 以内时，流动站观测时间只需 1～2min，然后可随时间定位，每站观测只需几秒。目前，GPS 信号接收机的一次定位和测速工作在 1s 甚至更短的时间内便可完成。

3) 功能多样、应用广泛。GPS 不仅具有定位导航的功能，而且具有跟踪、监控、测绘等功能。作为军民两用系统，GPS 还可用于测速、测时，测速的精度可达 0.1m/s，测时的精度可达几十毫微秒。

4）可测算三维坐标。通常所用的大地测量方式是将平面与高程采用不同的方法分别施测。GPS 可同时精确测定测站点的三维坐标。目前，GPS 水准可满足四等水准测量的精度。

5）操作简单。随着 GPS 信号接收机的不断改进，其自动化程度越来越高，简化了操作步骤，使用起来更方便 GPS 信号接收机的体积越来越小，重量越来越轻，在很大程度上减轻了使用者的劳动强度和工作压力，使工作变得更加轻松。

6）全天候，不受天气影响。由于 GPS 卫星数量较多且分布合理，所以在地球上任何地点均可连续同时观测到至少 4 颗卫星，从而保障了全球、全天候连续实时导航与定位的需要。目前，GPS 观测可在 24h 内的任何时间进行，不受天气影响。

（4）GPS 的构成。GPS 由三大部分构成：空间部分，即 GPS 卫星星座；地面控制部分，即地面监控系统；用户设备部分，即 GPS 信号接收机，如图 6-4 所示。其中，空间部分由 GPS 卫星星座构成，地面控制部分由地面卫星控制中心进行管理，用户设备部分则由军用和民用研发厂商开发、销售、服务。GPS 典型应用系统的构成如图 6-5 所示。

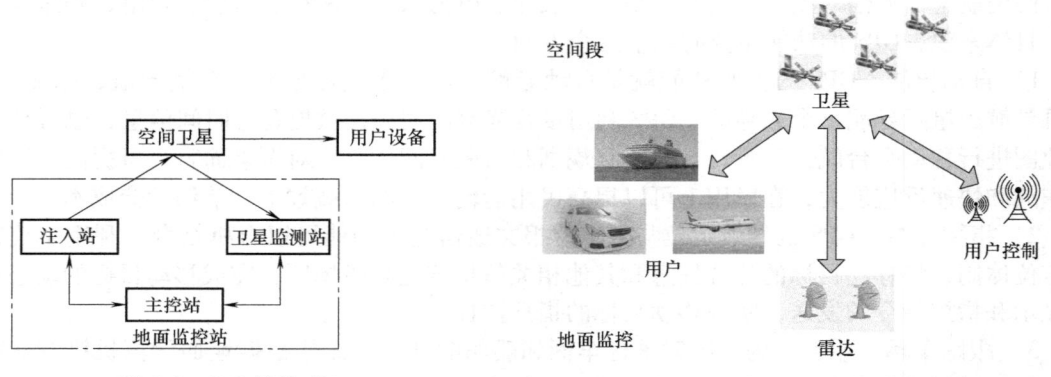

图 6-4　GPS 的构成　　　　　图 6-5　GPS 典型应用系统的构成

1）GPS 卫星星座。GPS 卫星空间布局如图 6-6 所示。目前，GPS 空间部分共有 30 颗 4 种型号的卫星，其中 6 颗为技术试验卫星，24 颗导航卫星位于距地表 20200km 的上空，分布在 6 个轨道平面内，每个近似圆形的轨道平面内各有 4 颗卫星均匀分布，可以保证在全球任何地点、任何瞬间至少有 4 颗卫星同时出现在用户视野中。也就是说，每台 GPS 信号接收机无论在任何时间，在地球上任何位置都可以同时接收到最少 4 颗 GPS 卫星发送的空间轨道信息。接收机通过对接收到的每颗卫星的定位信息进行解算，便可确定位置，从而提供高精度的三维（经度、纬度、高度）定位导航及信息，具有在时间上连续的全球导航能力。

图 6-7 所示 GPS 卫星是由洛克菲尔国际公司空间部研制的，重量为 774kg，使用寿命为 7 年。该卫星采用蜂窝结构，主体呈柱形，直径为 1.5m；两侧装有两块双叶对日定向太阳电池帆板，全长 5.33m，接受日光面积为 7.2m^2；对日定向系统控制两翼电池帆板旋转，使板面始终对准太阳，为卫星不断提供电力，并给三组 15A·h 镉镍电池充电，以保证卫星在地球阴影部分能正常工作；底部装有 12 个单元的多波束定向天线，能发射张角大约为 30°的两个 L 波段（19cm 和 24cm）的信号；两端面上装有全项遥测遥控天线，用于与地面监控网的通信。此外，该卫星还装有姿态控制系统和轨道控制系统，以便使卫星保持在适当的高度和角度，准确对准卫星的可见地面。

GPS 卫星产生两组电码，一组称为 C/A 码（Coarse/Acquisition Code），一组称为 P 码（Precise Code）。P 码因频率（10123MHz）较高，不易受干扰，定位精度高，受到美国军方管制，并设有密码，一般民间无法解读，主要为美国军方服务。P 码每 7 天重复一次（位率为

10.3MHz)。GPS 卫星发射功率为 35W，因此到达地面的信号强度可达 -105 ~ -125dBm。C/A 码被人为采取措施而刻意降低精度后，主要开放给民间使用。C/A 代码每 1ms 重复一次（位率为 1.023MHz，L2 上不用）。

图 6-6 GPS 卫星空间布局

图 6-7 GPS 卫星

2) 地面监控系统。地面监控系统（见图 6-8）是整个系统的中枢，由美国国防部联合项目办公室（JPO）管理。GPS 卫星是一个动态已知点，每颗 GPS 卫星的位置是依据其发射的星历（描述卫星运动及其轨道的参数）算得的。每颗 GPS 卫星所播发的星历是由地面监控系统提供的。GPS 卫星上的各种设备是否正常工作，以及 GPS 卫星是否一直沿着预定轨道运行，都要由地面设备进行监测和控制。

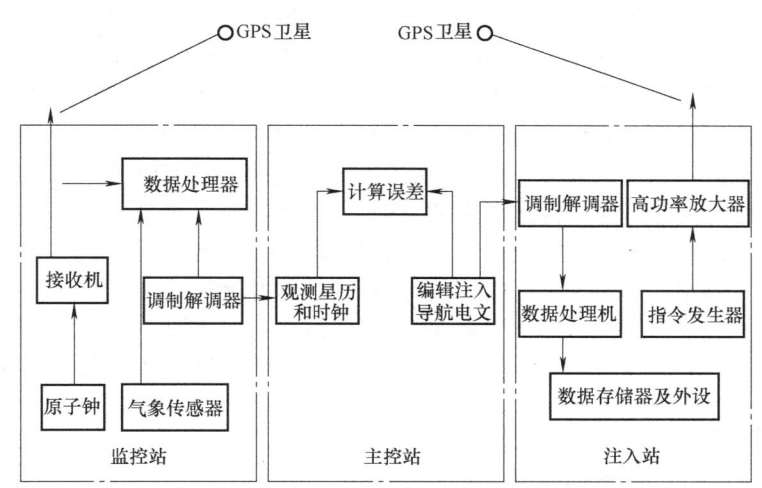

图 6-8 GPS 地面监控系统作业原理图

地面监控系统的另一重要作用是保持各颗 GPS 卫星处于同一时间标准——GPS 时间系统。这就需要地面站监测各颗 GPS 卫星的时间，求出钟差，然后由地面注入站发给 GPS 卫星，再由导航电文发给用户设备。

GPS 卫星的地面监控系统包括 1 个主控站、5 个卫星监测站和 3 个信息注入站。主控站，设在美国科罗拉多的联合空间执行中心。主控站拥有大型电子计算机，收集各监测站测得的伪距、卫星时钟和工作状态等综合数据，计算各卫星的星历、时钟改正、卫星状态、大气传播改正等，然后将这些数据按一定的格式编写成导航电文并传到注入站。GPS 卫星监测站是在主控站直接控制下的数据自动采集中心,分别位于夏威夷、亚森欣岛、迭戈加西亚、瓜加林岛、科罗拉多泉。这些监测站监控 GPS 卫星的运作状态及它们在太空中的精确位置,并负责传送卫星瞬时常数(Ephemera's Constant)、时钟偏差(Clock Offsets)的修正量,再由 GPS 卫星将这些修正量提供给 GPS 信号接收机,以便于定位。信息注入站分别设在印度洋、南大西洋和南太平洋。信息注入站的主要设备包括 1 台直径为 3.6m 的天线、1 台 C 波段发射机和 1 台计算机。其主要任务是在主控站的控制下将主控站推算和编制的卫星星历、钟差、导航电文及其他控制指令等注入相应的存储系统,并检测其正确性。

整个 GPS 的地面监控部分,除主控站外均无人值守。各站间用现代化的通信网络联系起来,在原子钟和计算机的精确控制下,各项工作实现了高度的自动化和标准化。

3) GPS 用户设备。GPS 用户设备由接收机硬件、机内软件以及 GPS 数据的后处理软件包组成。GPS 信号接收机硬件一般包括 GPS 信号接收机、天线和电源。GPS 信号接收机的主要功能是捕获按一定卫星截止角所选择的待测卫星,并跟踪这些卫星的运行。当 GPS 信号接收机捕获到跟踪的卫星信号后,即可测量出接收天线至卫星的伪距和距离的变化率,解调出卫星轨道参数等数据。根据这些数据,GPS 信号接收机中的微处理计算机就可按定位解算方法进行定位计算,实时地计算出运动(或静止)载体的位置、速度、高度、运动方向、时间等三维参数。GPS 数据处理软件是指各种后处理软件包,其主要作用是对观测数据进行精加工,以便获得精密的定位结果。

GPS 信号接收机的结构分为天线单元和接收单元两大部分。对于测地型 GPS 信号接收机来说,两个单元一般分成两个独立的部件,观测时将天线单元安置在监测站上,接收单元置于监测站附近的适当地方,用电缆将两者连接成一个整体。也有的将天线单元和接收单元制作成一个整体,观测时将其安置在监测站点上。GPS 信号接收机一般用蓄电池做电源,同时采用机内机外两种直流电源。设置机内电池的目的在于更换外电池时不中断连续观测。在使用机外电池的过程中,机内电池自动充电。关机后,机内电池为 RAM 存储器供电,以防止数据丢失。近几年,我国引进了多种 GPS 测地型信号接收机。各种类型的 GPS 测地型信号接收机用于精密相对定位时,其双频接收机精度可达 $5mm + 10^{-6}D$(D 为基线长度),单频接收机在一定距离内精度可达 $10mm + 2 \times 10^{-6}D$。用于差分定位时,其精度可达亚米级至厘米级。

GPS 信号接收机应用广泛,目前商用的 GPS 信号接收机主要有精度较高的差分式和精度较低的手持式两种,而且现在手机也开始带有 GPS 功能。GPS 信号接收机根据用途分为车载式(见图 6-9)、船载式、机载式、星载式、弹载式;根据型号分为全站型、定时型、手持型(见图 6-10)、集成型(见图 6-11)、测绘型(见图 6-12);按使用环境可分为中低动态接收机和高动态接收机;按所接收信号可分为单频 C/A 码接收机、双频 P 码和 Y 码接收机。

图 6-9 车载式 GPS 信号接收机

图 6-10 手持型 GPS 信号接收机

图 6-11 集成型 GPS 信号接收机　　图 6-12 测绘型 GPS 信号接收机

2. GPS 定位原理和误差分析

（1）GPS 定位原理。GPS 的定位原理实际上就是测量学的空间测距定位。其特点就是利用平均 20200km 高空均匀分布在 6 个轨道上的 24 颗 GPS 卫星，发射测距信号 C/A 码及 L1、L2 载波，用户通过 GPS 信号接收机接收这些信号，测量 GPS 卫星至 GPS 信号接收机之间的距离。由于 GPS 卫星的瞬时坐标是已知的，利用三维坐标中的距离公式，利用 3 颗 GPS 卫星，就可以组成 3 个方程式，解出观测点的位置（x、y、z）。考虑到 GPS 卫星的时钟与 GPS 信号接收机时钟之间的误差，实际上有 4 个未知数，x、y、z 和钟差，因而需要引入第 4 颗 GPS 卫星，形成 4 个方程进行求解，从而得到观测点的经度、纬度和高程（一般地形条件上可见 4 ~ 12 颗 GPS 卫星）。

待测点坐标计算公式为

$$\begin{cases} [(x_1-x)^2+(y_1-y)^2+(z_1-z)^2]^{1/2}+c(x_{t1}-v_{t0})^2=d_1 \\ [(x_2-x)^2+(y_2-y)^2+(z_2-z)^2]^{1/2}+c(x_{t2}-v_{t0})^2=d_2 \\ [(x_3-x)^2+(y_3-y)^2+(z_3-z)^2]^{1/2}+c(x_{t3}-v_{t0})^2=d_3 \\ [(x_4-x)^2+(y_4-y)^2+(z_4-z)^2]^{1/2}+c(x_{t4}-v_{t0})^2=d_4 \end{cases} \quad (6\text{-}1)$$

式（6-1）中待测点坐标 x、y、z 和 v_{t0} 为未知参数。x、y、z 为待测点坐标的空间直角坐标；x_i、y_i、$z_i(i=1,2,3,4)$ 分别为卫星 1、卫星 2、卫星 3、卫星 4 在 t 时刻的空间直角坐标，可由 GPS 卫星导航电文求得；v_{t0} 为 GPS 信号接收机钟差；$d_i(i=1,2,3,4)$ 分别为卫星 1、卫星 2、卫星 3、卫星 4 到 GPS 信号接收机之间的距离，$v_{ti}(i=1,2,3,4)$ 分别为卫星 1、卫星 2、卫星 3、卫星 4 的信号到达 GPS 信号接收机所经历的时间（卫星钟的钟差），$d_i=v_{ti}(i=1,2,3,4)$；c 为 GPS 信号的传播速度（即光速）。GPS 定位分为距离测量和载波相位测量两种。

（2）GPS 误差分析。在利用 GPS 进行定位时，即使信号再准确，GPS 也会因各种自然因素或干扰因素产生误差，使所得的结果与实际有所偏差。造成 GPS 卫星信号产生误差的原因有很多，从 GPS 卫星之间的距离到自然界物理因素的干扰，再到 GPS 信号接收机内部误差，都有可能造成 GPS 信号产生误差，具体而言，有以下几个方面：

1）GPS 卫星的误差

① 卫星轨道误差。在进行 GPS 定位时，某时刻 GPS 卫星位置所需的卫星轨道参数是通过各种类型的星历提供的，但不论采用哪种类型的星历，所计算出的卫星位置都会与其真实位置有所差异，这就是所谓的卫星轨道误差。

② 卫星时钟误差。GPS 卫星非常精密和复杂，可以计算出一些像原子钟那样极微小的信

息。但是，即使是这样的精准装置，也会有一些微小的误差产生。虽然会持续监控 GPS 卫星的定位，但是 GPS 卫星并不是每一秒都处于被监控的状态之中，这期间一旦有微小的定位误差或卫星星历误差，便会影响 GPS 信号接收机在定位计算时的准确性。

③ SA 政策。美国政府从其国家利益出发，通过降低广播星历精度、在 GPS 信号中加入高频抖动等方法，人为降低普通用户利用 GPS 进行导航定位时的精度（2000 年取消）。

2）接收机误差。接收机误差主要有接收机钟差、接收机天线相位中心偏差、接收机软硬件误差、天线相对旋转产生的误差。接收机钟差是指 GPS 信号接收机所使用的钟的钟面时与 GPS 标准时之间的差异。接收机天线相位中心偏差是指 GPS 信号接收机天线的标称相位中心与其真实的相位中心之间存在的差异。同时，在进行 GPS 定位时，定位结果还会受到控制软硬件与处理软硬件的影响。

3）传播路径误差

① 大气层延迟。大气层延迟包括电离层延迟和对流层延迟。地球周围的电离层对电磁波的折射效应，使得 GPS 信号的传播速度发生变化，这种变化称为电离层延迟。对流层延迟的出现是由于地球周围对流层对电磁波的折射效应，使 GPS 信号的传播速度发生变化。GPS 信号传播示意图如图 6-13 所示。

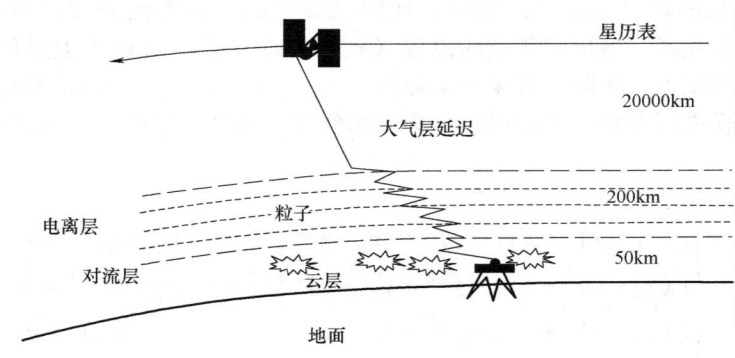

图 6-13　GPS 信号传播示意图

② 多路径效应。GPS 信号接收机周围环境的影响，使 GPS 信号接收机接收到的卫星信号中还包含有发射和折射信号，这就是所谓的多路径效应。

③ 其他。定位的结果还会受到人为因素的影响。用户在数据处理中操作不当也会引起定位结果的误差，如数据处理软件算法不完善，固体潮、海水负荷等都可能引起偏差。

6.2.2　北斗卫星导航系统

1. 概述　北斗卫星导航系统（BDS）是我国正在实施的自主发展、独立运行的全球卫星导航系统，致力于向全球用户提供高质量的定位、导航、授时服务，并能向有更高要求的授权用户提供更进一步服务，军用和民用目的兼具。我国在 2003 年完成了具有区域导航功能的北斗卫星导航试验系统，之后开始构建服务全球的北斗卫星导航系统，于 2012 年起向亚太大部分地区正式提供服务。2014 年，国际海事组织海上安全委员会审议通过了对北斗卫星导航系统认可的航行安全通函，这标志着北斗卫星导航系统正式成为全球无线导航系统的组成部分，取得面向海事应用的国际合法地位。

北斗卫星导航系统由空间段、地面段和用户段三部分组成，空间段包括 5 颗静止轨道卫星和 30 颗非静止轨道卫星，地面段包括主控站、注入站和监测站等若干个地面站，用户段包括北斗用户终端以及与其他卫星导航系统兼容的终端。

空间定位原理：在空间若已经确定 A、B、C 三点的空间位置，且第四点 D 到上述三点的距离皆已知的情况下，即可以确定 D 的空间位置，原理为：因为 A 点位置和 AD 间的距离已知，可以推算出 D 点一定位于以 A 为圆心、AD 为半径的圆球表面，按照此方法又可以得到分别以 B、C 为圆心的另两个圆球，即 D 点一定在这三个圆球的交汇点上，即三球交汇定位。北斗卫星导航系统的试验系统和正式系统的定位都依靠此原理。

当卫星导航系统使用有源时间测距技术来定位时，用户终端通过导航卫星向地面控制中心发出一个申请定位的信号，之后地面控制中心发出测距信号，根据信号传输的时间得到用户与两颗卫星的距离。除了这些信息外，地面控制中心还有一个数据库，其中的数据为地球表面各点至地球球心的距离，当认定用户也在此不均匀球面的表面上时，三球交汇定位的条件已经全部满足，控制中心可以计算出用户的位置，并将信息发送到用户的终端。北斗卫星导航系统的试验系统完全基于此技术，而之后的北斗卫星导航系除了使用新的技术外，也保留了这项技术。

当卫星导航系统使用无源时间测距技术时，用户接收至少 4 颗导航卫星发出的信号，根据时间信息可获得距离信息，根据三球交汇的原理，用户终端可以自行计算其空间位置。此即为 GPS 所使用的技术，北斗卫星导航系统也使用此技术来实现全球卫星定位。

2. 与 GPS 的区别

（1）覆盖范围。目前，北斗卫星导航系统的服务范围涵盖亚太大部分地区，南纬55°到北纬55°、东经55°到东经180°为一般服务范围。该导航系统提供两种服务方式，即开放服务和授权服务。

（2）卫星数量和轨道特征。北斗卫星导航系统的空间段计划由 35 颗卫星组成，包括 5 颗静止轨道卫星、27 颗中地球轨道卫星和 3 颗倾斜同步轨道卫星，卫星赤道角距约为 60°。GPS 是在 6 个轨道平面上设置 24 颗卫星，轨道赤道倾角55°，轨道面赤道角距为 60°，导航卫星为准同步轨道卫星，绕地球一周的时间为 11h58min。

（3）定位原理。北斗卫星导航系统采用主动式双向测距二维导航。地面中心控制系统解算，提供用户三维定位数据。GPS 采用被动式伪码单向测距三维导航，由用户设置独立结算。为了弥补这种系统易损性，GPS 正在发展星际横向数据链技术，当主控站不幸被毁后，GPS 卫星仍可以独立运行。而北斗卫星导航系统从原理上排除了这种可能性，一旦中心控制系统受损，系统就不能继续工作了。

（4）实时性。北斗卫星导航系统用户的定位申请要送回中心控制系统，中心控制系统解算出用户的三维位置数据后再发回用户，在这一过程中要经过地球静止卫星走一个来回的时间，再加上卫星转发时间，中心控制系统的处理时间，时间延迟就更长了，因此对于高速运动体，就加大了定位的误差。

综上所述，北斗卫星导航系统卫星数量少，投资少，用户设备简单且价廉，能实现一定区域的导航定位和通信等多种用途，可满足当前我国海、路、空运输导航定位的需求。其缺点是不能覆盖两极地区，赤道附近定位精度差，只能二维主动式定位，且需提供用户高程数据，用户数量受到一定限制。该系统并不排斥我国民用市场对 GPS 的广泛使用，相反，在此基础上还将建立我国的 GPS 广域差分系统，可以使利用 SA 干扰的 GPS 民用码接收机的定位精度由百米级修正到数米级，能够更好地促进 GPS 在民间的利用。

综上所述，北斗卫星导航系统具有卫星数量少、投资小、用户设备简单价廉、能实现一定区域的导航定位和通信等多种用途，可满足当前我国海、路、空运输导航定位的需求。其缺点是不能覆盖两极地区，赤道附近定位精度差，只能二维主动式定位，且需提供用户高程数据，不能满足高动态和保密性要求高的用户要求，用户数量受到一定限制。但最重要的是，"北斗一号"卫星导航系统是我国独立自主建立的卫星导航的起步系统。此外,该系统并不排斥我国民用市场对 GPS 的广泛使用。相反,在此基础上还将建立我国的 GPS 广域差分系统,可以使用 SA 干扰的 GPS 民用码接收机的定位精度由百米级修正到数米级,可以更好地促进 GPS 在民间的应用。

6.3 遥感技术

6.3.1 几种典型遥感卫星及其影像

遥感卫星是卫星遥感影像信息获取、处理和应用的前提。一个国家卫星遥感技术发展的水平,体现在它的遥感卫星技术水平上。遥感卫星技术水平,从卫星遥感应用的角度来看,主要是以遥感卫星所搭载的遥感器种类、遥感器所能获取的影像分辨率(空间分辨率、光谱分辨率和时间分辨率)来衡量的。

1. Landsat 卫星

(1) Landsat 卫星简介。Landsat 卫星发射到可重复、圆形、太阳同步近极地轨道上,覆盖幅度为 185km。Landsat-1、Landsat-2、Landsat-3 发射的轨道高度为 900km,变轨范围为 800~940km,每 103min 环绕地球一圈,以 18 天为周期覆盖地球一次。Landsat-4、Landsat-5、Landsat-7 发射的轨道高度为 705km,轨道倾角约为 98°,重访周期为 16 天。

Landsat-1、Landsat-2 装有两个相同的遥感系统:一个三通道的反束光摄像机(RBV)系统和一个四通道的多光谱扫描仪(MSS)系统。RBV 系统的地面分辨率为 80m,光谱感光度类似于单层彩色红外胶片的感光度,工作方式与地面的电视摄像机是一样的。Landsat-3 上的 RBV 系统的地面分辨率提高到 30m,并且感光波段集中在单一的宽波段 0.505~0.750m(红色区到近红外),而不是多波段;MSS 系统性能与 Landsat-1、Landsat-2 的相同。由于 RBV 系统的运作受到了多方面技术障碍的困扰,因此它只起到了次要数据源的作用。而 MSS 系统由于能够连续稳定地提供数字格式的多光谱数据,从而得到了广泛的应用。

Landsat-4、Landsat-5 还搭载了新的传感器系统——专题绘图仪(TM)。Landsat-6 搭载的是增强专题成像仪(ETM)。Landsat-7 搭载的是增强加型专题绘图仪(HTM+)和海洋观测宽视场传感器(SeaWiFs)。TM 数据在光谱分辨率、辐射分辨率和地面分辨率方面都比 MSS 有较大改进,改善了对植被的辨别,还被拓展应用于海洋探测、矿产调查等许多领域。

(2) MSS 影像。MSS 影像为多光谱扫描仪获取的影像。Landsat 卫星的多光谱影像波段信息见表 6-1。其两个波段为可见光波段,两个波段为近红外波段。此外,Landsat-3 上还提供一个 10.4~12.6μm 的热红外波段影像,地面分辨率为 240m,但使用不久就因仪器的问题而关闭了。

表 6-1 Landsat 卫星的多光谱影像波段信息

波段号		波段名称	波长范围 /μm	分辨率 /m	主要应用领域
Landsat-1~3	Landsat-4~5				
Band4	Band1	绿色	0.5~0.6	80	对水体有一定透射能力,可判读浅水地形和近海海水泥沙,探测健康绿色植被反射率
Band5	Band2	红色	0.6~0.7	80	用于城市研究,对道路、大型建筑工地、沙砾场和采矿区的光谱特征反映明显,可用于地质研究,研究水中泥沙含量,进行植被分类
Band6	Band3	近红外	0.7~0.8	80	用于区分健康与病虫害植被、水陆分界、土壤含水量研究
Band7	Band 4	近红外	0.8~1.1	80	用于测定生物量和监测作物长势、水陆分界、地质研究

（3）TM 影像。TM 影像为专题绘图仪获取的影像，它采用 7 个波段来记录遥感器获取的目标地物信息，见表 6-2。Landsat-7 采用的 ETM + 与 TM 的区别是增加了全色波段，分辨率为 15m，并将热红外波段的空间分辨率改进为 60m。

TM 影像比 MSS 影像增加了 3 个波段，应用范围更广。其波段宽度设计更具有针对性，对植被和土壤含水量等检测效果更好。

表 6-2 TM 影像的波段信息

波段号	波段名称	波长范围 /μm	分辨率 /m	主要应用领域
Band1	蓝色	0.45~0.52	30	短波端对应于清洁水的反射峰值，长波端在叶绿素吸收区，对针叶林的识别能力较强
Band2	绿色	0.52~0.60	30	在两个叶绿素吸收带之间，用于鉴别健康植物
Band3	红色	0.63~0.69	30	处于叶绿素吸收区内，用于识别土壤边界和地质界线
Band4	近红外	0.76~0.90	30	对应于植物的反射峰值，用于鉴别和评价植物
Band5	短波红外	1.55~1.75	30	用于区分道路、岩石，判断土壤的湿度，有较好的穿透大气、云雾的能力
Band6	热红外	10.4~12.5	120	探测地球表面不同物质的自身热辐射
Band7	短波红外	2.08~2.35	30	探测高温辐射源，如监测森林火灾、火山活动等

2. IKONOS 卫星

（1）IKONOS 卫星简介。IKONOS 卫星是美国空间成像公司为满足获取高解析度和高准确度空间信息的要求而发射的。IKONOS-1 于 1999 年 4 月 27 日发射失败，同年 9 月 24 日，IKONOS-2 发射成功，紧接着于同年 10 月 12 日成功接收到第一幅影像。IKONOS 卫星其实是 IKONOS-2 卫星，是高分辨率商用卫星发展史上的一个里程碑，首次在民用领域将星载传感器的地面分辨率提高到米级。

IKONOS 卫星采用太阳同步轨道，轨道倾角为 98.1°，平均飞行高度为 681km，轨道周期约为 98min。当地时间上午 10:30，IKONOS 卫星通过降交点获取影像，保证了较好的光照条件和阴影水平。IKONOS 卫星姿态灵活，可以通过倾斜和摆动偏离星下点对地观测。其星下点的扫描宽度约为 11km，传感器可倾斜至 26°立体成像，扫描宽度约为 13km。IKONOS 卫星载有高性能的 GPS 信号接收机、恒星跟踪仪和激光陀螺。它们提供的较高精度的轨道星历和姿态信息，保证了在没有地面控制的情况下，IKONOS 卫星影像也能达到较高的地理定位精度。

（2）成像原理 与 Landsat 卫星和 SPOT1~4 卫星相比，IKONOS 卫星的成像方式更加灵活，其传感器系统采用独特的机械设计，可以十分灵活地以任意方位角成像，偏离点的摆动角甚至可达到 60°。IKONOS 卫星 360°的照准能力使其既可侧摆成像达到异轨立体成像或缩短重访周期，也可通过沿轨道方向的前后摆动达到同轨立体成像，具有推扫、横扫成像的能力。

IKONOS 卫星能获取同轨立体影像。当 IKONOS 卫星接近目标时，传感器光学系统先沿着轨道向前倾斜，照准目标区域并采集第一幅影像，接着控制系统操纵传感器向后摆动，大约 100s 后再次照准目标区域并采集第二幅影像。由于 IKONOS 卫星利用单线阵 CCD 传感器，通过光学系统的前后摆动实现同轨立体成像，因此相应的立体覆盖是不连续的。

（3）IKONOS 卫星影像 IKONOS 卫星是可采集 1m 分辨率全色影像和 4m 分辨率多光谱影像的商用卫星。一幅典型的 IKONOS 卫星影像的大小为 11km×11km。IKONOS 卫星影像的多光谱波段与 Landsat 卫星 TM 影像的 Band1~4 波段大体相同（见表 6-3），并且全部波段都具有 11 位的动态范围，从而使其影像包含更加丰富的信息。

表 6-3　IKONOS 卫星影像的波段信息

波段号	波段名称	波长范围/μm	分辨率/m	主要应用领域
Mul1	蓝色	0.445~0.516	4	对水体有透射能力,可区分土壤和植被,编制森林类型图,区分人造地物类型
Mul2	绿色	0.506~0.595	4	探测健康植被绿色反射率,可区分植被类型和评估作物长势,对水体有一定透射力
Mul3	红色	0.632~0.698	4	可测量植物绿色素吸收率,并依次进行植物分类,区分人造地物类型
Mul4	近红外	0.757~0.853	4	测定生物量和作物长势,区分植被类型,绘制水体边界,探测水中生物的含量
pan	全色	0.526~0.929	1	具有高的空间分辨率,可用于农林调查和规划、城市规划、较大比例尺地图更新、专题制图

3. QuickBird 卫星

（1）QuickBird 卫星简介　QuickBird 卫星是为高效、精确、大范围地获取地面高清晰度影像而设计制造的。QuickBird-1 于 2000 年 11 月 20 日发射失败。2001 年 10 月 18 日，QuickBird-2 由美国波音公司 CHta II 星运载火箭发射成功，是世界上最早能提供亚米级分辨率的商用卫星。QuickBird 卫星其实是指 QuickBird-2 卫星，它由美国 Ball 航空航天技术公司、柯达公司和 Fokker 空间公司联合研制，由数字地球公司运营。

与 IKONOS 卫星类似，QuickBird 卫星也具有推扫、横扫成像能力，可以获取同轨立体或异轨立体影像。QuickBird 卫星原来的设计轨道高度是 600km，发射时调整为 450km，地面幅宽为 16.5km。QuickBird 卫星通过降低轨道提高了分辨率，但仍然保持了较大的幅宽。根据纬度的不同，QuickBird 卫星的重访周期为 1~3 天。

（2）QuickBird 卫星影像　QuickBird 卫星影像数据有两个特点：一是空间分辨率高达亚米级，对地物类型的解译非常有利；二是其波段设置与自然真彩色接近，采用对应的红、绿、蓝组合，可制作出反映地表真实景观的真彩色遥感影像，对通过影像色彩及纹理进行地物判译和分析非常有帮助。但该数据缺乏热红外波段，无法反映地面的热异常信息。

QuickBird 卫星可提供分辨率为 0.61m 的全色影像和分辨率为 2.44m 的多光谱影像。一景影像地面覆盖范围为 16.5km×16.5km。QuickBird 卫星影像的波段信息见表 6-4。其波段的数据记录也使用 11 位的动态范围。

表 6-4　QuickBird 卫星影像的波段信息

波段号	波段名称	波长范围/μm	分辨率/m	主要应用领域
Mul1	蓝色	0.447~0.512	2.44	对水体的穿透性好,可获得地物相交处的边界信息
Mul2	绿色	0.499~0.594	2.44	能很好地反映植被健康状况
Mul3	红色	0.620~0.688	2.44	能反映植被健康状况,对植被、土壤和地质体边界研究敏感,可以很好地区分建筑物与植被
Mul4	近红外	0.758~0.874	2.44	区别水陆界线,监测植被生物量
pan	全色	0.525~0.924	0.61	增强影像分辨能力

4. SPOT-5 卫星

（1）SPOT-5 卫星简介　SPOT-5 卫星原定于 2001 年 12 月发射，最终在 2002 年 5 月 4 日由 Ariane 4 火箭从圭亚那航天发射中心成功送入太空。它采用倾角 98.7°、高 822km 的太阳同步轨道，当地时间 10：30 左右通过赤道。SPOT-5 卫星由法国空间局（CNES）设计，与比利时和瑞典合作完成，是 SPOT 系列地球观测系统的最后一颗卫星。

SPOT-5 卫星上除搭载高分辨率几何（High Resolution Geometric，HRG）成像装置和植被探测器外，新增加了一套高分辨率立体（High Resolution Stereoscopic，HRS）成像装置。HRG

成像装置由法国 THOMSON 公司制造的两条线阵 CCD 探测器构成，每条长 12000 像元，它们安置在同一平面上，并在飞行方向和线阵方向上分别交错半个像元排列。通常情况下，HRG 成像装置获取分辨率为 5m 的全色影像。为进一步提高分辨率，HRG 成像装置采用了一种新的成像模式——超级模式，可将地面分辨率提高到 2.5m，即所谓的"亚像元"技术。HRG 成像装置的成像条带保持 60km 的宽度，长度为 60~80km。SPOT-5 的传感器系统还集成了 3 条多光谱波段和 1 条短波红外线阵 CCD 探测器。

SPOT-5 卫星在 SPOT-1~4 卫星的基础上进一步提高了立体成像能力，可以获取同轨或异轨立体影像。HRG 成像装置通过侧摆可在不同轨道对同一地区成像，获取异轨立体影像；HRS 成像装置由前视、后视相机组成，相机的望远镜系统在轨道面内前后偏离铅垂线的夹角均为 20°。飞行期间，前视传感器首先对目标成像，90s 后后视相机对该地区第二次成像，因此 HRS 成像装置在同一轨道上几乎在同一时刻以同一辐射条件获取立体影像，避免了由于成像时间差过大引起的影像色调变化，便于后续的摄影测量处理。HRS 成像装置的线阵 CCD 探测器长 12000 像元，工作在全色波段，影像的分辨率在飞行方向为 10m，在线阵方向为 5m，立体覆盖面积为 600km×120km。SPOT-5 卫星采用了新的恒星跟踪仪和定轨装置 DORIS，可以更精确地测定卫星位置和姿态，从而有效地提高影像的定位精度。

（2）SPOT-5 卫星影像。SPOT-5 卫星影像数据具有两个突出特点：一个是具有较高的分辨率；另一个是可以同时利用两个线性阵列探测器分别从不同角度对目标地物进行观测，获取同一地区的立体影像。SPOT-5 卫星遥感数据的多光谱波段空间分辨率为 10m，短波红外空间分辨率为 20m，全色波段空间分辨率达到 5m 和 2.5m，一景影像覆盖范围为 80km×80km。SPOT-5 卫星遥感数据的高空间分辨率和多光谱分辨率为土地调查提供了丰富、可靠和高精度的基础数据源。SPOT-5 卫星影像的波段信息见表 6-5。

表 6-5 SPOT-5 卫星影像的波段信息

波段号	波段名称	波长范围/μm	分辨率/m	主要应用领域
Mul1	绿色	0.50~0.59	10	区分植被类型和评估作物长势，对水体有一定的穿透力
Mul2	红色	0.61~0.68	10	识别农作物类型，对城市道路、大型建筑工地的光谱特征反映明显
Mul3	近红外	0.79~0.89	10	检测作物长势，区分植被类型，绘制水体边界，探测土壤含水量
Mul4	短波红外	1.50~1.75	20	用于探测植物含水量及土壤湿度，区别云与雪
pan	全色	0.51~0.73	5 或 2.5	增强影像分辨能力

5. WorldView 卫星

（1）WorldView 卫星简介。WorldView 卫星系统由两颗卫星（WorldView-Ⅰ和 WorldView-Ⅱ）组成，其中 WorldView-Ⅰ于 2007 年 9 月 18 日发射，WorldView-Ⅱ于 2009 年 10 月 6 日发射。它们由美国 Ball 航空航天技术公司研制，由数字地球公司运营，由波音公司 Delta Ⅱ 运载火箭发射。

WorldView-Ⅰ卫星在发射后很长一段时间内被认为是全球分辨率最高、响应最敏捷的商用成像卫星。该卫星运行在高度为 450km、倾角为 97.2°、周期为 93.4min 的太阳同步轨道上，平均重访周期为 1.7 天，星载大容量全色成像系统每天能够拍摄多达 50 万 km^2 分辨率为 0.5m 的影像。WorldView-Ⅰ卫星还具备现代化的地理定位能力和极佳的响应能力，能够快速瞄准要拍摄的目标和有效地进行同轨立体成像。

WorldView-Ⅱ卫星是数字地球公司的第三颗卫星，在美国范登堡空军基地成功发射，配备了全球顶尖的成像工具。WorldView-Ⅱ卫星运行在 770km 高的太阳同步轨道上，是世界上首颗能够提供 8 个波段多光谱数据的高分辨率商用卫星，能够提供 0.5m 全色影像和分辨率为 1.8m 的多光谱影像。WorldView-Ⅱ卫星使数字地球公司能够为世界各地的商业用户提供满足其需要的高性能图像产品。WorldView-Ⅱ卫星在发射11天后成功传回了第一批卫星影像,这是全球第一批分辨率在0.5m以下的8波段商用卫星影像。由于WorldView卫星对指令的响应速度更快,因此图像的周转时间(从下达成像指令到接收到图像所需的时间)仅为几个小时而不是几天。在同一天内,WorldView-Ⅱ卫星集群可以两次到达某个指定地点,轻而易举地获取指定地点的地理空间信息。

(2) WorldView卫星影像。WorldView卫星影像的波段信息见表6-6。WorldView-Ⅰ卫星影像只有一个全色波段,WorldView-Ⅱ卫星的星载多光谱遥感器不仅具有4个业内标准波段(红、绿、蓝、近红外),而且包括4个额外波段(海岸、黄、红色边缘和近红外2),多样性的波段将为用户提供精确变化检测和制图的能力。

(3) WorldView-Ⅱ卫星的特点

1) 灵活性。WorldView系列卫星是全球第一批使用了控制力矩陀螺的商用卫星。这项高性能技术可以提供多达10倍以上加速度的姿态控制操作,从而可以更精确地瞄准和扫描目标。WorldView-Ⅱ卫星能非常灵活地前后扫描、拍摄大面积的区域,可以在单次操作中完成多频谱影像的扫描。

2) 高容量。WorldView-Ⅱ卫星独有的大容量系统,每日能够采集 $2\times10^6\,\mathrm{km}^2$ 的影像数据量,而卫星集群可以保证每日近 $2\times10^6\,\mathrm{km}^2$ 的影像数据采集量。

3) 时效性。WorldView-Ⅱ卫星能在1.1天内两次访问同一地点,如果算上卫星集群,甚至能实现在一天之内两次访问同一地点,由此可以为用户提供同一地点、同一天内的高清晰商用卫星集群影像。

4) 精确性。WorldView-Ⅱ卫星先进的地理位置技术,在扫描的准确度上有了非常大的进步。其准确度已经达到了6.5m CE90(Circular Error at 90%),这是没有经过处理,没有地面控制,也没有高程模型的数据。

5) 多波段性。WorldView-Ⅱ卫星能提供独有的8波段高清晰商用卫星影像。

表6-6 WorldView卫星影像的波段信息

波段号	波段名称	波长范围/μm	分辨率/m	主要应用领域
Mul1	蓝色	0.450~0.510	1.8	绘制水体图和森林图,识别土壤和常绿落叶植被
Mul2	绿色	0.510~0.580	1.8	探测健康植物绿色反射率,反映水下特征
Mul3	红外	0.630~0.690	1.8	测量植物叶绿素吸收率,进行植被分类
Mul4	近红外	0.770~0.895	1.8	测定生物量和作物走势,确定水体轮廓
Mul5	海岸	0.400~0.450	1.8	支持植物鉴定和分析,也支持基于叶绿素和渗水规格参数表的深海探测研究。由于该波段经常受到大气散射的影响,已经应用于大气层纠正
Mul6	黄色	0.585~0.625	1.8	重要的植物应用波段,被作为辅助纠正真色度的波段,以符合人类视觉的欣赏习惯
Mul7	红色边缘	0.706~0.745	1.8	辅助分析有关植物生长情况,可以直接反映出植物健康状况的有关信息
Mul8	近红外2	0.860~1.040	1.8	较少受到大气层的影响。该波段支持植物分析和单位面积内生物数量的研究
Pan	全色	0.450~0.800	0.5	增强影像分辨能力

6.3.2 高分辨率遥感卫星的特点

高分辨率遥感卫星由于具有广泛的应用前景而引起了世界各国的重视。在民用方面,它们可用于制图、建筑、采矿、城市规划、土地利用、资源管理、农业调查、环境监测、新闻报道和地理信息服务等诸多领域;在军事上,它们可用于情报收集、国防监测、精确制图和目标指引等方面,以及跟踪部队集结和武器部署等军事活动。因此,世界上许多国家在积极研制高分辨率遥感卫星。高分辨率遥感卫星的特点如下:

1. 小巧灵活,重返周期短　高分辨率遥感卫星机械设计更加灵活,指向性好,可以前、后、左、右侧视成像,获取同轨和异轨立体像对;轨道低,体积小。高分辨率遥感卫星一般采用近极地太阳同步轨道,能够保证频繁的重返周期。

高分辨率遥感卫星于当地上午10:30通过降交点获取地面影像,保证了较好的光照条件和阴影水平;多采用线阵列CCD探测器,按照推帚式扫描成像,可以同时获取地面高分辨率全色和多光谱影像,辐射分辨率为11bit,存储为16bit,能更好地区分较亮和较暗的地物。

2. 高空间分辨率　高分辨率遥感卫星最突出的优势是空间分辨率高,以往只有航空遥感才可获得的高分辨率影像,现在通过卫星也可取得。以往卫星遥感数据成图比例尺小,例如,SPOT卫星影像虽然在世界范围内得到广泛应用,但其10m的地面分辨率仅可用于测绘1:1000000的地形图,难以满足1:50000以上大比例尺地形图的测绘精度要求。不同比例尺的地形图对遥感影像地面分辨率性能的需求见表6-7。高分辨率遥感卫星的遥感数据成图比例尺大,不仅能满足传统遥感用户的需求,而且能满足城市规划建设、地籍管理、地震和洪水应急救灾等大比例尺地图行业的需求。

表6-7　不同比例尺的地形图对遥感影像地面分辨率性能的需求

制图比例尺	1:250000	1:50000	1:25000	1:10000	1:5000
测绘制图需求/m	—	3~5	2	0.8~1	0.4~0.5
更新图件需求/m	20~30	5~10	3~5	2	≈1

3. 同时提供全色和多光谱波段数据　高分辨率遥感卫星遥感属于可见光和反射红外遥感。高分辨率遥感卫星的全色波段空间分辨率高,而光谱分辨率一般有蓝、绿、红、近红外4个多光谱波段,且全色波段的波谱范围覆盖全部的多光谱波段,可以同时提供黑白、真彩色和彩红外等影像。

4. 定位精度高,数据获取不受地形条件限制　高精度的卫星星历和姿态测量显著提高了定位精度,减少或省却了对地面控制点的需求。在相对平坦的地区,高精度的地面控制点容易获取,经过正射校正,高分辨率正射影像可以达到传统航片的制图精度。在数据获取方面,高分辨率数据不受地形条件限制,对航空飞机难以到达的偏远山区、条件恶劣地区以及南极等遥远地区,同样可获取数据。

5. 几何纹理信息丰富　高分辨率遥感卫星影像空间分辨率及辐射分辨率的提高,使得影像上地物的几何结构和纹理信息更加明显,路上的小汽车、斑马线都清晰可见。

6. 具有三维信息　从高分辨率遥感卫星影像的立体像对中提取数字高程模型(DEM),提取建筑物高程信息。

7. 局限性　对高分辨率遥感卫星影像进行正射校正,获得与传统航片一样的制图精度比较困难,因为高分辨率遥感卫星影像正射校正需要的条件比较苛刻,必须有亚米级定位精度,且水平和垂直分布良好。另外,云量和雪量是一大问题。目前,所有高分辨率遥感卫星影像供应商对云量标准的规定是小于20%,云很有可能分布在研究区的关键部位。

6.3.3　遥感

1. 遥感的概念　遥感(Remote Sensing,RS)是在20世纪60年代初发展起来的一门新兴技术。遥感起初为航空遥感。1972年,美国发射了第一颗陆地卫星,标志着航天遥感时代的开始。经过几十年的迅速发展,目前,遥感技术已广泛应用于资源环境、水文、气象、地质地理等领域,成为一门实用、先进的空间探测技术。

从广义上说，遥感泛指从远处探测、感知物体或事物的技术，即不直接接触物体本身，从远处通过仪器探测和接收来自目标物体的信息（如电场、磁场、电磁波、地震波等信息），经过信息的传输、处理及分析，识别物体的属性及其分布等特征的技术。

狭义的遥感是指空对地的遥感，是在不直接接触的情况下，对目标物远距离感知的一门探测技术，即从远离地面的不同工作平台上，通过传感器对地球表面目标物的电磁波信息进行探测，并经信息的传输、处理和判读分析，提取有用的信息，揭示地物空间形态、位置、性质、变化及其与环境的相互关系的一门现代综合性技术。

遥感是建立在电磁辐射理论基础上的，综合了电磁波理论、光谱学、色度学、物理光学、几何光学、固体理论、电子工程、信息学、地理学、地球科学、地质学、林学、农学、大气科学、海洋学等多门基础学科的一门新兴的应用学科，在国民经济的各个领域有着广泛的应用和深远的意义。

2. 遥感系统

（1）遥感系统的组成　遥感是一门对地观测的综合性技术，它的实现既需要一整套技术装备，又需要多种学科的参与和配合，因此实施遥感是一项复杂的系统工程。根据遥感的定义，遥感系统主要由以下四部分组成。

1）遥感信息源。遥感信息源是指遥感中需要进行探测的目标物。任何目标物都具有反射、吸收、透射及辐射电磁波的特性。当目标物与电磁波发生相互作用时，会形成目标物的电磁波特性，这就为遥感探测提供了获取信息的依据。

2）遥感信息获取。遥感信息获取是指运用遥感装备接收、记录目标物电磁波特性的探测过程。遥感信息获取所采用的遥感装备主要包括遥感平台和传感器。其中，遥感平台是用来承载传感器的运载工具，常用的有飞机、人造卫星等；传感器是用来探测目标物电磁波特性的设备，常用的有照相机、扫描仪、成像雷达等。

3）遥感信息处理。遥感信息处理是指运用光学仪器和计算机设备对所获取的遥感信息进行校正、分析和解译处理的技术过程。遥感信息处理的作用是掌握或清除遥感原始信息的误差，梳理并归纳出被探测目标物的影像特征，然后依据影像特征从遥感信息中识别并提取所需的有用信息。

4）遥感信息应用。遥感信息应用是指专业人员按不同目的将遥感信息应用于各个业务领域的过程。遥感信息应用的基本方法是将遥感信息作为地理信息系统的数据源，供人们查询、统计和分析。遥感信息的应用领域十分广泛，主要有军事、地质矿产勘探、自然资源调查、地图测绘、环境监测、城市建设和管理等。

（2）遥感平台。遥感平台的种类很多，按遥感平台距地面的高度大体上可分为三类：地面平台、航空平台和航天平台。在不同高度的遥感平台上，可以获得不同面积、不同分辨率、不同特点、不同用途的遥感影像数据。

1）地面平台。置于地面上或水上装载传感器的遥感平台叫作地面平台。其高度一般在100m以下，主要用于近距离测量地物波谱和摄取供试验研究用的地物细节影像，为航空遥感和航天遥感做校准和辅助工作。

2）航空平台。悬浮在海拔80km以下的大气中的遥感平台叫作航空平台。航空平台具有飞行高度较低、地面分辨力较好、机动灵活、不受地面条件限制、调查周期短、资料回收方便等优点，应用非常广泛。

3）航天平台。位于海拔80km以上的遥感平台称为航天平台。航天平台上进行的遥感是航天遥感。航天遥感可以对地球进行宏观地、综合地、动态和快速地观测。航天平台主要有高空探测火箭、人造地球卫星、宇宙飞船、空间轨道站和航天飞机等。其中，人造地球卫星目前在地球资源调查和环境监测中起着主要作用,是航天遥感中应用最广泛的遥感平台。

(3) 传感器。传感器是收集、探测并记录地物电磁波辐射信息的仪器,是遥感系统的核心部分,它的性能制约着整个遥感系统的能力。

1) 传感器的组成。传感器的种类很多,但从其结构上看,基本上都由收集器、探测器、处理器、输出器等器件组成,如图 6-14 所示。

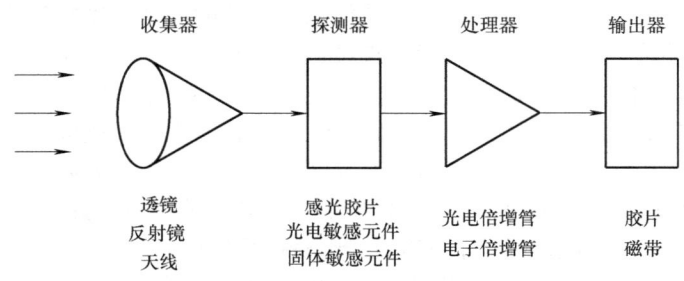

图 6-14 遥感传感器的一般构成

收集器的功能是收集或接收目标物发射或反射的电磁辐射能,并把它们聚焦,然后送往探测中心。传感器的类型不同,其收集器的设备元件也不一样,最基本的收集元件是透镜(组)、反射镜(组)和天线。摄像机的收集元件是凸透镜。扫描仪用各种形式的反射镜以扫描方式收集电磁波。雷达的收集元件是天线。如果进行多波段遥感,那么收集系统还包括按波段分波束的元件。

探测器是传感器中最重要的部分,是真正接收地物电磁辐射的器件。它的功能是进行能量转换、测量,记录接收到的电磁辐射能。根据光物作用的不同效应,常用的探测器有感光胶片、光电敏感元件、固体敏感元件。

处理器主要负责将探测器探测得到的化学能或电能等信息进行加工处理,即进行信号的放大、增强或调制。

输出器的最终目的是把接收到的各种电磁波信息用适当的方式输出,即提供原始的资料和数据。

2) 传感器的分类。遥感传感器是获取遥感数据的关键设备。由于设计和获取数据的方式不同,传感器的种类也较多,但现代的遥感传感器往往是多波段、多方式的组合传感器。

① 按电磁波辐射来源分类:主动式传感器和被动式传感器。主动式传感器本身向目标发射电磁波,然后收集从目标反射回来的电磁波,如合成孔径侧视雷达;被动式传感器收集的是地面目标反射的来自太阳光的能量或目标本身辐射的电磁波能量,如摄影机、多光谱扫描仪。

② 按传感器的成像原理和所获取图像的性质分类:摄影机、扫描仪和雷达。摄影机按所获取图像的特性又可分为框幅式、缝隙式、全景式。扫描仪按扫描成像方式又可分为光机扫描仪和推帚式扫描仪。雷达传感器按天线形式分为真实孔径雷达和合成孔径雷达。

③ 按传感器对电磁波信息的记录方式分类:成像方式传感器和非成像方式传感器。成像方式传感器的输出结果是目标的图像,而非成像方式传感器的输出结果是研究对象的特征数据。

3) 传感器的性能。传感器是遥感系统的关键设备,其性能直接影响遥感成果的好坏。反映传感器性能的指标很多,其中最重要的有三个:空间分辨率、灰度分辨率和波谱分辨率。

① 空间分辨率。空间分辨率是用来表征传感器获得的影像反映地表景物细节能力的指标,定义为像素所代表的地面范围的大小,即扫描仪的瞬时视场或地面物体能分辨的最小单元。例如,Landsat 卫星 TM 影像的 Band1~5 和 Band7 波段,一个像素代表的地面范围为 30m×30m。

空间分辨率 m 是由传感器的分辨率 n 及传感器工作时的比例尺 s 决定的，即

$$m = n/s \tag{6-2}$$

影像的比例尺可以缩小或放大，而空间分辨率是不变的。空间分辨率在不同比例尺的具体影像上的反映叫作影像分辨率。

② 灰度分辨率。灰度分辨率是表征传感器所能探测到的最小辐射功率的指标，即影像记录的灰度值的最小差值。在不同波段，用不同传感器获得的影像灰度分辨率相差很大。摄影胶片的灵敏度很高，原则上摄影成像的灰度是连续的。灰度记录是分级的，一般分为 2^n 级，灰度分辨率越高，可记录的灰度级别就越多。对可见光波段的影像而言，灰度分为 $2^7 = 128$ 级，这样的灰度等级足以满足目视解译的要求。对热红外遥感而言，灰度变化反映了地物亮度、温度的变化，灰度分辨率越高，对地物亮度、温度区分得越细，效果就越好。但是对一定的传感器来讲，地面分辨率和灰度分辨率是一对矛盾体。要提高地面分辨率，就要缩小瞬时地面视场，探测器接收的辐射能将随之减少，灰度分辨率就要降低。

③ 波谱分辨率。波谱分辨率是指传感器所用波段数、波长及波段宽度，也就是选择的通道数、每个通道的波长和带宽。一般来说，传感器的波段越多，频带宽度越窄，所包含的信息量就越大，针对性也就越强。多波段相片可以对照分析或进行彩色合成，为专题信息提取提供方便。

不同的专业，需要根据地物的波谱特性和必需的地面分辨率来选择最适当的传感器。对于特定的地物，并不是波段越多、分辨率越高效果就越好，而是要根据目标的波谱特性和必需的地面分辨率和灰度分辨率来考虑。在某些情况下，波段太多，分辨率太高，接收到的信息量太大，反而掩盖地物电磁辐射的特性，不利于快速探测和识别地物。

（4）遥感成像原理

1）摄影成像。摄影是通过成像设备获取物体影像的技术。传统摄影依靠光学镜头及放置在焦平面上的感光胶片来记录物体影像。数字摄影则通过放置在焦平面上的光敏元件，经光电转换，以数字信号来记录物体的影像。

多波段摄影是多波段遥感的一种主要成像方法。多波段遥感是把地面辐射范围较宽的连续电磁波谱分割成若干个较窄的波谱段，以多光谱段摄影或多通道扫描的方式，在同一时间获得同一目标不同波段信息的遥感技术。多波段遥感的原理是：基于物体的光谱特性，不同物体由于内部组成和表面特性的不同，一般不会有相同的光谱特性，总存在辐射差值比较明显的波段。

分波段摄影是多波段摄影机或多镜头摄影机利用多种感光片配合各种滤色镜进行摄影，从而获得各个波段分色黑白影像的技术。

彩色摄影与普通摄影基本相同，只是感光片的感光乳剂不一样。彩色片的感光乳剂含有成色剂，它是根据色光三原色原理，经过色光的分解和合成两个步骤得到的。彩色摄影所得到的彩色影像与原景物色彩基本相同，称为真彩色摄影和真彩色相片。另外，还有一些多波段摄影，所得到的彩色影像与原景物色彩不同，被称为假彩色摄影和假彩色相片。

2）扫描成像。扫描成像是依靠探测元件和扫描镜对目标物体以瞬时视场为单位进行的逐点、逐行取样，以得到目标地物电磁辐射的特征信息，形成一定谱段的影像。其探测可包括紫外、红外、可见光和微波波段，成像方式主要有以下三种：

① 光学/机械扫描成像。光学/机械扫描成像系统，一般在扫描仪的前方安装光学镜头，依靠机械传动装置使镜头摆动，完成对目标地物的逐点、逐行扫描。扫描仪由一个四方棱镜、若干反射镜和探测元件组成。四方棱镜旋转一次，完成四次光学扫描。入射的平行波束经四方棱镜的两个反射面反射后，被分成两束，每束光经平面反射后，又汇成一束平行光投射到聚焦

反射镜，使能量汇聚到探测器的探测元件上。探测元件把接收到的电磁波转换成电信号在磁介质上记录，或再经电光转换成光能量，在设置于焦平面上的胶片上形成影像。

光学/机械扫描的几何特征取决于它的瞬时视场角和总视场角。进行扫描成像时，总视场角不宜过大，否则图像边缘的畸变太大。通常在航空遥感中，总视场角取 70°~120°。

光学/机械扫描仪可分为单波段和多波段两种。多波段扫描仪的工作波段范围很宽，从近紫外、可见光至远红外都有。扫描仪由扫描反射镜、光学系统、探测器、电子线路和记录装置组成。扫描仪在机械驱动下，随遥感平台的前进而摆动，依次对地面进行扫描。地面物体的辐射波束经扫描反射镜反射，并经透镜聚焦和分光后将不同波长的波段分开，再聚焦到感受不同波长的探测元件上。

② 固体自扫描成像。固体自扫描是用固定的探测元件，通过遥感平台的运动对目标进行扫描的一种成像方式。

③ 高光谱扫描成像。在一定波长范围内，被分割的波段数越多（即波谱取样点越多），就越接近于连续波谱曲线，因此可以使扫描仪在取得目标地物影像的同时也能获取该地物的光谱组成。这种既能成像又能获取目标光谱曲线的技术称为成像光谱技术。按该原理制成的扫描仪称为成像光谱仪。

高光谱成像光谱仪是遥感新技术，影像由多达数百个非常窄的连续光谱波段组成，光谱波段覆盖了可见光、近红外、中红外和热红外区域的全部光谱带。光谱仪成像时多采用扫描式或推帚式，可以收集 200 及以上波段的数据，使得影像中的每一像元均得到连续的反射率曲线。

3）微波遥感与成像。微波遥感是指通过微波传感器获取从目标地物发射或反射的微波辐射，经过判读处理来识别地物的技术。

微波遥感具有全天候、全天时的信息获取能力，对某些地物（如水和冰等）有着特殊的识别能力，对森林、土壤有一定的穿透能力，适宜对海面动态情况进行监测。微波遥感分为主动微波遥感和被动微波遥感。

主动微波遥感是指通过向目标地物发射微波并接收其后向散射信号来实现对地观测的遥感方式。其主要传感器是雷达。雷达是由发射机通过天线在很短时间内向目标地物发射一束很窄的大功率电磁波脉冲，然后用同一天线接收目标地物反射回来的回波信号而进行显示的一种传感器。不同物体，回波信号的振幅、相位不同，经天线接收处理后，可测出目标地物的方向、距离等数据。

被动微波遥感是指通过传感器接收来自目标地物发射的微波，从而探测目标地物的遥感方式。

（5）遥感技术的主要特点。遥感作为一门对地观测的综合性技术，其出现和发展是人们认识和探索自然界的客观需要，具有其他技术手段无法比拟的优点。

1）探测范围广，可获取大范围数据资料。遥感使用的航摄飞机飞行高度为 10km 左右，陆地卫星的卫星轨道高度达 910km 左右，因此可及时获取大范围的信息。遥感探测能在较短的时间内，从空中乃至宇宙空间对大范围地区进行对地观测，并从中获取有价值的遥感数据。这些数据拓展了人们的视觉空间，为宏观掌握地面事物的现状创造了极为有利的条件，同时也为宏观研究自然现象和规律提供了宝贵的第一手资料。这种先进的技术手段是传统的手工作业无法替代的。例如，一张陆地卫星影像，其覆盖面积可达 3 万多平方千米。这种展示宏观景象的影像，对地球资源和环境的分析极为重要。

2）获取信息的速度快、周期短。由于卫星围绕地球运转，所以能及时获取所经地区的各种自然现象的最新资料，以便更新原有资料，或根据新旧资料变化进行动态监测。这是人工实地测量和航空摄影测量无法比拟的。

3）获取信息时受条件限制少。在地球上有很多地方，自然条件极为恶劣，人类难以到达，如沙漠、沼泽、高山峻岭等。采用不受地面条件限制的遥感技术，特别是航天遥感，可方便、及时地获取各种宝贵资料。

4）获取信息的手段多、信息量大。根据不同的任务，遥感技术可选用不同的波段和遥感仪器来获取信息。例如，可采用可见光探测物体，也可采用紫外线、红外线和微波探测物体。利用不同波段对物体不同的穿透性，还可获取地物内部信息，如地面深层、水的下层、冰层下的水体、沙漠下面的地物特性等。微波波段还可以全天候地工作。

5）能动态反映地面事物的变化。遥感探测能周期性、重复地对同一地区进行观测，这有助于人们通过所获取的遥感数据，发现并动态地跟踪地球上许多事物的变化，同时研究自然界的变化规律。尤其在监视天气状况、自然灾害、环境污染甚至军事目标等方面，遥感的运用显得格外重要。

6）获取的数据具有综合性。遥感探测所获取的是同一时段、覆盖大范围地区的遥感数据，这些数据综合地展现了地球上许多自然与人文现象，宏观地反映了地球上各种事物的形态与分布，真实地体现了地质、地貌、土壤、植被、水文、人工构筑物等地物的特征，全面地揭示了地物之间的关联性，并且这些数据在时间上具有现势性。

3. 电磁辐射与地物光谱特征

（1）电磁波与电磁波谱

1）电磁波及其特性。波是振动在空间的传播。例如，在空气中传播的声波、在水面传播的水波以及在地壳中传播的地震波等，都是由振源发出的振动在弹性介质中的传播，统称为机械波。在机械波里，振动着的是弹性介质中质点的位移矢量。光波、微波、无线电波等都是由振源发出的电磁振荡在空间的传播，这些波叫作电磁波。在电磁波里，振荡的是空间电场矢量 E 和磁场矢量 B。电场矢量 E 和磁场矢量 B 互相垂直，并且都垂直于电磁波传播方向，如图6-15所示。电磁波是通过电场和磁场之间的相互联系传播的。根据麦克斯韦电磁场理论，空间中任何一处只要存在着场，也就存在着能量，变化着的电场能够在它的周围空间激起磁场，而变化的磁场又会在它的周围感应出变化的电场。这样，交变的电场和磁场相互激发并向外传播，闭合的电力线和磁力线就像链条一样，一个一个地套连着，在空间传播开来，形成了电磁波。实际上，电磁振荡是沿着各个不同方向传播的。这种电磁能量的传递过程（包括辐射、吸收、反射和透射等）称为电磁辐射。电磁波是物质存在的一种形式，它是以场的形式表现出来的。因此，电磁波即使在真空中也能传播，这一点与机械波有着本质的区别，但两者在运动形式上都是波动。基本的波动形式有两种：横波和纵波。横波是质点振动方向与传播方向相垂直的波，如电磁波就是横波。纵波是质点振动方向与传播方向相同的波，如声波就是一种纵波。

电磁辐射以波动的形式在空间传播，因此，电磁波具有波动的特性（如干涉、衍射、偏振和色散等现象），同时，电磁波还具有粒子（量子）性。电磁辐射的粒子性是指电磁波是由密集的光子微粒组成的，电磁辐射实质上是光子微粒流的有规律运动。波是光子微粒流的宏观统计平均状态，而粒子是波的微观量子化。电磁辐射在传播过程中主要表现为波动性，当电磁辐射与物质相互作用时，主要表现为粒子性，此即电磁波的波粒二象性。遥感传感器能探测到的目标物

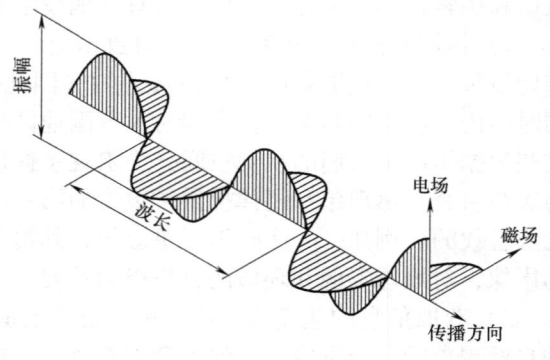

图6-15 电磁波

在单位时间内辐射（反射或发射）的能量，由于电磁辐射的粒子性，所以在某时刻到达传感器才具有统计性。电磁波的波长不同，其波动性和粒子性所表现的程度也就不同。一般来说，波长越短，辐射的粒子特性越明显；波长越长，辐射的波动特性越明显。遥感技术是利用电磁波波粒二象性的特性探测目标物电磁辐射信息的。

2) 电磁波谱。电磁波是空间传播的交变电磁场，是能量的一种动态形式。从客观上讲，凡是温度高于绝对零度（-273.15℃）的物体都在发射电磁波。各种类型的电磁波，由于波长范围不同，性质也有很大差别，因此常将电磁波划分成若干波段。按照电磁波在真空中的波长或频率，将其划分成不同的波段并排列成谱，即为电磁波谱，如图6-16所示。根据波长可将电磁波分为γ射线、X射线、紫外线、可见光、红外线与无线电波。无线电波又可进一步细分为微波、超短波、短波和长波。红外线有时也可细分为近红外线、远红外线与次毫米波。

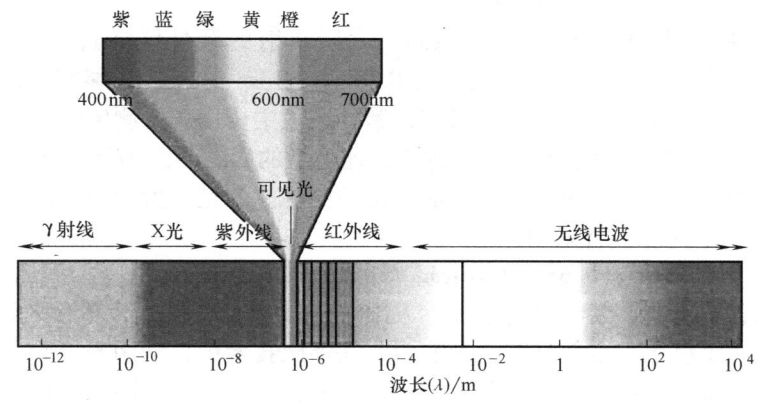

图 6-16 电磁波谱

各种电磁波的波长（或频率）之所以不同，是由于产生电磁波的波源不同。例如，无线电波是由电磁振荡产生的，微波是利用谐振腔及波导管激励与传输，通过微波天线向空间发射的；红外辐射是由于分子的振动和转动能级跃迁产生的；可见光与近紫外辐射是由于原子、分子中的外层电子跃迁产生的；紫外线、X射线和γ射线是由于内层电子的跃迁和原子核内状态的变化产生的。

在电磁波谱中，各种类型的电磁波，由于波长（或频率）不同，它们的性质（如在传播的方向性、穿透性、可见性和颜色方面的差别）有很大的差别。但它们也具有共同点：①各种类型的电磁波在真空（或空气）中传播的速度相同，都等于光速；②遵守相同的反射、折射、干涉、衍射及偏振定律。

目前，遥感技术所使用的电磁波集中在紫外线、可见光、红外线到微波的光谱段，各谱段划分界线采用光谱段的范围在不同资料上略有差异。电磁波谱段见表6-8。

表 6-8 电磁波谱段

波段		波长
γ射线		<0.001nm
X射线		0.001~10nm
紫外线		0.01~0.38μm
可见光	紫	0.38~0.43μm
	蓝	0.43~0.47μm
	青	0.47~0.50μm
	绿	0.50~0.56μm
	黄	0.56~0.59μm
	橙	0.59~0.62μm
	红	0.62~0.76μm

(续)

波段		波长
红外波段	近红外	0.76~3μm
	中红外	3~6μm
	远红外	6~15μm
	超远红外	15~1000μm
无线电波	微波	1mm~1m
	超短波	1~10m
	短波	10~100m
	中波	100~1000m
	长波	>1000m

遥感常用的各光谱段的主要特征如下：

① 紫外线。波长范围为 0.01~0.38μm。太阳辐射的紫外线通过大气层时，波长小于 0.3μm 的紫外线几乎都被吸收，只有波长为 0.3~0.38μm 的紫外线能穿过大气层到达地面，且能量很少，并能使溴化银底片感光。目前，紫外波段主要用于探测碳酸盐岩分布。碳酸盐岩在 0.38μm 以下的短波区域对紫外线的反射比其他类型的岩石强。另外，水面漂浮的油膜比周围水面反射的紫外线要强烈，因此可用于油污染的监测。但是，紫外波段从空中可探测的高度在 2000m 以下，高空遥感不宜采用。

② 可见光。波长范围为 0.38~0.76μm。可见光在电磁波谱中只占一个狭窄的区间，它由红、橙、黄、绿、青、蓝、紫七色光组成。人眼可直接感觉可见光，不仅对可见光的全色光，而且对不同波段的单色光，也都具有这种能力。在遥感技术中，常用光摄影方式接收和记录地物对可见光的反射特征。可将可见光分成若干个波段在同一瞬间对同一地物同步摄影，获得不同波段的相片，也可采用扫描方式接收和记录地物对可见光的反射特征。所以，可见光是鉴别地物特征的主要波段，也是遥感中最常用的波段。

③ 红外线。波长范围为 0.76~1000μm。为了实际应用方便，又将红外线划分为近红外、中红外、远红外和超远红外。近红外在性质上与可见光相似，所以又称为光红外。由于它主要是地物表面反射太阳的红外辐射，因此又称为反射红外。在遥感技术中，采用摄影方式和扫描方式接收和记录地物对太阳辐射的红外反射。在摄影时，由于受到感光材料灵敏度的限制，目前只能感测 0.76~1.3μm 波长范围的红外线。近红外波段在遥感技术中也是常用波段。中红外、远红外和超远红外是物体产生热感的原因，所以又称为热红外。自然界的任何物体，当温度高于热力学温度时，均能向外辐射红外线。物体在常温范围内发射红外线的波长多为 3~4μm，而波长在 15μm 以上的超远红外线易被大气和水分子吸收，所以在遥感技术中主要利用 3~15μm 波段，更多的是利用 3~5μm 和 8~14μm 波段。红外遥感是采用热感应方式探测地物本身的辐射（如热污染、火山、森林火灾等），所以昼夜均可工作，能进行全天时遥感。

④ 微波。波长范围为 1mm~1m。微波又可分为毫米波、厘米波和分米波。微波辐射和红外辐射两者都具有热辐射性质。由于微波的波长比可见光、红外线要长，受大气干扰小，能穿透云、雾而不受天气影响，所以能进行全天候、全天时的遥感探测。微波遥感可以采用主动或被动方式成像，另外，微波对某些物质具有一定的穿透能力，能直接透过植被、冰雪、土壤等表层覆盖物。某些物质的光谱在微波波段有较大的差异。这样，在可见光与红外遥感中不易区分的一些物体，在微波遥感中则容易区别。因此，微波在遥感技术中是一个很有发展潜力的遥感波段。

电磁波是取得遥感影像的物理基础，遥感采用的电磁波可以从紫外波段一直延伸到微波波段，通过遥感器探测或者感测电磁波谱的不同波段的发射、反射辐射能级而成像。

(2) 电磁辐射源。自然界中一切物体在发射电磁波的同时，也被其他物体发射的电磁波辐射。遥感的辐射源可分为自然电磁辐射源和人工电磁辐射源两类。同电磁波谱一样，物体发射的电磁辐射也是连续的。

1）自然辐射源。自然辐射源主要包括太阳辐射和地球辐射。太阳是可见光及近红外遥感的主要辐射源，地球是远红外遥感的主要辐射源。

① 太阳辐射。太阳辐射是地球上生物、大气运动的能源，也是被动式遥感系统中重要的自然辐射源。太阳表面温度约有6000K。太阳辐射能主要集中在0.3~3μm波段，最大辐射强度位于波长0.47μm左右。由于太阳辐射的大部分能量集中在0.38~0.76μm的可见光波段，所以太阳辐射一般称为短波辐射。太阳辐射能量中各波段所占能量的百分比见表6-9。

表6-9 太阳辐射能量中各波段所占能量的百分比

波长/μm	波段名称	能量比例(%)
<0.01	X射线、γ射线	0.02
0.01~0.20	远紫外	
0.20~0.31	中紫外	1.95
0.31~0.38	近紫外	5.32
0.38~0.76	可见光	43.50
0.76~3	近红外	36.80
3~6	中红外	12.00
6~1000	远红外	0.41
>1000	微波	

太阳辐射包括整个电磁波谱范围，可见光和红外光两部分的辐射通量（单位时间传送的能量）占太阳总能量的90%以上，紫外线、X射线和微波在太阳电磁辐射总通量中占的比例很小。到达地球大气上界的太阳电磁辐射大小主要取决于日地距离和太阳高度角。由于太阳辐射在到达地面之前要穿过大气层，其能量一部分被大气吸收，一部分被大气散射，还有一部分被云层反射。大气对太阳辐射中不同波长辐射的吸收和散射量是不一样的，所以太阳辐射到达地面时，不仅其能量被衰减，而且光谱成分也发生了变化。吸收太阳辐射的主要成分是水蒸气、臭氧和二氧化碳，而这些成分都吸收紫外线，因此在遥感技术术中很少应用紫外线。

② 地球辐射。地球辐射可分为两个部分：短波（0.3~2.5μm）和长波（6μm以上）部分。地球表面平均气温为27℃，地球辐射峰值波长为9.66μm，属于远红外波段。

当对地面目标地物进行遥感探测时，传感器接收到的波长小于3μm的波，主要是地物反射太阳辐射的能量，而地球自身的热辐射极弱，可忽略不计；传感器接收到的波长大于6μm的波，主要是地物本身的热辐射能量；在3~6μm的红外波段，太阳与地球的热辐射均要考虑。所以选择在清晨进行红外遥感探测，就是为了避免太阳辐射的影响。地球除了部分反射太阳辐射以外，还以火山喷发、温泉和大地热流等形式，不断地向宇宙空间辐射能量。

2）人工辐射源。人工辐射源是指人为发射的具有一定波长（或一定频率）的波束。工作时通过接收地物散射该光束返回的后向反射信号强弱，探知地物或测距，称为雷达探测。雷达又可分为微波雷达和激光雷达。

① 微波辐射源。在微波遥感中常用的波段为0.8~30cm。由于微波波长比可见光、红外线波长要长，因此，微波遥感应用的主要技术是电学技术，而可见光、红外遥感应用的技术则偏重于光学技术。

② 激光辐射源。激光器发射光谱的波长范围较宽，短波波长可至0.24μm以下，长波波长可至1000μm。激光在遥感技术中应用较广的是激光雷达。激光雷达使用脉冲激光器，可精确测定卫星的位置、高度、速度等，也可测量地形、绘制地图、记录海面波浪情况，还可利用

物体的散射性、吸收性等性能监测污染和勘查资源。

（3）电磁辐射与大气的相互作用。当电磁辐射穿过大气层时，会受到大气层对其产生的散射、折射、吸收等影响。

1）大气散射。大气散射是电磁辐射受到大气分子或气溶胶等的作用，改变传播方向的现象。大气散射的强度取决于微粒的大小、含量、辐射波长和穿过的大气层厚度。

散射影响遥感接收的波段信息。根据瑞利散射效应，短波辐射都被强烈地散射，因而遥感常使用滤色器或降低胶片对这些波段的灵敏度来摒弃短波辐射。散射会使遥感器接收到视场之外的辐射，还会使暗色物体表现出比自身更亮的颜色，使亮色物体表现得更暗，从而降低影像反差，降低影像质量。

2）大气折射。电磁辐射穿过大气层时，会发生折射现象，改变传播方向。大气的折射率与大气密度相关，密度越大，折射率越大；离地面越高，空气越稀薄，折射率也就越小。电磁辐射在大气传播中折射率的变化，使其行进轨迹是一条曲线。这样，在它到达地面后，地面接收的电磁辐射方向与实际的太阳辐射方向相比，就会偏转一个角度。

3）大气吸收。电磁辐射穿过大气时，要被大气分子等吸收，造成能量的衰减。大气中的臭氧、二氧化碳和水汽对太阳辐射的吸收最显著。

臭氧主要集中于 20~30km 高度的平流层，在紫外区（0.22~0.32μm）有一个很强的吸收带，在可见光 0.6μm 附近有一个较宽的弱吸收带，在远红外 9.6μm 附近有 2 个强吸收带。臭氧的吸收阻碍了底层大气的辐射传输。二氧化碳主要分布在底层大气中，在中、远红外区段（2.7μm、4.3μm、14.5μm 附近）均有强吸收带，其中最强的吸收带位于 13~17.5μm 的远红外波段。水汽一般分布在低空，含量随时间、地点的变化在很大范围内（0.1%~3%）变化。它吸收的辐射是其他大气组成成分的几倍，最重要的吸收带在 2.5~3.0μm、5.5~7.0μm 和 27.0μm（在这些区段，水汽的吸收可能超过 80%），在波段 0.94μm、1.63μm 及 1.35cm 处还有 3 个吸收峰。

由于大气在特定的波长范围吸收电磁能量，因而对遥感系统的影响很大。大气的选择性吸收不仅会升高气温，而且造成太阳连续光谱中的某些波段不能传播到地球表面。

4）大气窗口。电磁波会被大气衰减，大气分子对电磁波的某些波段有吸收作用。吸收作用使辐射能量转变为分子的内能，从而引起这些波段的电磁波强度衰减，甚至某些波段的电磁波完全不能通过大气。因此，在太阳辐射到达地面时形成了电磁波的某些缺失带。

光线折射改变了太阳辐射的方向，并不改变太阳辐射的强度。因此，就辐射强度而言，太阳辐射经过大气传输后，主要是反射、吸收和散射的共同影响衰减了辐射强度，剩余部分即为透过的部分。对遥感传感器而言，只有选择透过率高的波段，才对观测有意义。通常把电磁波通过大气层时较少被反射、吸收和散射的透射率较高的波段称为大气窗口。在电磁波谱中，可见光窗口最透明，即透光率最高，对遥感最为有利。以下是目前在遥感中使用的一些大气窗口。

① 0.30~1.15μm：包括部分紫外光、全部可见光和部分近红外光。0.30~0.40μm，透过率约为 70%；0.40~0.70μm，透过率大于 95%；0.70~1.1μm，透过率约为 80%。这一波段是摄影成像的最佳波段，也是许多卫星传感器扫描成像的常用波段，如 Landsat 卫星的 TM1-4 波段。

② 1.4~1.9μm 和 2.0~2.5μm：近红外窗口。1.40~1.90μm，透过率为 60%~95%，其中，1.55~1.75μm 透过率较高；2.00~2.50μm，透过率为 80%。这一波段是白天日照条件好的时候扫描成像的常用波段，如 TM5 与 TM7 波段，用以探测植物含水量、云以及雪，或用于地质制图等。

③ 3.5～5.0μm：中红外窗口，透过率为60%～70%。该波段除了反射外，也可以来自地面物体自身发射的热辐射能量。例如，NOAA 卫星的 AVHRR 传感器用 3.55～3.93μm 探测海面温度，获得昼夜云图。

④ 8～14μm：热红外窗口，透过率为80%，主要通过来自地物热辐射的能量，适用于夜间成像。

⑤ 1～1.8mm 和 2～5mm：微波窗口。1～1.8mm，透过率为35%～40%；2～5mm，透过率为50%～70%。由于微波穿透云雾的能力强，这一区间可以全天候观测，而且是主动遥感方式，如侧视雷达。

⑥ 8～1000mm：微波窗口，透过率为100%。这一区间可以全天候观测，也是主动遥感方式。常用的波段为0.8cm、3cm、5cm、10cm，甚至可将该窗口扩展至0.05～300cm。

另外还有一些窗口透过率较小，尚未使用，如0.15～0.20μm的远紫外窗口，透过率在25%以下；15～23μm的远红外窗口，透过率小于10%；25～90μm的远红外窗口，透过率为40%左右。

(4) 地物的波谱特征。当电磁辐射能量入射到地物表面上时，将会出现三种现象：一部分入射能量被地物反射；一部分入射能量被地物吸收，成为地物本身内能或者部分再发射出来；一部分入射能量被地物透射。在反射、吸收和透射三个物理特性中，最常用的是反射这一性质。

1) 地物的反射率。不同地物对入射电磁波的反射能力是不一样的，通常采用反射率（或反射系数、亮度系数）来表示。它是地物对某一波反射的能量与入射的总能量之比，其数值用百分数表示。地物反射率因入射波长不同而不同。地物反射率与入射电磁波的波长、入射角以及地物表面颜色和粗糙度有关。一般来说，当入射电磁波波长一定时，反射能力越强的地物，反射率大，在遥感影像上呈现的色调就越浅。反之，反射能力弱的地物，反射率小，遥感影像呈现的色调就深。遥感影像色调的差异是判读遥感影像的重要标志。

2) 地物的反射波谱。地物除了自身有一定温度外，还有因吸收太阳光等外来能量而受热增温的现象。一般地物的温度都高于绝对零度，都会发射电磁波。在同一时间、空间条件下，地物发射、反射、吸收和折射的电磁波是波长的函数，将这种函数关系用曲线形式表现出来，就形成了地物电磁波波谱，简称地物波谱。不同的地物具有不同的波谱曲线形态。

不同地物有不同的波谱反射率，同一地物在不同的波谱段有不同的波谱反射率。地物的波谱反射率随波长变化的规律称为地物反射波谱。按地物反射率与波长之间的关系绘成的曲线（横坐标为波长，纵坐标为反射率）称为地物反射光谱曲线。不同地物由于物质组成和结构不同而具有不同的反射光谱特性，因此可以根据遥感传感器所接收到的电磁波光谱特征的差异来识别不同的地物。地物反射波谱特性是遥感影像解译的重要依据。

3) 植被、土壤和水的光谱反射率。图6-17所示是三种基本类型的地物（即健康的绿色植被、干燥裸露的土壤（灰褐色土壤）以及清澈的湖水）的典型光谱反射率曲线。图6-17中的线条是实测大量地物样品后绘制的平均反射率曲线。一般来说，这些曲线的外形是所描述地物的类型和状态的表征。尽管各个地物的反射率会与平均反射率有很大出入，但这些曲线表达了光谱反射的基本特点。

健康的绿色植被的光谱反射率曲线几乎总是呈现"峰和谷"的图形，光谱内的谷是由植物叶子内的色素引起的。例如，叶绿素吸收光谱段中心约在0.45μm和0.67μm（常称这个谱带为叶绿素吸收带）。植物叶子强烈吸收蓝区和红区能量，而强烈反射绿区能量，因此肉眼觉得健康的植被呈绿色。如果植物受到某种形式的抑制而中断了正常的生长发育，它会减少甚至停止叶绿素的产生，这将导致叶绿素的蓝区和红区吸收带减弱，使红波段反射率增强，以至于植物变黄（绿色和红色合成）。

从可见光谱区到大约 0.7μm 的近红外光谱区，可看到健康植被的反射率急剧上升。在 0.7~1.3μm 区间，植物叶子一般可反射入射能量的 40%~50%，其余能量大部分透射过去，因为在这一光谱区植物叶子对入射能量的吸收最少（一般少于5%）。在 0.7~1.3μm 区间，植物反射率主要来自植物叶子内部结构。在不同种类的植物之间，内部结构差别很大，所以，虽然在可见光波段它们看起来

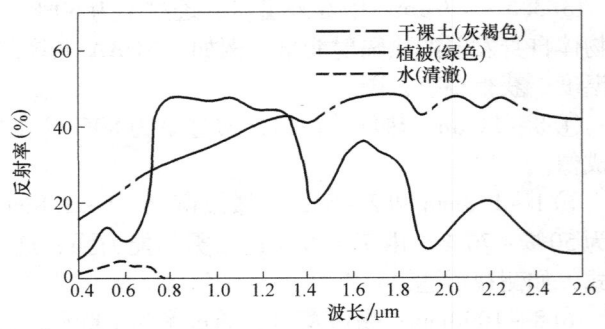

图 6-17 植被、土壤和水的典型光谱反射率曲线

是一样的，但在这一光谱区可以通过测量反射率来鉴别不同种类的植物。同样，许多植物在这一光谱区的反射率明显不同，所以人们常用工作在该光谱区的传感器来探测植物状况。树冠有多层叶子，将会提供多次透射和反射的机会。因此，近红外反射会随着树冠中叶子层数的增加而增加，大约到第 8 层叶子时反射达到最大。

在 1.3μm 以上，入射到植被的能量主要被吸收和反射，很少甚至没有被透射。在 1.4μm、1.9μm 和 2.6μm 处，反射率明显下降，这是由于在这些波段的植物叶子内的水强烈吸收而造成的。所以，这些波谱区域内的波长被称为水的吸收波段。吸收波段的 1.63μm 和 2.2μm 处出现反射率高峰。在 1.3μm 以上的波段范围内，植物叶子的反射率与叶子的总含水量大致成反比关系。

土壤的光谱反射率曲线很少有"峰"和"谷"的变化，这是因为影响土壤反射率的因素较少作用在固定波段范围。影响土壤反射率的因素有：含水量、土壤结构（沙、泥和黏土的比例）、表面粗糙度、铁氧化物的含量以及有机物的含量。这些因素是复杂的、可变的、彼此相关的，例如，土壤的高含水量会降低反射率。土壤含水量与土壤结构密切相关：粗粒沙质土壤常常排水性好，因而含水量低，反射率相对高；反之，排水性不良的细粒结构的土壤一般具有较低的反射率。然而，在缺水情况下，土壤自身会出现相反的趋势：粗粒结构的土壤比细粒土壤反射率要低。所以，土壤的反射特性仅在特殊条件时才出现一致性。另外，两个降低土壤反射率的因素是表面粗糙度和有机物的含量。土壤中所含铁氧化物也会明显降低反射率，至少在可见光谱波段如此。

考虑水的光谱反射率，最明显的特性是在近红外及更长波波段，水体具有较强的能量吸收率。简单地说，不管是水体本身（如湖泊、河流）还是植被、土壤中含有的水都会吸收这一波段的能量。由于近红外波段的这一吸收特性，利用遥感数据很容易定位和描绘水体。然而，水体的其他各种情况主要还是在可见波段来反映。在这些波段内能量与物质的相互作用非常复杂，并依赖于若干相互联系的因素。例如，水体的光谱反射率产生于水面、水中悬浮物或水体底部的交互作用。即使在水体底部的影响可忽略的深水中，水体的反射特性不仅是水体本身的函数，也与水中物质相关。

当波长小于 0.6μm 时，清澈的水只能吸收相对很少的能量。这些波长内的水具有透射率高的特点，其最大值在光谱的蓝绿区。但随着水的浑浊程度的变化（因水中含有有机物和无机物），会引起透射率和反射率的急剧变化。例如，因土壤侵蚀而含有大量悬浮沉积物的水，其可见光的反射率一般比相同地理区内的"洁净"水高得多。同样，水的光谱反射率会随着所含叶绿素浓度的变化而变化。叶绿素浓度的增加会降低蓝波段的反射率而提高绿波段的反射率。利用遥感数据中这种反射率的变化可监测藻类是否存在并估算其浓度。光谱反射率也可以

用来测定低地沼泽植物中有无丹宁酸,以及探测石油和某些工业废物之类的污染物含量。

许多有关水的重要特性,如溶解氧浓度、pH 值和盐浓度等,并不能直接通过水的光谱反射率来观察,然而这些参数有时与观察到的光谱反射率相关。总之,水的光谱反射率与这些特性之间存在着复杂的关系,必须用适当的参考数据正确地解释水的光谱反射率测定值。

讨论过植被、土壤和水的光谱反射曲线后,可以看出这些主要的地物类型一般是可以从光谱上区分的,不过其区分程度则要看所观察的波段。例如,在可见光波段,水和植被的反射大致相同,但在近红外波段是可以将它们区分开的。

4. 遥感影像分析与理解 在一般的影像工程领域,遵循从影像处理到影像理解的层次模型,如图 6-18 所示。其中,影像处理主要还是基于像元的处理,满足对影像进行各种加工,以改善影像视觉效果并为自动识别打下基础,或对影像进行压缩编码,以减少数据量或传输时间的要求,从而建立对影像的描述。影像理解是影像工程中的最高层次,即在影像分析的基础上进一步研究影像中各目标的性质和它们之间的相互关系,并得出对影像内容含义的理解以及对原来客观场景的理解,从而指导和规划行动。

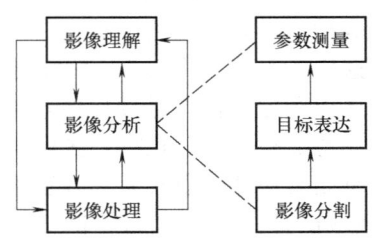

图 6-18　影像工程整体框架

影像理解是对影像做出描述和解释的全过程,是影像处理及影像识别的最终目的。一般认为,影像理解具有以下特点:影像理解是基于特征(如区域、线等)而不是单像元的处理与操作;影像理解依赖自热目标(如房屋、道路等)的内在结构特性;在大多数情况下,影像理解考虑空间内容的层次,进行面向影像(由下至上)或面向模型(由上至下)的处理;影像理解更广泛地应用于专题目标的识别且需要广泛的知识,包括地面特征知识、影像知识、景物/影像映射变换知识和控制知识等。

借鉴影像工程领域中影像模型的思想,结合遥感影像的特征,将遥感影像理解分为三个层次,即低层影像处理、中层分析和高层分析理解。低层影像处理是指为了改善遥感影像的视觉效果或其他目的而采用的一些影像处理手段,如校正、滤波、增强等;中层分析一般是指对遥感影像中包含的信息进行分类、提取等工作;高层分析理解是指对遥感影像中各种简单或复杂的目标进行识别,确定它们之间的关系,从而对整个场景的内容进行解释,并以此为基础做出进一步决策。

遥感影像专题信息提取是一种典型的模式识别问题。模式所指的不是影像本身,而是从影像获得的信息。可以从以下三种不同的角度来分析和理解这种模式。

(1) 影像空间。将遥感数据看成影像是最接近于人的认知习惯的方法。这种理解方式提供了地理空间概念。影像中的各像素与地面景观中相应范围内的地物相联系,像素之间的几何关系反映了现实地物之间的空间关系,因此人们可以对影像进行很直观的判读解译。事实上,在遥感影像信息提取中,样本获取的一种常用方法就是依据关于影像覆盖区实地的先验知识直接从影像中读取。另外,影像空间所提供的空间信息可以作为一种重要的分类辅助信息(常称为上下文信息)。在较高空间分辨率的遥感数据信息提取中,上下文信息尤为重要。影像空间这种表达方式的最大不足在于:人眼视觉系统只能感知单波段灰度影像或者三个波段组合合成的(假)彩色影像,并不能充分地反映光谱遥感数据的全部信息。对于高光谱影像,该问题更加突出。

(2) 波谱空间。波谱空间可以理解为一个二维坐标空间,其中横坐标代表不同的波段,纵坐标代表辐射强度。不同地物在各波段有不同的电磁波反射和吸收特性,在遥感数据中表现为不同的辐射强度。从理论上讲,如果传感器的波谱范围足够宽,灵敏度和分辨率足够高,就能根据波谱曲线区分不同地物。因此,利用波谱空间这种表达方式,人们可以非常直观地根据不同地物的波谱曲线分析它们内在的物理性质的差别,或者反过来根据地物的不同物理特性,寻找可分性最强的波段。

(3) 特征空间。把不同地物在两个波段的辐射强度绘制在二维平面上,就可以得到一个二维空间。每个像素对应两个波段的辐射值,在该二维特征空间中可以表示为一个点,即一维向量。假如多光谱遥感数据中有 10 个波段,就可以将每个像素的 10 个辐射值表示为一个 10 维向量,它是 10 维特征空间中的一个点。

这种理解方式显然不够直观,人们难以想象高维空间中数据的分布方式。但在数学处理中,这样的表达方式却非常便于处理,而且可以充分地利用每个像素在所有波段的信息。大多数模式识别方法首先通过某种方式确定不同类别的样本在特征空间的分布区域,然后根据未知样本在特征空间中落在哪个区域来判定其类别。

有相当一部分模式识别方法(如神经网络)并不是直接在上述特征空间中分类,而是将数据映射到另外一个特征空间进行类别判断。

6.3.4 遥感影像专题信息提取的发展状况

遥感影像上的地物可以归纳为点状地物、线状地物和面状地物。遥感专题信息提取的类型可分为五大类:分类、变化检测、物理量的提取、指标的提取、特定地物及状态的提取。现在研究最多的是特定地物及状态的提取,其提取的地物类型主要有建筑物、植被、道路、水体和土地利用。由于高空间分辨率卫星的发展,一些地物的结构、纹理和细节等信息能够被更加清楚地表现出来,在获得丰富的地物光谱信息的同时还可以获取更多的地物结构形状和纹理信息,能够在较小的空间尺度上清晰地分辨出地面的细节特征,所以高空间分辨率卫星影像数据成为重要的数据源。

从提取方法上来说,遥感专题信息提取经历了四个阶段:目视解译阶段、人机交互式专题信息提取阶段、面向像元的专题信息提取阶段、面向对象的专题信息提取阶段。

1. 目视解译阶段 目视解译是指专业人员通过直接观察或借助判读仪器在遥感影像上获取特定目标地物信息的过程,即专业人员运用专业背景知识,通过肉眼观察,经过综合分析、逻辑推理、验证检查把遥感影像中所包含的地物信息提取和解析出来的过程。目视解译是遥感成像的逆过程,如图 6-19 所示。

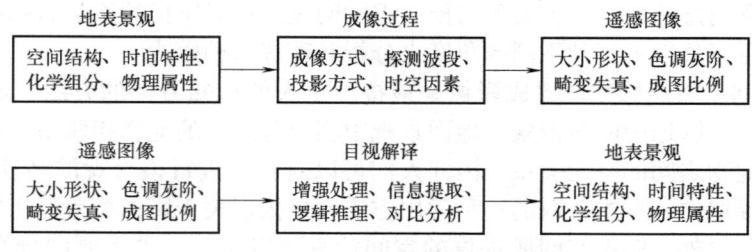

图 6-19 目视解译与遥感成像的关系

早期从遥感影像中提取信息的主要方法是目视解译。由于目视解译能综合利用地物的色调、形状、大小、阴影、纹理、图案、位置和布局,影像特征知识,以及有关地物的专家知识,并结合其他非遥感数据资源进行综合分析和逻辑推理,从而能达到较高的信息提取精度,尤其是在提取具有较强纹理结构特征的地物时更是如此。目视解译是目前业务化生产的一门技术,与非遥感的传统方法相比,具有明显的优势。然而,该方法也存在着一定的局限性,主要包括以下几方面：

（1）目视解译要求解译人员具有各种丰富的地学知识，要求解译者对解译工作有一定的灵性和经验。

（2）费事费力费时，工作效率较低，劳动强度大，信息获取周期长。

（3）解译质量受目视判读者的经验、对解译区域的熟悉程度等因素限制，具有很大的主观性，容易产生误判。

（4）不能完全实现定量描述，很难与数字时代定量化、模型化、系统化的现实情况相适应。

目视解译方法目前仍被广泛应用于精度要求较高的信息提取中，特别是在高分辨率的遥感信息提取中。目前，遥感影像解译逐步向计算机解译方面发展，遥感影像计算机解译将遥感影像的地学信息获取发展为计算机支持下的遥感影像智能化识别，其最终目的是实现对遥感影像的理解。利用计算机进行遥感影像智能化识别，可以快速获取地表不同的专题信息，并利用这些专题信息迅速地更新地理数据库。但是，它要求运用目视解译的经验和知识指导。从这点来看，目视解译是计算机解译发展的基础。

目视解译所需设备少、简单方便，可以随时从遥感影像中获取许多专题信息。当今的许多遥感影像应用，包括制图、检测和估算，仍然使用目视解译和手工勾绘、转绘、清绘和量算面积的方法。此种方法对技术的要求相对不高，尤其在劳动力便宜的地方可以更多地采用。加之人脑综合能力强，目视解译和手工勾绘也能做一些计算机不能直接进行的工作。因此，它是一种重要的解译方法。

2. 人机交互式专题信息提取阶段　从 20 世纪 70 年代起，随着 Landsat 陆地卫星发射成功，人们就开始利用计算机进行卫星遥感影像的专题信息提取研究。最初利用数字图像处理软件对卫星数字图像进行几何纠正与位置配准，在此基础上，采用人机交互方式从遥感影像中提取有关的地学信息。人机交互式专题信息提取是以遥感数字影像为基本信息源，在相应软硬件工作环境下，利用计算机高速的数据处理能力和图像处理软件对影像进行提取和编辑处理的功能，帮助解译人员进行遥感影像解译的一种方法。

随着遥感手段不断地更新，遥感数据大量增加，这对遥感信息的处理和解译提出了挑战，如何更充分地利用这些数据是遥感界急需解决的问题。许多学者提出采用人机交互式专题信息提取方法来提高解译效率和解译精度。人机交互式专题信息提取实现了影像、数据和提取结果的对比和合成，并在信息识别和提取结果验证时，按解译人员的要求进行各种影像和解译结果的标注叠加，还可以把影像数据以及图形数据集成在一起输出到地理信息系统中，从而实现数字条件下的专题信息提取；另外，对一些基本的信息可以进行增强处理和图形编辑，在信息提取过程中可随时对很多图像模糊的区域进行信息增强，有利于判读。

但人机交互式专题信息提取的大量工作还是在人工基础上完成的，对影像数据的信息提取没有充分利用人脑在分析影像时所加入的各方面的知识，无法达到很高的精度。

3. 面向像元的专题信息提取阶段　20 世纪 80 年代以来，数字成像技术和计算机图像处理技术迅速发展，许多功能强大的遥感图像处理软件（如 PCI、ERDAS、ENVI 等）相继出现，计算机解译开始广泛应用。计算机解译具有速度快、现势性高的优点，可快速提取地表不同的专题信息，使得遥感影像处理和应用获得了快速的发展。

面向像元的专题信息提取是以像元为基本单元进行遥感信息提取的方法，主要包括监督分类和非监督分类，这两种方法已经相对成熟。常用的监督分类有平行管道法、最小距离法、K 近邻法、最大似然法等，常用的非监督分类有 ISODATA 聚类法、K 均值法、模糊 K 均值法等。面向像元技术主要根据像元的光谱信息进行分类，即同类地物像元的特征向量将集群在同一特征空间区域，不同地物的光谱信息特征或空间信息特征将不同。然而，高分辨率遥感数据通常包含较少的波段，光谱信息不如空间特征丰富，分类时不能仅靠光谱特征，更多的是利用其几何特征和纹理特征。高分辨率影像地物的几何结构和纹理结构更加明显，意味着地物的空间破碎性更加明显，增加了不确定性，即使是水面也不是均质的，而是会因受污染的程度不同而产生像元灰度值的变化。因此，以像元的光谱特征为主要依据的分类方法无法表达同一地物本身的光谱异质性。同时，遥感影像的数据量随着空间分辨率的增加呈指数级增长，高分辨率影像专题信息提取对计算机的软、硬件都提出了更高的要求，面向像元的专题信息提取方法对高分辨率影像进行信息提取的速度较慢，不能满足遥感信息快速提取的需要。此外，面向像元的专题信息提取方法提取的最终信息是离散的，不能表征不同的地物边界、面积等特征。面向像元的专题信息提取方法不考虑影像的空间特征和对象的拓扑关系，只考虑光谱信息，造成了影像处理定性分析的困难，而且其提取的结果常常产生"椒盐现象"。面向像元的专题信息提取方法还造成了不同传感器、不同时间图像融合的困难。因此，对于高分辨率遥感影像来说，再利用这种传统的专题信息提取方法，就会使分类精度降低、空间数据冗余，造成资源的浪费。

近年来，国内外学者在面向像元的遥感影像分类基础上进行了大量研究，引入了许多新方法，如神经网络分类器、支持向量机、分层聚类、粗糙集理论、纹理分类等，在一定程度上提高了影像信息提取的精度。但从本质上讲，这些方法仍是基于像元层次的，不能突破传统方法的局限性，也不能满足高分辨率遥感影像专题信息提取的要求。

与此同时，面向像元的专题信息提取方法存在另一个局限性：不同的地物类型目标在同一个尺度上提取。遥感信息的空间尺度效应问题目前受到广泛的关注，在遥感领域，尺度与空间分辨率相对应，在不同尺度上占主导地位的地物信息是不同的，在同一分辨率或同一尺度的影像中提取的信息是有限的。不同性质的类别信息有其最适宜的空间分辨率或尺度，应该在多分辨率或多尺度的影像中进行信息提取。当同时描述或解释几个尺度的地物现象时，单一尺度的数据就不能解决问题了。当忽略遥感应用中的尺度影响时，难以获得精确的影像信息提取成果。特别是高分辨率遥感影像中，地物类型目标的形状、大小特征差异比中低分辨率影像更加明显，即地物类型的尺度差异明显，因而，在单一的尺度上进行高分辨率遥感影像所有类别信息的提取，难以满足充分利用影像信息的要求。

4. 面向对象的专题信息提取阶段 针对高分辨率遥感影像的特点，如何充分挖掘高分辨率遥感影像所包含的信息，是高分辨率遥感影像信息提取的关键。Baatz 和 Schape 根据高分辨率遥感影像的特点，提出了面向对象的遥感影像专题信息提取方法。面向对象的分类方法首先对遥感影像进行分割，得到同质对象，再根据遥感分类或目标地物的具体要求，检测和提取目标地物的特征或特征组合（如光谱、形状、纹理、阴影、空间位置、相关布局等），利用模糊分类方法达到对遥感影像进行分类和对目标地物进行提取的目的。

面向对象的遥感影像处理方法是一种融合了影像的光谱、几何和结构等特征信息的综合处理方法。它是基于遥感影像中表示地物的基本理念：能够解译影像的重要语义信息不是由像元表示的，而是由有意义的对象及它们之间的相互关系得到的。通过提取对象的多种特征，建立对象与对象和对象与影像之间的逻辑联系，并从局部和全局两个层面对影像进行分析。后续的影像分析和处理也都基于对象进行，提取的结果影像更符合人的视觉习惯，最终完成对影像的理解。与其他传统的基于像元的影像处理方法相比较，面向对象的影像信息提取的基本处理单元是有意义的影像对象和它们之间的相互关系，而不是单个的像元。面向对象更注重影像对象之间的语义信息、纹理信息和拓扑关系，而不是单个像元的光谱信息。虽然面向对象的遥感影像处理方法还不成熟，但是它已成为遥感影像处理未来发展的方向。

面向对象的专题信息提取方法具有两个重要的特征：①利用对象的多特征；②可用不同的

分割尺度生成不同尺度的影像对象层,所有地物类别并不在统一尺度的影像中进行提取,而是在其最适宜的尺度层中提取。面向对象的专题信息提取方法的这两种特征使得影像分类能充分利用影像的多种信息,分类结果更合理,也更适合于高分辨率遥感影像的专题信息提取。

面向对象的影像信息提取方法克服了传统方法的两个缺陷:①几乎所有传统的信息提取方法均基于像元级的处理;②不同的影像目标处理均在统一尺度层次内进行。

6.3.5 卫星遥感影像专题信息提取的意义和技术难点

卫星遥感影像专题信息涵盖地球表面由于自然和人为影响而形成的所有覆盖物,如道路、植被、水体、建筑物、岩石、沙丘、冰和雪等。随着航天、计算机及其相关技术的发展,从遥感数据中提取专题信息已成为当今信息时代非常热门的研究领域。

1. 卫星遥感影像专题信息提取的意义　遥感影像地物信息的提取大多依靠人工目视判读、手工勾绘完成,作业效率低、劳动强度大。然而,人脑的综合能力强,目视解译和手工勾绘也能直接做一些计算机不能直接进行的工作,因而有其发展的空间。但此种方式需要大量的人力和手工劳动,耗费时间很多,而且个人目视判断和界线勾绘具有较大的主观性,对于同一地物,不同的人很容易判断成不同的类型,并把界线勾绘在不同的地方,所以其结果比较粗放,难以精确地计算面积。

遥感作为新兴的技术手段,以其探测范围大、能反映动态变化、受地面条件限制少、获得的信息量大且成本较低等优点,得到了相关研究者的青睐。利用遥感影像可以获得连续时间序列的各类信息。而且,随着遥感卫星数据获取技术的不断发展,遥感影像空间分辨率不断提高,甚至已经突破米级,如 QuickBird、WorldView 等影像。遥感数据的多样化使得遥感影像包含着海量的信息,如何从这种综合信息中,依据不同的研究对象、目的和用途,用计算机自动提取相应的一类或几类地理空间专题信息就成为人们普遍关注的热点问题。

当今信息社会有海量的信息数据,信息的时效性尤为重要,如农作物估产需要在几个月内完成,对灾害的监测评估更需要在数天或数小时内完成。因此,必须要研究遥感信息的自动提取方法,以达到地物识别的智能化,从而实现遥感信息直接进入地理信息系统或直接进入数字地球的最终目的。所以,遥感影像的专题信息半自动或自动提取技术的研究是迫切需要的,且具有极大的意义和实用价值。从实际应用角度来说,有效地将遥感影像中的自然目标或者人工目标与背景相分离,并将其半自动或自动识别提取成实际应用中所能接受和理解的目标模式或种类,对遥感影像制图、地理信息系统的数据获取和自动更新、农林监测、地质勘探、大气监测、海洋监测、军事情报、环境治理和资源管理等许多方面具有重要意义。

2. 卫星遥感影像专题信息提取的技术难点　卫星遥感影像数据是大容量的、多元化的、丰富的,但同时也是复杂的,特别是对高分辨率卫星遥感影像来说,影像的数据量显著增加。例如,一幅地面覆盖面积为 $11.7km \times 7.9km$ 的全色单波段的 IKONOS 卫星遥感影像可达 80MB,而它的多光谱彩色影像高达 250MB。在现有计算机硬件条件下,数据量的增加无疑给影像的存储、显示和计算处理等操作带来了一定的困难。

随着单色波段的光谱分辨率的增加,利用光谱空间特征来区分和判定地物类别的精度大大提高。但是,地物的几何结构和纹理信息更加明显,这使得相应的影像处理技术与方法在某种程度上发生了根本性的变化。在得到地物更加精确的光谱信息的同时,更期望得到地物的形状与纹理的信息,以便形成矢量数据,用来构成地理信息系统更直接、更快速、更可靠的数据源。

同地区成像时间周期显著缩短,重复轨道周期都缩短至 1~6 天之内,使得动态监测地表环境的运动变化和人类活动成为可能。因此,从卫星遥感影像中快速地提取高精度的专题信息并进行动态监测提高了对信息提取技术的要求。

面对如此复杂的数据，尤其在对提取结果的精度要求越来越高的情况下，信息处理和提取技术就变得更加复杂和困难。因此，就不能期望使用一种或单纯几种技术来解决所有的问题，这就需要根据影像数据的特点与分析处理目标的不同，使用将不同的处理技术与不同的分析方法相结合的手段，以便获取相对理想的结果。

复习思考题

1. 简述交通地理信息系统的定义、组成及应用。
2. 比较 GPS 与北斗卫星导航系统的优缺点。
3. 结合遥感卫星发展的实际谈谈你对未来交通遥感技术发展前景的认识。

第7章 交通信息子系统

7.1 公路信息系统

7.1.1 交通信息化概述

信息化已经成为交通建设和管理工作的必要技术手段和不可缺少的重要组成部分,在增强行业管理效能、提高行业运营效率、提升交通信息服务水平等方面发挥了重要作用。大力推动交通信息化发展,既是时代的召唤,也是交通行业转型的内在需求。

按照交通运输部制定的交通信息化规划要求,交通信息化建设的重点和思路是,以交通电子政务系统建设应用为龙头,以交通信息资源整合利用为重点,以主要业务系统的建设为依托,以交通信息服务为突破,有重点、有针对性地推进交通信息化建设。目前,交通信息化已进入"资源整合+应用服务"阶段。图7-1所示为我国交通信息化建设的主要应用领域。

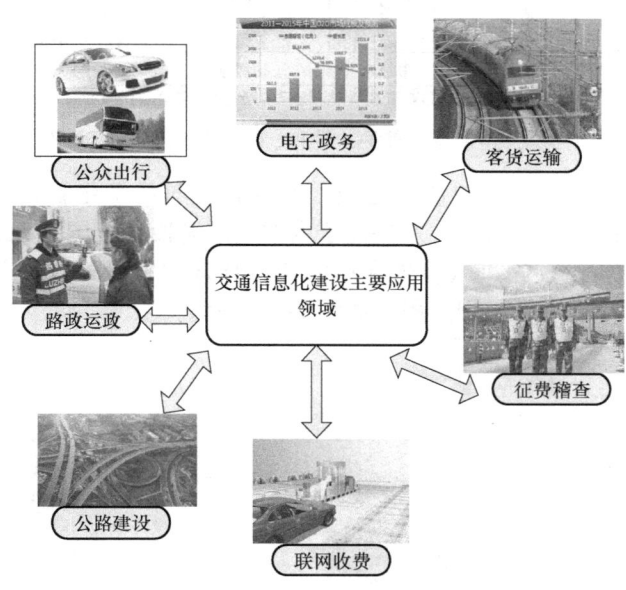

图7-1 我国交通信息化建设的主要应用领域

我国交通信息化建设虽然取得了较大的成绩,但还存在着不少困难和问题。目前,制约交通信息化发展的主要因素不仅仅是技术,更主要的是观念、机制和制度的建立。这些问题导致了交通信息化建设大多还处于各自为政的状态,缺乏有效的协调统一,使得交通信息资源共享程度低,信息服务能力不足,极大地阻碍了交通信息化的可持续发展,影响了交通信息化整体效益的发挥。交通信息化的主要问题包括:

(1)对运用信息化手段规范业务流程、实施科学管理、服务社会公众和决策支持等方面的重要作用认识不足。我国交通信息化对核心业务决策提供支持的现状是:4%的省份达到高级水平,40%的省份达到中级水平,56%的省份处于初级水平,如图7-2所示。

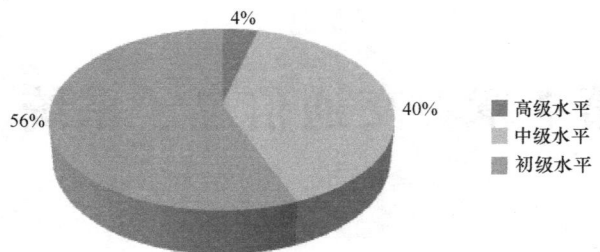

图 7-2　交通信息化对核心业务决策的支持程度

就公路建设、养护、管理和稽征四个方面的信息化发展水平而言，分别有 8%、9%、30%、78% 的省份达到高级水平，63%、57%、57%、22% 的省份达到中级水平；25%、31%、13%、0% 的省份达到初级水平，如图 7-3 所示。

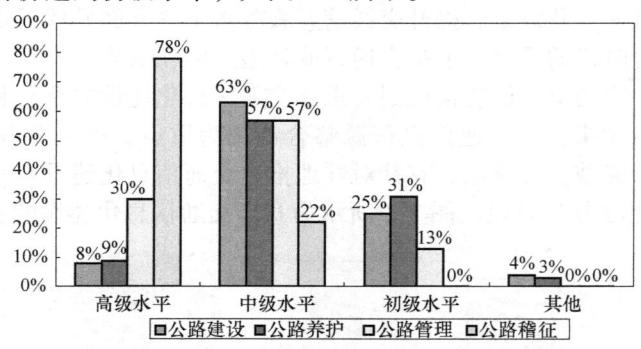

图 7-3　公路建设、养护、管理、稽征信息化发展水平

（2）信息化管理、运行机构和机制不健全，业务管理与信息化管理部门之间、各业务管理部门之间缺乏统筹协调，交通信息化发展处于内部集成阶段，全国尚无省份进入需求导向阶段。目前，只有 14% 的省份领先进入管理变革阶段，48% 的省份处于内部集成阶段，38% 的省份交通信息化发展尚处于个别流程阶段，如图 7-4 所示。

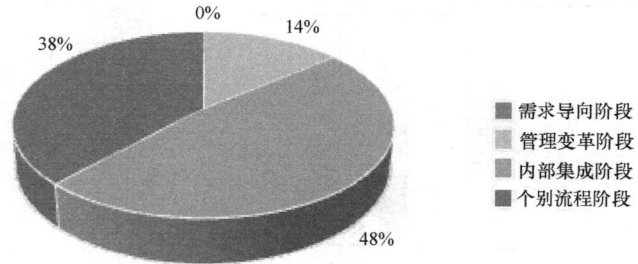

图 7-4　全国交通信息化发展阶段

（3）交通信息资源采集、共享、报送、发布等机制不够完善，存在信息更新不够及时，信息来源渠道和发布口径不一等现象。

（4）没有形成业务信息系统的长效管理和维护机制，数据不能及时更新，系统得不到维护、升级，导致很好的业务信息系统被束之高阁，没有发挥应有的作用。

7.1.2　我国公路信息化发展现状

1. 公路信息化发展情况　"十二五"期间，围绕促改革、调结构、惠民生、保安全等重大任务,全面推进行业信息化重大工程和示范试点工程建设,交通运输要素资源数字化、行业管理协同化、运输服务智能化、信息服务便捷化水平稳步提高,发展环境不断优化,信息化成为各级交通运输管理部门平稳运转和高效履职不可或缺的重要手段。政企合力推进信息化取得新进展,交通运输成为移动互联网等新兴技术的重点应用领域,新业态不断涌现,交通信息服务产业化发展呈现出前所未有的活力。

(1) 要素资源数字化水平稳步提高。公路交通运输行业基础数据库群基本形成,重要交通基础设施、重点运载装备运行状态数据采集率稳步提升。

1) 交通基础设施、营运车辆、船舶、经营业户、从业人员等基础数据库基本建成,部分地市的城市公交、出租车、轨道交通、客运枢纽、农村客运等基础数据库初步建成,长江电子航道图3.0版上线应用。

2) 国省干线公路网超过40%的重点路段,以及特大桥梁特长隧道实现了运行状况的动态监测,超过95%的"两客一危"重点营运车辆接入了联网联控系统。

(2) 行业管理协同化能力有效增强。依托行业信息化重大工程建设,重要业务领域的信息化应用取得重大进展,跨区域、跨部门业务协同水平明显提升。

1) 推进了全国道路运政管理信息系统互联互通工作,启动了全国交通运输行政执法综合管理信息系统、运输和建设综合系统建设,建成了交通公安综合业务管理系统,交通运输行政管理和执法信息化水平不断提升。

2) 21个省(区、市)开展了公路建设和运输市场信用信息服务系统建设,推动了行业信用体系建设。

3) 23个省(区、市)开展了公路安全畅通与应急处置系统建设,建成了全国重点营运车辆联网联控系统,推动了全国道路货运车辆公共监管与服务平台建设,6个省开展了危险货物道路运输电子运单试点工作,建成了部级综合运行监测与应急指挥中心,进一步增强了行业运行监测与应急处置能力。

4) 28个省(区、市)开展了交通运输统计分析监测和投资计划管理信息系统建设,提高了行业统计和经济运行分析能力。

5) 以世界性和地区性大型活动的召开为契机,北京、上海、广州、深圳等特大城市综合交通信息资源开发利用程度显著提高,公路运行协调和应急联动能力明显提升。

(3) 运输服务智能化应用不断创新。依托示范试点工程建设,综合运输、现代物流、城市客运等领域的智能化应用取得新突破。

1) 建设了南京南站、上海虹桥等6个综合客运枢纽管理与信息服务系统示范工程,枢纽内多种运输方式之间信息互通与共享取得突破。

2) 建设了大连、宁波等6个港口集装箱海铁联运物联网示范工程,探索了多式联运信息共享与服务新机制。

3) 36个城市公共交通智能化应用系统建设顺利推进,提高了城市公共交通运行效率和服务能力,支撑了"公交都市"的创建。

4) 30个城市开展了出租汽车服务管理信息系统试点建设,提升了出租汽车智能化运行管理水平。

(4) 信息服务便捷化程度显著提升。各级交通运输主管部门公共信息服务能力进一步提升,商业化的交通信息服务蓬勃发展,公众信息服务体验不断改善,交通信息服务产业发展环境持续优化。

1) 实现了全国高速公路电子不停车收费系统(ETC)联网运行,开展了京、津、冀、湘、渝等省(市)的中国高速公路交通广播系统建设,普遍提供了高速公路热线电话和网站等服务手段，移动应用服务（APP）和微信公众号等方式得到快速推广，高速公路出行信息服务水平显著提升。

2) 27个省（区、市）开展了省域道路客运联网售票系统建设，改善了百姓购票服务体验，方便了百姓出行。

3) 全国地级以上城市全部开通了"12328"交通运输服务监督电话，实现了交通运输服务监督"一号通"。

(5) 发展环境不断优化。体制机制逐步完善，行业信息化发展环境得到进一步改善。

1) 基本完成了全国高速公路信息通信干线传输系统联网工程建设，初步实现了全网贯通。

2) 实施了部机关通信信息网络机房搬迁工程，基本形成了部级政务外网虚拟化资源池和数据中心架构，部分省（区、市）探索建设了智慧交通云平台，海事云平台基本建成，行业数据中心体系建设进一步完善。

3) 基本建成了覆盖部、省两级的信息安全通报预警及安全检查工作机制，行业信息安全等级保护工作全面推进。

当前，交通运输信息化建设正处于从分散转向集约、从孤立封闭转向共享开放、从以政府推动为主转向政企合作推进的重要转型期，即将迈入全面联网、业务协同、智能应用的新阶段。然而，交通运输各业务领域和各地区信息化发展不平衡、不协调、不深入、不可持续等问题仍较为突出，资源共享难、互联互通难、业务协同难等问题没有实质性改善，基础信息能力薄弱、整体性应用缺乏、信息服务品质不高、市场活力激发不够等问题依然突出，行业网络与信息安全形势不容乐观，信息化整体水平和发展质量仍不能适应现代交通运输业发展的需要。

2. 交通运输部公路信息系统　　交通运输部公路信息系统主要从"1库1网1套应用系统"的角度，体现了交通运输部直接管理的中国公路顶层信息系统的建设现状及横向的相互关系，如图7-5所示。

(1) 公路数据库。公路数据库为各公路信息提供了基础数据，是公路管理信息化的核心，包括公路基础数据库和公路统

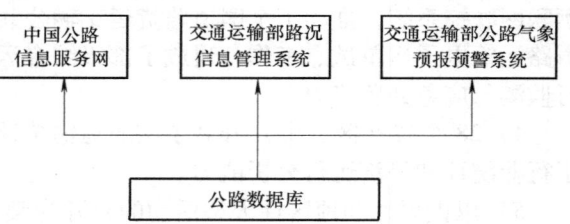

图7-5　交通运输部顶层公路信息系统

计数据库，记录了所有国、省、乡道路的各类属性数据，包括全国国、省道电子地图。

公路数据库分为部、省、地市三级公路数据库，三个部分相辅相成（见图7-6）。部级公路数据库在省级公路数据库的基础上对数据进行汇总，结合公路电子地图，建立了基于地理信息系统的部级公路数据库应用查询系统。其主要功能有：地图显示、数据管理、数据查询、数据统计、网络分析、路网监控、地图编辑、制图输出等功能。部、省级公路数据库的关系如图7-7所示。

公路数据库系统包括七个指标集，即桥涵构筑物集、沿线设施集、沿线环境集、路线概况集、路面集、路基集、交通量集，共80多张数据表、800多个数据项。公路数据库数据组成结构如图7-8所示。

公路数据库的内容包含了里程、桥隧、公路通达绿化养护工程和养护质量、水毁等内容，是实现公路信息化管理的重要基础。主要填报内容有：公路基本情况统计、公路密度及通达情况统计、公路路线基本情况明细、公路路线汇总情况明细、高速公路服务信息、特大型桥梁明细、危险桥梁明细、特长隧道及长隧道明细、公路水毁损失情况统计、公路标志和标线情况统计、公路绿化情况统计、公路养护情况统计、公路管理养护机构及职工统计、公路养路机具统计。

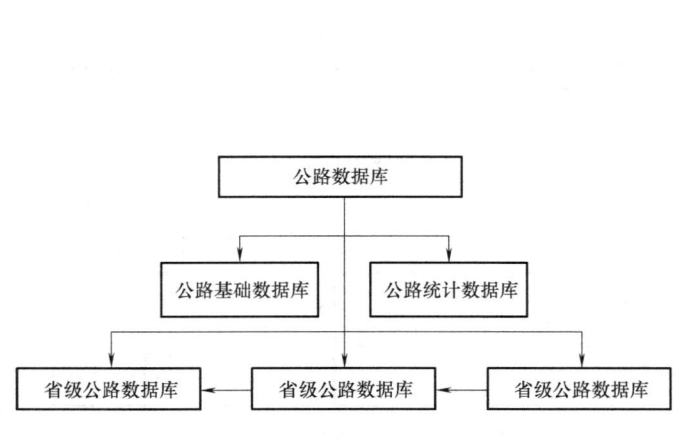

图 7-6 公路数据库体系结构

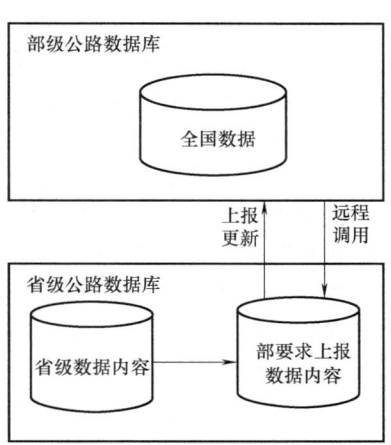

图 7-7 部、省级公路数据库的关系

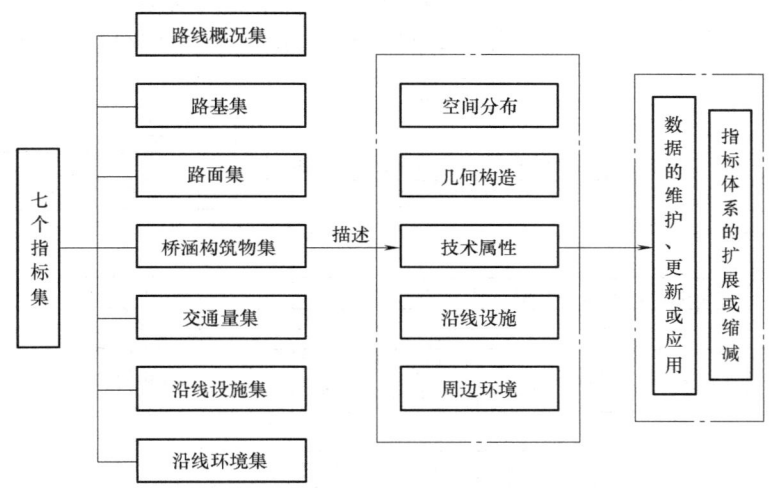

图 7-8 公路数据库数据组成结构

(2) 中国公路信息服务网。中国公路信息服务网可提供的服务内容有全国路况、公路气象、公路地图、出行常识、信息订阅等。其中，全国路况汇总了全国计划性和突发性的路况信息以及路况畅通信息。公路气象提供了全国公路交通气象动态和首都放射线基本情况。出行常识设置有百姓关注和需要了解的日常交通常识和交通安全知识，而且提供公路路径信息查询功能，可进行路线信息、收费站点等的查询。信息订阅是为特制用户设置的。中国公路信息服务网同时与相关省公路信息服务网进行了链接。

(3) 交通运输部路况信息管理系统。交通运输部路况信息管理系统旨在规范公路交通阻断信息报送工作，提高公路交通应急保障和公共服务能力。交通运输部路况信息管理系统主要报送两类信息：一类是由于公路养护施工、重大社会活动等计划性事件或自然灾害、事故灾害、公共卫生事件、社会安全事件等突发性公共事件引起的高速公路预计出现超过 6h 的交通中断或阻塞；二类是虽未引起长时间交通中断或阻塞，但出现重大人员伤亡或社会影响恶劣的公路交通事件。

交通运输部路况信息管理系统的运行为公路管理者、公众出行提供实时信息服务，但该系统从业务上可以说是独立运行的系统，目前上传信息主要集中在阻断信息上，如果从行业管理、公众服务的角度看，信息是不完整的，需要对路况报送信息进行整合。

（4）交通运输部公路气象预报预警系统。交通运输部公路气象预报预警系统将公路气象预警信息发送至相关省市公路管理部门，以便其采取及时有效的预防措施。该系统与路况信息管理系统一样，也是独立运行的业务系统，所提供信息是独立的。

3. 省现有公路信息系统 省现有公路信息系统主要有省联网收费结算管理系统、省联网监控系统、公路养护管理系统和道路客运联网售票系统等省级普遍存在的公路管理系统。省现有公路信息系统体系框架如图7-9所示。

（1）省联网收费结算管理系统。目前，江苏、浙江、山东、广东、重庆、广西、福建、四川、吉林、辽宁等部分省

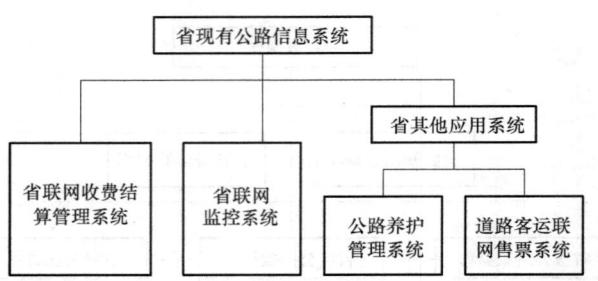

图7-9 省现有公路信息系统体系框架

（自治区、直辖市）已建设了联网收费结算管理中心，并且已成功运行多年。省联网收费结算系统一采用三级管理体制，即"联网收费结算中心—收费中心—收费站"，如图7-10所示。

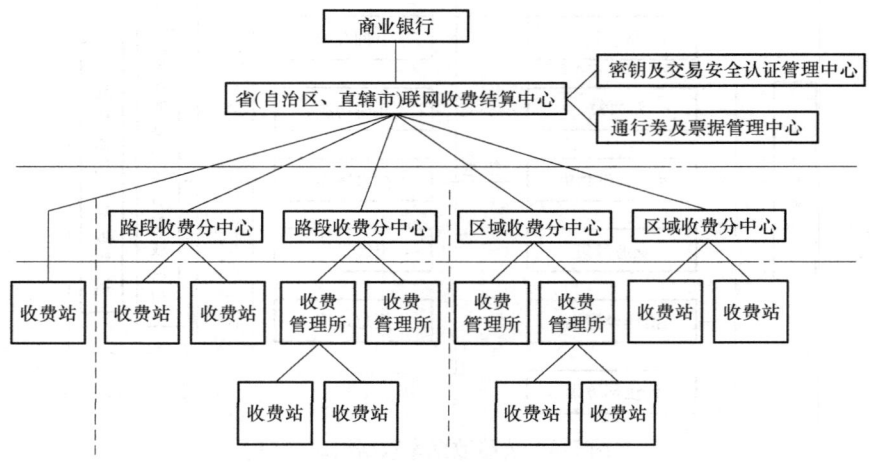

图7-10 省联网收费结算系统总体框架

其中，省联网收费结算中心系统具备的基本功能有：

1）系统参数管理。

2）数据传输管理：建立与结算银行、下级系统的通信连接，传输联网收费结算系统所需的一切数据，如发送系统运行参数、接收下级系统上传的联网收费数据（包括原始收费数据和统计数据等）。

3）数据处理与存储管理：完成联网收费数据的完整性、准确性、可靠性、真实性和安全性处理，并存储于数据存储系统。

4）通行费的拆分与结算或校核。

5）报表统计、查询、打印管理。

6）数据备份与恢复管理。

7）票证及通行券管理。

8）信息发布管理。

9）操作权限管理。

10) 网络管理。

(2) 省联网监控系统。北京、江苏、上海、湖南、福建、四川、江西、河南、浙江等十多个省份和直辖市已经建成或正在筹建高速公路联网监控系统。各省、市高速公路联网监控系统主要由省、市高速公路联网监控中心—路网监控分中心—路段基层监控单元三层结构组成。其中，省、市高速公路联网监控中心负责全省路网的运行和管理，提供以下服务：

1) 协调各路段建设过程中的路段衔接问题。
2) 区域路网内运营中交通事件问题的控制处理。
3) 综合发布路网运营管理信息。
4) 为交通主管部门、社会公众、路段运营管理单位、交通运输企业、科研院所提供专项查询等综合服务。

省联网监控系统框架如图 7-11 所示。

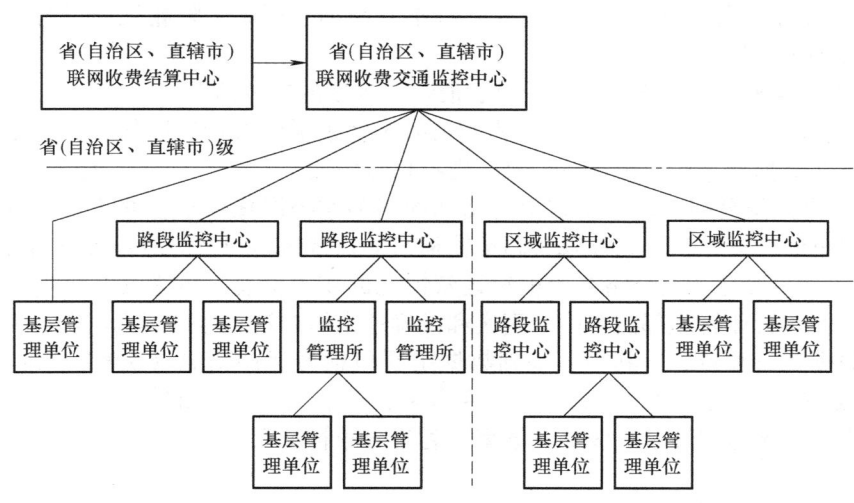

图 7-11　省联网监控系统框架

省联网监控系统数据与视频信息具体包括：

1) 路网的交通监控数据：路段监控管理所或路段监控中心主要接收来自外场监控设备的监控数据，包括车辆检测器数据、气象检测器数据、能见度检测器数据、收费站交通量数据、可变信息标志数据、可变限速标志数据、紧急电话报警记录、交通拥堵等事件告警信息、隧道运行状况信息等。

2) 省级监控中心从各路段、区域监控中心获取的交通监控数据，主要包括车辆检测器数据、气象检测器数据、能见度检测器数据、收费站交通量数据、可变信息标志数据、可变限速标志数据、紧急电话报警记录、交通拥堵等事件告警信息、事件记录、隧道信息。

3) 省级监控中心向区域监控中心或路段监控中心下发的指令，主要包括路网间的协调指令、道路视频图像控制命令、监控系统时钟统一指令。

4) 监控外场设施采集的视频图像，包括主线道路（包括高速公路、互通立交、服务区、停车区、国道主干线等）监控图像、特殊路段（如长大隧道、特大桥、长下坡、特殊线型路段等）视频监视图像、与其他省交界处的路段视频监控图像、重要城市的出入口监视图像。

5) 监控室图像，包括收费站视频监视图像、收费车道入口图像、收费亭图像、收费广场图像（摄像机带云台）、收费监控室图像、财务室图像。

(3) 省其他应用系统。目前，大部分省交通运输厅已在国际互联网上拥有自己的网站或网页，许多省（自治区直辖市）已建立了公路养护管理系统（CPMS）、道路客运联网售票系统等。

1）公路养护管理系统。公路养护管理系统一般包括基础数据管理、养护计划管理、日常业务管理、养护质量评定、养护工程管理、养护评价分析等。

① 基础数据主要包括对养护管理所需的各类路况基本数据以及养护管理专用的基本数据和资料，包括路况数据、基本数据、养护资料。路况数据主要包括路基数据、路面数据、路线概况、沿线环境、沿线设施、主要构造物等；基本数据包括病害定义、养护模板；养护资料包括管理文书、合同技术档案、养护月报等。

② 养护计划包括养护收支计划、公路养护计划，以及各项养护施工记录、养护工程项目的检查与考核情况。

③ 日常业务包括日常业务巡查、日常维修养护等信息。

④ 养护质量评定主要是依据交通运输部标准对路面、桥梁、附属设施进行定期检查管理和评定，生成评定结果。

⑤ 养护工程管理主要是掌握工程资金、质量、进度的实时情况。

2）道路客运联网售票系统。各省及直辖市基本实现道路客运联网售票，其中起关键作用的公路运输枢纽数据信息主要由视频信息、数据信息组成。

① 视频信息是指公路运输枢纽客货运站场的视频监控图像信息，便于行业管理部门实时掌握公路运输枢纽的运营状况，保障公路运输枢纽的正常运转与及时应对突发情况。

② 数据信息主要是反映公路客运枢纽运营情况的相关信息，可为社会公众提供便捷的出行信息服务，便于行业管理部门全面、真实和准确地掌握客运枢纽的运营状况，并为其进行科学决策提供数据支持和帮助。其中，基础数据主要包括客运站信息（名称、等级、地址、联系电话）、客运班线、发车时间、总里程、客座位、剩余座位、票价等；统计与分析数据主要包括客运发送量、客运周转量、线路实载率、客流分布特征等。

7.2 智能公交系统

7.2.1 智能公交系统简介

智能公交系统（APTS）具有多种服务以满足用户的需求。

1. 公交安保服务 车内视频监控通过安装在车内的摄像头，实现对运行中的公交车辆进行视频监控，使司机和运营调度中心能够实时发现安全隐患。场站、站台视频监控通过在这些固定场所安装视频监控系统，实现对车辆和候车人群的监控，确保车辆和人员的安全。

公共交通因其封闭性、人员密集性、防范难度大等特点，一旦遭受恐怖袭击、爆炸、火灾等事故极易造成群死群伤。目前，公交系统的安全保卫工作主要涉及场站和运营车辆两个方面。

（1）公交场站（含枢纽站）视频监控系统。公交场站视频监控系统是一个采用多级管理架构，能够实现分布监控、集中管理的系统，可以实现远程实时监控、远程遥控、远程设置参数等功能。该系统可以根据需要实时对各个场站（车队）的图像进行调用、检索、回放等操作，可以对分布在各个区域的前端设备进行集中管理和控制，还可对分布在各区域的存储终端设备进行远程集中管理。各个区域不同的用户可以根据指定的权限对该系统进行操作。

（2）公交车视频监控系统。公交车视频监控系统通过视频采集端设备将公交车运行途中的视频图像通过传输系统传至视频信息管理控制平台，并通过无线通信方式，借助电视墙、多媒体大屏幕、PC 终端等信息显示设备，实现视频监控信息的远程调用或回放。

2. 智能调度指挥和车队管理 随着交通运力、运量越来越大，线路越来越复杂，公交公司期望通过智能公交系统协助完成线路规划、运营调度及公交网络优化等，提高工作效率和管理水平。具体说明如下：

（1）车辆自动定位系统（AVL）也称车辆自动监控系统，可监测每辆车的实时位置，并把信息传送到控制中心，并在地理信息系统上显示。在这一过程中，根据系统需要可选择不同的技术，如无线技术（GPRS/CDMA/SMS 等）、路标技术、里程表技术和全球定位技术等。

（2）通过公交运营软件系统可以实现多种公交方式和多种公交运输功能的自动化、一体化运营。运营管理中的计算机应用，能够使运营调度、线路规划、乘客服务等部门具有更高的效率，发挥更大的作用。

（3）交通信号优先控制系统在公交车辆通过平交口时，控制交通信号灯提前变成绿灯，从而让车辆更快地通过平交口，以确保调度运行的准确性。

3. 公交出行信息服务 在乘客出行前为其提供准确和及时的信息，使乘客可以根据这些信息进行决策，选择出行路线和出行时间；在车上为乘客提供道路运行情况、是否按时到站、当前位置、换乘信息以及其他信息；在站台、候车区等地，通过电子站牌、电视等媒介为乘客提供信息，包括实时车辆到离站信息及静态服务信息，也可以提供利用互联网查询各种信息的功能。

公交出行信息系统旨在为出行者在出行前或者出行中选择交通方式和路径提供准确而及时的信息，使其无论在家里、办公室、交通控制中心、公交车站还是在公交车上，都可以获得这些信息。其与车辆自动定位系统结合还能提供公交系统的实时信息，如车辆到达时间、离开时间和延误时间等，保证路边候车乘客获得正确的信息，特别是对有多条线路通过的道路或有多个分支的路线。具体说明如下：

（1）车上公交出行信息系统为乘客提供有用的全线路信息，与车站/路边系统结合，通过车辆自动定位系统实现车上信号的自动行驶。

（2）综合乘客信息系统可以集合一个或者多个服务系统的实时或者静态数据，并通过多种方式收集、合并、校正和传送这些信息，使乘客可以在出行前和出行中完全根据信息做出出行决策。

（3）出行前公交信息系统在乘客出行前为其提供准确和及时的信息，使乘客可以根据这些信息进行决策，选择出行路线和出行时间。出行前信息涵盖广泛，包括公交线路、地图、发车时间表、票夹、停车换乘站（方案）、途经重要地点和天气等信息。目前，通过互联网、便携式通信设备和电视等方式来获得信息变得越来越普遍。

（4）车站/路边公交信息系统通过车站/路边的电子显示、电视等媒介为选择公交方式出行的乘客提供信息，包括实时车辆到离站信息和传统的静态服务信息。随着技术的发展，该系统也可以提供利用互联网查询各种信息的功能。

7.2.2 智能公交系统的组成及功能

1. 智能公交系统的组成 智能公交系统由多个功能子系统组成，其中包括若干硬件模块和软件平台。

（1）智能公交系统的软件平台构架。图 7-12 给出了智能公交系统的软件平台架构，包括：

1）用户操作界面。该平台向用户提供统一的用户操作界面，包括地理信息系统（GIS）车辆导航、跟踪界面和系统管理等操作界面。所有界面的设计均与主界面保持统一的风格，无论是控件使用、提示信息措辞，还是颜色、窗口布局风格，都遵循统一的标准，做到真正的一致，增强用户友好的系统体验。

2）系统应用层。系统应用层实现了系统所有的业务功能。其中，地图功能模块实现地图浏览、地图查询、地图定位等功能，车辆管理功能模块实现车辆定位、车辆跟踪、车辆调度、车辆报警和车辆信息管理等功能，系统管理功能模块实现用户管理，日志管理，统计分析等功能。

3）系统中间层。系统中间层提供应用平台框架以及 GPS 车辆调度系统所必需的中间件，包括 GIS 组件和在基础组件的基础上定制客户化的 GIS 平台。后台车载监控服务负责监控前台设备在线状况，并通过 GPS 车载终端产品的协议接收、解析、发送相应指令，支撑前台的 GPS 车辆定位、调度功能。空间数据引擎为系统提供连接数据库中空间数据资源的强大工具。接口适配组件负责与外部系统进行数据共享和互操作。

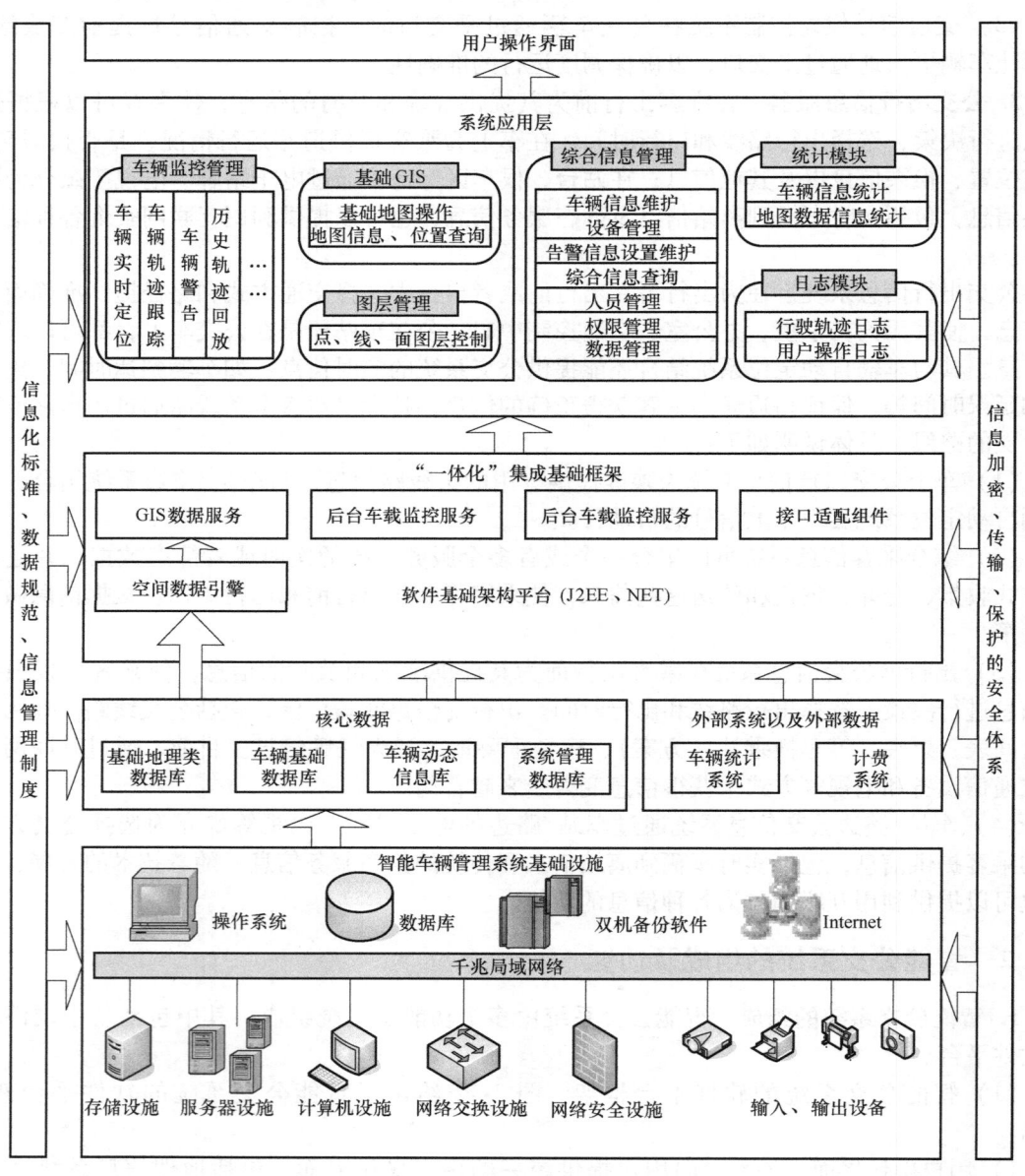

图 7-12　智能公交系统的软件平台架构

4)数据层。系统对数据实行统一管理,实现数据共享,根据目前的业务需求,采用分布式存储的模式存储数据。由于基础地图数据更新速度较慢,改为存储在客户端,可以加快用户浏览地图的速度,增强用户的友好体验。业务图层的数据量比较小,更新速度快,集中存储在核心数据库,方便数据的共享和更新。另一种常用的模式是使用第三方的地图数据服务,本地不需存储地图数据,节省了地图数据的采购成本。其他业务数据包括 GPS 车载轨迹数据、系统管理数据等,需要实时更新,因此均存储到核心数据库。这样的数据部署模式,既保证了数据的共享、集中管理,又充分保证了系统的运行性能。

5)数据交换系统。数据交换系统的主要功能是实现分系统数据库、共享数据库之间的数据在有限范围内并在确定内容的情况下互惠互利地传递和交换。整个系统有数据揭露、数据转换、数据传输、数据路由、安全管理、调度监控、日志管理、系统管理等软件模块构成。

6)基础架构服务。基础架构服务定义了一个虚拟化的层面,该层面使得构建在其之上的业务集成架构能够运行在任何包含了安全、目录服务、存储管理等底层的硬件平台之上。更重要的是,对各类移动设备进行适配和管理,能够屏蔽掉产品的个性差异,使数据采集、统计和设备管理变得更加可行和容易。各种工业接口协议、网络协议都在基础架构层进行适配,使系统更关注于业务,具有更好的扩展性和稳定性。

(2)智能公交系统的硬件构架。智能公交系统的硬件构架如图 7-13 所示。

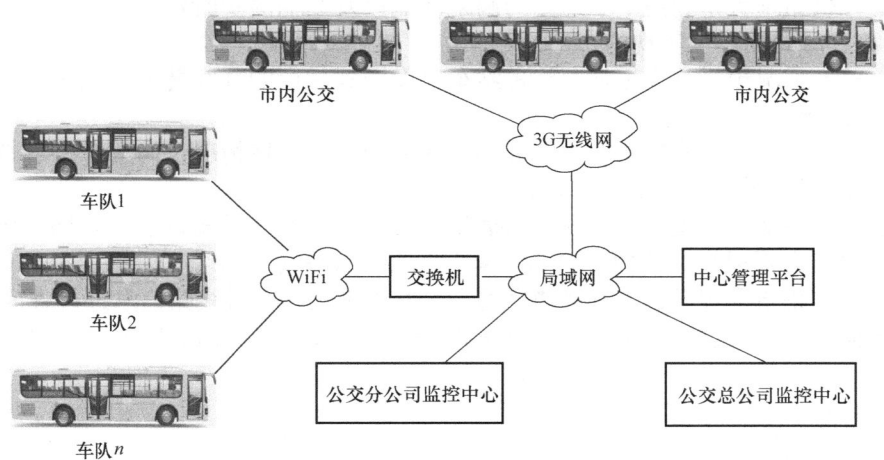

图 7-13 智能公交系统的硬件构架

2. 智能公交系统的功能 智能公交系统实现了城市公共交通系统的智能化、信息化管理。根据系统特征,要求智能公交系统具有车辆指挥调度、视频监控、公众信息服务、监控中心综合管理等基本功能。

(1)公交车辆指挥调度

1)电子地图与 GPS 和 GIS 结合,实现车辆实时定位、位置查询、测距等功能。

2)车辆位置监控可以跟踪单个或一组车辆行驶线路,并能保存和回放监控轨迹。

3)车辆呼叫功能支持定时呼叫、定长呼叫、压缩等方式呼叫车辆,将车辆的 GPS 数据传回调度中心,并在电子地图上显示出来。

4)求助报警是当车辆遇到紧急情况时,驾驶人可以通过报警按键,向指挥调度中心回报报警信息,同时可以使用车载终端监听,并且自动录音。

5)定位监察是通过设置一定的条件(如每天中午 12 点、每隔 1h、车速超过 80km 等),

在车辆满足设定条件时向所属中心报告位置信息,供指挥调度中心定期了解车辆情况。

6)行车调度管理是指调度中心根据同线路公交车的实时行车信息,识别该路线交通是否运行正常。如果发生交通阻塞,可根据需要自动调整下一班车的出发时间与间隔,可以减少空载率,提高载客效率,减少油耗,防止形成塞车恶性循环。

7)智能综合管理是指指挥调度中心根据各条公交线路返回信息,识别相关线路的堵塞率,合理分配车辆布局,提高整个城市的交通运营力。

(2)视频监控。公交视频监控系统由车载终端、数据传输网络及监控中心三部分组成。公交视频监控系统通过车载音视频摄录装置将车内外监控信息摄录并存储于车载存储设备中。驾驶人可通过车载终端的报警装置实现数据主动上传,或通过公交智能调度系统中 GPS 车载终端相关营运参数的设计自动激活数据上传,同时监控中心也可根据需要,利用无线网络对特定车辆进行音视频、图片上传或点播。所有这些监控音视频除了能被公交公司使用外,还能方便地满足应急指挥中心、交通委等管理调度视频信号联网的要求。

各类监控中心可实时监控公交车辆运行位置、运动轨迹,车厢内的情况。当发生紧急事件时,监控中心可以实时监控前端车辆内的状态,做到及时处警。

车载系统中的视频监控设备可接收由视频监控指挥平台发送过来的参数配置管理信令。控制者可能是平台内部的管理系统或者有相应权限的客户端点。

(3)公众信息服务(电子站牌)

1)公交车进站预告是利用电子地图的测距功能以及车辆的实时定位功能,进行当前车辆到站点的距离和时间测算来实现的。

2)车上载客情况预报是指根据即将进站车辆发送到后台的载客情况,向等车乘客预报车内拥挤情况,预测座位情况等。

3)路面情况实况是指依靠从交通管理部门获取的路面拥堵情况,向等车乘客介绍本路线车辆的行驶情况,以便乘客选择是否乘坐。

4)广告、广播功能实现对移动电视的播放和支持,如利用无线数字发射网的数字电视信号或 3G 带宽进行远程视频文件的传输来实现广告或新闻播放。

5)信息查询是指乘客通过带有触摸屏的电子站牌满足乘客对线路信息进行查询。

6)视频监控可以通过安装于电子站牌上的 3G 摄像头,将车站的实时视频抓取到指挥调度中心显示。

(4)综合管理

1)监控中心大屏幕显示。

2)基础资源监管。公交基础资源包括人、车、线、站等。监管内容包括:

① 人力、车辆资源分布,即统计各公交分公司的人力和车辆分布情况,并给出报表。

② 线路资源分布,即绘画详细的公交路线及周边单位设施分布情况。

③ 场站资源分布,包括停车场和公交车站分布情况。

3)日常营运监管,即统计每辆公交车的运营数据资料,如客流乘次、油耗、出车次数、运行里程等。

4)营运安全监管,包括超速安全报警、交通事故报警、道路拥堵报警、轨迹回放、班次执行情况等。

5)服务质量监管,包括首末班车准点率、班次兑现率、滞站情况、大间隔发车等。

6)机务管理监控,包括路救监控、维修监控、配件管理等。

7.2.3 智能公交系统中的信息技术

智能公交系统中应用到的信息技术主要包括视频分析与处理技术、GIS、GPS 以及信息传输网络。

1. 视频分析与处理技术　多媒体技术是 20 世纪 90 年代初掀起的热门课题。所谓多媒体技术就是能对多种媒体上的信息和多种存储信息进行处理的技术。多媒体技术的特点主要表现在它的综合性和交互性上。多媒体技术与有线和无线通信（电话、电报、传真、数据）网络、广播和闭路电视网络、计算机网络等通信系统相结合，形成多媒体信息传输系统。交通信息（包括简单的数字信息、监控图像信息及控制信息等）属于多媒体信息范畴。由此可见，多媒体技术与多媒体通信技术将在智能交通系统中得到广泛应用，并起到重要作用。多媒体信息处理除了音频视频压缩技术外，还包括以下内容：

（1）视频分割。视频分割（见图 7-14）是指将图像或视频序列按一定的标准分割成区域，以便定义图像或视频序列中有一定意义的相对独立的空间或时间集合，并有效地组织属于这些集合的元素。例如，基于像素域的分割方案，可以得到比较精确的结果，但是由于大量的视频序列存在于压缩域中，处理视频序列需要繁杂的计算用于解码，因此会耗费很多的时间。随着视频编码标准的不断发展，出现了一些基于压缩域的视频处理方法，如从动态图像专家组（Moving Picture Experts Group，MPEG）压缩码流中提取运动矢量场来分割视频对象，首先对运动矢量场进行滤波和校正，然后进行全局运动补偿，得到对象的绝对运动矢量场，最后采用 K-means 聚类算法对运动矢量场进行聚类分析，从而分割出感兴趣的视频运动对象。

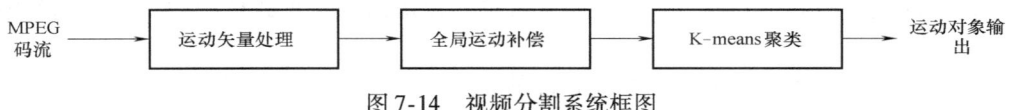

图 7-14　视频分割系统框图

由于现实世界中场景的复杂性和多样性，难以找到统一的方法来完成所有的视频对象分割，并且目前很难通过低层次的视觉分割来提取高层次的语义视频对象，因此，视频对象分割是视频处理的一个难点。

（2）流媒体传输。传统的网络传输音视频等多媒体信息的方式是完全下载后再播放，下载常常要花数分钟甚至数小时。而采用流媒体技术，就可实现流式传输，将声音、影像或动画由服务器向用户计算机进行连续、不间断地传送，用户不必等到整个文件全部下载完毕，只需经过几秒或十几秒的启动延时即可进行观看。当声音、视频等在用户的机器上播放时，文件的剩余部分还会从服务器上继续下载。

流媒体传输需要合适的传输协议。目前，网络上的文件传输大部分建立在传输控制协议（TCP）的基础上，也有一些是以文件传输协议（FTP）的方式进行传输的，但采用这些传输协议都不能实现实时方式的传输。随着流媒体技术的深入研究，目前比较成熟的流媒体传输一般采用建立在用户数据报协议（UDP）上的实时传输协议/实时流传输协议（RTP/RTSP）来实现。

（3）视频分析与识别。视频分析与识别技术是使用计算机算法软件对视频进行运算和分析，提取视频中的有用信息，完成这一信息提取和理解的一项技术。对视频"内容"的提取和理解过程中最为关键的技术是采用计算机对视频信号进行分析，以提取视频场景中发生的一些特定的事件或监控目标的特定行为。总的来说，视频分析与识别技术属于计算机视觉技术范畴。

智能视频分析技术是指用计算机实时监控和"查看"视频，当有可疑事件出现时再提醒监控人员进行第二次人工确认。通过这种方式能够过滤掉 90% 以上的正常视频，无须监控人员随时盯着观看，使监控人员的工作效率大大提高，不但使监控人员能一个人同时兼顾几路、几十路甚至上百路的视频，而且能有效克服监控人员固有的精神疲劳、注意力不集中等生理特点,更为重要的是,通过智能视频分析技术能够做到对异常事件进行实时监测、实时报警,大大缩短发现异常事件时的反应时间,使原有的监控系统不至于沦为一种"录像查询系统"。

智能视频分析技术在智能公交系统中能实现公交车辆异常报警、场站异常报警、公交车辆客流检测等。

2. GIS 与 GPS 相结合 GIS 与 GPS 相结合,可以建立综合交通规划空间信息管理分析系统,不仅极大地增强了交通网络处理的直观性、可操作性,而且能提高交通规划的工作效率。

基于 GPS + GIS 的智能公交系统能让运营管理部门、安全保卫部门及时掌握部门所有运输车辆的运行状况,以便对车辆进行集中的指挥和调度,从而提高运输效率,保证运输安全。目前,这类系统在公安、保安以及公交调度等部门广泛使用。

运行在车辆定位系统中心服务器上的数据交换软件系统,不停地对来自移动终端的数据进行搜索。当接收到移动终端的请求登录信息时,该信息立即进入车辆管理软件系统,进行身份验证,并发送指令,接收位置信息。监控中心收到位置报告并经数据交换软件运算处理后,便自动进入 GIS 监控软件系统,在电子地图上进行地图匹配,得到车辆所在的道路信息,然后更新数据库中的车辆当前位置记录,供操作人员及用户监控和查询,基于 GPS + GIS 的车辆监控系统主要由车载终端、中心服务器、监控终端组成。

(1) 车载终端

1) 定位功能。控制中心或个人终端向车载单元发送命令,车载单元按指定时间间隔及次数进行报位。

2) GPS 定位信息输出。车载设备配有标准串口,可输出 NEMA.0183 标准的 GPS 定位数据,可配合车载导航系统进行自主导航。

3) 移动报警。在车辆进入设防状态后,如果车辆移动,车载终端将会向监控终端进行报警。

4) 断电自动报警。当车载单元电源掉电(或被人为切断)时,车载终端自动转换到车载设备电源,并定时进行位置及告警信息发送,直到接到停止发送命令或电池耗尽。

5) 超速报警。当车速超过设定的速度后,车载终端将直接向监控中心或监控终端发出超速报警,并按一定时间间隔连续发送,直到速度恢复到正常范围。

6) 紧急报警。当车辆遇到抢劫、交通事故、急需修理等紧急情况时,驾驶人可以触发报警按钮,1s 后自动向监控中心报警及发送位置信息。

(2) 中心服务器。中心服务器是一个数据接收与管理系统,在一个系统中起到信息中枢的作用,车载终端与监控终端通过中心服务器相互联系。

(3) 监控终端。监控终端主要由 GIS 工作站、管理工作站等组成。其功能包括:

1) 电子地图服务模块实现地图缩放、漫游、图层控制、查询、路径分析、鹰眼、测距、图幅自动匹配、多视窗监控等功能。

2) 车辆实时监控跟踪模块实现定点定车行程跟踪、点名、请求报位、车辆显示状态控制、跟踪频率设置、道路模糊匹配等功能。

3) 报警中心模块实现报警目标提示、报警确认、报警取消、报警分发、遥控熄火、遥控恢复、发送信息、警情日志、车辆档案查询、报警记录查询、行驶记录查询、界线设置、限速设置、单向监听、双向通话等功能。

4) 历史行程跟踪模块实现行程轨迹回放、定点行程查询等功能。

5) 车管中心模块实现车辆档案管理、驾驶人档案管理、车辆事故管理、车辆维修管理、车辆业务统计和日志等功能。

3. 智能公交系统信息传输网络 智能公交系统集成了常用的信息传输网络方式,可根据具体的需求特征，在不同的地方采用不同的传输网络方式。例如，由于车辆的移动性，车辆与车队的通信采用3G公众移动蜂窝网络；同一车队，由于通信距离不是很长，车队内的各管理终端互联于Wi-Fi无线网络；公交分公司之间、公交分公司与公交总公司之间的通信，采用同步数字体系（SDH）城域网络。

（1）3G公众移动蜂窝网络。由于3G网络能提供无缝覆盖、宽带实时传输，故智能公交系统只需要支付给移动蜂窝网的运营商一定的带宽租用费，即能获得有保障的信息传输服务。

（2）SDH城域网。公交总公司、监控中心、各公交分公司安装SDH城域网设备（根据需求速率可选择2.5Gbit/s或10Gbit/s），将各SDH设备通过光纤连接，组成冗余的SDH环网，公交总/分公司及监控中心网点的路由器、交换机等通过接口接入SDH设备。

（3）Wi-Fi。Wi-Fi全称为Wireless Fidelity，即无线保真，又称802.11b标准。它的最大优点就是传输速度较高，可以达到11Mbit/s，另外，它的有效距离也很长，同时与已有的各种802.11 DSSS设备兼容。Wi-Fi与蓝牙技术一样，同属于在办公室和家庭中使用的短距离无线技术，用于无线信号接入。该技术使用的是2.4GHz附近的频段，该频段目前尚属于没有许可的无线频段。

Wi-Fi是由AP（Access Point）和无线网卡组成的无线网络。AP一般被称为网络桥接器或接入点，被当作传统的有线局域网络与无线局域网络之间的桥梁，因此任何一台装有无线网卡的PC均可通过AP去分享有线局域网络甚至广域网络的资源，其工作原理相当于一个内置无线发射器的HUB或者路由等，而无线网卡则是负责接收由AP所发射信号的客户端设备。

IEEE 802.11b无线网络规范是IEEE 802.11网络规范的变种，最高带宽为11Mbit/s，在信号较弱或有干扰的情况下，带宽可调整为5.5Mbit/s、2Mbit/s和1Mbit/s。带宽的自动调整，有效地保障了网络的稳定性和可靠性。其主要特性为速度快，可靠性高，在开放性区域内的通信距离可达305m，在封闭性区域的通信距离为76~122m。如果其与现有的有线以太网络整合，则组网的成本更低。

Wi-Fi技术突出的优势在于：

1）无线电波的覆盖范围广。基于蓝牙技术的无线电波覆盖范围非常小，半径大约只有15m（约50ft），而Wi-Fi的半径则可达100m（约300ft），整栋大楼都可使用。

2）虽然由Wi-Fi技术传输的无线通信质量不是很好，数据安全性也可能比蓝牙差一些，但传输速度非常快，可以达到11Mbit/s，符合个人和社会信息化的需求。

7.3 物流信息系统

7.3.1 物流信息技术及其应用概述

1. 物流概述

（1）物流的定义。目前，国内外对物流的定义有很多，较具代表性的有以下几种：

1）1998年美国物流管理协会对物流的定义为："物流是供应链流程的一部分，是为了满足客户需求而对商品、服务及相关信息从原产地到消费地的高效率、高效益的正向和反向流动及储存进行的计划、实施与控制过程。"

2）欧洲物流协会1994年发表的《物流术语》将物流定义为："物流是在一个系统内对人员或商品的运输、安排及与此相关的支持活动的计划、执行与控制，以达到特定的目的。"

3）日本后勤系统协会（日本的物流研究机构）的专务理事稻束原1997年在《这就是"后勤"》中对物流的定义为："物流是一种对原材料、半成品和成品的有效率流动进行规划、实施和管理的思路,它同时协调供应、生产和销售各部门的个别利益,最终达到满足顾客的需求。亦即,按要求的数量,以最低的成本送到要求的地点,以满足顾客的需求作为基本目标。"

4)我国国家标准《物流术语》对物流的定义为:物流是物品从供应地向接收地的实体流动过程。根据实际需要,将运输、储存、装卸、搬运、包装、流通加工、配送、信息处理等基本功能实施有机结合。

综合以上关于物流的定义,大致可以归纳出以下共同点:

1)物流是一个过程,是一个将实物从供应地向接收地进行流动,以消除其空间阻隔和时间阻隔的过程。

2)物流过程由若干环节组成。在我国的物流定义中,将其明确界定为运输、储存、装卸、搬运、包装、流通加工、配送、信息处理等基本环节,但是各个环节并不是独立存在的,而是作为整个系统的一部分相互协调,以实现整个系统的最佳输出。

3)物流过程的有机组合,目的是提高过程效率,即以最少的投入实现最佳的物流效果。

4)物流过程所追求的是"满足顾客要求"。物流过程的设计、策划及整合均应以顾客的需求为指导。

对物流的概念可以从物流的服务性、物流的系统性、物流的一体化和以现代信息技术为基础这几个方面进行理解。

(2)物流的分类。社会经济领域中的物流活动无处不在,而物流的需求以及物流在社会再生产过程中的地位与作用不同。在物流研究和实践过程中,从不同角度对物流进行类比分析与整合,主要有以下不同的分类:

1)按照其空间范围,可分为企业物流、城市物流、地区物流、国内物流和国际物流。

2)按照物流阶段,可分为供应物流、生产物流、销售物流、回收物流和废弃物物流。

3)按照从事物流的主体,可分为第一方物流、第二方物流、第三方物流和第四方物流(也有人直接将物流划分为企业自营物流和第三方物流)。

(3)物流的作用。物流业的发展可有效降低物流费用,为商品价格的降低提供条件,使消费者得到实惠。同时,物流网络的健全将极大地方便城乡居民的生活,甚至足不出户就可以得到价廉物美的商品和服务,从而可以更好地满足消费者的需求。另外,发展物流业必须充分发挥物流的系统化、集约化作用,合理规划物流及配送中心,重视回收物流、反向物流、废弃物物流以及绿色物流,推进新型物流工具的使用,从而减少污染,改善人们的生存环境,促进人类社会的可持续发展。

1)物流是一种重要的社会经济活动,对社会生产和经济活动不仅创造了时间效用,而且创造了空间效用。

2)物流是国民经济发展的基础之一。物流通过不断输送各种物资产品,使生产者不断获得原材料、燃料,以保证生产的正常运行;又不断地将产品送给不同的消费者,使生产和生活得以正常运行。

3)物流是企业生产的保证。物流为企业经营创造了外部环境,从而保证企业的正常运行,是企业发展的重要支撑力量。特别是第三方物流,给企业带来众多益处,主要表现在:提升企业的核心竞争力,实现资源优化配置;节省费用,减少资本积压;减少库存,改善企业现金流量。

2. 物流信息　现代物流已成为跨部门、跨行业、跨地域的以现代科技管理和信息技术为支撑的综合性物流服务。在现代物流中,信息已成为提高运营效率、降低成本、增进客户服务质量的核心因素。物流信息产生于物流活动和相关的活动中,在现代企业经营战略中占有越来越重要的地位。

（1）物流信息的定义。物流信息（Logistics Information）是一个涉及面相当广泛、内容相当丰富的概念，具体地讲，是指在物流活动进行中产生及使用的必要信息，是物流活动内容、形式、过程以及发展变化的反映，是物流各种活动内容的知识、资料、图像、数据、文件的总称。物流信息是物流活动中各个环节生成的信息，一般是随着从生产到消费的物流活动而产生的信息流，与物流过程中的运输、保管、装卸、包装等各个职能有机结合起来，是整个物流活动顺序进行所不可缺少的。

物流信息一方面来自物流活动本身，另一方面来自商品交易活动和市场，因而物流信息可从狭义和广义两方面来定义。从狭义的范围来看，物流信息是指与物流活动（如运输、保管、包装、装卸、流通加工等）有关的信息。从广义的范围来看，物流信息不仅指与物流活动有关的信息，而且包括与其他流通活动有关的信息，如商品交易信息和市场信息等。

（2）物流信息的作用。计划信息流比物流更早产生，它可以控制物流产生的时间、流动的大小和方向，引发、控制和调整物流，如各种决策、计划、用户的配送加工和分拣及配货要求等。作业信息流与物流同步产生，它反映物流的状态，如运输信息、库存信息、加工信息、货源信息、设备信息等。因此，物流信息除了反应物品流动的各种状态外，更重要的是控制物流的时间、方向、大小和进程。无论是计划信息流还是作业信息流，物流信息的总体目标都是把物流涉及企业的各种具体活动结合起来，增强整体的综合能力。

1）桥梁和纽带作用。物流活动是一个系统工程，采购、运输、库存以及销售等活动在企业内部相互作用，形成一个有机的整体系统。

2）有效地计划、协调和控制物流活动。物流系统通过合理应用现代信息技术，对物流信息进行挖掘和分析，得到每个环节之后下一步活动的指示性信息，进而通过这些信息的反馈，对各个环节的活动进行协调和控制。

3）提高物流企业的科学管理水平和决策水平。物流管理通过加强供应链中各活动和实体间的信息交流与协调，使其中的物流和资金流保持通畅，实现供需平衡。

3. 信息技术

（1）信息技术简介。信息技术（Information Technology，IT）泛指能拓展人的信息处理能力和增强人类信息功能的技术。从目前来看，信息技术主要包括计算机技术、通信技术、传感技术、控制技术等。信息技术可以替代或者辅助人们完成对信息的检测、识别、变换、存储、传递、计算、提取、控制和利用。

信息技术日新月异的进步，极大地提高了现代社会信息资源的开发和利用能力。信息技术已深入社会管理活动的每一个角落。

（2）信息技术的特征。有人将计算机与网络技术的特征（如数字化、网络化、多媒体化、智能化、虚拟化）当作信息技术的特征。信息技术的特征应从以下两方面来理解：

1）信息技术具有技术的一般特征——技术性。具体表现为：方法的科学性，工具设备的先进性，技能的熟练性，经验的丰富性，作用过程的快捷性，功能的高效性等。

2）信息技术具有区别于其他技术的特征——信息性。具体表现为：信息技术的服务主体是信息，核心功能是提高信息处理与利用的效率、效益。

由信息的特性决定，信息技术还具有普遍性、客观性、相对性、动态性、共享性、可变性等特征。

（3）信息技术的发展趋势。当前信息技术发展的总趋势是以互联网技术的发展和应用为中心，从典型的技术驱动发展模式向技术驱动与应用驱动相结合的模式转变，主要表现在：微电子技术和软件技术是信息技术的核心；三网（电信网、广播电视网、互联网）融合和宽带化是网络技术发展的大方向；互联网的应用开发。

4. 物流信息技术的应用　目前，物流信息技术已经广泛应用于物流活动的各个环节，对企业的物流活动产生了深远的影响。物流信息技术主要应用有：物流动态信息采集技术（如条形码技术、射频识别技术等）；空间信息技术（如 GPS 和 GIS 在物流设备与物品追踪中的应用等）、物流自动化设备技术（如自动分拣设备等）、物流公共信息平台等。

7.3.2　条形码技术

1. 条形码的含义　条形码是由条形码符号及相应的字符组成的标记，是一种光电扫描识读设备自动识读并实现信息自动输入计算机的图形表示符号。

条形码是一种可印刷的机器语言，它采用二进制数的概念，以"1"和"0"表示编码的特定组合单元。直观看来，常用的条形码是由一组宽度不同、平行相间的平行线和间隔按特定的规则排列组合而形成的图形符号，以此来表示一组字符。这组字符可以是数字 0~9，字母 a~z 或一些专用符号。一条完善的条形码由两侧静区、起始字符、数据字符、校验字符和终止字符组成。

条形码是一种信息记录形式，为适合各自的需要，工程师们研究提出的编码方案有 40 多种，常用的有交叉 25 码、39 码、库德巴码、UPC 码等。另外，从印刷条形码的材料和颜色分类，可分为黑白条形码、彩色条形码、发光条形码和磁性条形码等。

各类条形码都具有以下共同特点：
（1）条形码符号图形简单。
（2）每个条形码字符有一定条幅组成，占有一定的宽度和印刷面积。
（3）每种编码方案均有自己的字符集。
（4）每种编码方案与对应的识读装置的性能要求密切配合。

应用条形码系统进行信息处理的技术称为条形码技术。条形码技术属于自动识别技术范畴，是在计算机信息技术基础上发展起来的一门集编码印刷、识别、数据采集和处理于一身的新兴技术，在现代化生产和管理领域得到了十分广泛的应用。

2. 条形码技术的内容　条形码技术是电子和信息科学领域的高新技术，所涉及的领域较广，是多项技术相结合的产物。其核心内容是利用光电扫描设备识读条形码符号，实现机器的自动识别，并快速准确地将信息录入到计算机进行数据处理，以达到自动化管理的目的。条形码技术主要包括符号技术、条形码识别技术和条形码应用系统设计技术。

（1）符号技术。符号技术的主要内容是：研究各种条形码编码规则、特点及应用范围，条形码符号的设计及制作，条形码符号印刷质量的控制等。只有按规则编码，并且符合质量要求的条形码才能最终被识读器识别。

（2）条形码识别技术。条形码识别技术主要由条形码扫描和译码两部分组成。扫描是利用光束来扫读条形码符号，将光信号转换成电信号。译码是将扫描获得的电信号按一定的规则反映成相应的数据代码，然后输入计算机。当扫描器扫读到条形码符号时，光敏元件将扫描到的光信号转变成模拟电信号，模拟电信号经过放大、滤波、整形等信号处理，转变为数字信号。译码器按一定的译码逻辑对数字脉冲进行译码处理后，便可得到与条形码符号相应的数字代码。

（3）条形码应用系统设计技术。条形码应用系统由条形码、识读设备、电子计算机及通信系统组成。一般来讲，条形码应用系统的应用效果主要取决于系统的设计，主要考虑以下因素：

1）条形码的设计。条形码的设计包括确定条形码信息元、选择码制和符号版面设计。

2) 符号的印刷。条形码应用系统中,条形码印刷质量对系统运行有很重要的影响。如果条形码本身质量高,性能一般的识读器也可以顺利地读取。在印刷条形码符号前,要做好印刷介质的选择,以获得合格的条形码符号。

(4) 识读设备的选择。条形码识读设备种类很多,如光笔、CCD 阅读器、激光枪等。在设计条形码系统时,必须考虑识读设备的使用环境和操作状态。

(5) 商品条形码数字的含义。以条形码数字 6936983800013 为例,此条形码数字分为 4 个部分,从左到右分别为:

1) 1~3 位:共 3 位,对应该条码的 693,是我国的国家代码之一。690~695 都是我国的国家代码,国际上统一分配。

2) 4~8 位:共 5 位,对应该条码的 69838,是生产厂商代码,由厂商申请,国家分配。

3) 9~12 位:共 4 位,对应该条码的 0001,代表着厂内商品代码,由厂商自行确定。

4) 第 13 位:共 1 位,对应该条码的 3,是校验码,依据一定的算法,由前面 12 位数字计算得到。

3. 条形码技术的特点　在信息输入技术中,采用自动识别的种类很多。条形码作为一种图形识别技术具有以下特点:

(1) 简单。条形码符号制作简单,扫描操作简单易行。

(2) 信息采集速度快。普通计算机的键盘录入速度约为 200 字符/min,而利用条形码扫描录入信息的速度是键盘录入速度的 20 倍。

(3) 信息采集量大。利用条形码扫描,一次可以采集几十位字符的信息,而且可以通过选择不同码制的条形码增加字符密度,使录入的信息量成倍地增加。

(4) 可靠性高。误码率仅有百万分之一,首读率可达 98% 以上。

(5) 设备结构简单,成本低。

4. 条形码技术在物流中的应用　条形码技术是 20 世纪在计算机应用中产生和发展的电子与信息识别技术,所涉及的技术领域较广,是条形码理论、光电技术、计算机技术、通信技术、条形码印刷技术等多项技术相结合的产物,经过多年的研究和应用实践,现已发展成为较成熟的实用技术。条形码技术从诞生的第一天起就与物流结下了不解之缘。条形码技术像一条纽带,把产品生命周期中各阶段发生的信息连接在一起,可跟踪产品从生产到销售的全过程。条形码技术在物流系统中主要应用在以下几方面:生产线自动控制系统、信息系统(如 POS 系统)、仓储管理系统、自动分拣系统、售后服务系统。

7.3.3　射频识别技术

1. 射频识别技术概述　射频识别(Radio Frequence Identification,RFID)技术是 20 世纪 90 年代兴起的一种自动识别技术。它利用无线射频方式在阅读器和射频卡之间进行非接触双向数据传输,以达到目标识别和数据交换的目的。

射频识别技术的基本原理是电磁理论。射频识别的核心部件是一个直径不足 2mm 的电子标签,通过相距几厘米到几米的传感器发射的无线电波,可以读取电子标签内储存的信息,识别电子标签代表的物品、人和器具。射频识别的存储容量是 2 的 96 次方以上。理论上,世界上每一件商品都可用唯一的代码表示。以往使用的条形码,由于其长度的限制,人们只能给每一类产品定义一个类码,从而无法通过代码获得每一件具体产品的信息。智能标签彻底打破了这种限制,使每一件商品都可以享受独一无二的 ID。况且,商品贴上这种电子标签之后,从它在工厂的流水线上开始,到被摆上商场的货架,再到消费者购买后结账,甚至到标签最后被回收的整个过程都能够被追踪管理。

与目前广泛使用的自动识别技术（如摄像、条码、磁卡、IC 卡等）相比，射频识别技术具有很多突出的优点：①非接触操作，长距离识别（几厘米至几十米），因此完成工作时无须人工干预，应用便利；②无机械磨损，寿命长，并可工作于各种油渍、灰尘污染等恶劣的环境；③可识别高速运动的物体，并可同时识别多个电子标签；④读写器具有不直接对最终用户开放的物理接口，保证其自身的安全性；⑤数据安全方面除通过电子标签的密码保护外，数据部分可用一些算法实现安全管理；⑥读写器与标签之间存在相互认证的过程，实现了安全通信和存储。

目前，射频识别技术在国民经济的各个领域具有广泛的用途。在安全防护领域，射频识别技术可以用于门禁保安、汽车防盗、电子物品监控等；在商品生产销售领域，射频识别技术可以用于生产线自动化、仓库管理、产品防伪、收费等；在管理与数据统计领域，射频识别技术可以用于畜牧管理、运动计时；在交通运输领域，射频识别技术可以用于高速公路自动收费及交通管理、列车和货运集装箱的识别等。

总之，射频识别技术在未来的发展中结合其他高新技术（如 GPS、生物识别等技术），在由单一识别向多功能识别方向发展的同时，将结合现代通信及计算机技术，实现跨地区、跨行业应用。

2. 射频识别系统工作原理　　射频识别系统的基本工作流程是：阅读器通过发射天线发送一定频率的射频信号，当射频卡进入发射天线工作区域时产生感应电流，射频卡获得能量被激活；射频卡将自身的编码等信息通过卡内置天线发射出去；系统接收天线接收到从射频卡发送来的载波信号，经天线调节器传送到阅读器，阅读器对接收的信号进行解调和解码，然后送到后台主系统进行相关的处理；主系统根据逻辑运算判断该卡的合法性，针对不同的设定做出相应的处理和控制，发出指令信号控制执行机构动作。

射频识别系统的工作原理如下：阅读器将要发送的信息编码后加载在某一频率的载波信号上，经天线向外发送；进入阅读器工作区域的电子标签接收此脉冲信号，卡内芯片中的有关电路对此信号进行调制、解码、解密，然后对命令请求、密码、权限等进行判断；若为读命令，控制逻辑电路则从存储器中读取有关信息，经加密、编码、调制后通过卡内天线再发送给阅读器，阅读器对接收到的信号进行解调、解码、解密后送至中央信息系统进行有关数据处理；若为覆盖信息的写命令，有关控制逻辑引起的内部电荷泵提升工作电压，对电可擦可编程只读存储器（EEPROM）中的内容进行改写；若判断其对应的密码和权限不符，则返回出错信息。射频识别系统基本原理框图如图 7-15 所示。

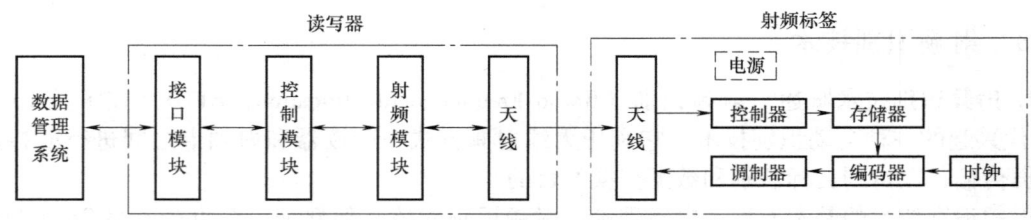

图 7-15　射频识别系统基本原理框图

3. 射频识别技术的特点及分类

（1）射频识别技术的特点。射频识别是一项易于操控、简单实用且特别适合于自动化控制的应用技术，识别工作无须人工干预。它既支持只读工作模式，也支持读写工作模式，且无须接触或瞄准。它可自由工作在各种恶劣环境下：短距离射频产品不怕油渍、灰尘污染等恶劣的环境，可以替代条形码，如用在工厂的流水线上跟踪物体；长距离射频产品多用于交通上，识别距离可达几十米，如自动收费或识别车辆身份等。其所具备的独特优越性是其他识别技术无法企及的。

射频识别技术主要有以下几个方面的特点：

1）读取方便快捷。数据的读取无须光源，甚至可以透过外包装进行读取。有效识别距离更大，采用自带电池的主动标签时，有效识别距离可达到 30m 以上。

2）识别速度快。标签一进入磁场，解读器就可以即时读取其中的信息，而且能够同时处理多个标签，实现批量识别。

3）数据容量大。数据容量最大的二维条码（PDF417）最多也只能存储 2725 个字节，若包括字母，存储量则会更少；射频识别标签则可以根据用户的需要扩充到数十千字节。

4）使用寿命长，应用范围广。其无线电通信方式使其可以应用于粉尘、油污等高污染环境和放射性环境，而且其封闭式包装使得其寿命大大超过印刷的条码。

5）标签数据可动态更改。利用编程器可以向内写入数据，从而赋予射频识别标签交互式便携数据文件的功能，而且写入时间比打印条码更少。

6）更好的安全性。不仅可以嵌入或附着在不同形状、不同类型的产品上，而且当标签数据所附着的物品出现在解读器的有效识别范围内时，就可以对其位置进行动态的追踪和监控。常见的自动识别技术的比较见表 7-1。

（2）射频识别技术的分类。根据电子标签工作频率的不同，通常可分为低频（30～300kHz）、中频（3～30MHz）和高频（300MHz～3GHz）。射频识别技术的常见工作频率有低频 125kHz、134.2kHz，中频 13.56MHz，高频 860～930MHz、2.45GHz、5.8GHz 等。低频射频识别技术的特点是电子标签内保存的数据量较少，阅读距离短，电子标签外形多样，阅读天线方向性不强等，主要用于短距离、低成本的场合，如多数的门禁控制、校园卡、煤气表、水表等。中频射频识别技术则用于需传送大量数据的应用系统。高频射频识别技术的特点是电子标签及阅读器成本均较高，标签内保存的数据量较大，阅读距离较远（可达十几米），适应物体高速运动，性能好。阅读天线及电子标签天线均有较强的方向性，但其天线宽度、波速方向较窄且价格较高，主要用于需要较长的读写距离和高读写速度的场合，多在列车监控、高速公路收费等系统中应用。

根据电子标签的不同，射频卡可分为可读写（RW）卡、一次写入多次读出（WORM）卡和只读（RO）卡。RW 卡一般比 WORM 卡和 RO 卡贵，如电话卡、信用卡等；WORM 卡是用户可以一次性写入的卡，写入后数据不能改变，比 RW 卡便宜；RO 卡存有一个唯一的号码，不能涂改，保证了安全性。

根据电子标签是否有源，电子标签可分为有源电子标签和无源电子标签。有源电子标签使用卡内电流的能量，识别距离较长，可达十几米，但是它的寿命有限（3～10 年），且价格较高；无源电子标签不含电池，它接收到阅读器（读出装置）发出的微波信号后，利用阅读器发射的电磁波提供能量，一般可做到免维护、重量轻、体积小、寿命长、较便宜，但它的发射距离受限制，一般是几十厘米，且需要阅读器的发射功率大。

根据电子标签调制方式的不同，电子标签还可分为主动式和被动式。主动式电子标签用自身的射频能量主动地发送数据给读写器，主要用于有障碍物的应用中，距离较远（可达 30m）；被动式电子标签使用调制散射方式发射数据，它必须利用阅读器的载波调制自己的信号，适宜在门禁或交通中使用。

常见的自动识别技术的比较见表 7-1。

4. 射频识别技术在物流系统中的应用

（1）在仓库环节的应用。射频识别技术可以在智能仓库货物接收、入库、订单拣货、出库等环节应用。当贴有射频标签的货物或容器进入仓库中心（或物流中心）时，装卸平台上的

表 7-1 常见的自动识别技术的比较

系统参数	条码	光学字符识别	生物识别	智能卡	射频识别
典型的数据量	1~100	1~100	—	16~64KB	16~64KB
数据密度	低	低	高	很高	很高
机器可读性	好	好	昂贵	好	好
人可读	有限	简单	简单	不可	不可
污渍和潮湿的影响	很高	很高	(根据具体技术)	可能(接触式)	不影响
遮盖的影响	完全失效	完全失效	(根据具体技术)	—	不影响
方向和位置的影响	低	低	—	双向	不影响
退化和磨损	有限	有限	—	有(接触)	不影响
购买成本	很低	中	很高	低	中
运行成本	低	低	无	中(接触式)	无
安全	轻微	轻微	可能	高	高
阅读时间	约4s	约3s	时间较长	约4s	约0.5s
阅读器和载体之间的最大距离	0~50cm	<1cm	0~50cm	直接接触	0~5m

阅读器将自动识读标签，确认货物的数量、大小、种类等是否与订单一致，并把货物运输时间及货物运输途中的损坏程度等信息输入主机系统的数据库，完成货物接收工作。入库时，由于实现了库位、品种和射频标签的对应管理，系统可以根据目前仓库库位情况，自动生成货物上架信息（如货物上架库位地址等），待上架操作完成后，利用手持阅读器将对应货位最新的货物信息通过无线网络传输到后台数据库，主控计算机自动进行货位货物信息的变更确认，完成货物入库操作。出库时，出库信息通过系统处理并列到相应的库位电子标签上，显示出该库货物需出库的数量，同时发出光和声音信号，指示拣货人员完成作业。拣货完毕后，拣货人员通过手持阅读器，将对应货位最新货物信息通过无线网络传输到后台数据库，系统自动进行货位货物信息的变更确认，完成物品出库操作。当货物从备货区到达装卸平台时，安置于该处的射频识别系统把出货时间、数量等信息输入主机系统的数据库。

（2）在运输环节的运用。射频识别技术结合全球卫星定位系统，可以对物流运输过程进行全面可视化跟踪。当贴有电子标签的货物和运输工具，经过一些设立了射频识别系统的位置时，运输工具可以不停下来而直接通过，节省了通关时间。同时，设立在运输路径上的射频识别系统可以对车辆进行实时定位跟踪，及时了解货物在途运输信息，便于公司进行远程调度管理，并极大地提高在途货物的安全性。例如，射频识别技术在集装箱运输管理中的应用可以提高集装箱的运输效率。

将记录集装箱箱号、箱型、装载货物种类和数量等数据的电子标签安装在集装箱上，在经过安装有射频识别系统的公路、铁路出入口和码头的检查门时，该系统既可以对集装箱进行动态跟踪，同时阅读器可以非常容易地校验集装箱等封闭容器内的货物，而无须花费大量的人力和时间进行开箱检查、手工点货和货单校对。这不仅可以加快车辆进港提箱的速度，而且可以对车辆提箱进行严密的管理，并有效地降低工作人员的劳动强度，减少人为因素造成的差错。

（3）在物流配送环节的应用

1）用于在途物资可见性系统。物资配送中心接到配送任务后，需要及时、迅速地将需求方所需物资运送到位,利用射频识别技术即可准确、迅速地完成配送任务,并实现对在途物资的跟踪。物资配送中心为每辆车配发一枚射频标签,并在仓库出入口处安装一套射频装置形成门禁,以利用射频识别技术完成物资的自动出入库操作。物资在途期间,物资配送中心根据发/收物仓储中心上报的数据可知在途物资的名称、品种和数量等信息,达到在途物资的可见目的,如果结合 GIS 技术,还可以实现在途物资的动态可见。

2)用于寻找特定物资。特定物资寻找系统主要由射频标签和手持式无线询问机组成。其中,记录着物资信息的射频标签附在物资运输车辆或包装箱上,手持式无线询问机能发出脉冲电波激活射频标签,并能在 100m 范围内阅读标签上的信息内容。一个货物场通常停着若干车辆,当需要尽快找到某种特定物资时,询问机可根据该货物的名称和编码提出询问,所有装有该物资信息的射频标签即会做出应答,利用询问机激活射频标签上的鸣叫器,操作人员即可循声找到车辆或者包装箱。如果声音在查找范围之外,则可根据询问机上的测距仪显示的距离去逐步接近,直至找到所需物资。

(4)射频识别技术在仓库管理中的应用。目前,仓库管理主要是基于相应规范的手工作业及计算机半自动化管理实现的。其弊病显而易见,即需要投入大量人力进行规范物品的放置、定期整理盘点以及进行出/入库登记等工作,这使得仓库管理问题十分烦琐,浪费大量时间。因此,把射频识别技术应用于仓库管理比较理想,这也是射频识别技术一个新的应用领域。

射频识别物流仓储管理系统可以实现仓储货物进出自动化管理。该系统由安装在货物或托盘上的射频识别电子标签、安装在仓库大门处的远距离射频系统、管理中心网络管理设备及其管理软件组成。当携带射频识别电子标签的车辆、货物或托盘通过仓库设定的射频感应区域时,系统通过射频识别电子标签实现自动化的存货、取货及仓库中的快速盘点等操作。射频识别物流仓储管理系统应用框架如图 7-16 所示。

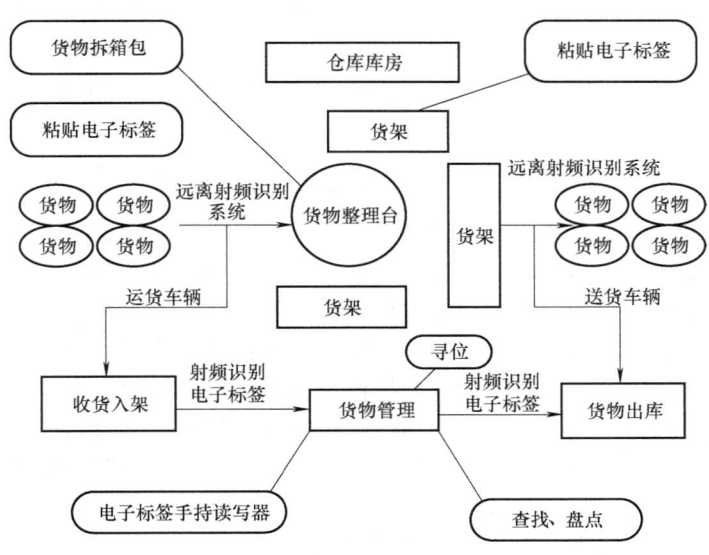

图 7-16　射频识别物流仓储管理系统应用框架

射频识别物流仓储系统一般由业务管理软件、射频识别电子标签发行系统和射频识别电子标签识别采集系统组成。这几个系统互相联系,共同完成物品管理的各个流程。后台数据库管理系统是整个系统的核心,射频识别采集是实现管理功能的基础和手段。

后台管理软件由中心数据服务器的管理终端组成,是系统的数据中心,负责与手持机通信,将手持机上传的数据转换并插入到后台业务仓储管理系统的数据库中,对标签管理信息、发行标签和采集的标签信息集中进行存储和处理。

射频识别电子标签发射系统由电子标签专用打印机和电子标签制作管理软件组成,负责完成库位标签、物品标签、箱标签的信息写入和电子标签表面信息打印工作。电子标签专用打印机采用内嵌式非接触读写器的工业级热转打印机,能够在电子标签芯片上写入信息的同时在电子标签表面打印预先设定的内容信息。电子标签制作管理软件的核心是电子标签制作函数动态链接库,它嵌入在后台系统内,为后台仓储管理系统提供操作打印机制作电子标签的开发接口函数。基于该动态库还提供了一个独立的电子标签制作软件,可以手工输入电子标签数据,便于临时制作电子标签。

射频识别电子标签识别采集系统可通过手持机或固定位置终端采集电子标签信息,完成电子标签数据的存储,并通过射频识别中间件与管理中心进行数据的交换。射频识别物流仓储系统的工作流程如图 7-17 所示。

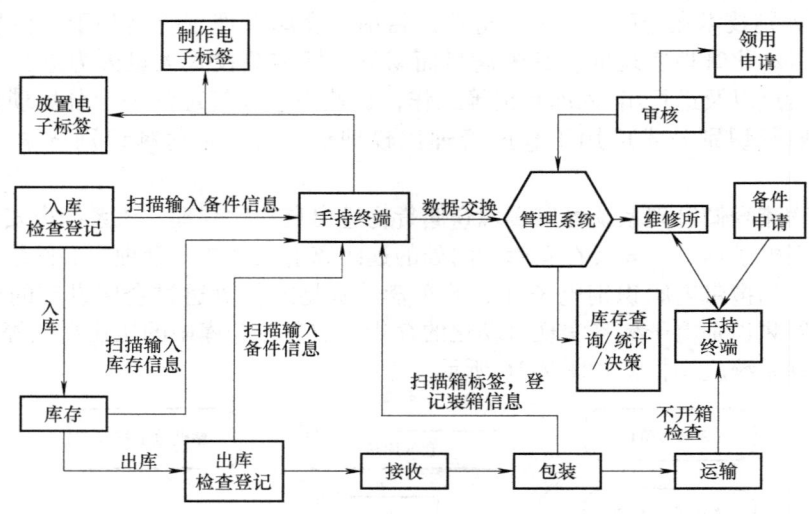

图 7-17 射频识别物流仓储系统的工作流程

依据入库单及电子标签制作申请单录入的货物信息生成每个物品的电子标签,在电子标签表面打印电子标签序号及产品名称、型号、规格,在芯片内记录产品的详细信息。

入库时,仓库管理员根据订货清单清点检查每一件货品,检查合格后交给仓库保管员送入库房。仓库保管员持手持机扫描货架库位电子标签和入库物品上的电子标签并输入物品数量,进行入库登记,将数据记入手持机内的入库操作数据表,然后将物品放置到指定库位上。如果需要将物品装入包装箱内存放,则还需要扫描箱标签以更新手持机内的箱明细表。在全部物品入库完毕后,将手持机交给管理员,由管理员将入库数据导入后台管理数据库内,完成入库操作。经过这一流程后,仓库中每一种物品的位置、数量、规格、型号等都可以在仓储管理软件中一目了然地查找出来,实现了仓储状态的可视化。

出库时,仓库管理员根据领料申请查询仓储状态,然后做出预出库单,保管员根据预出库单将指定库位的物品取出,使用手持机扫描库位电子标签和物品电子标签,将出库信息进行登记,数据记入手持机出库数据表。在将全部出库物品取出后,将出库信息上传到主机,与预出库单做比较,并将实出数量进行登记入账。出现调拨情况时,可根据调拨情况选择不同的调拨流程。

(5) 射频识别技术在物流配送中心的应用。射频识别技术在供应链管理上得到了非常广泛的应用。供应链是从原材料到最终用户的所有实物移动过程,包括供货商选择、采购、产品计划、材料加工、订单处理、存货管理、包装、运输、仓储与客户服务。成功的供应链管理能无缝整合所有供应活动,将所有合作者整合到供应链中。根据机构的不同,这些合作者包括供应商、配送商、运输商、第三方物流公司和信息提供商。射频识别技术在供应链的应用中,主要的应用模式是物流的跟踪应用。技术实现模式是将射频识别电子标签贴在托盘、包装箱或元器件上,进行元器件规格、序列号等信息的自动存储和传递,此举可以大幅度削减成本和清理供应链中的障碍。国际业界普遍认为,射频识别技术是当今信息技术领域的革命性技术,其在物流领域具有良好的应用前景。

(6) 射频识别技术在供货配送中心的具体应用

1) 入库和检验。当贴有电子标签的货物运抵配送中心时,入口处的阅读器将自动识读电子标签,根据得到的信息,管理系统会自动更新存货清单,同时,根据订单的需要,将相应货物发往正确的地点。这一过程将传统的货物验收入库程序大大简化,省去了烦琐的检验、记录、清点等大量需要人力的工作。

2) 整理和补充货物。装有移动阅读器的运送车自动对货物进行整理,根据计算机管理中心的指示自动将货物运送到正确的位置,同时将计算机管理中心的存货清单更新,记录下最新的货物位置。存货补充系统在存货达不到指定数量时自动向管理中心发出申请,并根据管理中心的命令,在适当的时间补充相应数量的货物。在整理货物和补充存货时,如果发现有货物堆放到了错误位置,阅读器将随时向管理中心报警,根据指示,运送车将把这些货物重新堆放到指定的正确位置。

3) 填写订单。通过射频识别系统,存货和管理中心紧密联系在一起,管理中心填写订单,将发货、出库、验货、更新存货目录整合成一个整体,最大限度地减少了错误的发生,同时也大大节省了人力。

4) 货物出库运输。应用射频识别技术后,货物运输将实现高度自动化。当货物在配送中心出库,经过仓库出口处阅读器的有效范围时,阅读器自动读取货物标签上的信息,不需要扫描,就可以直接将出库的货物运输到零售商手中。由于前述的自动操作,整个运输过程速度大为提高,同时所有货物都避免了条形码不可读和存放到错误位置等情况的出现,准确率大大提高。

7.3.4 物流信息系统的应用

1. 物流信息系统概论

(1) 物流信息系统的定义。物流信息系统(Logistics Information System,LIS)是企业信息系统中的一类,是物流企业按照现代管理理念,以信息技术为支撑所开发的信息系统。该系统充分利用数据、知识等资源,实施物流业务、控制物流业务、支持物流决策、实现物流信息共享,提升物流企业业务的效率和决策的科学性,其最终目的是提高企业的核心竞争力。

基于信息技术的物流信息系统是一个人机系统,它对企业的各种数据进行收集、传递、存储,将各种有用的信息传递给使用者,以帮助物流企业进行全面管理。物流信息系统强调从系统的角度处理企业物流活动中的问题,把局部问题置于整体之内,以求实现整体物流活动的最优化,并能将信息及时、准确、迅速地送到管理者手中,从而提高管理水平。

物流信息系统把大量的事务性工作(即工作流的问题)交由计算机完成,使人们从烦琐的事务中解放出来,有利于管理效率的提高。物流信息系统在解决复杂的管理问题时,可广泛应用现代数学成果,建立多种数学模型,对管理问题进行定量分析。

（2）物流信息系统的基本组成。物流信息系统由硬件和软件两大部分组成。硬件部分包含计算机硬件设备、网络通信基础设施和各种物流工具；软件部分包含操作系统、通信协议、数据库和业务处理系统等，运行在底层的硬件设施和各种物流工具之上。物流信息系统的软件层又可以分为物流企业子系统、运输工具子系统、现场子系统、用户子系统、行业管理子系统等多个子系统。这些子系统分别拥有自己的专用数据库，同时也有一些公用数据运行于公用数据库之上，构成公用信息平台，如图7-18所示。

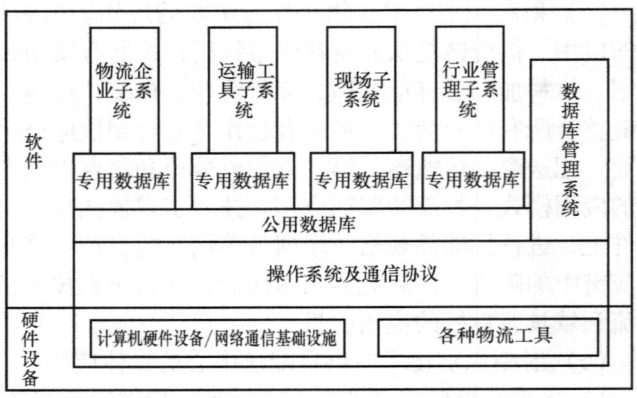

图7-18 物流信息系统的组成

（3）物流信息系统的作用及其基本功能

1）物流信息系统的作用。现代物流信息系统是物流活动与计算机及网络的结合。物流活动与信息系统结合的目标是对顾客的订货进行灵活的反应并进行仓库业务、配送业务、运输线路的合理化安排，并能够在及时传递物流信息和加强监督等方面发挥巨大作用。

① 合理化效果。现代物流信息系统的应用是物流合理化最有效的途径。为使物流费用降低，对同一个收贷方多次的订货进行汇总，既减少了捆包，又减少了配送费用。在这种情况下，能够利用物流信息系统汇总登录订单的功能，自动计算。合理化效果是信息系统最得心应手的事情，如果不明确合理化的目标，物流信息系统与业务完成的情况就不能吻合，就不能发挥物流信息系统应有的作用。

② 及时传递信息。现代物流信息系统能够在必要的时候将必要的信息提供给必要的人。例如，有必要在得到订货信息的同时向制造部门传达，这样就能够回答顾客的订货完成期限，其结果是提高服务水平并防止销售机会的损失，在制造部门依据订货信息生产商品和防止浪费，提高企业整体的效率。

③ 企业业务状况的监督。在及时传递信息的同时对企业的业务状况进行监督是物流信息系统的又一重要作用，例如，对库存和需求平衡的监控。为防止库存偏差，需要经常掌握需求的动向，以建立库存的合理结构。物流信息系统通过对库存和需求的关系进行监督，随时将库存短缺和过剩的信息通知给有关人员，以便及时地采取相应的行动。通过监控能够随时得到全部的实际状况，以减少依靠感性认识带来的危险。在事先制订了基准的情况下，一旦发生异常的情况，系统就会自动判断并及时发出警报。

2）物流信息系统的基本功能。物流信息系统是物流系统的神经中枢。作为整个物流系统的指挥和控制系统，其可以分为多种子系统或者多种基本功能。通常，可以将其基本功能归纳为以下几个方面：

① 数据的收集和输入。物流信息系统的首要任务是把分散在各个物流部门的相关数据收集并记录下来，转换成物流信息系统要求的格式和形式。数据和信息的收集及录入是整个物流信息系统的基础，因此，在衡量一个物流信息系统的性能时，以下内容是十分重要的：根据数据和信息的来源不同，可以把物流信息的收集工作分为原始信息收集和二次信息收集两种。原始信息收集是指在信息或数据发生的当时当地，从信息或数据所描述的实体上直接把信息或数据取出，并在某种介质上记录下来。二次信息收集则是指收集已记录在某种介质上的数据。这

两种信息收集方式在许多方面是有原则区别的。原始信息收集的关键问题是完整、准确、及时地把所需的物流信息收集并记录下来，做到不漏、不错、不误时。二次信息收集则是在不同的物流信息系统之间进行的，其实质是从其他物流信息系统得到企业物流信息系统所需的关于某种实体的信息（交际上往往不是两次传递，而是经过多次传递）。它的关键问题在于两个方面，即有目的地选取或抽取所需信息和正确地解释所得到的信息。

② 信息的存储。物流数据经过收集和输入阶段后，在其得到处理之前，必须在系统中存储下来。即使在处理之后，若信息还有利用价值，也要将其保存下来，以供以后使用。物流信息系统的存储功能就是要保证已得到的物流信息能够不丢失、不走样、不外泄、整理得当、随时可用。无论哪一种物流信息系统，在涉及信息的存储问题时，都要考虑到存储量、信息格式、存储方式、使用方式、存储时间、安全保密等问题。如果这些问题没有得到妥善的解决，物流信息系统是不可能投入使用的。

③ 信息的传输。物流信息在物流信息系统中，一定要准确、及时地传输到各个职能环节，否则信息就会失去其使用价值。这就需要物流信息系统具有克服空间障碍的功能。物流信息系统在实际运行前，必须要充分考虑所要传递的信息种类、数量、频率、可靠性要求等因素。只有这些因素符合物流信息系统的实际需要，物流信息系统才具有实际使用价值。

④ 信息的处理。物流信息系统最根本的目的就是要将输入的数据加工处理成物流信息系统所需要的物流信息。数据和信息是有所不同的。数据是得到信息的基础，但数据往往不能直接利用，而信息是从数据加工得到的，可以直接利用。只有得到了具有实际使用价值的物流信息，物流信息系统的功能才能得以发挥。

⑤ 信息的输出。物流信息系统的服务对象是物流管理者，因此，它必须具有向物流管理者提供信息的手段，否则就不能实现其自身的价值。经过解释的物流信息，根据不同的需要，以不同的格式输出，有的直接提供给人使用，有的提供给计算机进一步处理。物流信息系统的输出结果是否易读易懂，应该是评价物流信息系统的主要标准之一。信息输出的手段是物流信息系统与物流管理的接口或界面。

以上 5 项功能是物流信息系统的基本功能，缺一不可。而且，只有 5 个过程都没有出错，最后得到的物流信息才具有实际使用价值，否则会造成严重的后果。从物流信息系统的应用者角度来看，可以将物流信息系统大致分为两种：企业物流信息系统和公共物流信息平台。

企业物流信息系统主要为企业的各种业务而开发，主要应用于企业内部以及企业与其相关企业之间的业务活动。公共物流信息平台的概念是在现代软件工程的概念之上建立的，即实施最大限度的软件和系统资源的重用，启动数据共享工程，把真正与物流领域有关的部分提取出来，把信息基础设施与公共应用支持开发成平台。

2. 常用的物流信息系统 物流信息系统是企业信息化的基础，可以帮助企业提高物流效率、降低物流成本、保障物流安全、提升物流品质。

仓储管理系统、运输管理系统和配送中心管理系统是三种主要的物流信息系统，这些信息系统通过特定的功能模块协同完成任务，实现了物流业务的信息化、标准化、精确化和高效化。

(1) 仓储管理系统

1) 仓储管理系统的概念。仓储管理系统（Warehouse Management System，WMS）是用来管理仓库内部人员、库存、工作时间、订单和设备的应用软件。这里所谓的"仓库"，包括生产和供应链领域中各种类型的储存仓库。仓储作业过程是指以仓库为中心，从仓库接收货物入库开始，到按需把货物全部完好地发送出去的全部过程。仓储管理系统按照常规和用户自行确定的优先规则，优化仓库的空间利用和全部仓储作业。对上，通过电子数据交换（EDI）等电子媒介与企业的计算机主机联网,由主机下达收货和订单的原始数据;对下,通过无线网络、手提终端、条形码系统等信息技术与仓库的员工联系,上下相互作用,传达指令、反馈信息、更新数据库并生成所需要的条形码标签和单据文件。更先进的仓储管理系统还能连接自动导向车、输送带、回转货架和高架自动存取系统等。最新趋势则是与企业的其他管理信息系统相结合,使之融入企业的整体管理系统之内。一个仓储管理系统的基本软件包支持仓库作业中的全部功能,其处理过程见表7-2。

表7-2 仓储管理系统处理过程

支持功能	处 理 过 程
收货	货到站台,收货员将到货数据由射频终端传到仓储管理系统,仓储管理系统随即生成相应的条形码标签,粘贴在收货托盘上,经扫描,这批货物即被确认收到,仓储管理系统指挥进货储存
储存	仓储管理系统按最佳的储存方式选择空货位,通过叉车上的射频终端通知叉车司机,并指引最佳途径。抵达空货位,扫描货位条形码,以确保正确无误。货物就位后,再扫描货物条形码,仓储管理系统即确认货物已储存在这一货位,可供以后按订单发货
订单处理	订单到达仓库,仓储管理系统按预定规则分组,区分先后,合理安排
拣选	仓储管理系统确认最佳的拣选方案,安排订单拣选任务。拣选人由射频终端指引到货位,显示拣选数量。经扫描货物和货位的条形码,仓储管理系统确认拣选正确,货物的库存量也同时减除
发货	仓储管理系统制作包装清单和发货单,交付发运。承重设备和其他发货系统也能同时减除
站台直调	货到发货站台,若已有订单需要这批货,仓储管理系统会指令叉车司机直送发货站台,不再入库

2) 仓储管理系统的作用。使用仓储管理系统会在以下方面带来切实的效果:
① 为仓库作业全过程提供自动化和全面记录的途径。
② 改变传统的固定货位,实现全库随机储存,最大限度地利用仓容。
③ 提高发货的质量和正确性,减少断档和退货,提高顾客满意度。
④ 为仓库的所有活动、资源和库存提供即时的正确信息。

通过应用仓储管理系统,配送能力一般提高20%~30%,库存和发货准确率超过99%;仓库利用率提高,数据输入误差减少;库存和短缺损耗减少;劳动、设备、消耗等费用降低。这些最终都为企业带来巨大的经济效益。

3) 仓储管理系统的功能。仓储管理系统主要包括以下功能模块:基本信息管理、入库管理、库存管理、出库管理和盘点管理。仓储

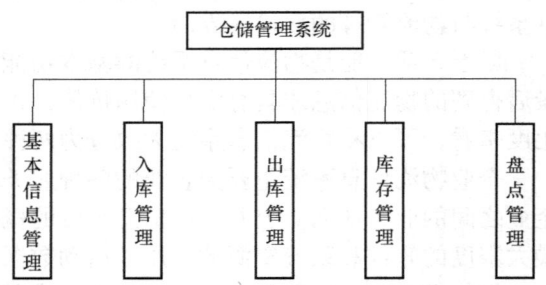

图7-19 仓储管理系统的总体功能

管理系统的总体功能如图7-19所示。仓储管理系统对于入库、库内、出库等一系列工作提供了全面的条形码技术和射频识别技术支持,可以有效地收集有关货物、储位以及作业状态,信息可以由传输方式送到系统的数据库中。同时,系统可以将调度或自动分配给操作人员的任务传输给RE持有人。友好的界面,使用户在任何时间、任何地点都可以操作和检查显示资料,实时地收集和传输数据,从而极大地提高工作效率。

4) 仓储管理系统的结构。仓储管理系统是用来管理仓库内部人员、库存、工作时间、订单和设备的应用软件,其结构如图7-20所示。这里所称的"仓库",包括生产和供应领域中各种类型的储存仓库。仓储作业过程是指以仓库为中心,从仓库接收货物入库开始,到按需要把货物全部完好地发送出去的全过程。

(2) 运输管理系统

1) 运输管理系统的概念。运输管理系统（Transportation Management System，TMS）是利用现代计算机技术和通信技术，对运输过程中的人（驾驶人）、车（运输工具）、货、客户以及费用核算进行有效的协调和管理，向物流管理人员和客户提供实时动态信息，实现对运输活动的实时控制、有效管理，并提供预测信息或统计信息以辅助运输决策的系统。

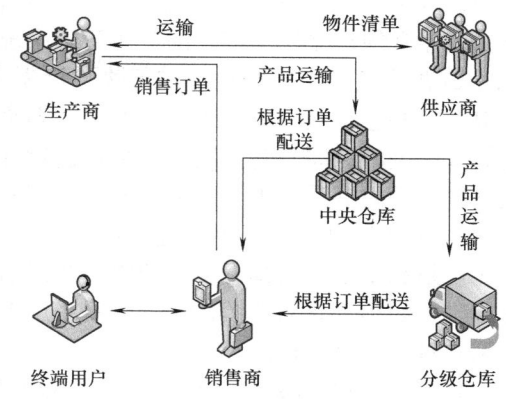

图 7-20　仓储管理系统的结构

2) 运输管理系统的分类。运输管理系统的种类繁多，根据服务内容的不同可以分为动力车队管理系统、特种运输管理系统和运输网络优化管理系统等，根据功能的不同可分为货物跟踪系统、运输车辆运行系统以及综合运输管理系统。

3) 运输管理系统的作用

① 提高运输效率。运输管理系统通过调整道路的交通状态，提高了道路的通行能力，缩短了行车时间。据估计，通过减少车辆对道路的占用和在道路上的停留时间，运输管理系统可以令高速公路的通行能力至少提高一倍。

② 增强交通安全。运输管理系统可以对道路和车辆状态进行实时监控，及时发布最新的交通信息，使车辆在道路上可以安全地行驶。

③ 提供信息服务。驾驶人通过车载计算机和其他通信设施，可以随时随地地获取天气、道路状态和交通状况等信息，在此基础上选择适宜的出行时间和出行路线，从客观上提高道路使用效率。

④ 保护环境。汽车在消耗燃油的同时排放出大量的废气，对自然环境造成破坏。一般情况下，应用运输管理系统可使燃油消耗减少 30%，尾气排放减少 26%，从而在一定程度上减少环境污染。

⑤ 提高传统产业的效益，开辟新产业。运输管理系统可以提高汽车的运输效率，并通过对系统的研究、开发和普及，创造出新的市场，对社会经济发展的各个方面都将产生积极的影响。

(3) 配送管理系统。配送信息是配送活动的神经中枢，配送活动的计划、决策、组织、指挥、调度、协调、控制，均依靠标准、通畅、高效的信息传递。可以说，配送信息的传递与利用是物流配送业务运作成功的关键所在。因此，物流配送企业或企业物流部门在物流中如何有效构建配送管理系统，对搞好企业物流管理有着十分重要的意义。

1) 配送管理系统概述。配送管理系统（Distribution Management System，DMS）以计算机和通信技术为基础，处理企业的现行配送业务，控制企业的物流管理活动，预测企业的购销趋势，为制定企业物流配送决策提供信息，给决策者提供一个分析问题、构造模型和模拟决策过程的人机系统集成。

配送管理系统是企业物流管理现代化的重要标志之一，其目标是通过系统的思想优化配送环节，实现配送作业流程的信息化处理，从而提高配送作业效率，增强配送服务水平，降低配送成本。其具体作用表现在以下三个方面：

① 配送管理系统是企业组织物流活动的坚实基础。企业整个物流过程是一个多环节的复杂系统，物流系统中的各子系统通过物资实体的运动联系在一起，子系统的相互衔接以信息为

纽带，基本资源的调度也通过信息的传递来实现。因此，为了保证配送活动正常而有序地进行，企业必须建立符合实际的配送管理系统。

② 配送管理系统是企业进行物流计划决策的辅助工具。在企业计划体系中，物流系统计划很多，并且相互关联，企业的配送计划是建立在销售计划、生产计划、生产用料计划和库存计划基础上的，同时它又决定了采购进货计划的制订。因此，信息流通不畅或信息不准确会造成物流活动的混乱，也会影响企业做出正确的计划决策。

③ 配送管理系统是企业进行物流控制的有力手段。利用系统对物流进行控制的方法有两种：一是利用信息指挥调度，使物流按照信息规定的路线、任务、时间以及各项标准的要求流动；二是利用信息的反馈作用，随时将反馈的信息与标准信息进行比较，找出偏差，调整计划决策并对过程进行控制。

2）配送管理系统的总体结构。一般的配送管理系统的总体结构主要包括采购入库管理系统、销售出库管理系统、运营绩效管理系统和财务会计管理系统。现代配送管理系统的功能结构如图7-21所示。

① 采购入库管理系统。采购入库管理系统的功能结构主要包括采购管理系统、入库作业处理系统、库存控制系统和应付账款系统。

② 销售出库管理系统。销售出库管理系统的功能结构包括订单处理系统、销售分析与预测系统、拣货规划系统、包装流通加工规划系统、派车系统、发货配送系统、仓库管理系统和应收账款系统。

③ 财务会计管理系统。财务会计管理系统主要包括一般会计系统和人事工资管理系统两个部分。一般会计系统包括会计总账、分类账、财务报表、现金管理、支票管理、银行自动转账系统。人事工资管理系统包括人事资料管理、工资报表、印刷工资单、与银行的工资转账系统、人力评估及人力使用建议。

④ 运营绩效管理系统。运营绩效管理系统的功能结构主要包括配送资源系统、运营管理系统和成效管理系统。

3）配送管理系统的作用

① 降低物流成本。通过配送管理系统，一方面进行配送作业流程跟踪、控制和协调，降低作业的出错率；另一方面，可以及时了解商品的存量，进行合理的库存控制，做到及时补货，减少由于缺货造成的成员企业补货不及时而发生的销售损失，将商品的库存量降低到最低。

② 信息共享与传递。在连锁企业配送系统运转的过程中，对配送业务的反应速度要求越来越高，用以往的信息传递模式将很难对大量客户订单做出快速反应。因此，构建连锁企业配送信息化来实现对订单的实时响应是必需的。

③ 信息保存及处理。以往配送业务的一些数据是以记账的形式来保存的，随着配送业务的扩大，账本越来越多，记账、查账的工作量很大，而且容易造成信息差错或丢失。通过配送系统，很多业务数据可以自动生成，把这些数据放入系统的数据库，查账会变得十分方便，而且数据分析也很方便。

④ 合理安排配送方案。从配送中心到客户位置的物流配送，涉及车辆选择、车辆装载方案、行车路线的安排、发车时间决策等子过程。各个子过程是相互影响的，互为条件、相互制约，并要综合各个配送点和各个连锁分店的信息反馈，以实现配送方案的优化，使得运输费用最低，这需要信息系统的支持。

3. 物流信息系统的发展趋势　　科学技术的不断创新发展，推动着物流行业产生全方位、多层次的巨大变革，特别是电子技术、通信技术、信息技术向物流领域的渗透，显现出信息的

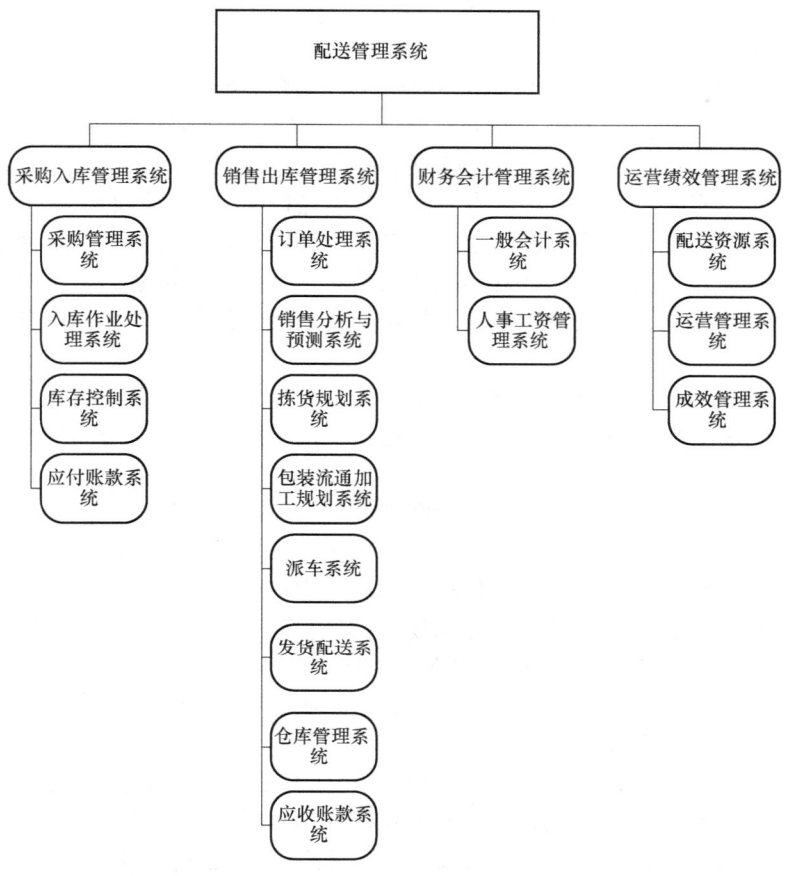

图 7-21 现代配送管理系统的功能结构

巨大价值,对物流信息的识别、捕捉、传递、处理、存储的能力及其在信息技术与物流信息系统的应用,直接影响到物流生产、经营和决策领域。当前,物流领域正在发生一场革命,这就是物流要借助新思想、新技术对传统的运输业务、仓储业务、搬运装卸、包装分拣活动进行改造,实现不断地提高货物流通速度、降低货物流通成本、提高物流品质、加快资金周转、保证货物安全的目标。

物流信息系统是由人和计算机组成的人机系统。它不仅要考虑技术问题,而且要考虑组织问题和人的行为问题。应当指出,拥有信息不等同于理解信息,理解信息需要进行数据挖掘和商业智能,然后采取行动,因为只有这样才能够做到快速响应(QR)、即时(JIT)和有效客户响应(ECR)。

现代物流信息系统的建立需要全员参与、共同建设,必须依靠各个行业、地区、企业的协同配合,借助于技术、管理、通信和覆盖全国的服务网络,分步骤、分层次地逐步建设。由于物流生产地与需求地存在空间差异,物流生产力的布局也不够均衡,为了做好物流生产业务,必须在物流信息捕捉上下功夫。目前,在各个地区建立公共的物流信息发布交流平台,对于降低找货成本、优化物流站点与线路就显得至关重要。

信息技术是物流信息系统应用的基础。物流领域常用的技术主要有信息采集技术、识别技术、信息传递与转换技术、存储技术、查询技术等。采用这些技术可以改善物流业务流程,提高物流质量。

在物流企业内部,在生产与运作、经营与管理等方面借助于信息或信息系统,能够有效地实现物流业务目标。例如，通过使用 GPS 与 GIS，能够对车辆和货物进行跟踪，保证了货物安全，也便于客户随时查询。

（1）我国物流企业信息化未来发展的趋势。未来物流企业信息化发展的趋势为：发展以需求对象为主题的专业物流管理信息平台；基于"物联网"新时代的来临，建立可视化的监控物流管理系统；逐步推进跨平台的数据交互。

企业物流管理信息平台的重点在两个方面，分别是以采购为主体的供应物流和以分销为主体的成品分销物流。部分企业物流已经建立了自身的仓储管理系统、运输管理系统、进销存等平台，或者将服务分包给具有以上平台功能的服务商，但是在可用数据采集的实时性、准确性方面却存在着巨大的漏洞，协同能力较弱。特别是不同经营体制下的企业，在这方面表现得尤为突出。

从企业物流信息化的角度看，将建设如下平台、以集中采购管理为主体的采购物流信息平台、企业内部供应链计划管理的信息化平台、跨企业的供应链可视化协同平台、以物联网为核心的数据信息识别与信息平台。

1）物流信息化目前呈现的态势。物流的核心是"物的流动"。与运输不同，物流不但改变了物的时间状态，也改变了物的空间状态，而运输只是物流的主要功能要素之一，是改变空间状态的主要手段。现代物流就是通过信息化的手段进行运输，实现运输、仓储、配送的高效一体化。其目的就是通过快速、准确地传递物流信息，使生产厂商实行准时制生产，物流提供商实行准确制配送，以"信息"降低"物流"，将生产地和流通过程中的库存降到最低，甚至达到"零库存"或"零距离"，由此降低物流费用。随着我国经济的发展和信息技术的进步，我国物流信息化进入了快速发展期。

2）物流信息系统的发展瓶颈。在经济全球化的大趋势下，随着信息技术的迅速发展和竞争环境的日益严峻，要大幅度降低我国企业的物流成本，增强企业的国际竞争力，就必须以信息技术和信息化管理来带动物流行业的全面发展，构建全社会的"大物流"系统。这就迫切需要物流信息化在信息资源上实现共享化、在信息网络上实现一体化。

（2）我国物流信息系统的发展趋势。物流信息系统的建设要立足于物流业务本身，充分分析现实的物流业务需求和未来发展趋势，利用先进技术或实用技术对物流信息系统进行规划、分析、设计、实现、测试、使用与维护，使其成为既能支持生产又能支持管理、决策的有效工具。物流信息系统发展的基本趋势如下：

1）智能化。智能化是自动化、信息化的一种高层次应用。物流作业过程涉及大量的运筹和决策，如物流网络的设计与优化、运输（搬运）路径的选择、每次运输的装载量选择、多种货物的拼装优化、运输工具的排程和调度、库存水平的确定、补货策略的选择、有限资源的调配、配送策略的选择等问题都需要进行优化处理，这些都需要管理者借助优化的智能工具和大量的现代物流知识来解决。同时，近年来，专家系统、人工智能、仿真学、运筹学、智能商务、数据挖掘和机器人等相关技术在国际上已经有比较成熟的研究成果，并在实际的物流作业中得到了较好的应用。因此，物流的智能化已经成为物流发展的一个新趋势。

2）标准化。标准化技术也是现代物流技术的一个显著特征和发展趋势，同时也是现代物流技术实现的根本保证。货物的运输配送、存储保管、装卸搬运、分类包装、流通加工等各个环节中信息技术的应用，都要求必须有一套科学的作业标准。例如，物流设施、设备及商品包装的标准化等，只有实现了物流系统各个环节的标准化，才能真正实现物流技术的信息化、自动化、网络化、智能化等。特别是在经济全球化和贸易全球化的新世纪中，如果在国际上没有形成物流作业的标准化，就无法实现高效的全球化物流运作，这将阻碍经济全球化的发展过程。

物流企业的运营随着企业规模壮大和业务跨地域发展，必然要走向全球化发展的道路。在全球化趋势下，物流的目标是为国际贸易和跨国经营提供服务，选择最佳的方式与路径，以最低的费用和最小的风险，保质、保量、准时地将货物从某国的供方运到另一国的需方，使各国物流系统相互"接轨"。这代表了物流发展的更高阶段。面对着信息全球化的浪潮，信息化已成为加快实现工业化和现代化的必然选择。我国提出要走新型工业化道路，其实质就是以信息化带动工业化，以工业化促进信息化，达到互动并进，实现跨越式发展。

复习思考题

1. 简述公路信息化的成果。
2. 简述物流信息技术及其应用。

第 8 章　交通信息系统应用案例

8.1　交通诱导系统

8.1.1　交通诱导系统概述

交通诱导系统以实时动态交通分配理论为核心，综合运用检测、通信、计算机、控制、全球卫星定位系统（Global Positioning System，GPS）和地理信息系统（Geographical Information System，GIS）等现代高新技术，动态地向交通参与者提供实时交通信息和最优路径引导指令，通过对道路上的车流进行诱导，从而平衡路网车流在时空上的合理分配，提高道路网络运输效率，缓解和防止交通阻塞，减少空气污染。

1. 交通诱导系统的分类

（1）按照诱导信息发布的空间位置的不同，可以将交通诱导系统分为车内诱导系统和车外诱导系统。

1）车内诱导系统主要依靠车载导航系统接收实时的道路交通信息，通过车载电子地图和车载计算单元向驾驶人提供最优路径，指导驾驶人避开拥挤路段，进而减少燃油消耗和交通事故。

2）车外诱导系统通过设在城市道路两旁的信息显示屏来发布诱导信息，主要采用文字和简易图形两种方式反映交通状况，为交通拥挤路段提供替代路径，指引驾驶人避开拥挤路段。

（2）按照城市交通流诱导方式的不同，可以将交通诱导系统分为中心式诱导系统和分布式诱导系统两类。

1）中心式诱导系统。中心式诱导系统中最典型的是中心式动态路径诱导系统（Centrally Dynamic Route Guidance Systems，CDRGS）。该系统基于红外信标等双向数据通信，在中心控制主机基于实时交通信息进行路径规划，为每一个可能的 OD 计算最优或准最优路线，然后通过通信网络提供给用户。中心式动态路径诱导系统分为两类：B-CDRGS（Broadcast type-CDRGS），即广播类的中心式动态路径诱导系统，如 Euro-Scout 系统；I-CDRGS（Interactive type-CDRGS），即交互类的中心式动态路径诱导系统，如日本的"LUCY"系统。"LUCY"系统利用任意三颗在太空中运行的商用卫星确定申请诱导的用户车辆位置，然后将所获得的车辆定位信息传送给控制中心，这样控制中心就可以根据车辆的定位信息以及用户申请所去的目的地，计算出相关的诱导路径，并利用一定的通信手段实时地将诱导路径传送给用户车载计算机，以达到对用户实时诱导的目的。

2）分布式诱导系统。分布式诱导系统与中心式诱导系统的区别在于其不需要双向数据通信，交通信息由交通信息服务中心发布，车载导航系统中安装有交通信息接收设备，根据接收到的实时动态交通信息进行路径计算。分布式诱导系统的优点在于不需要占用大量的通信带宽，其缺点在于当车载导航系统的用户超过全部出行者 1/3 的时候，会造成诱导车辆集中，因此产生新的交通拥挤，这就是交通诱导领域的悖论效应。虽然目前我国的城市交通流诱导系统还处在初步建设阶段，应用车载导航系统的用户群相对较少，悖论效应所产生的影响还不是很明显，但是为了分布式诱导系统的进一步推广和应用，非常有必要对分布式诱导系统的核心路径优化做法做出改进。

2. 诱导方式

目前主要的交通诱导手段包括可变信息标志（VMS）、声讯语音平台、短信平台、指路服务站、网站、智能移动终端（手机/PDA）、车载终端、交通广播台、微博等。由于各种方式的受众群体不同，通常一个城市综合交通信息系统会支持以上大多数的交通信息发布及诱导手段。几种主要诱导方式如下：

（1）可变信息标志。可变信息标志是国内外大都市快速道路交通管理中广泛应用的一种智能交通技术，是应用最广泛的一种诱导信息发布媒体。可变信息标志或称为可变情报板，主要实时显示道路交通状况及相关信息，如某平交口或路段的交通拥堵情况、某地点发生交通事故、某路段的大约行驶时间、某停车场有无空余泊位、环境噪声、污染和天气情况等，向驾驶人提示最佳的行驶速度，提醒驾驶人选择合适的交通路线等。由于可变信息标志可及时向驾驶人发布有关的交通信息，使驾驶人及早采取对策，从而可以达到有效缓解、疏导和控制交通的目的。

（2）交通广播诱导。交通广播诱导是根据收集到的道路交通运行信息，通过交通广播电台播报（发送）道路交通状况及相关信息，驾驶人使用车载收音机等接收装置随时接收这些信息，从而使驾驶人能够及时选择行车路线，达到交通畅通、安全、有序目的的一种诱导方式。

（3）车载导航式诱导。车载导航式诱导系统是利用安装在车内的导航装置提供的信息，为驾驶人选择自己的行驶路线，或由导航装置提供最佳的行驶路线的一种诱导方式。其目的是能够在恰当的时间和地点给出引导指令，对驾驶人下一步的路线选择做出建议，以确保车辆行驶在最佳路线上。这种诱导系统是最先进和最复杂的，并已发展成为智能交通控制系统中先进的出行者信息系统的主要内容。

（4）互联网诱导系统。互联网诱导系统是指城市交通控制中心根据收集到的道路交通运行信息，通过互联网发送道路交通状况及相关信息，交通参与者使用计算机网络终端进行查询并获取这些信息，从而做出出行决策。互联网诱导系统主要是一种出行前交通诱导类型，可以辅助交通参与者做出出发时刻、出行方式和出行路径等决策。这种诱导方式不仅可以提高出行者的出行效率，同时也可实现整体路网交通的畅通。

（5）智能移动终端诱导系统。作为新兴的交通诱导信息发布手段，智能移动终端（手机/PDA）具有其他发布方式不可替代的优势。首先，智能移动终端的发展迅速，处理器、内存容量不断增强，不少产品内部配置已经接近早期的个人计算机，其数据处理能力大幅提升，为交通信息诱导发布服务提供了基础。其次，由于定位/搜索/查询/导航等功能的实现，使其受众覆盖面更广，用户数量发展迅猛。

信息发布诱导方式的比较见表8-1。

表8-1 信息发布诱导方式的比较

发布技术	优点	缺点	适用范围
可变信息标志	文字式可变信息标志容易看明白，驾驶人能很快地从中获得所需信息；图形式可变信息标志使得复杂的信息更容易理解，能够提供整个路网的服务水平和旅行时间等信息	能提供的信息量不大，信息受用的驾驶人有限，初期投资较大	出行中
交通广播	信息面广，影响范围大，技术简单，成熟，易于推广	难于对交通状况在时间和地点上的针对性信息进行发布	出行前、出行中
互联网（网站、微博）	信息量大，更新及时，能满足驾驶人的不同要求	需要网络和计算机终端，属于出行前的信息发布，对路上驾驶人帮助有限	出行前

(续)

发布技术	优点	缺点	适用范围
车载终端	提供的信息量大，针对性强，能够根据驾驶人的需要提供信息	终端配置投资大，商业模式探索中	出行中
智能移动终端	个性化服务，终端侧无须额外投资，用户发展迅猛	信息服务商业模式探索中	出行前、出行中
短信平台	信息量大，能够根据驾驶人的需要提供信息	出行中对行车安全有一定影响，适于出行前	出行前
数字广播	调频副载波、数字音频广播、移动多媒体广播方式，技术成熟	初期终端及系统投资大，维护成本高	出行中

8.1.2 道路诱导系统

城市道路诱导系统以动态交通分配理论为基础，实时分析复杂多变的路网交通状态，综合运用 GPS 和 GIS 等技术，通过车载信息装置、可变信息板等动态地向出行者提供实时交通信息和最优路径引导指令，达到均衡路网交通流的目的。

1. 道路交通诱导原理

道路交通诱导系统原理框图如图 8-1 所示。

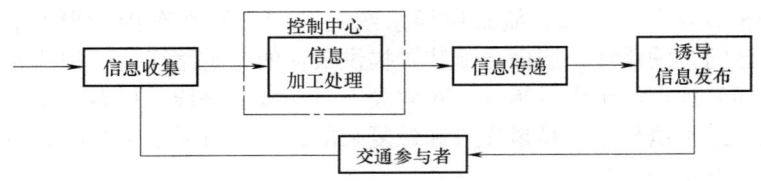

图 8-1 道路交通诱导系统原理框图

（1）信息收集。除了通过交通检测器、图像监视系统、交通管理人员现场观测等获取实时道路交通信息外，还包括获取道路网络信息、交通管制信息、车辆信息等静态交通信息以及天气、民航、铁路等其他交通信息。

（2）信息加工和处理。它是诱导系统的最主要和最复杂的一个环节，是诱导系统的控制中心。它不仅要对目前交通状况进行分析，而且要对未来可能的交通变化做出判断，从而做出有利于交通参与者及交通状况改善的诱导方案决策。信息加工和处理的核心是信息加工处理模型和决策模型。

（3）信息传递。它是利用通信线路将控制中心决策的诱导方案传递到诱导信息发布媒体。

（4）诱导信息发布。信息发布是诱导系统的最后一个环节，它是将控制中心传送过来的交通诱导决策信息通过发布媒体显示或表现出来，供交通参与者参考和决策。它是体现诱导系统的最直观环节或部分，也是与交通参与者联系最密切的环节或部分。诱导的作用及目标的实现都是直接通过这一环节达到或完成的。主要发布媒体有可变信息标志、无线广播、网络媒体、车载导航信息显示器等。

2. 道路诱导系统的组成

城市道路诱导系统根据其信息采集到最终的信息发布，中间所经历的过程如图 8-2 所示。

（1）动态交通信息平台。动态交通信息平台是实现交通诱导系统的基础子系统，也是城市交通各系统信息交换的枢纽。它集成了通信、计算机、网络、管理等一系列技术，既是一种技术平台，也是一种信息服务平台。该子系统通过将不同的、大量的交通信息数据进行处理、传输、存储、融合等，逼真地将交通信息呈现在交通参与者面前。根据实际情况，动态交通信

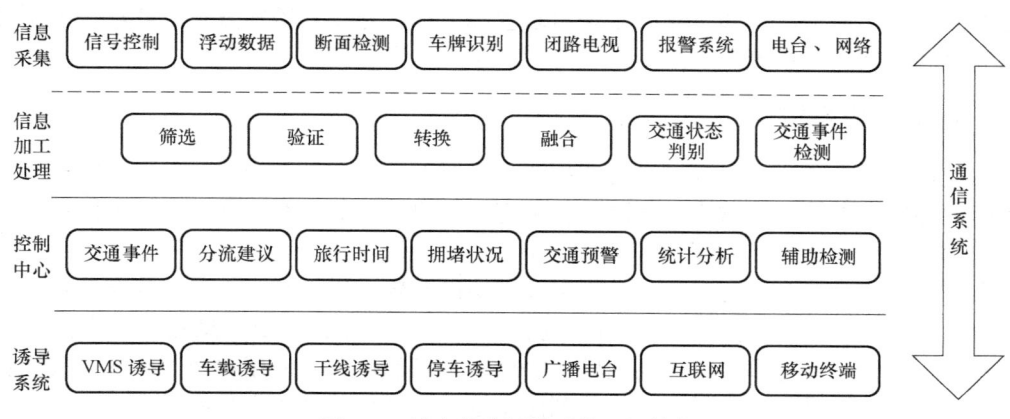

图 8-2　城市道路诱导系统组织结构

息平台应能分级分区控制与管理交通信息的处理、发布、传输等，使交通诱导系统能真正实现动态诱导和控制网络交通流。

动态交通信息平台主要由下列两个模块构成：

1）动态交通信息采集。准确、及时、高质量的路网实时交通数据是动态交通诱导系统的前提条件和关键。动态交通信息采集模块通过道路交通流检测设备（如环形检测器、红外检测器、超声波检测器、视频检测设备）、浮动车数据、交通警察及相关人员提供的关于当前交通事件、事故、阻塞等交通信息等获得实时交通信息。

2）交通信息加工处理。采集到的交通信息，需要经过验证、转换、融合等初级处理，成为实现城市交通诱导的基本数据。为了产生诱导方案，需要将经过初级处理的实时动态交通信息与历史数据库中的路段交通参数数据进行融合，形成对当前时刻路网中各路段参数的最佳估计。此项工作可以采用多元线性回归、并行计算、神经网络、模糊逻辑、模糊神经网络等方法完成。加工处理后的信息通过交通诱导控制中心产生诱导方案发布出去，实现对出行者的出行诱导。

（2）交通通信系统。交通通信系统的任务是将加工处理后的交通信息安全、准确地发布出去。由于要传送的信息量很大，而通信信道的带宽和速率有限，所以需要针对不同用户以及子系统采取不同的通信方式（有线通信和无线通信）和通信策略（主要是通信的网络结构类型）进行数据传输。信息通信技术在城市交通诱导系统中的应用可分为以下三个方面：

1）道路基础设施和车辆之间的路车间通信。

2）并列行驶车辆间直接相互传递信息的车车间通信。

3）信息检测、信息发布的通信网络。

（3）交通诱导控制中心。交通诱导控制中心是根据诱导战略和策略做出诱导方案，通过各种传播媒介传送给公众，使交通参与者在家中、在路上都可以得到交通诱导信息。交通诱导控制中心通过调用动态信息平台中的信息，不仅要对目前交通状况进行分析，而且还要对未来可能的交通变化做出判断，从而做出有利于交通参与者及交通状况改善的诱导方案决策。控制中心通过数据请求调用接口与动态交通信息平台进行数据交换，将通过运算产生的诱导方案发布给交通诱导外场设备或者车载导航系统。

在车载导航式诱导系统中，交通诱导控制中心也将接受车载导航子系统的请求，发送动态交通信息或者诱导出行路径信息。

（4）交通诱导信息系统。交通诱导信息系统也即交通诱导外场设备，是进行交通诱导方案的信息发布媒介，主要包括有线电视、与网络相连的计算机、交通电台、公共场所的电话亭、路边的可变交通标示牌和车载行车诱导装置等。车载导航式诱导方式的外场设备主要是车辆定位系统和车载导航系统。

8.1.3 停车诱导系统

动态交通和静态交通是组成城市交通的两个重要部分，前者是指人、车、物的流动，后者是指车辆的停放。要处理好城市交通问题，关键就是协调好静态交通和动态交通的平衡，实现车辆"进得来、停得下、走得了"。

停车诱导系统是协调静态交通与动态交通平衡的有效手段。它是综合智能交通系统的一个组成部分，以促进停车场及相邻道路的有效利用为目的，通过可变信息板、车载信息发布装置、互联网、手机平台等多种方式向驾驶人提供停车场的位置、使用状况、路线以及相关道路交通状况等信息，诱导驾驶人最有效地找到停车场。该系统结合了现代的计算机、通信和交通工程技术，能够有效地改善交通运输网的安全和效率，减少交通污染。

下面先从单停车场综合信息系统入手，分别介绍场内车位引导、场外停车诱导信息发布以及区域协调停车引导。

1. 单停车场综合信息系统

（1）系统功能。车位引导是单停车场综合信息系统的一个重要功能。单停车场综合信息系统集感应式IC（集成电路）卡技术、计算机网络、视频监控、图像识别与处理及自动控制技术于一体，对停车场内的车辆进行全自动化管理，包括车辆出入控制、车牌自动识别、图像显示、车型校对、停车时间计算、费用收取及核查、语音对讲、自动取（收）卡等系列科学、有效的操作。单停车场综合信息系统的组成如图8-3所示。

主要子系统的功能如下：

1）出入口管理系统：对于单个停车场，在停车场的出入口处，通过非接触式卡片来对出入特定区域的车辆实施识别、准入/拒绝、引导、记录、收费、放行等智能管理。

2）收费管理系统：通常与出入口管理系统集成在一起，完成付费停车场按照停车时间、用户类型等不同方式的收费。

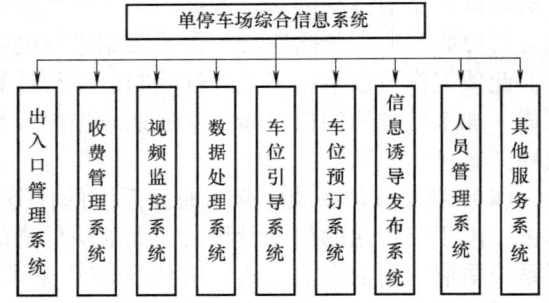

图8-3 单停车场综合信息系统的组成

3）视频监控系统：通过监控摄像头、报警装置、传输网络、监控中心内的显示器、视频存储设备等实现数字监控，能满足视频录像、存储、监控、回放功能，能够高效地进行网络传输、远程传输和循环存储，并实现与防盗报警装置联网联动，及时反馈监控信息。

4）数据处理系统：完成车辆进出场摄像照片的图像对比、线圈采集数据、停车场空车位信息处理、数据存储与历史数据分析；对交通数据进行预处理，包括缺失数据的识别、采集数据的异常识别、故障交通信息的修复。

5）车位引导系统：远距离监测停车场各个车位占用情况，并将有关信息反馈到控制中心，对车位的空闲状况做出相应的指示，通过相关配置，实现车位检索和车位使用引导；通过对每个车位都配置车位检测器，可检测车位是否空置，并实时将车位状态进行反馈。

6）车位预订系统：车位预定是指在出行前或途中提前为停车需求者预定停车位，其中包括预停车时间和预驶离时间，确保停车需求者不用在停车场入口处等待，可以直接进入预订的停车位顺利停车。停车需求者可以通过热线电话呼叫区域控制中心的订位语音平台，实现出行前和出行途中的停车位预定。

7）信息诱导发布系统：诱导发布信息的内容包括停车场位置、泊位数、车位使用情况、收费情况、停车场周边服务设施分布情况等。

8）人员管理系统：在运营时间内对管理人员进行排班制管理，管理人员包括各个停车场出口收费管理人员、监控中心管理人员、信息诱导发布管理人员等；对管理人员每日的信息进行记录，包括工号、姓名、排班时间、岗位、当班情况等。

9）其他服务系统：在环境方面，地下停车库需按要求配备通风设备、照明设备、灭火设备等，按照《汽车库、修车库、停车场设计防火规范》（GB 50067—2014）实行。

（2）系统逻辑架构。各子系统间进行信息交互、共同协调完成智能化的停车场管理。子系统间的信息交互包括：

1）入口检测系统向停车场数据处理系统（停车场的控制和信息处理中枢）提供的数据有：车牌号码和车型（视频检测）、刷卡时间和卡号。提供入口检测信息的设备是电感线圈、读卡器、摄像机。

2）车位检测系统向停车场数据处理系统提供的数据有：车辆停放的位置及空余车位的位置。提供此信息的是检测车位的超声波检测器。

3）停车场数据处理系统向车位引导系统提供空车位所在区号及行车方向信息，并且中心系统记录停车车位位置（车位检测系统提供给中心系统）。车位引导的主要方式是显示牌信息。

4）停车场数据处理系统提供给信息诱导发布系统的信息是现有的空车位数。停车场诱导方式主要是路边显示牌和交通广播信息。

5）自动收费系统与停车场数据处理系统之间的信息交互为：自动收费系统送卡号到数据处理系统，数据处理系统从数据库中提取有关信息并处理后发给自动收费系统停车时间、应付款数（或自动扣除），自动生成收据。

6）停车场控制中心提供给总控制中心的信息是空车位数（车牌号可以查询访问）及收费标准，得到的主要信息是停车需求控制信息和区域停车协调信息。

7）停车场控制中心的主要任务就是处理以上的所有信息，响应请求与发布控制信息。

（3）系统物理框架。为了清楚地显示控制中心处理器（服务器）与停车场内设备、外场设备及相关服务平台的连接，设计了系统物理框架。控制中心中各设备间使用有线传输，其中考虑到超声波车位检测器和摄像机的数量较多，不可能直接与中心计算机相连，因此通过一个信号转换装置把一定数量的检测器连在一起，可以使多个信号转换器形成并联，再将信号转换器与数据管理中心计算机连接。

2. 单停车场车位引导及诱导信息发布系统

（1）诱导系统的组成。单停车场车位引导及诱导信息发布系统由三层组成：第一层为应用层，即单停车场的管理控制中心包括软件和计算机；第二层为中间层，包括场内分区引导、车位状态控制和车位检测；第三层为物理层，主要为域显示牌、车位显示屏（数量根据工程安装实际情况及客户要求确定）和每车位配置的车位检测器等。单停车场车位引导与诱导信息发布系统逻辑构成如图 8-4 所示。

1）车位检测。在交通检测中，有电

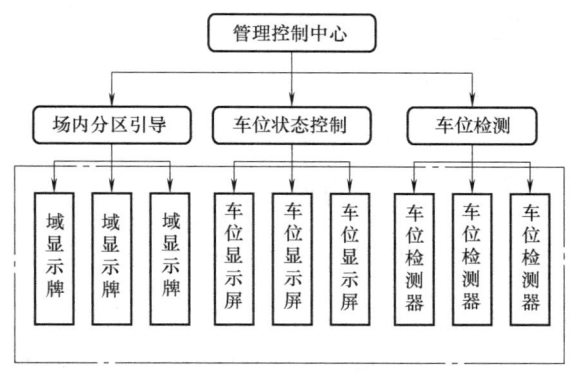

图 8-4 单停车场车位引导与诱导信息发布系统逻辑构成

感线圈检测、超声波检测、雷达微波检测和视频检测几种主要方式,均可用来进行车位状态检测。不同的检测方式有不同的特点,见表8-2。

表 8-2　车位检测方式对比

检测方式	主要工作方式	特点
地感	短时间检测和防砸车功能	成本最低
红外线	采用单光主动式红外微波探测技术,将探测器设置于车位上方,系统构成折射光束,每一探测器对所发光束的检测背景设定检测"常量",判断探测区为无车状态。当有物体出现在探测区,并保持相对较长时间时,背景探测值变化为一个非"常量"的固定值,此时系统判断该车位有车,信号控制器将处理信号传输给中央处理器,确认该车位被占用	价位较低,可靠性受环境影响较大
超声波	探测器自己发射超声波束,由车辆停泊后反射回来(无车时反射回的信号相对较弱),经过微控制器计算处理后获取停泊信息,达到检测的目的;检测车辆停放和离开的情况	价位较高,可靠性好,受环境影响较小
视频	视频车位检测终端安装在每个车位的正前上方,正对着停车位,拍摄每个停车位上的实时图像,用于获取每个车位当前的车位信息及车辆信息并传输到多路视频处理器	可提供大量信息,直观、实时,管理方便,安装方便,可靠性好;缺点是成本高,容易受环境影响

2) 车位状态控制。LED车位显示屏安装于每个车位前,用于显示该车位是否被占用,车位空闲时绿灯亮,车位占用时红灯亮,驾驶人可以通过查看车位前的LED灯,在较远的距离了解某一区是否有空车位。

3) 场内分区引导。停车场停车子区划分可应用于大型停车场,特别是在超大型、多区域、多层次的大面积、多车位、路线复杂的停车场。将之与停车诱导信息系统结合起来,对进入的车辆进行引导,不仅能解决驾驶人寻找车位时的盲目性,而且能节省时间和燃油,还有利于停车场的内部管理,无论从节约能源、环境保护还是从提高停车位的利用率等方面,都具有重要的意义。

对于每层有且只有一条车辆流线即可经过所有停车位的停车场,无须划分停车子区。

对于一条车辆流线不可经过所有停车位的现代大型停车场,其面积大、车位多、路线复杂,此时若每层停车位大于或等于300个,则需要划分停车子区,以方便驾驶人寻找车位停车,提高效率。

(2) 信息发布内容。停车诱导信息的发布主要分为动态实时信息对内发布和动态实时信息对外发布两大部分,具体见表8-3。

表 8-3　信息发布对象与内容

	对内发布	对外发布
对象	面向交通管理部门	面向停车用户
内容	①停车场泊位信息 ②停车场开启关闭信息 ③停车设施信息 ④停车场管理信息 ⑤停车场信息统计和分析情况 ⑥针对社会用户发布停车内容	①停车场位置 ②泊位数 ③车位使用情况 ④收费情况 ⑤道路交通状况 ⑥交通管制措施 ⑦停车场周边服务设施分布情况 ⑧行车路线 ⑨预约服务信息

(3) 停车诱导模式。停车场一般采用三级诱导模式,如图8-5所示。

一级诱导显示屏通常设置在市区主要交通干线上,用来发布多个停车场的名称、位置、实际车位状态。用户在出行前,可据此获取目的地交通、停车状况动态信息以及其他综合服务等信息,同时结合出行目的,选择最佳出行路线以及交通方式。

二级诱导显示屏通常设置在停车场周边区域的街道两旁,用来发布停车场的名称、行驶路线(从智能交通综合管理平台获取信息,提供行驶路线的道路实时状态)、实际车位状态信息。用户行至路途中,可据此获取

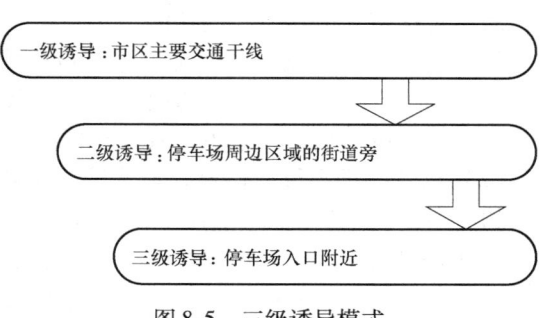

图 8-5 三级诱导模式

目的地交通、停车状况动态信息以及其他综合服务信息等,通过系统发布的各项动态服务信息,选择有利的行车路线停车方案,可以有效地缩短出行时间。

三级诱导显示屏通常设置在停车场入口附近,用来发布单个停车场的名称、实际车位状态以及其他规定信息。用户到达目的地后,可据此获取周边区域停车场即时信息,可以通过区域内路侧简易诱导指示牌或电子显示屏发布的动态信息提示,选择停车场顺利停车,或根据空或满的情况选择等候或驶离。

3. 区域停车场协调诱导系统

区域停车场协调诱导系统分为 2 层结构,分别是区域停车场协调诱导中心以及停车场管理端。区域停车场协调诱导中心主要实现所辖区域的停车信息动态管理功能,完成对系统配置,实现发布信息传输、发布信息统计查询等应用功能。强大的数据处理功能实时处理管辖区域内所有停车场不断变化的空车位信息和停车场出入口的排队等候信息,通过设立在室外的区域诱导显示屏向驾驶人发布。停车场管理端则为各单停车场的管理系统,主要通过先进的采集技术完成本停车场车位信息、进出车辆信息、视频监控信息、设备状态信息的采集,并分类管理所有信息,将车位信息发送到该停车场附近的显示屏上,同时将有关信息上传到区域管理中心。区域停车场协调诱导系统基本结构如图 8-6 所示。

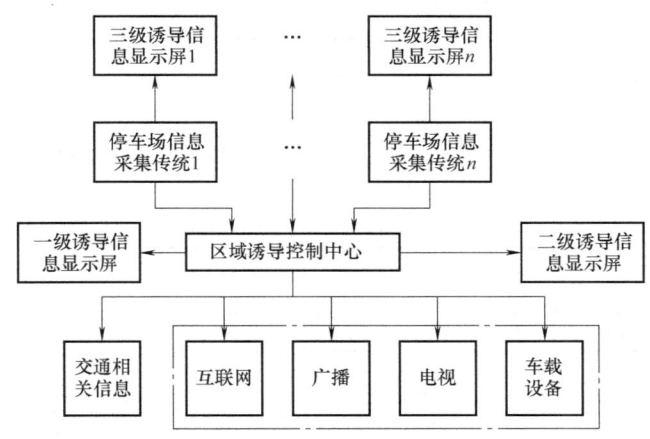

图 8-6 区域停车场协调诱导系统基本结构

区域停车场协调诱导系统根据其功能结构,一般可分为 4 个子系统,分别是信息采集系统、信息发布系统、信息处理系统以及信息传输系统。区域停车场协调诱导系统的总体功能是发布停车信息,同时给城市智能交通系统提供基础数据。区域停车场协调诱导系统的直接功能就是给交通管理人员及有停车需求的公民提供停车信息,要发布信息就必须先进行数据收集和信息处理。区域停车场协调诱导系统的 4 个子系统为 4 个大的模块,它们相互依赖、共同作

用,从而实现停车诱导系统的功能。

(1) 信息采集系统。该系统通过车位检测装置、远程监控装置、传感装置等采集对象区域内各停车场、路边车位以及道路的相关信息,包括停车场使用的状况、泊位利用率、交通状况等信息。车位信息的采集主要有停车场内信息采集和路侧停车信息采集两种方式。

(2) 信息处理系统。信息处理系统用于处理信息采集模块传输来的数据。例如,对于停车场的分布、停车场泊位使用情况、交通流状况,处理模块根据一定的模型算法对这些数据做换算处理并得出结果。处理模块除了计算数据,还要储存各种相关数据信息、报表,为未来规划建设停车系统提供基础资料。信息处理系统主要由硬件部分和管理软件来实现。

(3) 信息传输系统。信息传输系统的基本任务是保证从信息采集系统到信息处理系统再到信息发布统信号传输的畅通,实现数据交换。数据传输可以是有线的通信传输(如传统的方法有利用电话线传输,现在广泛使用的光端机信息传输、互联网专线信息传输),也可以利用无线通信方式(如 GSM 网络、3G 宽带移动通信网络、无线局域网络等)。

(4) 信息发布系统。信息发布系统主要用于将各种有用的信息(如泊位空余量、交通拥挤状况信息、气象信息等)用适当的方法向外界用户发布出去,发布可以分为多层次发布和逐级发布,内容上从概括到具体。发布采用的硬件有可变信息屏、广播电台、互联网设备、手机等。随着技术的发展,结合卫星定位系统和车载导航系统的成熟和完善,将信息实时显示在车载显示系统已经成为构成智能停车诱导系统的重要部分。

完备的信息采集是系统工作的基础,正确、实时的信息处理是系统正常工作的保证,信息传输是系统各部分连接的保障,信息发布是系统所有工作的体现。

区域停车场协调诱导及运营管理系统主要由以下一些设备组成:诱导服务器、运营管理服务器、数据服务器、应用服务器、车位引导软件、停车信息采集设备、车位指示牌、信息显示屏。有单停车场综合信息管理系统的停车场,可使用单停车场管理系统统计剩余车位信息;没有单停车场综合信息管理系统的停车场,需要在出入口安装信息采集设备,统计剩余车位信息。其物理结构如图 8-7 所示。

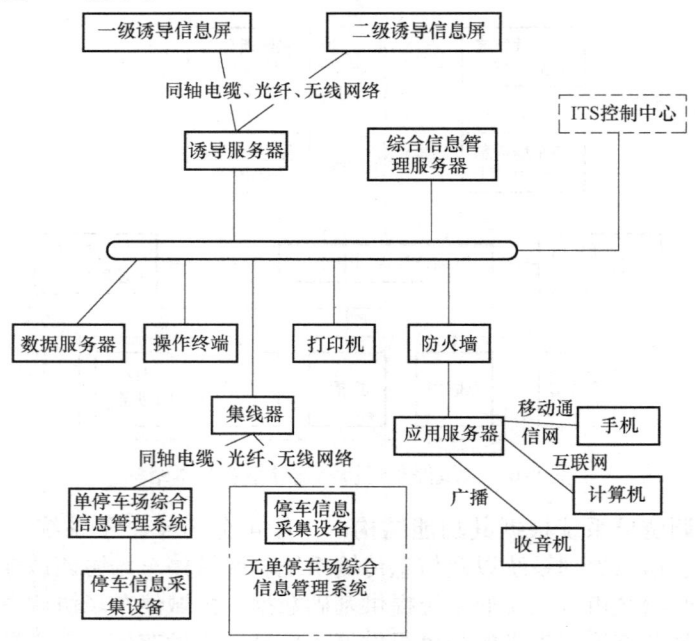

图 8-7 区域停车场协调诱导系统的物理结构

4. 停车诱导系统的信息传输策略

信息传输的基本任务是保证"信息流"在特定的传媒中畅通，做到快速、及时、准确。系统的信息传输包括三个部分：采集的基本信息到停车场管理中心的传输；停车场管理中心向区域管理中心的传输；区域管理中心向信息发布系统的传输。信息传输方式可分为有线和无线两种。有线传输可以通过专用双绞线、同轴电缆、光纤等，也可以通过电话线、有线电视传输线等。无线传输通过微波、红外线（专用信号传送）或中长波（普通广播信号）传输信息。在选择信息传输方式时要考虑到传输能力和成本、空间限制、环境等因素。

用于各子系统间的信息传输系统，主要从数据交互的可靠性建设投资、建设周期、系统的运行以及可维护性几个主要方面进行考虑，实现系统内的数据通信。

下面以图 8-7 所示的区域停车场协调诱导系统为例来说明信息的传输方式。该信息传输系统主要用于以下三个方面：

（1）车位检测终端、内部诱导屏与单停车场综合信息管理系统之间的数据通信。单停车场内部的通信采用现场通信技术，如串行通信、CAN 总线技术等，也包括短距离的无线通信技术，如 Zigbee 技术等。

（2）单停车场综合信息管理系统与区域协调诱导中心之间的数据通信。单停车场与区域协调诱导管理中心通过专网或互联网接收和发布数据，建议采用互联网方式，目前的 ADSL、宽带接入、数字数据网（DDN）业务都能满足，可针对实际应用情况进行选择。

（3）区域协调诱导中心与路边诱导屏之间的数据通信。对于路边诱导屏，数据传输有多种方式，包括 3G、GSM/GRPS、有线等方式。由于诱导信息发布系统大部分安装在道路路侧，不便于敷设通信电缆，因此大多数情况下均采用无线通信手段，实现系统内的数据通信。信息中心将待发布的诱导信息通过无线方式传送给城市道路两侧的可变信息标志诱导屏。选择无线数据通信方式的理由包括：

1）GPRS/3G 采用分组交换技术，按流量计费，高效传输高速或低速数据和信令，优化了对网络资源和无线资源的利用。

2）有强大的运营商进行支持，不存在企业风险。

3）建设成本低，不需要开挖路面敷设数据通信线路。

4）发布系统引导屏安放在道路两旁且地点分散。

5）便于安装和调试。

6）便于日常维护和检修。

7）停车场分布范围较广，使用有线的方式施工难度较大。

8）投资小，施工难度低。

8.2　先进的停车场管理系统

8.2.1　停车场管理系统概述

1. 停车场管理系统的概念　停车场管理系统是集射频识别技术、自动控制技术、计算机网络技术、图像识别处理技术、机电一体化技术等多种技术，实现停车场车辆自动化管理的综合系统。该系统能对车辆出入控制，车位检索，费用收取、核查、显示，以及校验车型、车牌等实行有效地、科学地、可靠地管理。由于停车场管理系统减少了车辆管理的人工参与，从而最大限度地减少了人工费用和人为管理造成的损失，大大提高了整个停车场的安全性和使用效率。

2. 停车场管理系统的作用

（1）实现停车场车辆的自动化、科学化、规范化管理。

（2）提高停车场服务效率，实现车辆的快速流动。

（3）减少停车场管理中的费用流失及乱收费现象。

（4）有效缩短车辆在出入口的停留时间，降低收费人员的工作强度，减少收费误差，杜绝票款流失，提高停车场的收费管理水平。

（5）有效杜绝盗车现象的发生，提高车辆停放的安全性。

3. 停车场管理系统的分类　停车场管理系统按使用场合分为内部停车场和公用停车场。

（1）内部停车场主要面向该停车场的固定车主与长期租借车位的单位、公司及个人，一般多用于各单位自用停车场、公寓及住宅小区配套停车场、写字楼及办公楼等大楼的地下车库、长期车位租借车场与花园别墅小区等。此种停车场的特点是使用者固定，禁止外部车使用，使用者对设施使用的时间长，对车场管理的安全性要求严格，在早晚上下班等高峰期出入密度大，对停车场设备的可靠性及处理速度要求高。

（2）公用停车场主要是为临时性散客提供服务的，有"收费"和"免费"之分。公用停车场常见于大型公共场所，如车站、机场、体育场馆、商场等地方，车场设施使用者通常是临时一次性使用者，数量多、时间短，要求车场管理系统运营成本低廉、使用简便、设备牢固可靠、可满足收费等商业处理要求。

另外，还可按其他划分方式进行分类，如按复杂程度可分为简易型停车场、半自动型停车场、全自动型停车场；按出入口数量分为单通道出入口停车场、一进一出两通道停车场、多进多出多通道停车场。

4. 停车场管理系统的基本组成　停车场管理系统可划分为车辆自动识别子系统、收费子系统、自动控制子系统、保安监控子系统、对讲子系统等，设备通常包括中央控制计算机、自动识别装置、临时车票发放及检验装置、栏杆机、车辆探测器、监控摄像机、可控提示装置等。相关设备介绍如下：

（1）车位情况显示屏：放置在停车场的入口处，用于显示车位的使用状况，如总车位数、已使用车位数、未使用车位数、车位满等。

（2）车辆检测器：配合感应线圈使用，放置在出入口控制机、栏杆机处，用于自动检测车辆的有无。

（3）入口控制机：放置在车辆入场方向的左侧，一般内含读卡器、显示屏、自动控制器、车辆检测器、自动发卡机、对讲分机等部分，具有读卡及身份识别、发放临时卡、控制、记录信息、声光提示、语音对讲等功能。

（4）摄像机：放置于出入口控制机和出入口栏杆机之间，用于摄取车辆出入场的图像，供图像对比和存储用，要求彩色、高清晰度、高速。

（5）聚光灯：放置于摄像机附近，夜间配合摄像机提供照明。

（6）电动栏杆机：一般由金属机箱、电动机、变速器、动态平衡器、控制器、栏杆、防砸检测器等部分组成，放置于停车场出入口处，为阻挡车辆通行和控制车辆进出的机电一体化设备。

（7）出口控制机：放置在车辆出场方向的左侧，一般内含读卡器、显示屏、自动控制器、车辆检测器、自动收卡机、对讲分机等部分，具有读卡及身份识别、收取临时卡、控制、记录信息、声光提示、收费、语音对讲等功能。

（8）收费管理中心：是停车场管理系统的控制中枢，使用PC或POS机，安装收费管理软件，负责整个系统的协调与管理，包括软硬件参数设计、信息交流与分析、命令发布等，系统

第 8 章 交通信息系统应用案例

一般联网管理，集管理、保安、统计及商业报表于一体。

（9）发卡器：放于收费管理中心，用于各类卡的授权与资料登记。

（10）车位探测器：用于探测车位有无车辆，构成停车引导系统。

（11）红绿灯：用于单通道出入口系统，指示通道的使用与否。

5. 停车场管理系统所采用的技术

（1）车辆自动识别技术。车辆自动识别装置一般采用卡片识别技术，包括驾驶人手持的磁卡、条码卡、IC（集成电路）卡、近距离射频识别卡以及远距离射频识别卡等，也可采用无线遥控、自动车牌识别等技术。磁卡及条码技术由于低廉的车卡价格和技术成熟，在传统的车辆管理中占统治地位，20 世纪 90 年代以前的停车场管理系统中基本都是这两种技术产品。但是，该技术配套设备复杂且昂贵，划卡设备使用不便且易损坏，处理速度慢，车卡寿命短且易被仿造，保密性不高。

20 世纪 90 年代后，涌现出了 IC 卡、近距离射频识别卡以及远距离射频识别卡等新型识别技术，它们克服了磁卡及条码技术的缺点，同时使用寿命长，使用方便，不易损坏，具有高保密性、高防伪性等突出优点，使停车场识别技术上升到一个新的高度。IC 卡的缺点是依然需要刷卡过程，从而降低了识别处理速度。同时，由于 IC 卡通过卡上触点与读卡设备交换信息，因此一旦 IC 卡的触点或读卡设备的触点被污物覆盖，就会影响正常的识别。IC 卡对环境要求较高，一般停车场不宜使用。这两个缺点局限了 IC 卡在停车场管理系统中的使用。

射频识别（Radio Frequency Identification，RFID）技术是 20 世纪 90 年代兴起的一项自动识别技术，它利用无线射频方式进行非接触式双向通信。射频识别系统中卡片与读写器之间无须物理接触即可完成识别，可实现多目标识别和运动目标识别，应用范围非常广泛。射频识别技术继承了 IC 卡技术的优点，保密性高，不可伪造，同时省去了刷卡过程，提高了识别速度，而且由于杜绝了塞卡现象的发生，从而极大地提高了可靠性。对收费停车场管理系统来说，识别系统的可靠性就意味停车场的可靠性。因而，射频识别技术就成了停车场管理中理想的识别技术，目前已被普遍应用于停车场管理系统。按识别卡的制造工艺，非接触识别卡可分为反向散射卡和声表面波卡；按识别范围大小，可分为短距离卡（<40cm）、中距离卡（40～300cm）和远距离卡（>300cm）；按数据交流的方式，可分为只读卡（ID 卡，如我国台湾的 EM 卡，美国的 HID 卡、TI 卡、MOTOROLA 卡等）和可读可写卡（非接触式 IC 卡，如 Mifare 卡）。

（2）机电一体化技术。自动发卡机、自动收卡机和电动栏杆机都是应用机电一体化技术的产品。

自动收卡机和自动发卡机一般由电动机、传动部分、自动检测部分、收（发）卡装置、控制单元（一般使用单片机技术）组成，可受按钮控制或自动控制器的控制，完成临时卡的收取或发放工作。

电动栏杆机一般由控制单元（一般使用单片机技术）、机箱、平衡机构、电动机、减速机构、连杆曲柄传动机构、检测装置、闸杆组成。其工作原理如图 8-8 所示。

（3）图像识别处理与视频监控技术。在停车场出入口均设置高性能摄像机，通过电缆和视频捕捉设备将车辆出入场的图像摄取记录到控制中心的计算机中，进行车型和车牌的图像对比识别，确保车卡一致，防止车辆被盗的现象发生。平时在控制中心，也可以实时监视出入口的情况。在停车场中设置摄像机，在控制中心即可全面监视整个车场的情况。

（4）车辆感应侦测技术。在停车场管理系统中，通过环路车辆检测器和地感线圈来侦测车辆的有无，从而做出有关反应。车辆检测器是通过探测金属物在感应线圈上电感量的变化来探测金属物的，线圈由多匝导线绕制而成，埋在路面下，用水泥填充好，线圈的引线连接到车

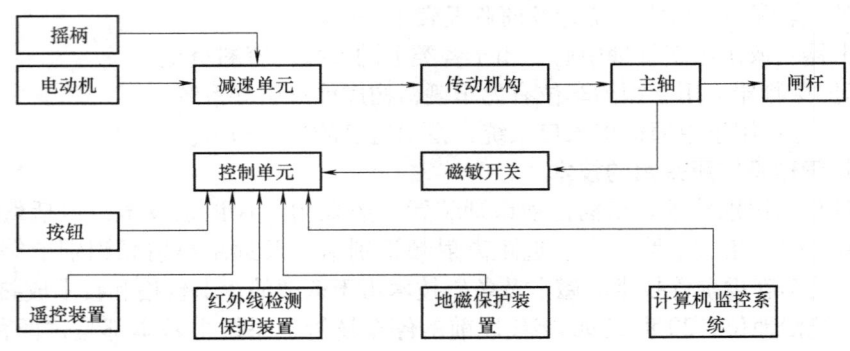

图 8-8 自动栏杆机工作原理

辆检测器上,当车辆等金属物通过感应线圈时,导致线圈的电感量发生变化,这个变化被车辆检测器检测到,通过内部的智能控制器(通常由单片机和调谐电路组成)的运算判断有金属物,并通过继电器输出控制信号,自动控制器或栏杆机收到控制信号即做出相应的反应。

1)线圈调谐:地感线圈和车辆检测器内的电子线路组成调谐共振电路,调谐过程完全自动进行,当车辆检测器通电或被复位时,将自动调谐到它所接的线圈,调谐范围为 50～1000mH,这样宽的调谐范围保证了对线圈和引线要求很低,一旦调谐好,任何环境对电感量的缓慢变化都将反馈给探测器内部的补偿电路,保证正常工作。

2)灵敏度:车辆探测器的灵敏度取决于线圈的大小、线圈的匝数、引线的长度以及在线圈下方是否有金属,应根据具体应用情况来确定车辆探测器的灵敏度。

3)反应时间:车辆探测器的反应时间是指从金属物进入感应线圈到车辆探测器给出指示信号的时间间隔。反应时间一般为 100ms,太短的反应时间在有电磁干扰的环境下容易造成误动作,太长的反应时间也会造成使用不便。

(5)自动控制技术。自动控制器是出入口控制机的核心,一般利用嵌入式微处理器构成中央处理单元,接收周边设备传送的信息并进行逻辑判断处理,发出控制指令使周边设备完成相应的动作,而且通过现场总线或网络与上位机(PC)进行信息交互,完成停车场管理的自动控制,如图 8-9 所示。

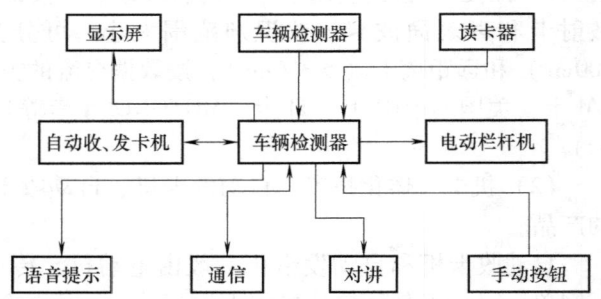

图 8-9 自动控制器工作原理

(6)现场总线技术和计算机网络技术。停车场管理系统中的各种设备常常通过现场总线进行通信,如图 8-10 所示。现场总线是应用在最底层设备的一种总线型拓扑网络。这种总线是现场控制系统直接与所有受控(设备)节点串行相连的通信网络,控制的实时性很强。目前比较流行的现场总线有 RS-485 总线、基金会现场总线、Lonworks 总线、PROFIBUS 总线、HART 总线、CAN 总线。

在多出入口或设有管理中心的停车场管理系统中,各出入口节点和管理中心 PC 之间常利用计算机网络技术(如以太网)进行组网通信。

(7)信息处理技术。管理收费软件充分应用了信息处理技术,具有强大的信息处理能力。管理中心 PC 通过现场总线或计算机网络接收各节点设备传送的各种信息,进行各种处理(如记录、判断分析），并向各节点设备发布控制指令，根据管理的需要形成各种记录和报表。

（8）防迁回技术。防迁回技术可用于防止持卡人在不开出车辆时再次持卡进入停车场或持同样的卡将多辆车开出停车场。

6. 停车场管理出入场过程

（1）车辆的入场过程。在等待状态下，位于入口控制机处的车辆检测器不断探测路面是否有车进入，若探测到车，则输出信号给入口控制机，入口控制机起动，发出声光提示准备接收指令。若为固定卡用户，用户直接刷卡，读卡器读取到卡的信息后传给自动控制器进行处理，如果为有效卡，系统发出声光提示，摄像机拍录车辆的图像并记录入场信息，发出抬杆指令，栏杆机抬杆，车辆进场，位于入口栏杆机处的车辆检测器探测到有车过后，输出信号给栏杆机或自动控制器，栏杆机自动落杆。若为临时用户，用户按取卡按钮，自动发卡机

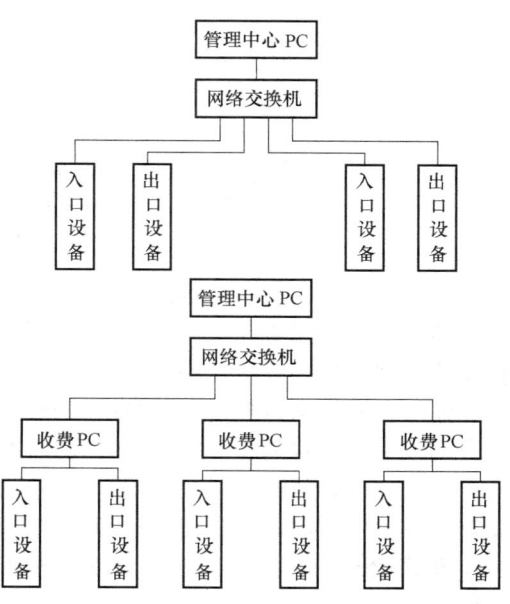

图 8-10　现场总线技术与计算机技术原理图

发出一张临时卡并完成读卡，系统发出声光提示，摄像机拍录车辆的图像并记录入场信息，发出抬杆指令，栏杆机抬杆，车辆进场，位于入口栏杆机的车辆检测器探测到有车过后，输出信号给栏杆机或自动控制器，栏杆机自动落杆。入场工作流程如图 8-11 所示。

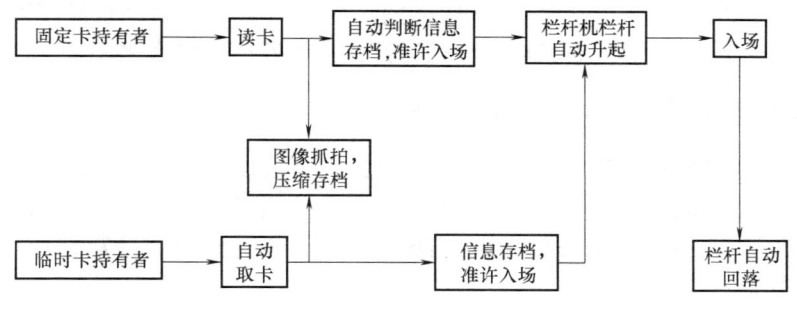

图 8-11　入场工作流程

（2）车辆的出场过程。出场工作流程如图 8-12 所示。

1）对于固定卡车辆：出场车辆行驶至出口，位于出口控制机处的车辆检测器探测到路面有车，输出信号给出口控制机的自动控制器，出口控制机起动，发出声光提示，准备接收指令，此时用户持固定卡刷卡，读卡器读取到卡的信息后传给自动控制器进行处理，若为有效卡，系统发出声光提示，摄像机拍摄出场车辆的图像并记录出场信息，自动控制器发出抬杆指令，栏杆机抬杆，车辆出场，位于出口栏杆机处的车辆检测器探测到有车过后，输出信号给栏杆机或自动控制器，栏杆机自动落杆，出场过程结束。

2）对于临时卡车辆：根据收费岗亭的设置位置分两种情况。

① 收费岗亭设在出口处：出场车辆行驶至出口停车，用户将临时卡交给管理员，管理员刷卡，摄像机拍摄出场车辆的图像，管理员进行图像对比识别，确认并收费后，发送抬杆指令，栏杆机抬杆，车辆出场，位于出口栏杆机处的车辆检测器探测到有车过后，输出信号给栏

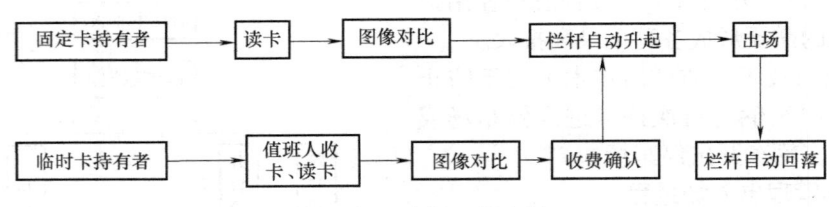

图 8-12 出场工作流程

杆机或自动控制器,栏杆机自动落杆,出场过程结束。

② 收费岗亭设在停车场中:出场车辆行驶至收费岗亭,用户将临时卡交给管理员,完成收费及相关登记后,用户持临时卡开车到出口处,位于出口控制机处的车辆检测器探测到路面有车,输出信号给出口控制机的自动控制器,出口控制机起动,准备接收指令,用户将临时卡插入自动收卡机,自动收卡机收卡并完成读卡,若卡有效,自动控制器发出抬杆指令,栏杆机抬杆,车辆出场,位于出口栏杆机处的车辆检测器探测到有车过后,输出信号给栏杆机或自动控制器,栏杆机自动落杆,出场过程结束。

7. 信息处理 信息处理是停车场管理系统的核心。停车场管理系统的强大功能以及管理的方便性和有效性是依靠信息处理来实现的。一般的停车场管理系统,信息处理分两级,即前端和后台管理中心。前端的信息处理由自动控制器来完成,主要在各出入口对本地的信息进行处理,完成逻辑、判断、控制、记录等工作。后台管理中心的信息处理由管理中心 PC 或服务器来完成,对前端传递上来的各种出入场信息和图像资料进行记录、分析、统计、备查,协调整个停车场管理系统的顺畅运行,全面监控系统的运作状态,提供完整的管理信息。

8. 系统的功能 系统的主要功能为:图像自动捕捉;自动计时收费;中文显示相关信息;自动记录车辆进出情况;自动收发卡;语音提示;对讲和监听;自动检测车辆;自动抬杆、落杆;防砸车保护;非接触卡车辆识别;脱机运行;信息处理;网络化。

8.2.2 停车场管理系统的典型解决方案

1. 单一栏杆机控制车辆进出 其特点为:只对车辆进出进行人工控制,在每个出入口分别放置一台栏杆机,通过人工按按钮或无线遥控器来控制栏杆机的起落或停止。车辆进入时采用人工打卡或发手写时间纸来记录时间,出场时收回卡或记录纸,计算费用。此方案成本低,运行可靠,但功能单一。

2. 一进一出(简单型,见图 8-13) 其特点为:一个进口,一个出口,不需要计算机管理和图像对比,不需要对讲,不需要收发卡,只要刷卡抬杆和检测车辆进出后自动落杆。

3. 一进一出(标准型,见图 8-14)其特点为:一个进口,一个出口,可以实现多种功能,自动化程度高,管理完善,适用于固定用户和临时用户并存的停车场的管理。

4. 多进口多出口(以三进三出为例,见图 8-15) 其特点为:具有多个进口和出口,车辆可以从任一出入口进出。

5. 一进一出一个通道(见图 8-16)其特点为:车辆进场和出场共用同一个通道。

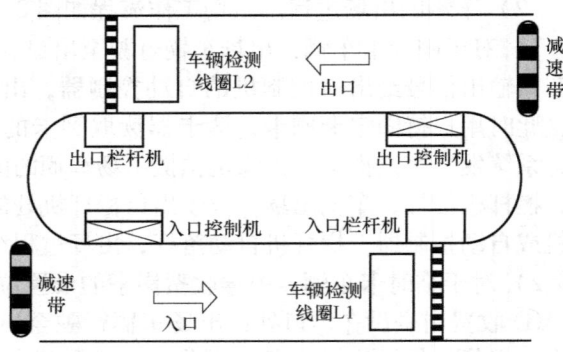

图 8-13 简单型示意图

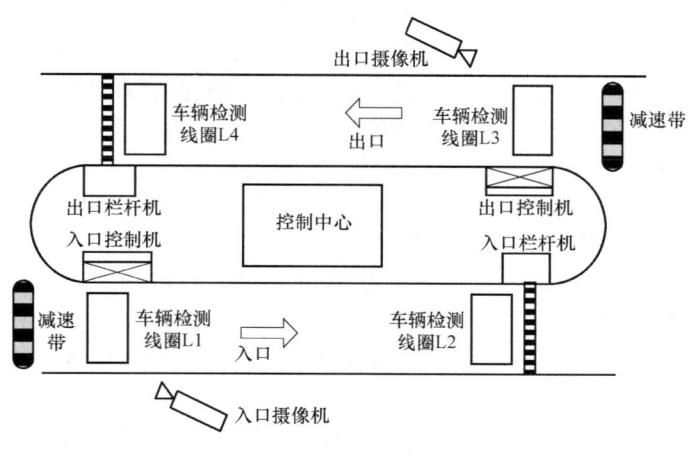

图 8-14　标准型示意图

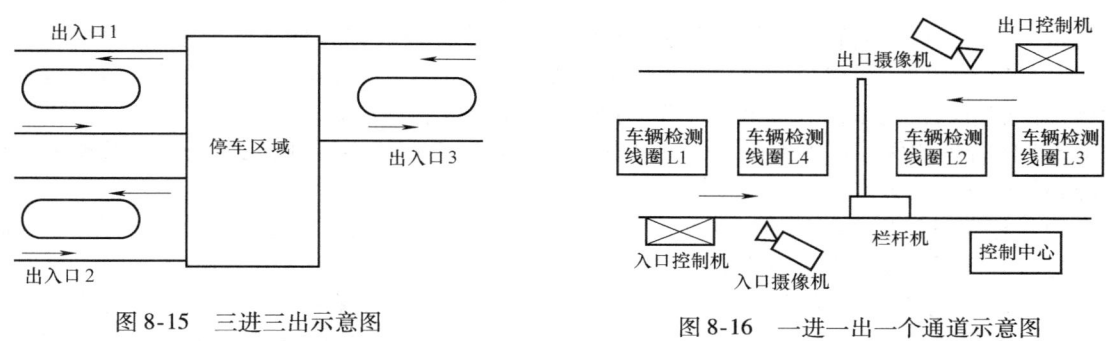

图 8-15　三进三出示意图　　　　　图 8-16　一进一出一个通道示意图

8.2.3　我国停车场管理系统市场的发展现状与未来趋势

1. 我国停车场管理系统市场的发展现状　20 世纪 80 年代，停车场管理系统刚刚进入我国，因为我国汽车数量有限，该系统的需求也很有限，主要依靠引进国外停车场设备来满足小部分的需求。随着改革开放的不断深入，我国经济不断发展壮大，汽车保有量也逐渐上升，停车场设备的需求量自然就更大，催发了该行业的发展。20 世纪 90 年代初，我国出现了一些停车场设备自主研发和生产的企业，由此正式开启了我国停车场管理行业，但还是主要依靠单纯的引进和仿制，仍处于初期阶段，不具备竞争力。

近 10 年来，随着我国停车行业的不断发展壮大，停车场管理系统生产企业的整体技术水平和实力得到了大幅度提升，已经从初期的"模仿"转向真正意义上的技术自主研发模式，并结合我国行业现状和特点提出先进的停车场管理技术和理念，紧跟国际先进技术的潮流，体现出较强的科研水平，许多国际上先进的停车技术都已经完全可以在我国进行自主研发和生产。

随着我国停车场管理行业技术的不断升级，该行业也进入了由老式管理系统向新型管理系统升级的高峰时期，落后的传统接触式读写管理系统正在逐渐被淘汰。这些新型的停车场管理系统主要以非接触式 IC 卡、远距离射频电子标识、车牌图像识别技术等非接触类收费介质为代表。

但是，我们应该看到的是，我国停车场管理行业的核心技术与设备水平仍然与国际同行存在着一定的差距，最突出的是部分核心技术仍然还是国外的技术专利，比如远距离读卡技术等。因此，如何提升技术研发水平和制造水平成了行业的重要课题。

尽管我国停车场管理系统行业处于不断的发展和壮大之中，但是也暴露出一些问题，主要表现为未全面结合我国停车行业的实际情况，系统设计不够合理，造成新型停车场管理技术无法在实际应用中体现出应有的技术优势，甚至成为制约其发挥管理功能的枷锁。比如，目前市场上最先进的平面停车场技术之一——车牌快速识别系统，理论上可以实现进出口无人看守，但是在实际应用中，因为施工或者设计等原因，出现了车牌无法自动识别的问题，需要人工补录，影响了系统功能的发挥，同时还为停车场增加了不必要的麻烦和人工、设备成本。

2. 停车场管理系统的需求与应用优势

（1）停车场管理系统的需求分析。停车场管理系统的应用领域非常广泛，各种大型或超大型商业收费停车场（机场、体育场、展览中心停车场）、中小型商业收费停车场（酒店、写字楼、商场、剧院停车场）、小区停车场等都有相应的应用，且不同的停车场对系统软、硬件的要求都有所差异。

近年来，我国迅速成长为世界最大汽车消费国，据权威部门数据表明，截至2015年底，全国机动车保有量达2.79亿辆。随着机动车保有量的持续增加，停车空间的不足带来了一系列的交通问题。有效地提高停车空间的利用效率是在有限的土地资源基础上缓解停车压力的必由之路。先进的停车场管理系统有利于管理停车场秩序，促进停车场有限车位利用率的提高，缓解停车难的问题。虽然目前我国在大力配建停车场，但停车场容量仍相对短缺。以乌鲁木齐为例，目前市内机动车保有量已超过81万辆，与停车场容量之比大于4∶1，远高于国际公认的1.3∶1的合理比例。严重失衡的比例导致停车位成为"香饽饽"。因此，停车场及相关管理系统必将出现井喷式发展。

（2）停车场管理系统的应用优势分析。停车场管理系统之所以能够获得管理方的青睐，主要是因为其拥有以下多个应用优势：

1）避免资金流失。传统的人工现金收费模式存在着很多缺陷：一方面工作强度大、效率低；另一方面则是在财务上容易造成漏洞或者现金流失。相比之下，现代停车场管理系统全部采用计算机收费，每一笔款项都经过计算机的确认、统计和记录，避免了操作失误或者作弊的现象发生。

2）保证车辆安全。传统管理模式在日常应用中面临着一系列的问题，其中安全问题尤为凸显，比如人工收发卡的形式可能造成疏漏或者无记录可寻的情况，以及丢车或者谎报丢车现象，给停车场管理方带来了很多不便，同时无法保证车主车辆安全。而现代停车场管理系统会自动储存每一个停车记录，并且还搭载着图像对比、车主车辆抓拍等功能板块，在出入口处会进行信息比对，保护车主车辆安全。

3）促进车位的有效利用。车位引导系统是现代停车场管理系统中的一个重要子系统，是通过在每个车位安装车位探测器来获得空车位信息，并通过数据处理向车主提供车位信息，引导车主停泊车辆的一种现代化智能停车场管理系统。这种停车场管理系统能够帮助车主快速找车位，以及进行车位预定/保留和快速寻车，有效地防止停车场内拥堵，提高车位使用效率，加快车辆周转，提高停车场经济效益，提升顾客满意度，塑造停车场的良好形象。

4）有效维持停车场秩序。目前，我国现代停车场管理系统主要通过三种形式进行管理，即车牌识别、取读卡、取读票，车辆均可实现快速进出场，有效地缓解了停车场出入口处拥堵的现象。采用取读读卡/票方式的车辆可以自助取读卡/票，出场人工进行缴费（内部车直接读卡出场）；采用车牌识别方式，内部车可以实现不停车出入场，外来车则仅需要出场缴费，而无须取读卡/票等烦琐过程。

3. 停车场管理系统的技术变化及趋势

（1）停车场管理系统的技术变化。近几年来，我国停车场管理行业借鉴并汲取了国外先进的停车技术和理念，并结合自身国情研发出多种停车场管理技术，主要是顺着"取读卡-卡票结合-车牌识别"的过程不断发展进步。

取读卡方式是最早使用的停车场管理技术，车辆通过自助或者由工作人员发卡的方式取卡进入停车场，出场时将停车卡给工作人员，缴费之后即可出场。使用的停车卡主要分为以下几种：无源IC卡、无源IC中距离卡、有源中距离卡、有源远距离蓝牙卡等。

但是取读卡方式存在着一定的问题：①丢卡现象经常发生；②停车卡成本相对较高，且每台停车场管理设备能够容纳的停车场卡数量较少，一般为200～400张，无法适用于中大型停车场；③停车卡重复使用不卫生，尤其是在医院、卫生站等场所的停车场应用中更为凸显。针对以上存在的问题，取读票方式应运而生。目前，使用较为广泛的还是卡票结合，即一套设备既可以读卡，又可以取票，内部车辆使用读卡方式，而临时车辆使用取读票的形式进出停车场。

取读票方式能够实现以下几个功能：①卫生安全。与停车卡的反复使用相比，一次性停车票更加卫生安全，尤其适合医院这种存在病菌传染的区域，可有效避免反复使用停车卡造成的病菌传播。②节约成本，轻松应对大流量。每卷纸票数量可达3000张，完全足以应对较大的车流量，并且纸票数量大，可以降低更换频率，节约成本，而使用停车卡需要经常开箱换卡，且成本相对较高。③停车信息在停车票上一目了然。控制机吐票前会自动将相关的停车信息打印在纸票上，如车牌号码、车辆类型、进入地点、进入时间和到期时间等信息，让车主一目了然，同时还减少了费用争议。

但是，在实际应用中，取读票方式的停车场管理系统也表现出一定的局限性：一方面没有解决读取卡丢卡的问题，丢票现象同样经常发生；另一方面停车凭证使用票据的形式，在阴雨天气可能出现停车票被雨水打湿后无法读取相关的停车信息，影响到正常快速收费。

近几年来，随着车牌识别技术的不断成熟，一套新型的停车场管理系统诞生，并获得了市场的认可，那便是目前流行于停车场中的车牌快速识别系统。车牌快速识别系统是一套先进的停车场管理系统，集摄像机、闪光灯和控制机等设备于一体，实现对车辆进出场进行快速的处理和收费。车辆靠近停车场入口并触发地感，控制机内的摄像机就会马上抓拍车牌，再由管理软件进行车牌数据处理和停车信息记录，并且道闸迅速抬杆放行，车主无须取读卡/票进场。

车牌快速识别系统的优势主要表现为以下几个方面：①车辆进出免取卡（票），可支持不停车识别进出，大大缩短车辆在进出口逗留的时间，避免车辆拥堵。②记录车辆停车相关信息。该停车场管理系统具有很高的车牌识别率，能够正确、快速地对车辆车牌号进行抓拍和信息提取并储存，很好地解决了取读卡/票方式的弊端。

（2）停车场管理系统的发展趋势——智能立体车库。我国汽车保有量不断增加，拥有的停车位数量有限，与不断上涨的停车需求形成鲜明的对比。为了解决停车位占地面积与有限土地面积之间的矛盾，智能立体车库以其平均单车占地面积小的独特特性，已被广大用户接受，并成为我国停车场管理系统的趋势。

智能立体车库是集设备、操作、安全、监控、维护、管理为一体的智能化停车场管理系统，触摸屏式的人机界面操作和使用也极为方便，具备智能化管理及收费系统，主要优点有占地面积小，选型多样，既可具体结合场地特点设计，也可与其他方式相结合来实施，自动化程度高，操作使用方便，管理和维护也较为容易，具有定量存车的特点。

目前，智能立体车库在我国的运用相对较少，该行业也正处于起步阶段。国外有很多优秀的智能立体车库经典案例可供借鉴，新加坡牛车水客纳街停车场就是其中之一。这个停车场共有四层楼高，并由专门的管理公司管理。车主只需要将车辆停放在入口处的电梯内，然后在电梯外启动停车程序，即在触控屏幕上输入个人设置的密码，系统则会自动寻找空闲的车位，并将车辆顺利地送到空车位上。取车时只需要再次输入密码便能够快速取车。

智能立体车库能够通过充分利用有限的空间来增加车位数,且大大缩减了停车场的占地面积,同时也为车主带来了很大的方便,是我国停车场管理系统未来发展的一个趋势。

8.3 电子收费系统

8.3.1 电子收费系统的概念

停车收费产生的交通堵塞、资源浪费、空气污染以及资金失控现象,已成为公众关心的社会问题,阻碍了收费公路的发展,电子收费(Electronic Toll Collection,ETC)理所当然地成为智能交通系统效益明显、发展最快的领域之一。

按照在收费系统中人工参与收费的程度可将收费系统划分为:

1. 人工收费 对通过收费站的车辆进行的车型识别、通行费收取、收据发放以及放行等收费操作均由收费员手工完成,属于停车收费。

2. 半自动收费 由计算机和人工共同完成收费工作,通常由人工(或仪器)识别车型,由人工收费,而利用计算机计费、打印票据与汇总数据,也属于停车收费。

3. 自动收费 全部收费工作不需要人工参与,完全自动地由收费系统完成。与前两种方式不同,它属于不停车收费。

也有人将半自动收费方式和自动收费方式细化,将收费方式分为计算机管理收费、磁卡(IC卡)收费、投币式收费、动态称重收费、红外收费与不停车收费(即电子收费)六种。各种收费方式的比较见表8-4。由表8-4可知,电子收费系统有明显的优越性。

表8-4 各种收费方式的比较

收费方式	收费过程			问题			车道放行能力/(辆/h)
	停车否	识别车型	延误时间	瓶颈效应	漏费	误差	
人工收费	是	人工	多	有	严重	大	250
计算机管理	是	人工	较多	有	有	有	250
磁卡收费	是	人工	较多	有	存在	有	300
投币收费	是	自动	较多	少	有	大	600
称重收费	是	自动	较多	有	有	有	250
红外收费	是	自动	较多	有	有	有	250
电子收费	否	自动	无	无	无	无	1500

8.3.2 电子收费系统的构成

电子收费系统是在网络环境下,采用电子标签作为通行券,计算机及其外围设备与通行券自动交换信息,实现车辆的自动识别、费用的自动收取并自动结账的收费系统。

电子收费系统一般由以下几部分构成:

1. 车上处理单元 包括单独的一个车载单元(电子标签)或车载单元和IC卡。车载单元是一种微电子读写装置,由射频通信接口、CPU、蓄电池(由光驱动时无蓄电池)、LCD显示屏、内部存储器和IC卡接口组成,安装在汽车风窗玻璃内侧。内部存储器有只读、可读可写之分。只读型存储器只能回答其已固化的信息;可读可写的不仅有固定的信息,而且有可重新编程(写入)的记忆模块,因此,它既能传输已有的固化信息,又允许接收新的指令,存储新的信息。IC卡作为外部存储器存储数据,可以实现更多数据的车辆与道路的双向通信。车上单元所存储的数据包括车辆的型号、车牌照号码、预缴的金额或余额,以及车辆通过收费站的时间、地点、次数等信息，也可以把该车的年检及养路费征收的情况等记录在内。

2. 车道处理单元 车道处理单元包括车道上的车辆识别、探测、通信、强制、控制等设备。

（1）信号处理器：包括发送射频信号、启动车载单元并对车载单元进行读写的天线，预处理信号、放大信号的射频收发器，以及从信号中解读和加载密码的读码器。

（2）车辆探测器：包括对车辆自动识别、判明车辆种类的车辆探测器，以及判断是否有车辆通过、为天线开始通信或违章车辆摄影快门开启等动作提供触发信息的车辆检测器。

（3）信号灯：收费过程是否合法的显示灯，通常绿色信号表示收费过程顺利完成，红色信号表示因某种原因收费没有成功。

（4）闭路电视设备：对未正常完成收费过程的车辆进行录像的摄像系统，所得资料作为事后催缴罚款的依据。

（5）照明：当摄像亮度不够时自动开启的照明设备。

（6）车道控制器：接收车道处理单元中其他设备的信息，按照一定规则进行加工处理，产生相应的动作指令和数据，独立或配合收费站计算机单元对车道处理单元的其他设备进行监控的设备。车道控制器是车道处理单元的核心。

有的电子收费系统还会有其他一些外围设备，如自动栏杆、报警器、收取费额显示牌、可变信息标志等。

3. 收费站计算机管理单元 一般为设置在路边站房内的高可靠度 PC，实时处理车道查询、核对的数据，收集各车道的交通、收费运行数据并进行处理，定期将数据上传到控制中心。

4. 中央计算机管理单元 整个电子收费过程大致是这样的：当车辆到达收费站时，为安全起见，车辆应按规定限速通过电子收费车道，车辆探测器识别出该车所属类型，报告给信号处理器，通过天线与车上处理单元进行双向通信，收费的操作在通信过程中同步完成。收费操作的具体步骤包括：根据车型按照收费规则确定收费额、核对余额、账号信息，将有关结果通知对方等。如果一切无误（剩余金额足够、账号有效），则正常结束收费操作（改写余额、记账等），否则车道控制器则起动自动栏杆或违章车摄像机，将车辆拦下或记录其车牌号码，令其停车交费或事后催缴罚款。收费操作通常在车道控制器上进行，也可以在车上处理单元上完成，有时还要收费站计算机甚至中央计算机参与完成。不停自动收费系统的结构如图 8-17 所示，不停车自动收费系统如图 8-18 所示。

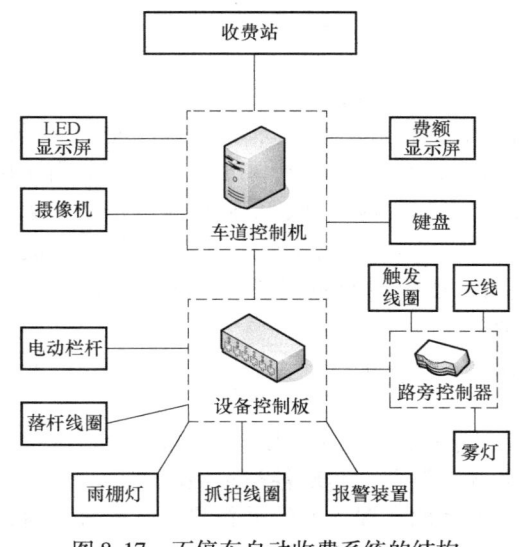

图 8-17 不停车自动收费系统的结构

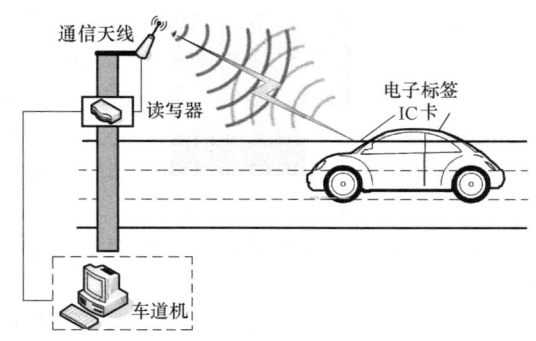

图 8-18 不停车自动收费系统

8.4 车辆管理系统

车辆管理系统通过将 GPS 和 GIS 相结合，对车辆进行实时定位、车辆监视控制、车辆调度管理、车辆报警处置、车辆物流管理、网上查车服务、短信语音通信等。该系统适用于城市内、区域内甚至全国联网使用，可供政府、集团、企事业单位以及私家车辆用户使用。车辆管理系统能监控车辆违章行驶，提升车辆的防盗抢能力，提高车辆运营效率，增加车辆运营经济效益，促进我国车辆管理现代化、信息化、智能化建设。车辆管理系统的服务对象为运输车辆、出租车辆、公交车辆、消防车辆、急救车辆、边防车辆、危险品车辆、应急指挥车辆、项目车辆等。

车辆管理系统现有一系列的应用软件，这些软件可优化企业的业务流程，提高工作效率，提供更加良好的服务。下面以某供电公司车辆管理系统为例进行详细介绍，如图 8-19 所示。

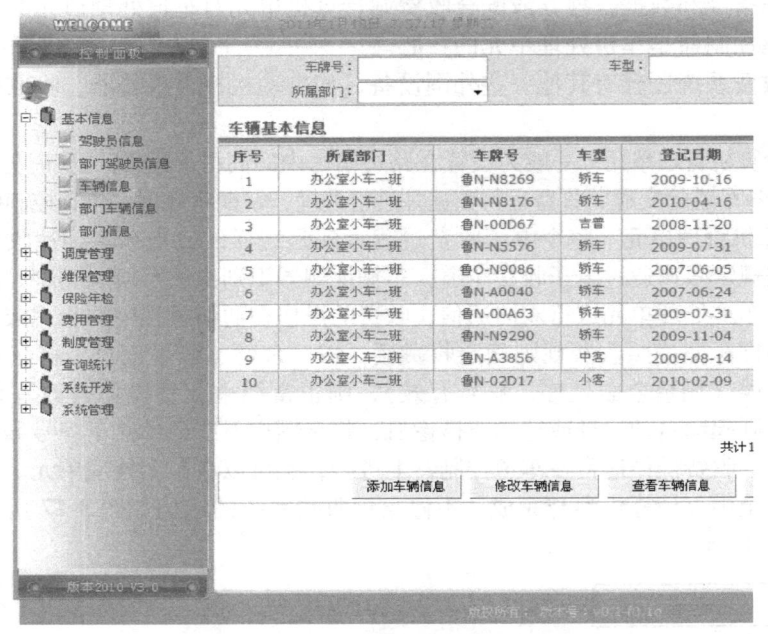

图 8-19　某供电公司车辆管理系统

由图 8-20 可知，该车辆管理系统的主要功能有驾驶人档案管理、车辆档案管理、人车配置信息管理、车辆状态图显示、用车申请管理（带短信通知功能）、车辆出车管理、车辆油耗管理、车辆维修管理、车辆费用管理、车辆保养管理、车辆年检管理、车辆保险管理、车辆收入管理等，并有车辆年检到期提醒、车辆保险到期提醒、车辆保养到期提醒、驾照到期提醒（可短信通知），既可以整体管理，也可分车队分部门管理车辆的使用情况，随时掌握所管辖车辆的动态，了解车辆全部信息，提高车辆使用安全系数。

该系统的基础设置包括对系统部门、职员、驾驶人、往来单位、车辆档案的管理，同时可以管理车辆和驾驶人的图片资料。

日常处理：包括用车申请（带短信通知功能）、出车记录、加油记录、维修记录、规费管理、保养记录、年检记录、保险记录。用户可自定义费用类别，实现各类费用的管理。

系统提供直观的车辆状态图，车管人员可以一目了然地掌握车辆的最新状态，并且可直接基于状态图进行相关操作，并提供所需单据打印等功能，很大程度上提高了车辆管理效率。车辆状态管理中可以整体或按部门查看各种状态的车辆信息,包括可用车、申请后待用车、维修车等其他状态情况中的车辆信息。

报表管理:包括日常处理中的相关报表以及车辆费用明细表和车辆费用统计表。对这些报表,都可以根据相应的需要进行打印处理。

到期提醒:包括年检到期提醒、保险到期提醒、维保到期提醒、驾照到期提醒(可短信通知)。

查询统计:系统通过设置,可以根据客户的需要,以车辆、部门、时间段等条件对相关信息进行查询,如维保费用统计查询、车辆里程统计查询、部门车辆里程总和查询、车辆调度情

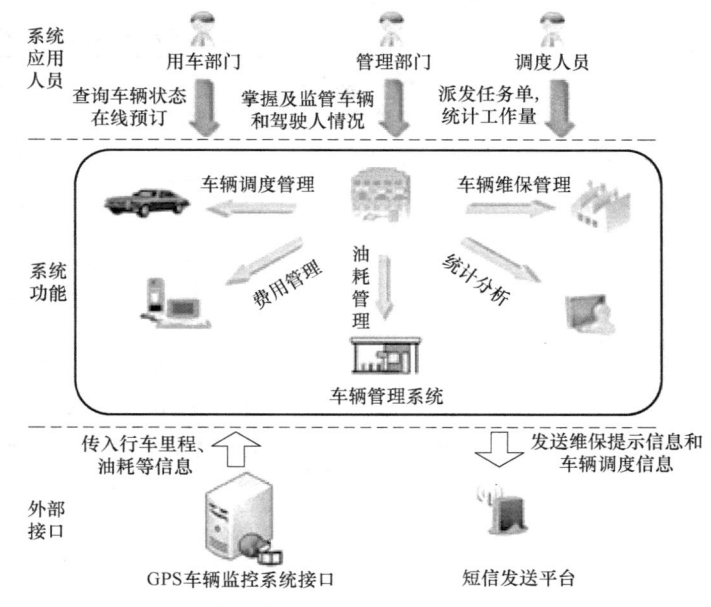

图 8-20　车辆管理系统示意图

况、部门车辆调度情况、维保计划查询、车辆调度单查询、车辆费用统计、油耗统计,以及维修费、材料费、年审费、过路费、加油费、零修费的单车查询和部门总和查询。

制度管理:可以根据客户的需求发布相应的信息、通知、公告或法律法规和规章制度,以方便公司人员的学习,提高公司信息到达相关个人的有效率,也可以对一些必要的公告进行短信通知。

系统功能结构包括基本信息、车辆调度、车辆维保、费用管理、查询统计五个主要部分,如图 8-21 所示。

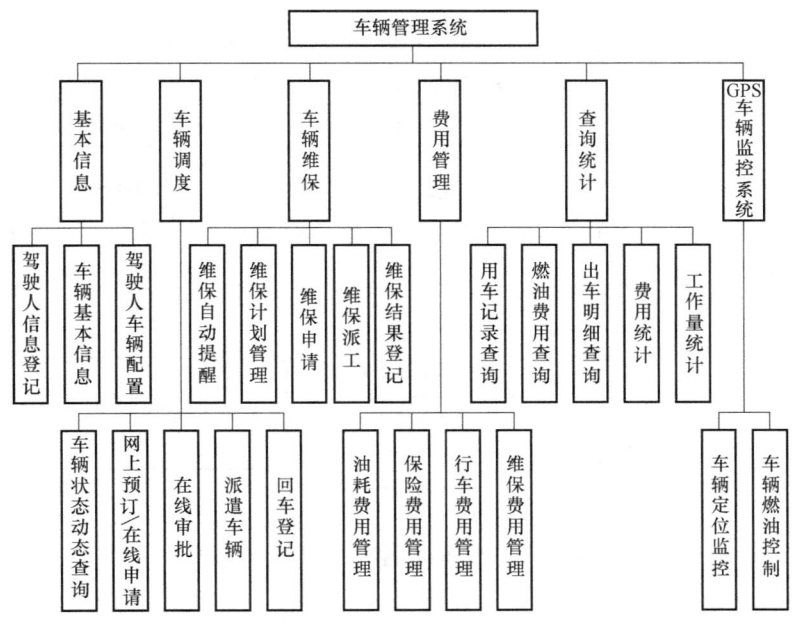

图 8-21　系统功能结构示意图

各功能模块及子模块的具体说明见表8-5。

表8-5 各功能模块及子模块的具体说明

模块	子模块	功能说明
基本信息模块	驾驶人信息管登记	记录管理驾驶人姓名、驾驶证件号、联系方式等基本信息
	车辆基本信息管理	记录管理车辆品牌、牌照、购买日期、外观图片等信息
	驾驶人车辆配置管理	记录某一段时期内驾驶人与所负责驾驶的车辆
车辆调度模块	车辆状态动态查询	通过网络动态实时地查询车辆的使用状态,管理人员可以此掌握车辆总体情况,用车人可以此预订车量
	网上预订/在线申请	用车人通过网络选定车辆,登记用车目的、用车时间、目的地等用车申请相关信息
	在线审批	车辆管理人员在线批复用车申请信息
	派遣车辆	应用系统打印车辆调度单,派遣车辆完成出车任务
	回车登记	根据回车报告录入本次出车费用、里程等相关信息
车辆维护模块	维保自动提醒	根据车辆维护要求自动生成维护消息提醒
	维保计划管理	系统分别按时间段、单位、车辆及维修项目进行统计
	维保申请	车辆使用单位填写维保申请单
	维保派工	车辆管理部门对申请维保车辆进行鉴定,打印维保任务单,分派车辆维护任务
	维保结果登记	根据维保结果录入本次车辆维护/检修单位、费用等信息
费用管理模块	油耗费用管理	记录和管理车辆油耗等相关费用
	保险费用管理	记录和管理车辆保险费等相关费用
	行车费用管理	记录和管理过路费等行车相关费用
	维保费用管理	记录和管理车辆各项维护费用
查询统计模块	用车记录查询	以用车部门为单位查询某一时间段车辆使用情况
	燃油费用查询	查询每辆车的燃油信息统计,包括加油量、加油费用、里程数、百公里耗油量等
	出车明细查询	查询某用车部门、驾驶人或车辆某一时间段用车情况
	费用统计	查询及统计车辆过路、维保、年审、保险等各项费用信息
	工作量统计	统计驾驶人工作量、油耗等绩效关联信息,辅助绩效分析

车辆管理系统包括与GPS车辆监控系统的接口,接收并转入由GPS车辆监控系统提供的车辆里程、油耗、行车安全等信息,作为查询统计模块的辅助参考信息。GPS车辆监控系统接口示意图如图8-22所示。

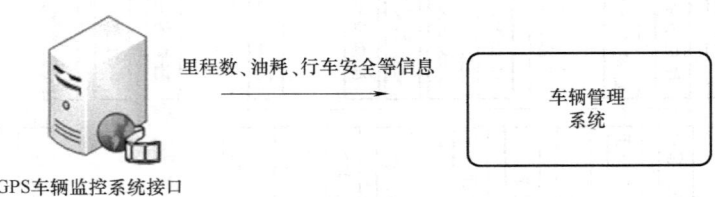

图8-22 GPS车辆监控系统接口示意图

车辆管理系统提供短消息提示功能,将根据客户的需要将所需的信息以短信的形式发送给相应的负责人员。短信平台示意图如图8-23所示。车辆管理系统的展示界面如图8-24所示。

第 8 章 交通信息系统应用案例

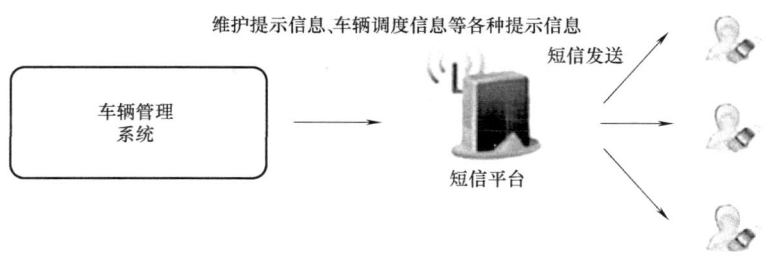

图 8-23 短信平台示意图

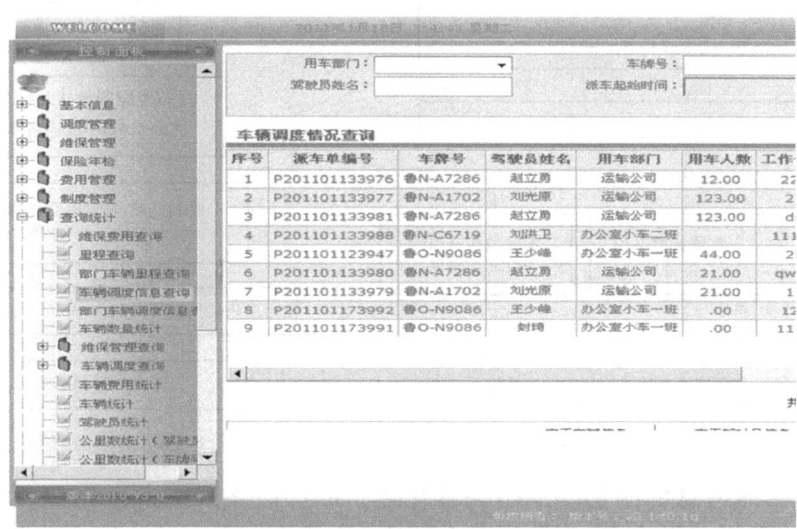

图 8-24 车辆管理系统的展示界面

8.5 应急救援量化调度系统

我国新疆、内蒙古和西藏等地，地域辽阔，公路网密度小且节点间距大，交通事故救援资源分布稀疏，事故应急救援困难，救援资源基本以行政辖区为块和以决策者经验为依据实施调度，难以达到高效、准确的目的。本节以新疆大学和新疆正阳交通规划设计研究所联合开展的广域稀疏路网的交通事故应急救援调度技术为例进行详细介绍。

8.5.1 广域稀疏路网交通事故救援资源调度技术研究

以新疆为例，根据新疆公路网结构特征和交通特征，以与新疆公路网交通事故救援要素关联的各类空间数据和属性数据为基础，实现对新疆公路网地理信息和交通事故救援信息的收集、存储、检索、处理和综合分析，满足救援调度需要。这里使用 AutoCAD 进行路网建模，通过 MapInfo 软件实现地图矢量化，建立新疆公路网交通地理信息系统（GIS-T）平台，在公路网发生交通事故时，自动显示救援工作所需的事故发生点区域的路网拓扑关系、事故状态等信息。利用该平台模拟实现交通事故各类救援资源的调度，以满足新疆公路网交通事故紧急救援调度系统的功能需求。研究技术路线如图 8-25 所示。

1. 公路网 GIS-T 平台的建立 将纸版地图或遥感地图经扫描后利用 AutoCAD 进行路网重构，应用 MapInfo 软件进行路网矢量化和路网属性信息、事故状态信息、救援资源信息附加，然后运用 VB 进行二次开发，建立 GIS-T 平台。这里选取新疆部分地区公路网进行研究。

（1）地图矢量化。为使路网拓扑关系明确和平线形精确，将目标片区路网纸版地图进行扫描后，利用 AutoCAD 进行路网重构，并使用通用转换器导入到 MapInfo 形成矢量化图形。地图矢量化过程如图 8-26 所示。

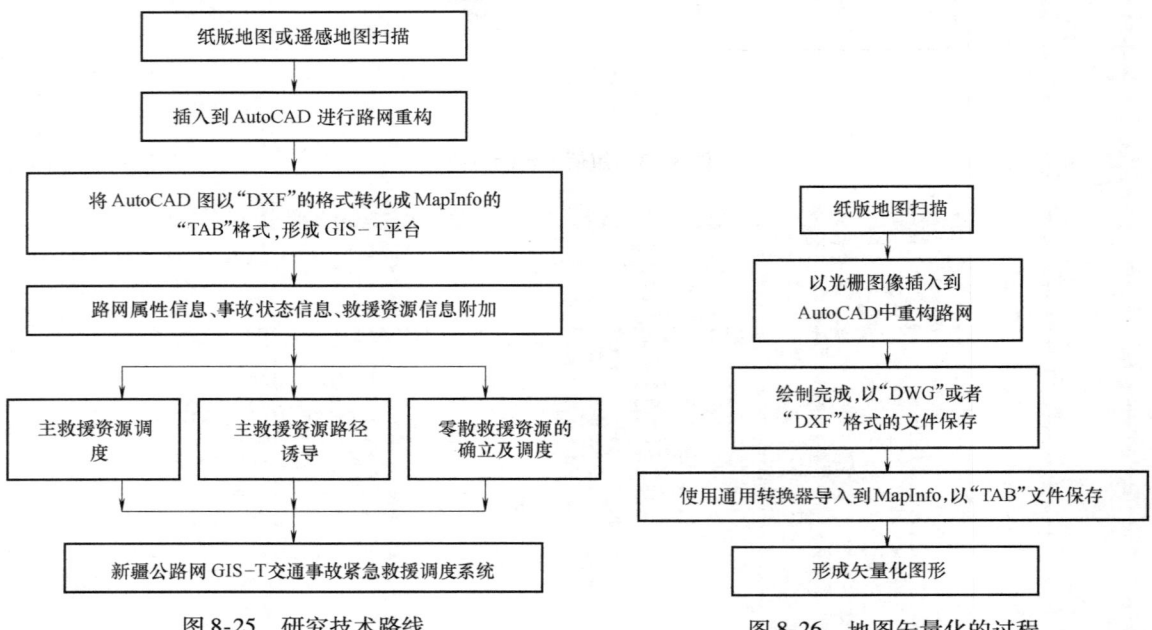

图 8-25　研究技术路线　　　　　　　图 8-26　地图矢量化的过程

（2）路网属性信息的附加。地图矢量化后，进行该路网交通信息属性的附加，实现 GIS-T。将矢量化后的地图在 MapInfo 平台上打开，在地图菜单中的"图层控制"里单击所要编辑的图，使其处于可编辑状态，对地图进行属性的附加；选中地图上的线段，在浏览窗口对应的位置附加路网相关属性信息，形成目标路网的 GIS-T 基础平台。MapInfo 矢量化地图及附属属性信息如图 8-27 所示。

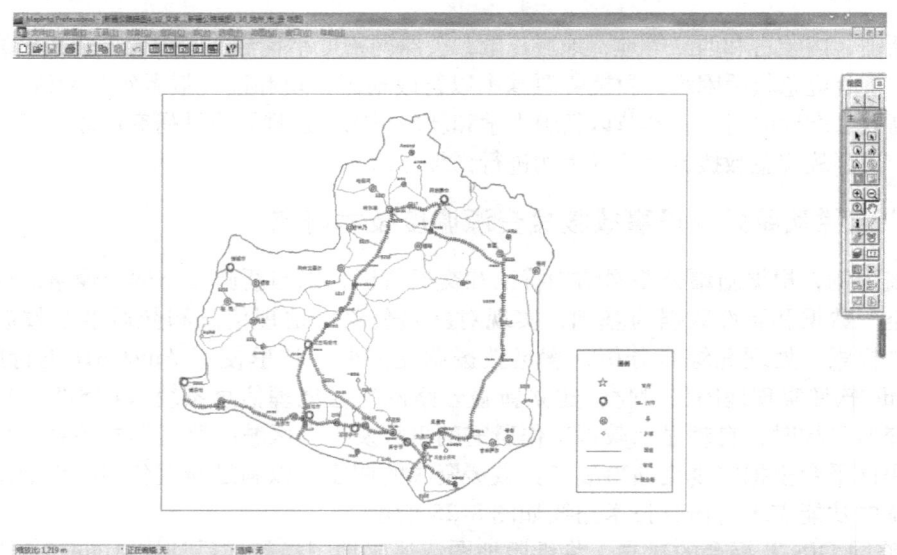

图 8-27　MapInfo 矢量化地图及附属属性信息

在基础平台上附加主救援资源及零散救援资源信息。这里所谓的主救援资源是指目标市、县交通事故救援体系中的成员单位。另外,交通事故现场救援可分解为前期救助和后期医疗救援两个过程。新疆路网作为广域稀疏路网,公路沿线分布的零散单位(如加油站、消防队、养护队、交警部门、部队、护路队、筑路队、过往车辆等)均具有交通事故前期救助能力,可以作为交通事故零散救援资源,这里将其纳入交通事故救援体系,并实施调度。各救援资源数据库如图 8-28 所示。

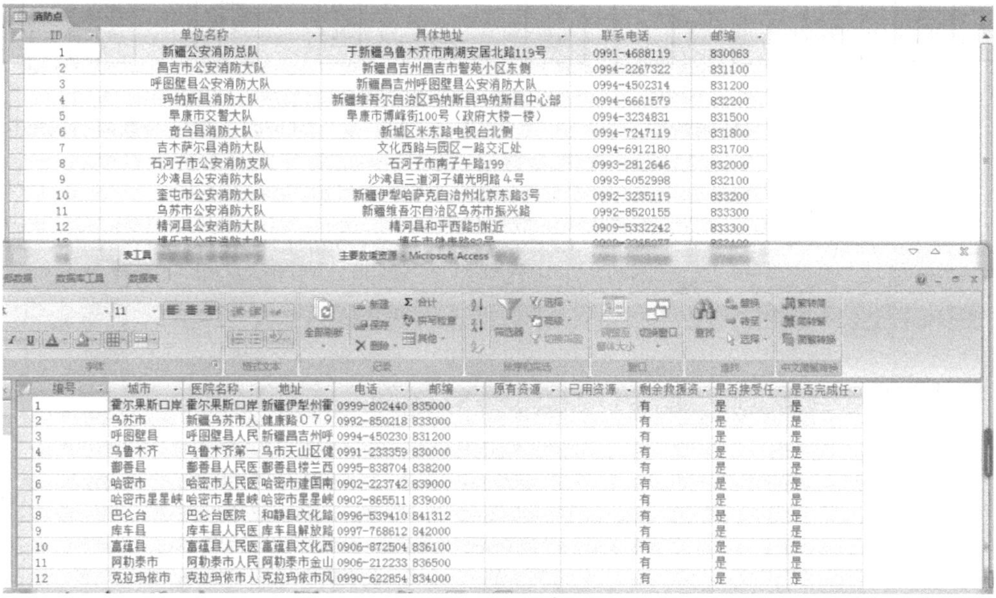

图 8-28 各救援资源数据库

(3)救援调度方案的选择。为使救援资源调度精确,这里在目标路网的 GIS-T 平台中利用标号法实现调度方案中多目标和多路径最优方案的选择,以达到最近救援资源派遣和最佳救援路线诱导的目的。图 8-29 所示为两个目标点间路网拓扑关系模型。

(4)构建系统平台。根据系统分析列出用户对未来系统功能的要求,设计为文件管理、用户管理、地图操作、调度与查询、显示、系统帮助六个功能模块。图 8-30 为系统总体结构图。其中,各功能模块又分为很多子块。调度与查询模块结构如图 8-31 所示。

2. 公路网 GIS-T 在交通事故救援调度中的应用与分析 这里以新疆部分地区公路网为目标建立 GIS-T,实现交通事故救援调度。

(1)信息输入。当路网中某处发生交通事故,救援指挥中心获得事故报警信息时,立即在 GIS-T 中输入事故地点和事故状态基本数据,在此平台上显示该点周围路网与事故状态信息表(见图 8-32),经过定位,事故地点即图中五角星所示位置。

(2)主救援资源调度。根据事故点周围路网与事故状态信息,要求 GIS-T 生成主救援调度最优方

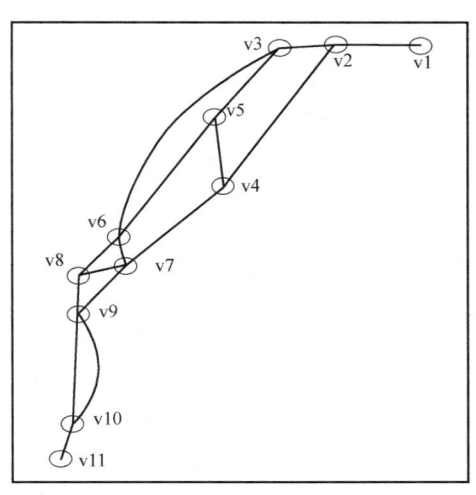

图 8-29 两个目标点间路网拓扑关系模型

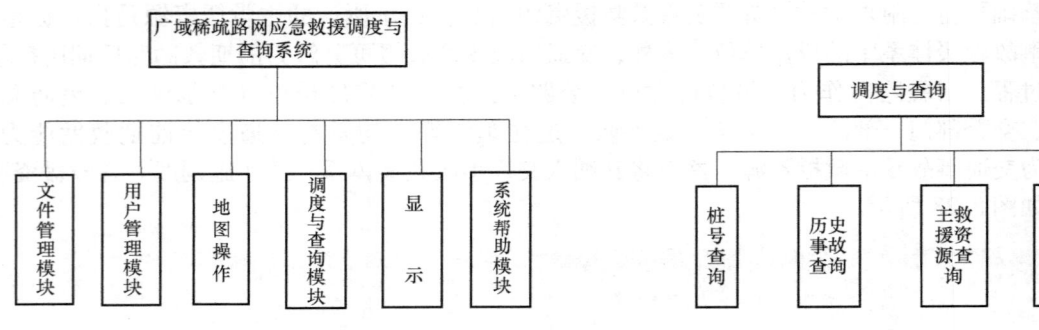

图 8-30 系统总体结构图　　　　　图 8-31 调度与查询模块结构

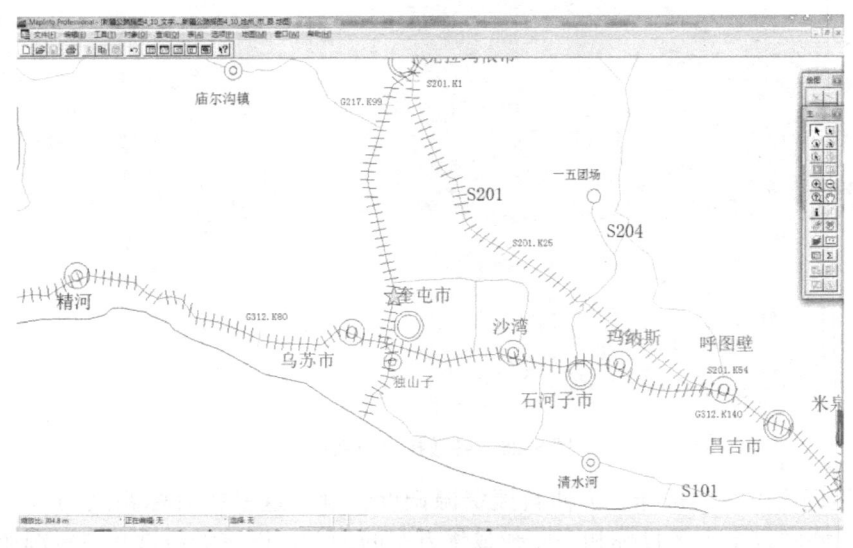

图 8-32 查询事故地点

案,包括自动选择交通事故救援体系成员单位和往返路径诱导,由指挥中心发布指令,如图 8-33 所示。

如果交通事故比较严重,一地的主救援资源不能满足救援的需要,即该主救援资源不能一次性完成全部救援过程,就需调度其他地区的救援资源赶往事故现场实施援救。此时要求系统再次生成第二主救援资源调度方案,由救援指挥中心向第二主救援资源发布救援指令并进行往返路径诱导。

(3)零散救援资源调度。新疆路网作为广域稀疏路网,在主救援资源赶往现场时,零散救援资源的前期救助尤显重要。救援指挥中心在向主救援资源发布救援指令的同时,要求 GIS-T 生成事故点周围零散救援资源信息,并指令救助,如图 8-34 所示。

(4)根据交通事故紧急救援经验,若在交通事故发生后 5min 内给予重伤者急救措施,伤后 30min 内给予急救,则 18%~25% 的伤者生命可得到挽救。我国新疆、内蒙古和西藏等地的公路网密度小且节点间距大,交通事故救援资源分布稀疏,事故应急救援困难,而且目前这些地区公路网的交通事故紧急救援能力还远达不到上述要求,但通过科学、合理、有效地利用各类救援资源及调度技术,显然对大幅度提高交通事故救援效益有利。

第 8 章 交通信息系统应用案例

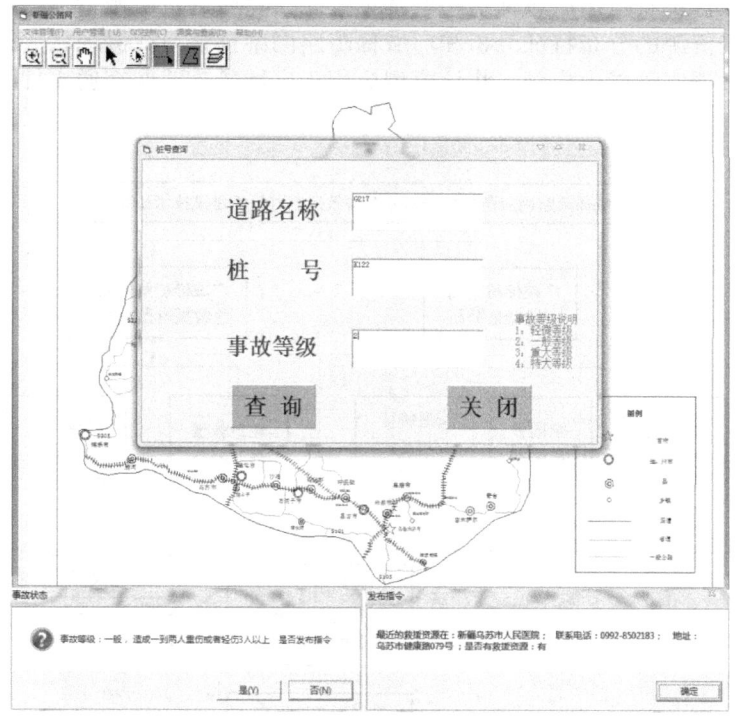

图 8-33 最优调度方案形成及发布指令过程

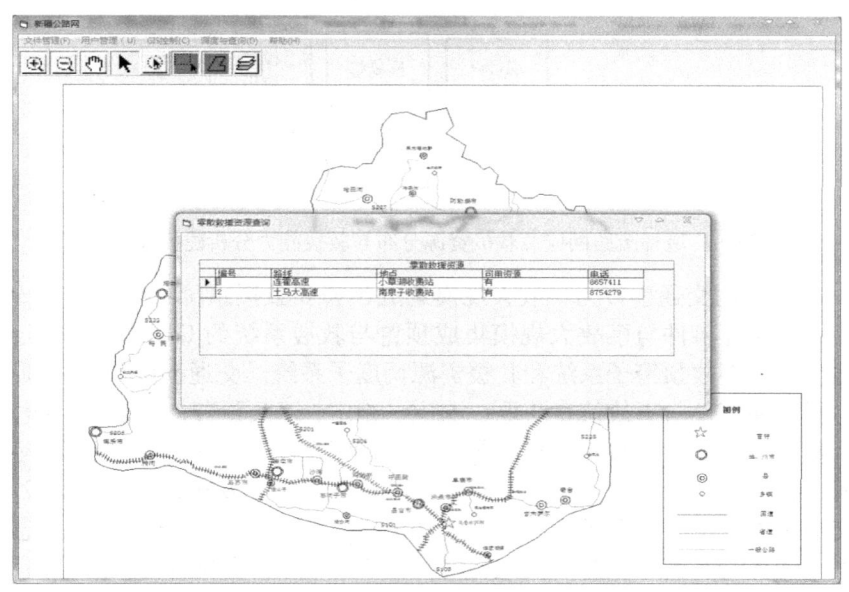

图 8-34 零散救援资源数据库查询

8.5.2 广域稀疏路网交通事件与事故大规模集成预警和救援系统

（1）广域稀疏路网应急救援资源分布与救援能力分析建模技术路线图如图 8-35 所示。首先进行广域稀疏路网交通特征分析，包括全国各地区交通要素调查及统计、全国各地区交通要素分析、交通特征分析及提出广域稀疏路网基本概念，然后进行广域稀疏路网应急救援资源分析，包括应急救援资源的分布特征分析和广域稀疏路网中预警与救援现状分析，接下来建立广域稀疏路网应急救援资源能力模型，将该模型应用于广域稀疏路网交通事件与事故大规模集成预警和救援系统。

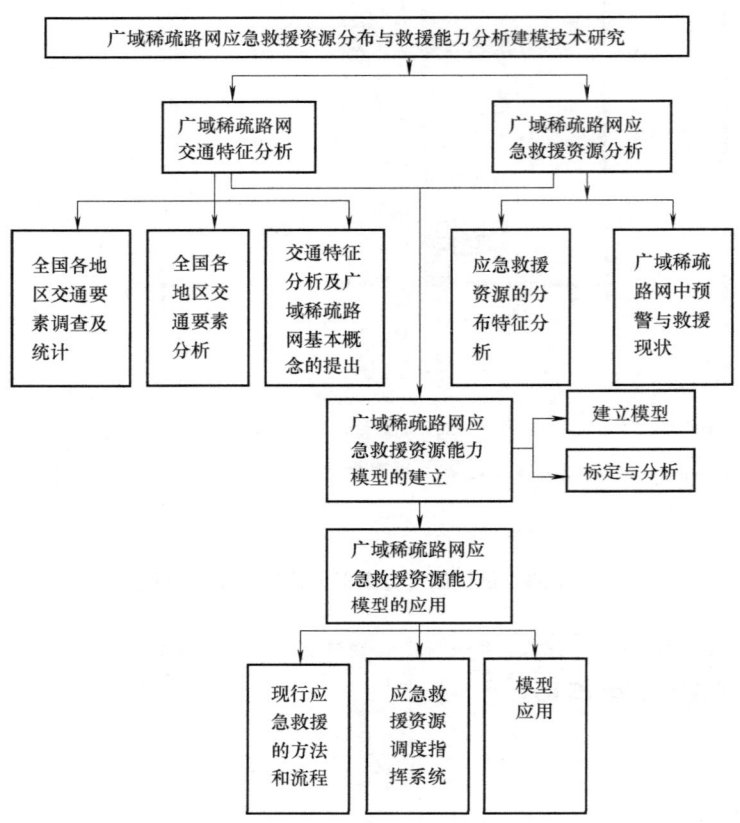

图 8-35　广域稀疏路网应急救援资源分布与救援能力分析建模技术路线图

（2）广域稀疏路网交通事件与事故大规模集成预警和救援系统结构如图 8-36 所示。首先建立广域稀疏路网交通事件与事故大规模集成预警与救援系统的 GTS-T 与多信息通道集成平台，包括交通事件与事故预警子系统和救援资源调度子系统。交通事件与事故预警子系统的主要任务是：进行交通事件与事故信息获取、响应、判定，以及预警、报警，救援方案自动形成或方案选择，救援过程监控，救援信息收集。救援资源调度子系统的主要任务是：预警信息发布，预警资源选择、定位、定量与路径诱导和导航，救援指令发布，救援方案发布和形成救援情况报告。交通事件与事故预警子系统的主要功能有：交通参与者电话报警信息获取与响应，遥感交通检测（道路与环境、设施、交通流等），GPS 车辆定位与运行状态检测（单车、多车事件及事故），车辆技术状态检测，驾驶人与乘员状态检测和行人状态检测。救援资源调度子系统的主要功能划分为三个功能域：主要救援资源、辅助救援资源和零散救援资源。其中，主要救援资源的功能为：救援资源按基数派遣与救治，现场伤员救治与伤情反馈，启动医疗专家系统和进行救治信息反馈。辅助救援资源的功能为：救援资源按基数派遣与救助，现场信息反馈，现场事后处理与信息反馈（含车辆、道路与环境、设施等）。零散救援资源的功能为：现场救助和现场信息反馈。

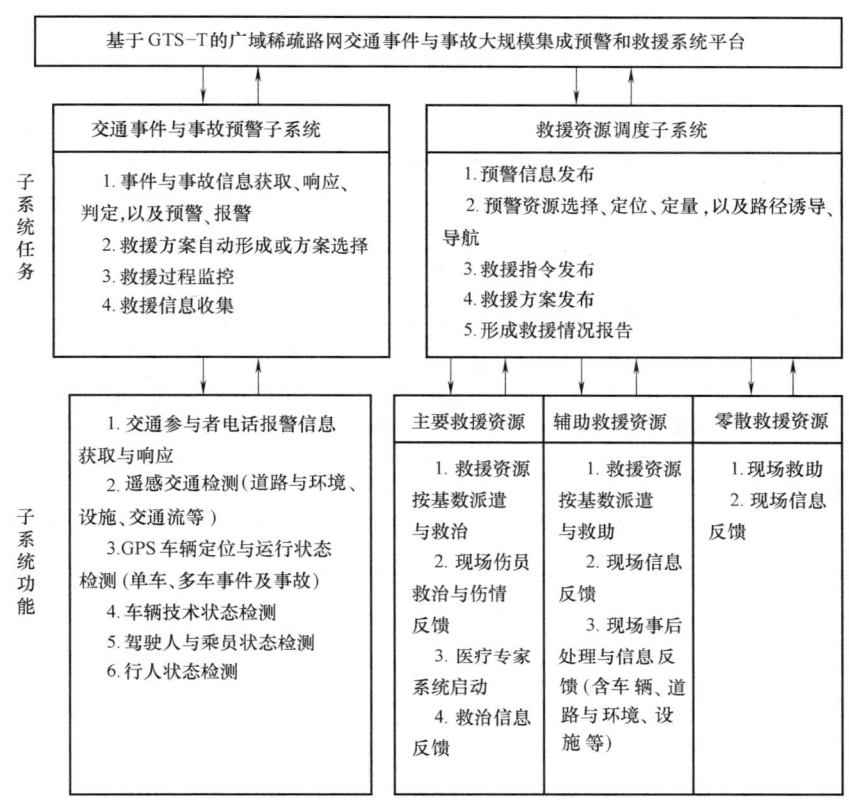

图 8-36 广域稀疏路网交通事件与事故大规模集成预警和救援系统结构

8.6 公路监控服务系统

在此以新疆奎屯公路管理局建设的公路监控服务系统为例进行介绍。为满足公路智能化管理和各类交通参与者交通管理及出行服务的需要，促进公路交通信息化的发展，新疆奎屯公路管理局成功建设了公路监控服务系统。该系统充分考虑了在其特殊背景条件下满足地区交通参与者对交通信息的主要需求，使用了中心服务器、公路监控服务体系平台、大屏幕系统、语音服务电话系统和可变信息标志等技术，实现了交通信息采集、报送、处理和审核、发布四个关键过程。监控中心总体架构如图 8-37 所示。

该系统体系保障包括技术保障与制度保障。技术保障采取人工与装备同时采集的方式，人工校核偏移数据；制度保障包括信息报送流程、信息上报区域划分、信息提示规则、语音服务电话发布内容和操作流程以及公路监控服务体系工作制度等。公路监控服务体系工作制度的构成如图 8-38 所示。

8.6.1 系统功能

1. 出行信息服务 为用户提供公路、服务区、收费站、加油站、客运站等相关出行信息，用户可以通过网站、语音电话服务、广播电台等方式进行查询。

2. 路况信息服务 用户可以根据网站、语音电话服务和广播等方式了解道路的通行状况。

3. 交通气象服务 气象信息服务主要包括各个路网沿线当日及未来 48h 的气象预报数据

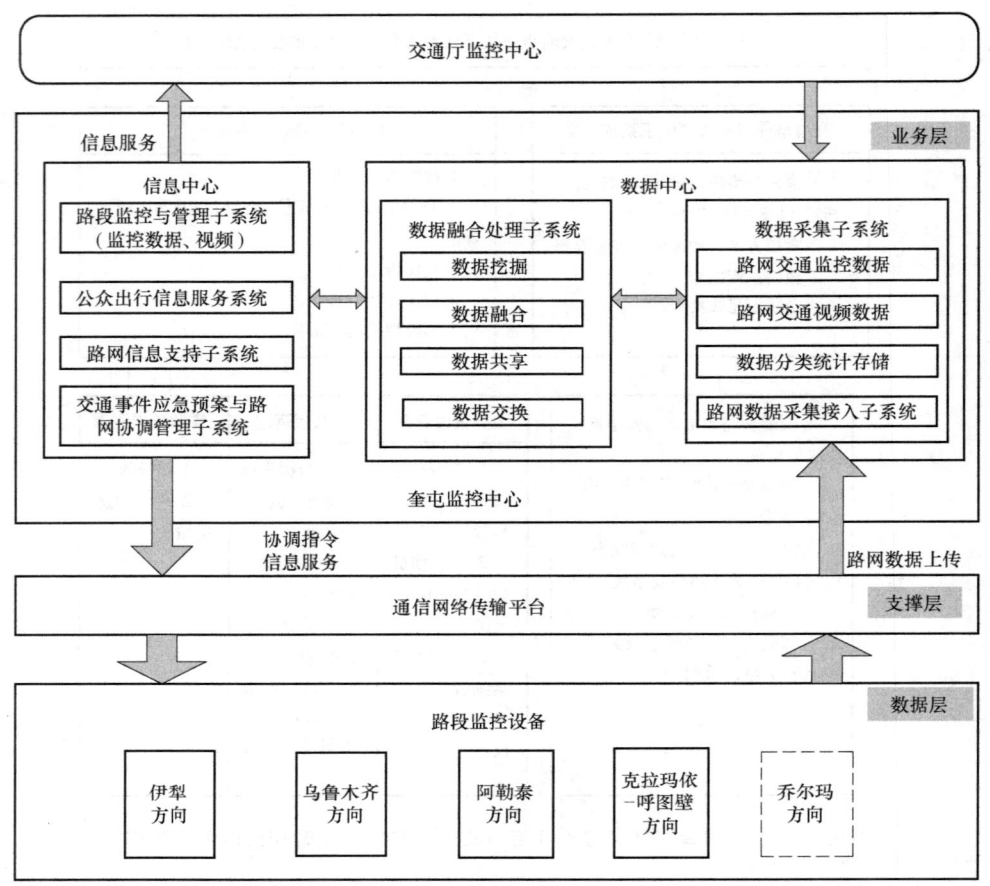

图 8-37 监控中心总体架构

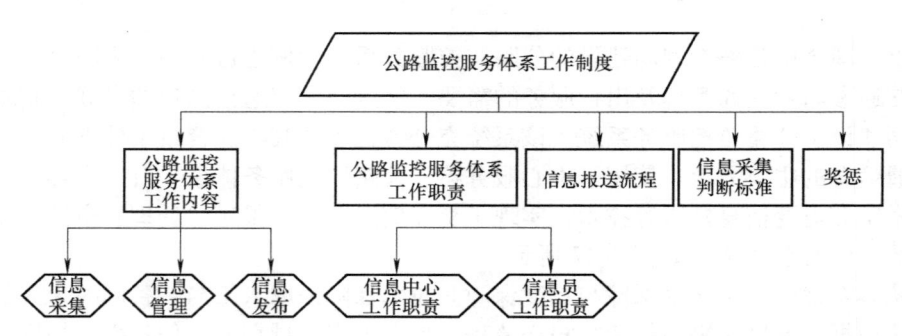

图 8-38 公路监控服务体系工作制度的构成

和实时天气情况数据。

气象预报数据为从气象部门获得的近一两天内的天气变化趋势和气象范围等数据。用户可通过网站、语音电话服务、电台等方式,查询到所需的气象服务。

信息员录入实时气象数据,系统经过信息分析处理模块分析并处理,提示发布员发布这种由于气象条件而影响到的道路出行信息。因此,实时气象数据可以作为影响路况通断信息的一个来源。用户可通过网站、语音电话等方式查询此类信息。

4. 路网及规划信息服务　为用户提供管辖路网和邻近路网信息以及规划中的路网情况，为用户提供出行参考，用户可通过网站和语音电话等方式进行查询。

5. 客运信息服务　为用户提供公路客运信息，包括省际长途客运、省内长途客运、城市公交、乡村公交、短途客运路线等信息，以及起始站、终点站、途径客运站、营运时间、里程、参考票价和咨询电话号码等信息，用户可通过网站和语音电话等方式进行查询。

6. 旅游交通信息服务　为用户提供沿线及周边主要旅游景点的位置、开放时间、门票价格、联系电话等信息，同时为用户提供景点周边的主要宾馆、饭店、旅行社及汽车租赁公司的情况，用户可通过网站和语音电话等方式进行查询。

8.6.2 系统实现的关键过程

1. 交通信息的采集与报送　系统对道路监控系统中的车辆检测器和气象检测器的数据进行采集，收集到的数据由信息分析子系统进行分析。当道路发生交通事件时，信息采集员对气象信息和交通事件及时准确地进行录入上报，上报的信息同样由信息分析子系统进行分析。一般的公众出行服务信息、旅游景点等信息也由信息采集系统进行录入。

信息采集报送系统采用严格的安全级别和权限控制。不同级别的人员只能够完成该级别可以做的工作。同时，不同权限的人员只能完成权限内规定的操作，不可跨级或跨权限进行操作。

信息采集系统的人工采报送数据使用 ASP.Net 技术进行开发，采用 B/S 结构系统，即在不同的报送点，拥有报送权限的信息报送人员可直接通过浏览器进行信息的录入。

信息采集系统还有严格的信息审核制度，报送点的信息员上报的信息只有通过高级别的信息发布员审核，才算有效。系统实现的交通信息分类如图 8-39 所示。

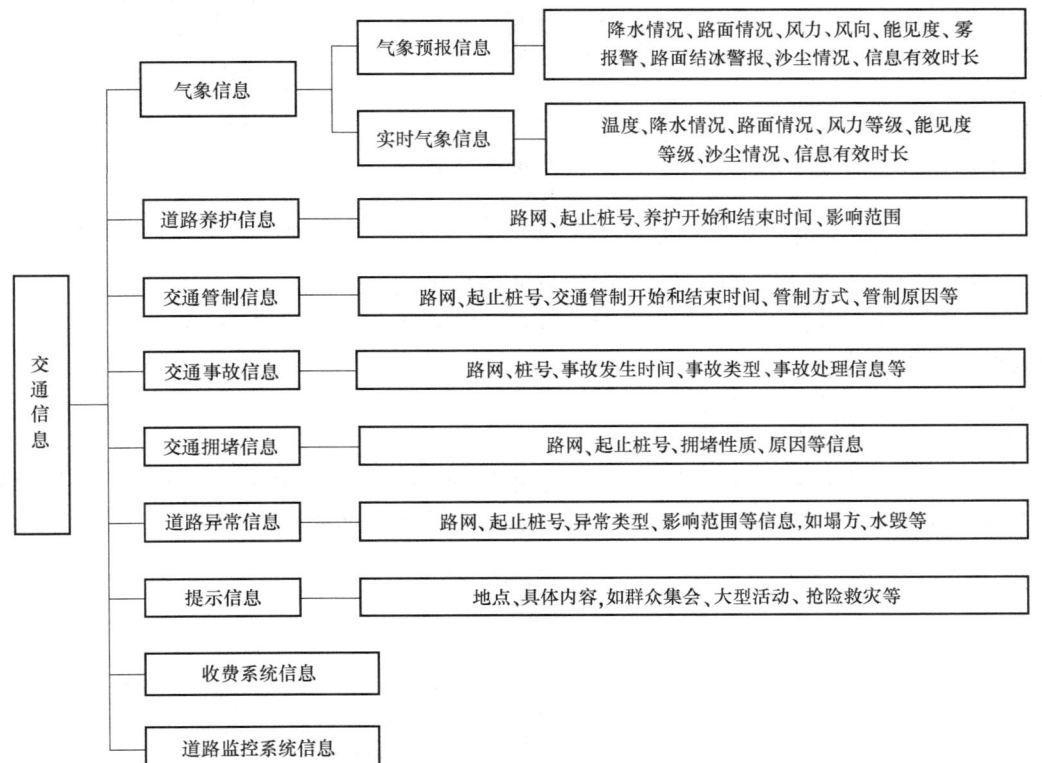

图 8-39　系统实现的交通信息分类

2. 交通管制信息报送流程 交通管制信息按照信息源可划分为 2 类，即内部管制信息和外部管制信息，报送流程分别如图 8-40 和图 8-41 所示。

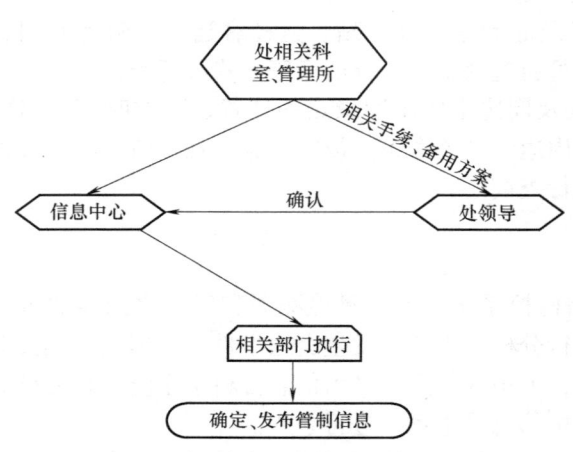

图 8-40 内部管制信息报送流程

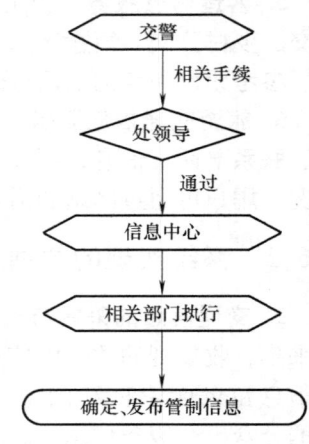

图 8-41 外部管制信息报送流程

3. 交通信息的处理 信息处理分析子系统采用 .NET 技术开发，子系统在后台运行，实时提取新的报送数据，进行分析处理。分析的结果将自动提示发布人员，发布人员根据判断分析结果决定是否执行发布。信息通过审核后，成为有效数据，软件系统根据设定的规则对数据进行筛选，选取其中对道路通行有影响的数据进行分析，并将结果提示给监控中心的操作人员。信息处理程序如图 8-42 所示。

4. 交通信息的审核 数据在输入后，还不能真正被系统识别使用。所有采集的信息，只有通过监控中心具有审核权限的操作员对正确性进行确认后（即审核），才能生效。数据在通过审核后，是否对外发布也需要监控中心具有发布权限的操作员进行确认，确认的信息才能进入网站、语音电话系统和其他形式的数据库对外发布。审核通过的数据具有以下特点：

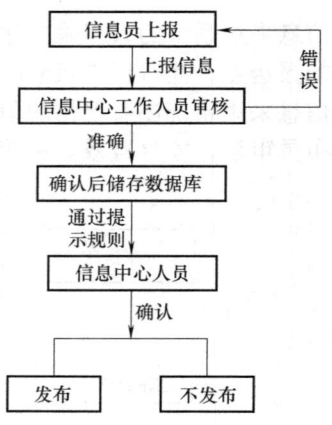

图 8-42 信息处理程序

（1）审核人员可以设定其发布，也可以设定其不发布。
（2）任何人都不能将其再变为未审核。
（3）只有审核人员才有权修改。没有通过审核的数据，如果审核人员没有对其进行修改，则录入人员可以修改，如果审核人员修改过，录入人员将无权修改。

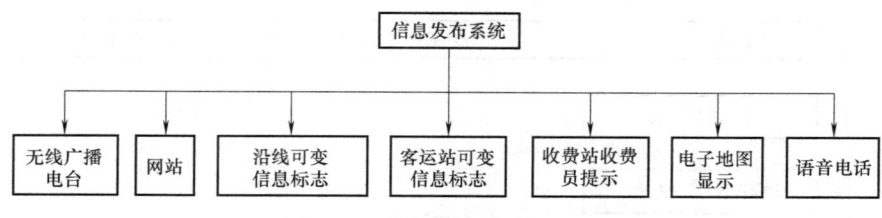

图 8-43 信息发布系统的结构

5. 交通信息的发布　该平台向道路使用者提供某个区段内的气象、事故、施工等道路行车条件信息，发布交通管制指令。信息发布方式选用语音电话、可变情报标志、无线广播电台、网站、电子地图显示、收费站收费员对司乘人员信息提示等。信息发布系统的结构如图 8-43 所示。

对内指挥、对外服务是一个直观可靠的显示系统平台，并通过大屏幕显示系统对路网信息进行显示，如图 8-44 所示。

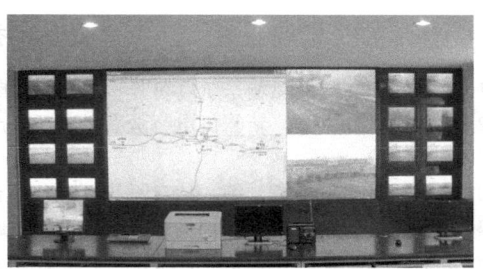

图 8-44　利用大屏幕进行路网信息的显示

复习思考题

1. 简述交通诱导系统中利用的各种技术要点。
2. 简述智能停车场管理系统的组成。
3. 查找相关文献，分析公路应急救援调度指挥技术的发展趋势。

参 考 文 献

[1] 陈旭梅. 智能运输系统 [M]. 北京：中国铁道出版社，2007.
[2] 王兵，孙文磊. 新疆机电行业在 ITS 新兴产业中的发展模式探析 [J]. 新疆机械电子，2008，1（122）：29 – 30.
[3] 贾利民，王艳辉，等. 信息系统互操作理论、技术与交通应用 [M]. 北京：科学出版社，2010.
[4] 郭海佳，鲍春生. 管理信息系统 [M]. 成都：西南交通大学出版社，2014.
[5] 刘丙午，李俊韬，朱杰，等. 现代物流信息技术及其应用 [M]. 北京：机械工业出版社，2013.
[6] 欧冬秀. 交通信息技术 [M]. 上海：同济大学出版社，2014.
[7] 王兵，孙文磊，甘琴瑜. 基于 GIS-T 的广域稀疏路网交通事故应急救援资源调度技术研究 [J]. 公路与汽运，2010（5）：59-62.
[8] 秦天保，章长江. 现代管理信息系统 [M]. 北京：人民交通出版社，2010.
[9] 张树山. 物流信息系统 [M]. 北京：人民交通出版社，2009.
[10] 王兵，严江斌，栗育坤. 第六届中国智能交通年会暨第七届国际节能与新能源汽车创新发展论坛优秀论文集：上册 [C]. 北京：科学技术文献出版社，2011.
[11] 钟雁. 管理信息系统 [M]. 北京：北京交通大学出版社，2011.
[12] 姜方桃，李洋. 物流信息系统 [M]. 北京：清华大学出版社，2011.
[13] 王兵，贾利民，龙慧，等. 第七届中国智能交通年会优秀论文集 [C]. 北京：电子工业出版社，2012.
[14] 郭杜杜，梁艳平，王兵. 基于亮度特性的高空间分辨率遥感影像阴影处理研究 [J]. 交通信息与安全，2012（3）：16 – 19.
[15] 杨成材，王兵，陈婉，等. 地磁检测器车辆检测波形分析 [J]. 中国新技术新产品，2015（23）：80.
[16] 李颖宏，张永忠，王力. 道路交通信息检测技术及应用 [M]. 北京：机械工业出版社，2014.
[17] 王兵，郭杜杜，买买提江. 第五届中国智能交通年会暨第六届国际节能与新能源汽车创新发展论坛优秀论文集 [C]. 北京：电子工业出版社，2009.
[18] 王卫红，高德政，张飞. 地理信息系统开发案例 [M]. 成都：西南交通大学出版社，2011.
[19] 李清泉，萧世伦，等. 交通地理信息系统技术与前沿进展 [M]. 北京：科学出版社，2012.
[20] 张轮. 现代交通信息网络与通信技术 [M]. 上海：同济大学出版社，2007.
[21] 蔡国强. 城市轨道交通信息技术 [M]. 北京：北京交通大学出版社，2012.